**Kerstin Holm**
**Moskaus Macht und Musen**

**DIE ANDERE BIBLIOTHEK**

Begründet von Hans Magnus Enzensberger

# Moskaus
# Macht und Musen

Hinter russischen Fassaden

So bleibe denn die Sonne mir im Rücken!

J. W. v. G.

# VORWORT

## Überstehen ist alles

Russland ist das eurasische Imperium mit der europäischen Seele. Das Land stellt auch nach dem Verlust von 14 ehemaligen Sowjetrepubliken den größten Flächenstaat der Welt dar, was eine Verständigung mit dem kleinteiligen Europa sehr schwierig macht und eine Integration eigentlich ausschließt. Russland ist aber auch der Ort, wo das geschieht, was, wie Rudyard Kipling meinte, niemals geschehen könne, dass nämlich Ost und West aufeinandertreffen. Das hat die Schizophrenie zum Lebensgefühl gemacht. Obwohl drei Viertel seines Territoriums sich in Asien befinden, versteht das Land sich als europäische Zivilisation – wird allerdings als solche nicht anerkannt. Die Titularnation der Russen bekennt sich traditionell zum orthodoxen Christentum, wurzelt also auch religiös in einer Region am Übergang von Asien zu Europa, in Byzanz. Ihre Sprache gehört zur indoeuropäischen Familie, schreibt sich freilich mit verschlungenen kyrillischen Buchstaben. Und auch die russische Staatsform – einst die Zarenmonarchie, jetzt die Präsidentenrepublik mit KGB-Fundament – sieht der von westlichen Nachbarn so ähnlich, als sei sie nahe mit ihnen verwandt.

Einige europäische Länder sind Russland besonders verbunden. Den Deutschen, ihren wichtigsten Partnern für Handel und wissenschaftlichen Austausch, bringen die Russen wohl das meiste Vertrauen entgegen. Frankreichs diplomatische Schule ist für Russland maßstabsetzend. Mit den Engländern, den alten Widersachern der Kontinentalmacht, teilen die Russen die Begeisterung für große politische Spiele. Außerdem bewundern sie Englands private Schulen und Hochschulen, wo auch die russische Elite ihre Kinder ausbilden lässt. In umgekehrter Richtung sind heute viele Angelsachsen fasziniert von der russisch-orthodoxen Frömmigkeit. Deutsche Ärzte loben die Fähigkeit russischer Kollegen, im russischen Dorf oder afrikanischen Busch schwierige Operationen zu improvisieren. Wie überhaupt die Fähigkeit der Russen, in der Taiga durchzukommen oder kaputte Autos fahrtüchtig zu basteln, Zivilisationszöglinge beeindruckt. Man ist in diesem Land dem Naturzustand näher als in den meisten Teilen Westeuropas. Und wenn ein russischer Oligarch sich ein Fantasieschloss hinstellt oder der Moskauer Bürgermeister denkmalgeschützte Paläste nach seinem Geschmack total umbaut (so geschehen in den historischen Moskauer Schlossparkanlagen Zarizyno und Kolomenskoje), so ist das westliche Fachpublikum entsetzt, manchmal aber auch etwas neidisch auf so viel Hemmungslosigkeit.

Hier herrschen auf besonders unmissverständliche Art die Gesetze physischer Macht. Rassismus und Antisemitismus sind kaum abgeschliffen. Eine Dressur durch politische Korrektheit fand nicht statt. Nach dem Zusammenbruch des Sowjetstaates erstarkte das Banditentum, das mit seinen Bändigern von den Sicherheitsorganen verwuchs und kriminelle Strukturen mit staatlicher Lizenz erzeugte. In Russland werden Wahlen besonders grob gefälscht, Oppositionelle sabotiert, Amtsmissbräuche vertuscht, die Nachbarstaaten bedroht. Russische Patrioten, die sich von westlichen Kritikern in die Defensive gedrängt fühlen, werfen diesen manchmal vor, sie wünschten sich ein schwaches Russland. Tatsächlich lasten auf dem russischen Staat veritable Herkulesaufgaben. Eine Bevölkerung, die nur der von Deutschland plus Frankreich entspricht, muss ein überdehntes Territorium zusammenhalten, das einerseits weit nördlich gelegen und daher unwirtlich ist und zugleich schwer zu sichernde Landgrenzen mit China, muslimischen und mitteleuropäischen Ländern teilt. Wie der andere überdimensionierte Ableger Europas, die Vereinigten Staaten von Amerika, wurde Russland über einige Jahrhunderte hinweg von immer weiter wandernden Kolonisten erschlossen. Dabei stellt seine Lage dem Land besondere Verteidigungsaufgaben, die Amerika lange Zeit erspart blieben, während die Natur vor allem Rohstoffe hergibt. Das erzog einen extrem ambitionierten Staat, der seine immer zu wenigen und zu wenig produktiven Untertanen am kurzen Zügel zu halten versucht und seinen Beamten dafür fast jede Vollmacht einräumt.

Das russische Projekt ist keine Erfolgsgeschichte, eher eine der heroischen, opferreichen Überwindung von Widrigkeiten – des Klimas, äußerer Eindringlinge, brutaler Machthaber. Deswegen hat es Einwanderer auch nie in Massen angezogen. In der ersten Hälfte des 20. Jahrhunderts erfand sich Russland durch Revolution und Stalinismus radikal neu. An seinem Ende wechselte es unter seinem ersten nachsowjetischen Präsidenten Jelzin zum demokratischen Glaubensbekenntnis, um es unter dessen Nachfolger Putin mit einem neoimperialen zu vertauschen. Der Anlass war in allen Fällen der Kollaps oder der vermeintlich drohende Kollaps des Staates. Aber immer erwischte Russland, um es mit den Worten Marilyn Monroes zu sagen, womit sie in dem Film »Manche mögen's heiß« ihr eigenes Schicksal beschreibt, im Vergleich mit den westlichen Ländern das falsche Ende des Lollis. Der russische Sozialismus, Liberalismus, Kapitalismus fielen besonders rabiat, ressourcenverschlingend und gegenüber den Verlierern der Umstellung gnadenlos aus. Professionelle Traditionen haben sich hier nur dürftig, nicht langfristig entfaltet. Die Russen sind kein Händlervolk, aber auch keines von

Produzenten. Der kontrastfreudige russische Lebensstil kann Fremde faszinieren, jedoch kaum ihren Neid erregen. Der russische Hedonismus wirkt manchmal fast verzweifelt. Die Russen sind dafür unschlagbare Meister in der Kunst der Anpassung und des Überlebens.

Russland ist in einer paradoxen Lage. Seine Korruption, die Misshandlung von Wehrdienstleistenden, die Journalistenmorde passen auf ein asiatisches, afrikanisches oder südamerikanisches Land. Doch als europäische Kulturnation, Mitglied im Europarat und in Nachwirkung des demokratischen Aufbruchs unter Gorbatschow und Jelzin, misst es sich an westlichen Kriterien. Das wirkt auch demoralisierend. Die Debatte über Missstände und ihre Bekämpfung krankt aber auch daran, dass es in dieser Gesellschaft keinen Grundkonsens gibt außer dem, Chaos möglichst zu vermeiden. Hier kommen sich alle übervorteilt vor – die Unternehmer, die Ordnungshüter, die Soldaten, die Mütter, die Rentner. Eine kritische Auseinandersetzung setzt ein Grundvertrauen voraus. Russland aber ist eher eine Misstrauensgesellschaft. Einige Intellektuelle, beispielsweise der kremlnahe Eurasier Alexander Dugin oder der nationalbolschewistische Schriftsteller Alexander Prochanow, würden die Kategorie individueller Menschenrechte am liebsten über Bord werfen und Russland ein Denken in orientalischen beziehungsweise völkischen Reichsbegriffen nahe bringen. Dafür begeistern sie naturgemäß vor allem zornige Jugendliche. Der europäisierten Elite bereitet es Sorgen, dass das Ansehen ihrer Heimat bei westlichen Ausländern immer schlechter wird. Das Föderationsratsmitglied Michail Margelow, der dem Komitee für Außenpolitik vorsitzt, gab den groben Manieren neureicher Landsleute die Hauptschuld daran. Margelows Senatskollege Ralif Safin stimmt dem zu, vergisst jedoch nicht das unzufriedene Volk. Safin glaubt, die Russen seien den Europäern unheimlich, weil sie ihnen insgeheim jedwede revolutionären Umstürze zutrauen (aus der Umfrage: »Liebt man in der Welt die Russen?«, »Ljubjat li v mire russkich?«, in: Kommersant-Vlast', 6. 4. 2009, S. 6). Wenn das Moskauer Bolschoi-Theater in Westeuropa, vor allem in London, Gastspiele gibt, klingen deswegen wohl russische Medienberichte über den begeisterten Zuspruch des Publikums und der Kritiker dort immer auch ein wenig wie Erfolgsberichte von der Front.

Mit seiner antiquierten Industrie lebt Russland vor allem von seiner Substanz, auch kulturell. Die westeuropäische Zivilisation, besonders die deutsche mit ihrer intellektuellen, handwerklichen, musikalischen Luxusausstattung wirkt aus russischer Sicht wie eine hochgezüchtete Maschine, die immer weiter perfektioniert wird. In Russland hingegen ist keine Reform gelungen, kein Problem gelöst – sei es sozialer, ökonomischer oder technologischer Natur. Die chronische Gewalt und Korruption sind Anlass für bittere Anklagen und Appelle, härtere Strafen einzuführen. Doch die Krankheit verschlimmert sich stetig. In diesem extremen Reizklima geht viel Kultur zugrunde – 2004 die Traditionsadresse des berühmten Moskauer Filmmuseums, das aus seinem Kinozentrum ins Mosfilm-Gelände verbannt wurde; 2005 das nicht weniger berühmte Experimentaltheater von Anatoli Wassiljew, wo die Stadt Moskau einen Verwaltungsdirektor installierte; und Ende 2008 das Petersburger Archiv der Gesellschaft Memorial über den Stalinterror, das von der Staatssicherheit konfisziert wurde (glücklicherweise wurde es später zurückgegeben). Doch einige Musenkinder, deren reizbare Nerven von einem extrastarken Immunsystem geschützt werden, können sich in dieser Welt durch das vorbegriffliche Denken ihrer Kunst orientieren und ihr eine humane Form abtrotzen. Die zwei Schriftsteller und zwei Komponisten, von denen ich in diesem Buch die menschliche Situation in ihrer russischen Zuspitzung ausleuchten lasse, sind der Romancier Wladimir Sorokin, die Lyrikerin Alina Wituchnowskaja, die Komponisten Wladimir Martynow und Wladimir Tarnopolski. Das geschieht in vier thematischen Kapiteln, die den vier Füßen entsprechen, auf denen jede Gesellschaft steht. Zum einen müssen Informationen gefiltert, dosiert und geheim gehalten werden. Außerdem muss jede Gesellschaft Gewalt unterdrücken, aber auch mobilisieren. Sie braucht freiwilligen Gehorsam, einen Vorschuss an Glauben. Schließlich muss sie ihren Mitgliedern ein Minimum an Vergnügen gewähren.

Sorokins Werk vergegenwärtigt mit seinen sadistischen Horrorvisionen Leidenschaften, die geleugnet und unterdrückt werden und ihren Besitzer ebenso deformieren wie den Gegenstand, an dem sie sich austoben. Sorokin hat mit seiner literarischen Fiktion jeder Entwicklungsphase seines Landes gewissermaßen die Maske abgenommen, findet sein deutscher Schriftstellerkollege Ingo Schulze (Schulze machte Sorokin dieses Kompliment auf einem der Weltwirtschaftskrise gewidmeten Treffen von Politikern und Intellektuellen, das die Friedrich-Ebert-Stiftung am 27. 2. 2009 in der Moskauer Gorbatschow-Stiftung organisierte). In Deutschland sei dergleichen kaum denkbar, glaubt Schulze. Die Lyrikerin Alina Wituchnowskaja empfindet ihre Existenz als solche als Zumutung. Frau Wituchnowskajas dichterische Hohelieder auf die Zersprengung der Welt erlauben, die Aggressionsgeladenheit der russischen Kultur wie unter dem Vergrößerungsglas zu betrachten. Der Komponist und Kulturtheoretiker Wladimir Martynow beklagt, dass der moderne Mensch allgemein und der Russe im Besonderen nicht mehr an Gott glaube und ihm gehorche. Die Schuld daran gibt Martynow der westlichen Säkularisierung, die Unordnung in die Welt brachte und den Einzelnen zum Schöpfer erhob. Das zehrte von der sakralen Energie des gestürzten Gottes und brauchte sie allmählich auf. Martynow erklärt die Epoche menschlicher Kreativität für beendet. Als soziale Erste-Hilfe-Maßnahme verfasst er minimalistische Ritualmusik, in deren handwerklich dürftiger Machart ein Bekenntnis zur Überwindung des Materiellen steckt, und die den abwesenden Gott anrufen und fromme Demut einüben will. Sein Antipode Wladimir Tarnopolski hingegen glaubt, nur

Frömmigkeit für die Dinge könne uns retten. Tarnopolski hat sich einer neuen, weil vielschichtigen, multimedial gebrochenen, schmerzlich-herben Klangsprache verschrieben, die aber immer auch sinnlichen Genuss bereiten soll, wie es das Dasein bei aller Tragik tut. Gift ist für sie kalkulierte Gefälligkeit ebenso wie das ideologische Tabu, das russische Avantgardisten im Interesse abgehobener Spiritualität über das Schönheitsempfinden verhängen; aber auch manche deutsche, die, wie der Russe beobachtet, glauben, sich nach Auschwitz kein Vergnügen mehr erlauben zu dürfen (siehe Tarnopolskis Interview: »Nur die Kunst kann uns befreien«, in: Osteuropa, 59. Jg., 4/2009).

## Die Helden

1. **WLADIMIR SOROKIN**, geboren am 7. August 1955 in Bykowo bei Moskau, ist der bedeutendste russische Gegenwartsliterat. Sorokin studierte am Moskauer Gubkin-Institut für Erdgas und -öl sowie am Institut für anorganische Chemie, das er als Diplomingenieur abschloss. Künstlerisch inspiriert und geprägt von der Underground-Bewegung des Moskauer Konzeptualismus, begann er als malender Konzeptualist und Buchillustrator, bevor er ab den siebziger Jahren auch Texte publizierte. Sorokins »Markenzeichen« sind, einerseits, die Fähigkeit, fremde Stile idealtypisch gesteigert zu reproduzieren, und, andererseits, idealtypische Situationen umkippen und einen gewalttätigen Kern offenbaren zu lassen. Oft wurde Sorokin vorgehalten, er schreibe vor allem für ein westliches Publikum. Die Kremljugendorganisation der »Zusammengehenden« schmähte ihn als Pornographen und Koprophagen, sie vernichtete symbolisch seine Bücher und wollte ihn vors Gericht bringen.

Werkauswahl: Die Schlange (1990; Original: Očered', 1985), Norma (1990; Norma, 1994), Himmelblauer Speck (2000; Goluboe salo, 1999), Roman (1994; Roman 1995), Ljod (2005; Led 2002), BRO (2006; Put' Bro 2004), 23 000 (2010; 23 000, 2005), Der Tag des Opritschnik (2006; Den' opričnika, 2006), Kapital (2007), Zuckerkreml (2010; Sacharnyj kreml', 2008), Der Schneesturm (Metel', 2009).

**2. ALINA WITUCHNOWSKAJA**, am 27. März 1973 in Moskau geboren, ist eine radikale und dabei außerordentlich subtile russische Lyrikerin. Seit ihrer Geburt empfand Alina Wituchnowskaja ihre Erdenexistenz als qualvoll und führte sie zunächst auf ein Missverständnis zurück, das sich bald aufklären müsste; bis sie mit sieben Jahren begriff, dass dieser Zustand endgültig war. Sie schreibt Gedichte, seit sie vier Jahre alt ist, zum einen als Anästhetikum gegen die Zumutungen der Wirklichkeit, vor allem aber als Methode der Kriegsführung gegen sie. Alina Wituchnowskaja sagt von sich, sie könne kein Vergnügen empfinden. Nach Zeitungsartikeln über Untergrundrauschgiftlabors wurde sie 1994, wegen angeblichen Rauschgiftbesitzes zwecks Veräußerung, ins Untersuchungsgefängnis gesperrt. Nachdem der russische PEN-Klub sich für sie einsetzte und für sie bürgte, kam sie ein Jahr später frei. 1997 wurde sie in derselben Angelegenheit noch einmal in Untersuchungshaft genommen, für ein halbes Jahr. Alina Wituchnowskaja findet die Menschen unerträglich sklavisch. Ihr erklärtes Ziel ist die »Vernichtung der Realität«, die »Diktatur des Nichts«, die »Metaphysik des Ich«. Alina Wituchnowskaja ist Aktivistin der libertären Splitterpartei »Republikanische Alternative«.

Werkauswahl: Anomalizm (Anomalismus, 1993), Detskaja kniga mertvych (Kindertotenbuch, 1994), Poslednjaja starucha-procentščica russkoj literatury (Die letzte alte Pfandleiherin der russischen Literatur, 1996), Sobaka Pavlova (Pawlows Hund, 1999), Roman s fenaminom (Roman mit Phenamin, 1999), Černaja ikona russkoj literatury (Die Schwarze Ikone der russischen Literatur, 2005); auf Deutsch erschien »Alina Vituchnovskaja«. Schwarze Ikone (2002).

**3. WLADIMIR MARTYNOW**, am 20. Februar 1946 in Moskau geboren, ist Komponist, Musik- und Kulturtheoretiker sowie -historiker. Martynow ist in Moskau der bekannteste Gegenwartskomponist. 1970 schloss er am Moskauer Konservatorium das Kompositionsstudium bei Nikolai Sidelnikow ab, arbeitete ab 1973 im experimentellen Elektronikstudio, gründete 1977 die Rockgruppe »Forpost« und unternahm ausgedehnte Folkloreexpeditionen in Russland und Zentralasien. Um 1976 spielte er vor allem alte europäische Musik, dann Minimal Musik und bekehrte sich zur »Neuen Einfachheit«. 1978 verabschiedete er sich vom Komponistenberuf, um im Dreifaltigkeits-Kloster des Heiligen Sergius altrussische liturgische Gesänge zu erforschen und zu lehren. Ab 1984 schrieb er wieder Film- und Bühnenmusik, insbesondere für Theaterregisseur Anatoli Wassiljew. Martynow vertritt die These, es sei heute unmöglich, originelle Musik zu schreiben, und hat das »Ende des Zeitalters komponierter Musik« ausgerufen. Er selbst macht bewusst dürftige Musik und bekennt sich dabei zur Methode der Bastelei (Bricolage) mit vorgefundenen Versatzstücken. Seine Stücke rubriziert er unter »opus.posth«, postume Werke. Martynow hält jährlich sein persönliches Festival ab, tritt als Multimedia-Künstler auf und unterrichtet Philosophie an der Moskauer Staatsuniversität.

Werkauswahl: Apokalipsis (Vokal, 1991), Plač proroka Ieremii (Die Klage des Propheten Jeremias, Vokal, 1992), Tancy Kali-Jugi ezoteričeskie (Esoterische Kali-Juga-Tänze, Klavier, 1995), Noč' v Galicii (Nacht in Galizien, Vokal- und Streichensemble, 1996), Upražnenija i tancy Gvido (Übungen und Tänze Guidos von Arezzo, Oper, 1997), Vita Nova (Dante-Oper, 2003).

Bücher: Konec vremeni kompozitorov (Das Ende der Epoche der Komponisten, 2002), Zona opus posth (Die Opus posth-Zone, 2005), Kazus vita nova (Der Fall Vita Nova, 2010).

CDs: Night in Galicia (CCn'C 00 802), The Lamentations of Jeremiah (Saison Russe RUS 288 153), Hymni (CDLA 00 027), The Correspondences (Opuspost-Series CDLA 08 024), Dances on the Shore (CDLA 04 068), Wall-Message (CDLA 11 095).

**4. WLADIMIR TARNOPOLSKI**, geboren am 30. April 1955 in Dnepropetrowsk, ist Komponist, Kompositionsprofessor, Ensemble- und Festivalleiter am Moskauer Tschaikowski-Konservatorium. 1978 schloss Tarnopolski am Konservatorium das Kompositionsstudium bei Nikolai Sidelnikow sowie Instrumentationslehre bei Edisson Denissow und Theorie bei Juri Cholopow ab. Als ausgesprochener Avantgardist und »Westler« konnte er zunächst nicht am Konservatorium arbeiten. Er unterrichtete an der Moskauer Ippolitow-Iwanow-Musikhochschule. 1984 gehörte Tarnopolski neben Alexander Wustin, Faradsch Karajew, Viktor Jekimowski, Sergej Pawlenko u. a. zu den Mitbegründern der Assoziation für Zeitgenössische Musik (ASM), die den abgerissenen Faden der gleichnamigen Vorgängerorganisation von 1923–1932 wieder aufnehmen wollte. Ab 1992 lehrte er am Konservatorium Komposition. 1993 gründete er dort das Solistenensemble »Studio für Neue Musik« sowie das Zentrum für Zeitgenössische Musik, wo bis heute in dichter Folge Konzerte, Gastspiele, Meisterklassen, Vorträge, Konferenzen abgehalten werden. 1994 veranstaltete Tarnopolski erstmals das von ihm aus der Taufe gehobene internationale Festival »Moskauer Forum«, das, mit wechselnden Themen- und Länderschwerpunkten, fast jedes Jahr stattfindet. Wladimir Tarnopolski, dessen Werke in vielen europäischen Ländern und in den Vereinigten Staaten aufgeführt werden, und dessen »Studio für Neue Musik« in Deutschland, Österreich, den Niederlanden und Frankreich auftritt, ist der international bekannteste russische Gegenwartskomponist.

Werkauswahl: Psalmus poenitentialis (Chor, Solovioline, Orgel, Schlagzeug, 1986), Drei Grazien (Opernparodie, 1987), Jesu deine tiefen Wunden (Streichtrio, Schlagzeug, Ensemble, 1987), Troïsti muziki (Klaviertrio mit Gesang, 1989), Kassandra (großes Ensemble, 1991), Ah, ces russes ou l'Élixir magic (Opernfarce, 1993), Welt voll Irrsinn (großes Ensemble, 1993), Wenn die Zeit über die Ufer tritt (Oper, 1999), Jenseits der Schatten (Multimedia-Oper, 2006), Last and Lost (Kammerensemble, 2010).

CDs: An Introduction to Vladimir Tarnopolski (MDC 7838), Welt voll Irrsinn (Klimop-006, vergriffen).

Meine vier Helden wohnen in Moskau – Sorokin an seinem Rand –, das viel mehr ist als die russische Hauptstadt. Es ist das Zentrum der politischen Macht, die wie ein Okkupant auf dem Land sitzt. Moskauer werden im Rest von Russland beneidet. Aus allen Provinzen streben die Menschen nach Moskau wie Spermien zur reifen Eizelle. Inmitten des riesigen, sich entleerenden Landes drängen sich in der Hauptstadt geschätzte zwölf Millionen, beinahe zehn Prozent der Bewohner, auf durchschnittlich 20 Quadratmeter überteuerter Wohnfläche pro Person, so die offizielle Statistik, als seien die Russen ein Volk ohne Raum. Wenn diese Stadt einen Reiz hat, so liegt er in ihrer Menschenfeindlichkeit. Die Dichterin Anna Achmatowa, die lyrische Stimme Petersburgs während der Sowjetepoche, fand noch 1940, dass im Moskauer Kreml die Mikroben einer schrecklichen Tradition fortleben: die »animalische Angst des Boris, die Bosheit aller Iwans, die Arroganz des Usurpatoren« (siehe Achmatowas Gedicht »Stanzen«, Stancy). Hier ist alles machtbesessen, das Wirtschaften, das Denken, das Autofahren, die Kultur. Figuren wie Alina Wituchnowskaja und Wladimir Martynow sind vielleicht nur in Moskau überhaupt denkbar. Das Werk Wladimir Sorokins, der aus dem Vorort Bykowo stammt, lebt von der verunstaltenden Gravitation des Machtmolochs, von dem er zugleich die Distanz des Forschers wahrt. Der Übergangszustand, wo das menschliche Material sich der Moskauer Staatsmaschine, die es in Frikassee verwandeln will, widersetzt, sei für die Kunst ein Eldorado, sagt Sorokin (siehe sein Interview mit Ol'ga Cipenjuk in »Citizen K«, Frühling 2009, S. 287). Seine Familienresidenz hat der Schriftsteller bewusst in Wnukowo erbaut, einem Vorstadtgebiet, wo er, wie er sagt, das menschliche Maß findet (a. a. O., S. 284). Auch Wladimir Tarnopolski, der aus dem ostukrainischen Dnepropetrowsk nach Moskau kam, fühlt sich von künstlerischen Themen hier geradezu umzingelt – während er bei westlichen Komponisten manchmal den Nachklang echter Probleme vermisst (siehe sein Interview: »Nur die Kunst kann uns befreien«, a. a. O., S. 91).

Heute predigt Tarnopolski den jüngeren Komponisten nicht, wie es in den neunziger, aber auch in den nuller Jahren viele russische Kollegen taten, nach Deutschland mit seiner reichen kulturellen Infrastruktur und der guten Versorgung auszuwandern. Sie sollten lieber in Moskau gegen alle Widerstände Musiker und Schüler heranziehen. Denn wenn nicht Russlands Kunstproduzenten die Therapie ihrer schwerkranken Heimatkultur selbst in die Hand nehmen, so werde, ist der Konservatoriumsprofessor überzeugt, das keiner tun.

# I. Kapitel

# GEHEIMNIS

## Vom Augenschmerz durchdrungen

Der Blick hinter die Kulissen ist immer deprimierend. Das Ende der Geheimhaltungspolitik, womit der letzte Generalsekretär der KPdSU, Michail Gorbatschow, den Sowjetstaat glaubwürdig machen und Unterstützung für ihn bei der Bevölkerung mobilisieren wollte, war auch der Anfang vom Ende des sowjetischen Systems. Die Errungenschaften des damaligen russischen Staates – eine minimale, auch ärztliche Grundversorgung der Bürger, relative ökonomische Gleichheit auf niedrigem Niveau, Arbeitsplatzgarantie, ein trotz ideologischer Indoktrination solides Bildungssystem – waren erkauft durch eine weitgehende Enteignung aller und eine Mobilisationsmaschine, die dem Einzelnen seinen Lebensweg ziemlich detailliert vorzeichnete. Nach seinem opferreichen Aufbau unter Stalin und seiner Humanisierung unter Chruschtschow, erreichte dieses gesellschaftliche Gebilde in den 70er Jahren unter Breschnew ein Plateau, das apologetisch »Entwickelter Sozialismus« und kritisch »Stagnation« genannt wurde. Trotz Dissidentenverfolgung und Zwangspsychiatrie war es die Zeit eines für dieses Land exzeptionellen sozialen Friedens. In der nachstalinistischen Tauwetter-Periode wurden Heerscharen von Sowjetfamilien aus Wohnheimen und Baracken in billig gebaute, aber moderne, separate Wohnungen umgesiedelt. Obendrein wurde der Traum vom eigenen Auto für Nichtnomenklaturisten realisierbar. Mit Beziehungen, einem Kriegsveteran in der Verwandtschaft und einigen Jahren Geduld konnte man einen Moskwitsch erwerben, der in einem vor 30 Jahren demontierten deutschen Opel-Werk gefertigt wurde, oder einen Schiguli aus der Wolgastadt Togliatti, der seiner technischen Substanz nach ein veralteter Fiat war.

Man musste sich nicht mehr alles versagen. Die Elite, die Nomenklatura, hatte, diskret versteckt, ihre Sondersanatorien, Sonderkliniken, Sonderläden, wo nur ihre Angehörigen und Leute mit Westgeld und Valutarubeln westliche Haushaltselektronik, japanische Schirme oder italienische Stoffe einkaufen konnten. Doch kleinere Kontingente an Importwaren, finnischen Mänteln, österreichischer Kleidung, französischen Schuhen kam auch in die Publikumsgeschäfte. Die Rubel zahlenden Kunden, von denen es immer zu viele gab, mussten einen Platz in der Schlange ergattern und »durchstehen«, gern auch während ihrer Arbeitszeit. Gut vernetzte Leute tauschten Theaterkarten, medizinischen Spiritus oder Frischfleisch ein. Das Abzweigen vom Volkseigentum, was unter Stalin mit Lagerhaft geahndet werden konnte, wurde beinahe zur Gepflogenheit. Kolchosbauern, Fabrikarbeiter, Restaurantkellner trugen Baumaterial, Werkzeug, Delikatessen davon. Unternehmensleiter ließen Produktionsanlagen und ganze Eisenbahnladungen verschwinden. Einige gründeten Untergrundfirmen. Wer sich im kleinen Stil selbst bediente, galt daher nicht als Dieb, sondern als »Nessun«, als Träger von etwas. Die Sowjetpresse schimpfte über die Träger. In eklatanten Fällen kam es zum Gerichtsprozess. Doch den ungeschriebenen Vertrag des Leben und leben Lassens in einem Mangelsystem umreißt die versöhnlich zynische Redensart jener Tage: »Wir tun so, als ob wir arbeiten, und die tun so, als ob sie uns bezahlen.«

Juri Andropow, langjähriger KGB-Chef und Gorbatschow-Förderer, der nach Breschnews Tod 1982 Generalsekretär wurde, zog die allzu sehr gelockerten Schrauben wieder an. Wer tagsüber ins Kino oder in die Sauna ging, begegnete Kontrolleuren, die nachforschten, wo er angestellt war und ob er heute frei habe. Andropow zerschlug einige Korruptionsnester und ließ bei der Säuberung des Moskauer Handelskomitees sogar Todesurteile verhängen. Doch nachdem Andropow schon 1984 starb, leistete sich die Gesellschaft mit dem greisen Generalsekretär Tschernenko noch eine Atempause. Nach dessen Tod 1985 übergab das Politbüro das Steuer dem aus der südrussischen Provinz stammenden Gorbatschow. Der begann mit Disziplinierungsversuchen wie Andropow. Der neue Generalsekretär bekämpfte »unverdiente Einkommen« und, durch eine Beinahe-Prohibition, die Trunksucht. Doch davon profitierte vor allem die Schattenwirtschaft. Da legte Gorbatschow, der sich vorsichtshalber immer auch mit politischen »Bremsern« umgab, Sperrzäune nieder.

Der letzte Sowjetherrscher verhehlte nicht, dass er das System, das er lenkte, eigentlich auch nicht verstand. Er suchte das Gespräch, mit Leuten auf der Straße, mit Intellektuellen. Er betonte, dass er auf viele Fragen keine Antwort wisse. Seine Politik der »Glasnost« oder Publizität, die die Parteizensur beendete, war wie das Entfernen von Bremsklötzen. Die Presse, insbesondere die Wochenblätter »Moscow News« und »Ogonjok«, aber auch das Fernsehspätabendprogramm »Wsgljad« holten die Skelette aus dem Schrank der Macht. Sie berichteten über Gräueltaten unter Stalin: die massenmörderische Kollektivierung der Bauern, die Schauprozesse, die brutalen und oft willkürlichen Säuberungen, die Vernichtungsschläge gegen Kultur und Wissenschaft. Diese Dinge waren bis dahin den Untergrundpublikationen des Samisdat, Auslandssendern und Küchengesprächen vorbehalten. 1989 wurde die Existenz des geheimen Zusatzprotokolls im Molotow-Ribbentrop-Pakt, das Osteuropa und die baltischen Staaten der sowjetischen Interessenssphäre zuschlug, offiziell zugegeben. Bis dahin hatte die Sowjetführung es standhaft geleugnet. Im gleichen Jahr bestätigte der Oberste Sowjet, dessen Debatten im Fernsehen live übertragen wurden, dass die 1939 im Wald von Katyn ermordeten polnischen Offiziere einem NKWD-Kommando zum Opfer gefallen waren, nachdem man die Tat jahrzehntelang den Nazis zugeschrieben hatte (2009, als das Verhältnis zu Europa abgekühlt und Polen gegenüber regelrecht feindselig geworden war, wollte die russische Duma den Fall allerdings wieder neu aufrollen). Die Sowjetbürger fühlten sich auf einmal als mündige Subjekte angesprochen, die auch bittere Wahrheiten vertragen konnten.

Doch damit demontierte der Generalsekretär das System, das ihn trug. Zuerst ging die Fahrt in Richtung »Neue Ökonomische Politik«, dem vorstalinistischen Wirtschaftsliberalismus unter Parteikuratel. Ihr Wortführer Nikolai Bucharin, ein Schauprozessopfer, wurde rehabilitiert. Die Staatsbetriebe wurden angewiesen, Profit zu machen. Genossenschaftliche Kleinunternehmen, die »Kooperativen«, wurden zugelassen. Reformkommunisten wie der Historiker Roy Medwedjew und der Dramatiker Michail Schatrow beschworen die Rückkehr zu »leninschen Prinzipien«. Doch Lenin und die leninsche Garde boten keinen Halt. Die Unternehmer hatten Blut geleckt. Der Historiker Juri Afanassjew erinnerte an Planziffern zu tötender Volksfeinde, die der Staatsgründer seinem technischen Personal vorgab. Selbst Bucharin hatte ja die Menschheit durch Arbeitszwang und Erschießungen zum Sozialismus erziehen wollen (in seinen während des Bürgerkriegs entstandenen Schriften »ABC des Kommunismus« und »Ökonomie der Übergangsepoche« rechtfertigte Bucharin den Terror im Klassenkampf gegen die Bourgeoisie und prophezeite, die Umerziehung zu kommunistischer Arbeitsethik und -disziplin würde zwei, drei Generationen in Anspruch nehmen). Die Eigendynamik der Glasnost machte immer mehr die Repression und Betrügerei sichtbar, ohne die es Staaten und Wirtschaftsimperien und ganz besonders das Sowjetsystem nicht geben würde. In den Sowjets der Volksdeputierten, dem Repräsentations- und Kontrollorgan, profilierte sich die »Interregionale Abgeordnetengruppe«, die aus demokratisch bekehrten Angehörigen der Partei-Elite bestand, beispielsweise dem Historiker Afanassjew, dem späteren Moskauer Bürgermeister Gawriil Popow, dem späteren Petersburger Bürgermeister Anatoli Sobtschak und dem ehemaligen Politbüro-Kandidaten und späteren russischen Präsidenten Boris Jelzin. Die de facto antisowjetische Vereinigung gab bei dem ersten halbwegs frei gewählten Kongress der Volksdeputierten 1989 den Ton an. Bei der Direktübertragung der Debatten, wo der Mehrfachweltmeister im Gewichtheben, Juri Wlassow, die KGB-Beschattung der gesamten Gesellschaft anprangerte, leerten sich Moskaus Straßen. Der Abriss des staatlichen Lügengebäudes hatte etwas Berauschendes.

Unterdessen brach, auch weil die neuen Privatfirmen Lieferströme umleiteten, die Industrieproduktion ein. In den nichtrussischen Republiken bildeten sich nationale Volksfronten gegen die sowjetische Unterdrückung. Um die Lage unter Kontrolle zu bringen, stärkte Gorbatschow das Lager der Bremser. Im letzten Jahr seiner Herrschaft machte er Finanzminister Valentin Pawlow zum Regierungschef und Gewerkschaftsapparatschik Gennadi Janajew zum Zentralkomiteevorsitzenden und Vizepräsidenten. Parallel versuchte er, mit den Chefs der Sowjetrepubliken einen neuen Unionsvertrag auszuhandeln. Zwar ermittelte eine landesweite Volksbefragung im März 1991 noch einen überwältigenden Zuspruch (76,43 Prozent der abgegebenen Stimmen) zum Fortbestehen des Gesamtstaates. Doch im August zogen acht Sowjetpatrioten, unter ihnen Pawlow, Janajew und KGB-Chef Krjutschkow, indem sie Gorbatschow für abgesetzt erklärten, die Notbremse. Die Repressionsmaschine gehorchte aber nicht mehr. Die Möchtegern-Retter des Vaterlandes gaben nach drei Tagen auf. Die Politiker, die dann das Steuer übernahmen, Jelzin, der ukrainische Präsident Krawtschuk und der weißrussische Staatschef Stanislaw Schuschkewitsch, entschieden, eine Reparatur des Systems lohne nicht. Der gestürzte Wagenlenker Gorbatschow aber, der zweifellos menschlichste und möglicherweise auch ehrlichste aller Sowjetherrscher, wurde bald zum meistgehassten Politiker in seinem Land.

Auf Russlands denkende Öffentlichkeit, die Jugend, die Unternehmer und Künstler wirkte die schnelle Niederschlagung des Augustputsches 1991 euphorisierend. Nun würde man endlich frei lernen, kaufen, verkaufen und sich ausdrücken können, war ein weit verbreitetes Gefühl. Es erfasste auch den Schriftsteller Wladimir Sorokin, der, damals 36 Jahre alt, vor dem Obersten Sowjet, Russlands Weißem Haus, für Jelzin demonstrierte. Auf Sorokin hatte, wie auf viele seiner Altersgenossen, in den siebziger Jahren die Lektüre von Alexander Solschenizyn und George Orwell prägend gewirkt. Die Art, wie der Russe und der Engländer die Betrugstechniken totalitärer Systeme, einmal realistisch, einmal antiutopisch, enttarnten, machte den zuvor apolitischen Jüngling zum Regimegegner. Das Schöpfertum in ihm erweckten jedoch vor allem die Märchen aus Tausendundeiner Nacht, außerdem Gogols fantastische Erzählungen und nicht zuletzt die Maler des Surrealismus, René Magritte, Salvador Dalí, Max Ernst, glaubt er.

Denn die führten ihm vor, wie man sich eine alternative Wirklichkeit schafft, statt die vorhandene zu kopieren. Seine eigene poetische Sprache fand Sorokin schließlich, als er um 1980 zu den Moskauer Konzeptualisten stieß, den Malern Ilja Kabakow und Erik Bulatow, den Dichtern Dmitri Prigow und Wsewolod Nekrassow. Diese Künstler wichen den monströsen offiziösen Bild- und Wortschablonen nicht aus. Sie reproduzierten die Sanatoriumsidyllen, die verheißungsvollen Qualitätsstempel, die Vorschriftenlyrik und machten das unsichtbare Gefängnis aus Hoffnung und Verboten sichtbar, das alle mit sich herumtrugen. Sorokin imponierte das. Denn die literarischen Dissidenten und informellen Maler der 60er Jahre hatten sich vor der falschen Welt des Staates in authentische Innenwelten zurückgezogen, dadurch aber auch kapituliert.

Von Sorokin war in Frankreich, England und der Schweiz während der Perestroikajahre sein erstes Buch erschienen: »Die Schlange« (Očered'), dessen Manuskript er 1984 Andrej Sinjawski nach Paris geschickt hatte. Der ganz aus Repliken zusammengesetzte Text vergegenwärtigt die menschliche Gesellschaft als kollektiven Organismus, der durch die Hoffnung auf knappe Konsumgüter zusammengeschweißt wird. Aufseher, die Sperrzäune aufstellen, Anwesenheitslisten abfragen, Sonderberechtigte vorbeibugsieren, halten den Tausendfüßler in Form. Dies ist nicht die eiserne Schlange der Arbeits- und Aufmarschkommandos, sondern die plastische Form der Sehnsucht, die die homogenisierte humane Masse beinahe widerstandslos annimmt. Verglichen mit der Angstlusterfahrung der Stalinzeit mit ihrer Säuberungshysterie, der Lagernot und dem Aufbaufieber wirkt die erzwungene Intimität, die hier geschildert wird, beinahe paradiesisch, auch wenn einzelne Stimmen für die Ordnung und die niedrigen Preise unter Stalin schwärmen. Das Kriechen von Sorokins Schlange wird von der Sommersonne beschienen. Einem Schlangesteher schmilzt die Butter in der Tasche. Ein Kind klagt über Durst. Nahebei wird kühles Kwas ausgeschenkt. Wenn die vielköpfige Schlange müde oder trunken einschläft, veranschaulichen weiße Seiten ihren zeitweiligen Stromausfall.

Sorokin war 1984 von der Geheimpolizei vorgeladen worden, als diese die Moskauer Konzeptualisten unter die Lupe nahm. Der KGBler, der durch seine Fragen die Gefährlichkeit des Schriftstellers für das Regime zu ermessen suchte, wirkte allerdings nicht gut informiert, erinnert er sich. Der Beamte schien nicht einmal von dem nach Paris geschmuggelten Manuskript der »Schlange« zu wissen. Doch als Sorokin sich Ende August 1991 vor dem Weißen Haus einfand und ein Teil der Menschenmenge in Richtung Lubjanka-Platz zum KGB-Hauptquartier loszog, schloss er sich ihr an. Die Demonstranten meinten, nach dem Sieg über die Putschisten sei es an der Zeit, das Denkmal des Geheimdienstgründers Dserschinski von seinem Sockel zu holen. Der weit wallende Metallrock des »Eisernen Felix«, wie Jewgeni Wutschetitsch ihn dargestellt hatte, verbarg wie ein Mantel der Muttergottes die dem Staat gebrachten Opfer. Ein paar junge Männer kletterten an dem Standbild empor, legten ihm Seile um und wollten es herunterziehen. Doch der demokratische Politiker Sergej Stankewitsch hielt sie zurück. Wenn die schwere Bronzefigur abstürzen würde, mahnte Stankewitsch, könnte sie dabei unterirdische Gewölbe und Leitungen beschädigen. Auf Stankewitschs Bitten wartete die Menge brav zwei Stunden, bis ein Hebekran anrollte. In diesen zwei Stunden spürte Sorokin, dass der Sturz der Sowjetmacht, den er so lange herbeigesehnt hatte, keine Revolution war. Der rostfreie Koloss stützte nichts mehr. Dass man ihn professionell und ohne Sicherheitsrisiko demontieren konnte, war für Sorokin der Beweis, dass er keinen historischen Paradigmenwechsel erlebte, sondern nur einen Wechsel der Eliten.

Russland wollte sich nicht mehr durch geheimes Wissen regieren lassen. Die demokratischen Machthaber und beträchtliche Teile vor allem der jüngeren Bevölkerung waren erfüllt von historischem Optimismus. Das Komitee für Staatssicherheit KGB wurde im September 1991 umbenannt in MSB oder Interrepublikanischer Sicherheitsdienst (Mežrespublikanskaja služba bezopasnosti). Seine Leitung übernahm der liberale Ex-Innenminister Wadim Bakatin, der die Behörde in einen »normalen«, gesetzestreuen Geheimdienst umwandeln wollte. Damals kam sogar ein Magister der Weißen Magie in die Lubjanka und hielt dort Gruppentherapiesitzungen ab, um mit »Gottes Hilfe«, wie er sich ausdrückte, die Seelen der Tschekisten zu reinigen (siehe meine Feuilletonglosse »Weiße Magie« in der Frankfurter Allgemeinen Zeitung vom 11. 10. 1991). Im Dezember wurde durch das Abkommen der drei slawischen Republiken Russland, Ukraine und Weißrussland die Sowjetunion dann offiziell verschrottet. Viele enttäuschte Tschekisten nahmen ihren Abschied und gingen in die Privatwirtschaft.

Um den Übergang zur Marktwirtschaft zu beschleunigen, verordnete Russland sich eine Schocktherapie. Als erstes wurden für die weitgehend aus Monopolen bestehende Ökonomie die Preise freigegeben. Die Inflation galoppierte. Sparguthaben wurden vernichtet. Viele stürzten in Armut. Vor allem ältere Leute verhökerten auf Flohmärkten ihre Habe und boten in Fußgängerunterführungen einzelne Zigaretten an. Im Lebensmittelsortiment der Läden stieg der Anteil westlicher Konserven, Schokoriegel und Kartoffelchips.

Der Staat machte Schulden und startete ein Privatisierungsprogramm. Schon 1992 wurden an alle Bürger Privatisierungsschecks, so genannte »Voucher« ausgegeben, deren Nennwert von jeweils 10 000 Rubel ihrem Anteil an jener Summe von 1,4 Billionen Rubel entsprach, auf die der nationale Besitz an Wirtschaftsbetrieben geschätzt wurde. Präsident Jelzin pries den Privatisierungsscheck als »Eintrittskarte in die freie Wirtschaft«. Mitarbeiter von Konzernen sollten damit zu deren Aktionären werden. Freilich berechneten die Direktoren in der Regel dann den Wert ihres Unternehmens möglichst niedrig, um auch den Wert der auszugebenden Aktien zu senken. Das in den sechziger Jahren von Fiat erbaute Autowerk in der Wolga-Stadt Togliatti beispielsweise wurde für 45 Millionen Dollar privatisiert, was etwa zwei Prozent seines Marktwertes entsprach. Das erleichterte es der Betriebsleitung, das Kontrollpaket zu erwerben.

Der Voucher war ein Wechsel auf die russische Industrieproduktion, die vorerst weiter absackte. Wer nicht einem Großkonzern angehörte, sollte sich bei einer Aktiengesellschaft oder einem Investmentfonds einkaufen. Privatisierungsarchitekt Anatoli Tschubais appellierte an die tiefsten Sehnsüchte seiner Landsleute, als er prophezeite, jeder Voucher würde bald so viel wert sein wie zwei Wolga-Limousinen. Der Wolga, der in Nischni Nowgorod gefertigt wird, in einer Fabrik, die in den dreißiger Jahren von Ford gebaut wurde, ist Russlands relativ solider Chauffeur- und Taxiwagen, der manchmal auch der sowjetische Mercedes genannt wurde. Analysten rechneten 2006 aus, dass die Glückspilze, die damals ihre Schecks in Aktien von Norilsk-Nikel, Gasprom oder Tschubais' Vereinigtes Elektrizitätsnetz RAO-EES anlegten, 4000 bis 5000 Prozent Gewinn gemacht haben, was der Wertsteigerung eines Vouchers von umgerechnet 17 Dollar auf bis zu 900 Dollar entspricht (Oleg Mitjaev: »900 $ za vaučer 1992 goda«, in: Izvestia, 4. 9. 2006). Das entspricht freilich nur etwa einem Elftel des Wertes eines Wolgas, der, inzwischen mit einem Chrysler-Motor bestückt, mindestens 10 000 Dollar kostet. Doch die wenigsten Voucher-Inhaber hatten die Möglichkeit, ihren Gutschein direkt irgendwo zu investieren. Die meisten wussten nicht, was sie mit dem Schein anfangen sollten. Wladimir Sorokin glaubt, bei seiner Schwiegermutter einmal einen Voucher gesehen zu haben. Er selber, sagt er, besaß nie einen. Wladimir Martynow wollte mit dem Voucher nichts zu tun haben. Er habe das auch seinen Eltern ausgeredet, erinnert er sich, als die sich vom Voucher vage einen Nutzen erhofften. Wladimir Tarnopolski vermutet seinen Voucher irgendwo auf seinem Bücherregal. Die Privatisierungsscheine hatten auch die Aufgabe,

Privatisierungskritikern das Maul zu stopfen. Die meisten landeten bei Aufkäufern für Bares; im Winter 1993/4 bekam man nur noch 3000 bis 4000 Rubel für sie. Das war weniger als der Preis von zwei Flaschen Wodka.

Kleinsparer, die ihre Rücklagen schmelzen sahen, wurden zur leichten Beute von Schneeballfirmen. Deren berühmteste wurde »MMM«, die 1993 ihren »Aktionären« Gewinne von 1000 Prozent im Jahr versprach. Mit ihrer Serie von Fernsehspots, worin der magere Proletarier Ljonja Golubkow dank seiner MMM-Einnahmen seiner Frau erst ein paar Stiefel, dann einen Pelzmantel kauft und schließlich nach Amerika zum Fußballturnier fährt, schuf MMM auch eine Parallelrealität. Geschätzte zwei bis fünf Millionen Leute, darunter viele alte Mütterchen, vertrauten MMM ihre Ersparnisse an. Für die Intelligenzia gab es die »seriöse« Schneeballfirma Tschara, die wenig Werbung machte. Tschara kam auf rund 40 000 Investoren, darunter viele Wissenschaftler, Lehrer, Künstler und auch die Familie Sorokin. Der Schriftsteller besuchte die Geschäftsstelle von Tschara, was nach dem russischen Wort für Zauberei und Verführung, »Tschary«, klingt, zweimal bei staubigem Moskauer Sommerwetter. In jener Zeit der Hyperinflation standen die Einzahler – in unterschiedlichen Schlangen, je nach der Summe, die sie anlegen wollten – vor den Schaltern, die ihnen Superzinsen versprachen, erinnert sich Sorokin. Den Schriftsteller beeindruckte der wahnhaft euphorische Gesichtsausdruck vieler Menschen. Man erzählte sich, dass eine Putzfrau bei Tschara 20 000 Dollar in einem Mülleimer gefunden habe. Die Sorokins investierten ein paar tausend Dollar – das Geld, was zur Anschaffung einer Wohnung nicht reichte und zum Leben nicht gebraucht wurde. Ein Auto hatten die Sorokins schon. Einen Führerschein besaß freilich nur die Gattin des Schriftstellers, Irina. Dafür war Sorokin leidenschaftlicher Passagier. Am liebsten auf vereisten Straßen. Das Gefühl, wenn der Wagen außer Kontrolle und ins Schleudern gerät, sei einfach himmlisch, findet er. MMM wurde im Sommer 1994 der

Steuerhinterziehung angeklagt und stellte im Juli alle Zahlungen ein. Im selben Herbst bekam man auch bei Tschara sein Geld nicht mehr wieder. Rückblickend empfindet Sorokin den Verlust als beinahe gerechtes Lehrgeld, jedenfalls sieht er darin das Gesetz jeder Versuchung bestätigt, wonach man diejenigen Ressourcen, mit denen man spielt, eigentlich entbehren kann.

Die Industrieproduktion war auf Talfahrt – bis auf die Autoindustrie. Für russische Kraftwagen blieb auf dem heimischen Markt die Nachfrage hoch. Der geniale Finanz- und Politmanipulator Boris Beresowski zog daraus seine Lehren. Wie jeder, der einen großen Aktionsradius braucht, träumte der junge Beresowski, ein hoffnungsvoller Mathematiker, schon in den zähen siebziger Jahren von einem eigenen Wagen. Sein Freund, ein Computerspezialist, der damals mit ihm am Institut für Automatik und Telemechanik (einem frühen Computerinstitut, dem späteren Institut für Steuerungswissenschaften der Akademie der UdSSR) arbeitete, hatte einen alten Schiguli, der, auch weil Ersatzteile kaum zu bekommen waren, dauernd kaputt ging. Beresowski, der später, zu Beginn der Perestroika, ein eigenes Labor zur mathematischen Berechnung von Entscheidungsprozessen gründen würde, machte ihm einen Vorschlag. Er würde den Wagen nach Togliatti fahren, bot er dem Freund an, und ihn im Autowerk dort total überholen lassen. Als Lohn wollte Beresowski danach den Wagen mit seinem Besitzer teilen. Der willigte ein, er bekam ein praktisch neues Fahrzeug, wenn auch halbzeitig: Eine Woche fuhr er damit, die nächste Woche Beresowski. Doch der nutzte das Potential des Autos erst richtig. Der Computertechniker legte in sieben Tagen 500 Kilometer zurück, Beresowski brachte es auf 3000 (siehe David Hoffman: The Oligarchs. Wealth And Power In The New Russia. New York, PublicAffairs, 2002, S. 135 f.).

Der Halter des Wagens fragte gar nicht nach den Umständen von dessen Verwandlung. Doch Beresowski, der Entscheidungstheoretiker, spürte, dass das Streben nach einem

Auto für Millionen ihr Hauptantriebsmotor war. Er baute seine Kontakte nach Togliatti aus. Wenn Avtovaz-Manager Wladimir Tichonow nach Moskau kam, um dort mit italienischen Autoindustriellen zu konferieren, leistete Beresowski Chauffeur-Dienste für ihn. Im Perestroika-Jahr gründete er die Firma Logovaz, die, nachdem er Avtovaz-Chef Wladimir Kadannikow als Partner gewonnen hatte, Neuwagen vom Mutterwerk zum Staatspreis erwarb und um ein Drittel teurer verkaufte. 1992 eröffnete Logovaz in Moskau eine Mercedes-Reparaturwerkstatt und setzte mit dem Verkauf zehntausender Ladas und Niwas 250 Millionen Dollar um. Doch auch für minder bemittelte Schichten erschien der Traum vom eigenen Wagen, dank Beresowski, für eine Weile greifbar nahe. 1993 lancierte der als Mathematikdozent ausgebildete Geschäftsmann das Projekt eines neuen russischen »Volkswagens« namens Avva (für Avtomobil'nyj Vserossijskij al'jans, Allrussische Automobilallianz). Die Abkürzung bezeichnete eine Produktionslinie, die Avtovaz gemeinsam mit General Motors bauen wollte. Sie sollte, optimistischen Schätzungen zufolge, 800 Millionen Dollar kosten, von denen man 300 Millionen vom privaten Wertpapiermarkt holen wollte. »Russland muss sein Industriepotential entwickeln, wenn es die politische und wirtschaftliche Eigenständigkeit bewahren und nicht zum Drittweltland absinken will«, erklärte Beresowski, der mit einer aggressiven Reklamekampagne für Avva-Zertifikate um Käufer warb. Ab 1996 sollte das Gemeinschaftsunternehmen 300 000 Neuwagen jährlich vom Band laufen lassen. 1994 kauften zehntausende Russen Avva-Proto-Aktien, die wie der Voucher mit 10 000 Rubel benotet und an den Börsen lebhaft gehandelt wurden. Mehr als 50 Millionen Dollar kamen dennoch nicht zusammen. General Motors stieg, auch wegen der Korruption bei Avtovaz, aus dem Geschäft aus. Im Herbst 1994 verloren die Avva-Papiere das meiste ihres Wertes. Aus einem russischen Volksauto wurde nichts. Doch Avva hatte Avtovaz-Aktien erworben. Beresowskis Anteil am Autokonzern stieg auf 34 Prozent, er wurde Aufsichtsratsmitglied bei Avtovaz. Dort führte er die finanztechnische Innovation der Scheinausfuhr ein. Autos, die für den Export bestimmt waren, wurden vom Werk billiger abgegeben. Die Wagen verließen Russland jedoch nur auf dem Papier. Sie wurden von Logovaz dem stets unterversorgten einheimischen Verbraucher zugeführt, der zudem glaubte, Exportmodelle seien besser verarbeitet. Trotzdem geriet Logovaz gegenüber der Mutter Avtovaz immer tiefer in die Kreide. Als 1995 die Schulden 1,2 Milliarden Dollar oder ein Drittel der Jahreseinnahmen erreichten, brach Avtovaz-Chef Kadannikow alle Beziehungen zu Beresowski ab (siehe Paul Klebnikow: »Der Aufstieg des Oligarchen«, Forbes, 4. 9. 2000).

Die Pioniere der Produktion und Dienstleistungen, die Handwerksbetriebe oder Restaurants aufmachten, bekamen unterdessen sehr bald Besuch von Schutzgelderpressern, manchmal sogar noch, bevor das Lokal überhaupt eröffnet war. Die Banditen hatten ihre Informanten bei der Polizei, der Verwaltung, großen Konzernen, die sie über Neugründungen, Lieferadressen, Razzien auf dem Laufenden hielten. Moskauer Unternehmensgründer staunten, wie gut die ungebetenen Geschäftsfreunde sich in ihrer finanziellen Intimsphäre auskannten (siehe meinen Feuilletonartikel »Kaninchen und Schlange« in der Frankfurter Allgemeinen Zeitung vom 29. 1. 1994). Das Organisierte Verbrechen war wie der Igel, der immer vor dem sich abstrampelnden Hasen des naiven Unternehmers am Ziel war. Viele Firmen zahlten Schutzgeld statt Steuern. Der Staat finanzierte seine Ausgaben in der zweiten Hälfte der neunziger Jahre in hohem Maß über kurzfristige Staatsanleihen und baute sein eigenes Schneeballsystem. Die Obligationen (GKO für Gosudarstvennye kratkosročnye obligacii) hatten eine Laufzeit von einem bis maximal zwölf Monaten und waren hoch verzinst, nach einem Satz von 20 bis 50, manchmal aber auch 100 Prozent pro Jahr. Allein um die Schuldzinsen zu bedienen, mussten immer neue Anleihen aufgenommen werden – wodurch die mit Finanzbeamten befreundeten Banken gut verdienten. Bis zum Beinahe-Staatsbankrott im August 1998, als, nach dem Bedienungsstopp der Anleihen, die Börse und der Rubelkurs zusammenbrachen.

Das Wertvollste, was das Land in den neunziger Jahren produzierte, war Selbsterkenntnis. Die Medien erlebten eine Blütezeit. Den Ton gab der Fernsehsender NTW (der Name steht für »Unabhängiges Fernsehen«, Nezavisimoe televidenie) vor, die erste und einzige Privatanstalt, die den größten Teil Russlands erreichte. Dessen Nachrichtenprogramm »Segodnja« (Heute) zeichnete ein ziemlich realistisches Neurogramm von Russland. Man sah Lehrer und Ärzte streiken, die ihre Gehälter monatelang nicht bekamen. Das Sonntagabendmagazin »Itogi« (Ergebnisse) nahm Politiker ins journalistische Kreuzverhör, bevor die Satiresendung »Itogo« (übersetzbar als »Endsumme« oder: »macht zusammen«) sie und gern auch Präsident Jelzin zu Witzfiguren machte. NTW belebte außerdem die staatlichen Kanäle, deren Journalisten sich angesichts der starken Konkurrenz ins Zeug legten. NTW war eine Schöpfung des gelernten Theaterregisseurs Wladimir Gussinski, der aber auch als informeller Taxifahrer gearbeitet und Anfang der neunziger Jahre mit Finanzgeschäften ein Vermögen gemacht hatte. Gussinski gründete die Most-Bank und auf ihrem Fundament ein Medienimperium, zu dem außerdem die Tageszeitung »Segodnja«, die Wochenzeitschrift »Itogi«, der Radiosender »Echo Moskwy« und schließlich das Satellitenfernsehen NTW-Plus gehörte. Alle Most-Medien fuhren einen liberalen, kremlkritischen Kurs. NTW berichtete von Korruption im Kreml. Während des ersten Tschetschenienfeldzugs führten seine Reportagen der Bevölkerung die Kriegsgräuel vor Augen. Nur im Wahljahr 1996 verwandelte sich der Sender vorübergehend in ein Propagandaorgan für den schwerkranken Jelzin. Das wurde nach dessen Wiederwahl mit der Sendeerlaubnis rund um die Uhr belohnt. Doch die Mediengruppe wuchs zu schnell und wurde von der Finanzkrise

1998 schwer getroffen. Gussinski bemühte sich bei der Regierung um Kredite. Zugleich berichtete NTW kritisch über Jelzin, dessen »Klan« und Kronprinz Putin. Gussinski wollte seinen Opportunismus von 1996 sühnen. Ein Angebot von 100 Millionen Dollar, das mit der Auflage einer loyalen Redaktionspolitik verbunden war, schlug er aus. Den zweiten Tschetschenienkrieg, Putins wichtigste Wahlkampfwerbung, nannte der NTW-Chef ein Verbrechen. Er wollte die Rechtschreibreform in der medialen Wirklichkeitsschilderung nicht mitmachen.

Auch Wladimir Sorokin war am Ende des Jahrtausends überzeugt, die politische Repression in Russland gehöre einer überwundenen Epoche an. Das Land war auf dem Weg nach Westen. Der Schriftsteller fühlte sich immer mehr als Weltbürger. Zugleich fing er an, an der Literatur, die unter freizügigen Bedingungen ihre Autorität verlor, zu zweifeln. Er schrieb mehr Drehbücher, Theaterstücke. Und er prophezeite, die führende Rolle, die die Belletristik für die russische Kultur bislang spielte, werde ihr in Zeiten der Bildmedien bald vom Kino abgejagt werden, vor allem vom Horrorfilm, den er besonders schätzte. Unter der späten, auf die Pflege der klassischen Kultur bedachten Sowjetmacht war es Sorokins künstlerische Mission, in literarischen Idyllen die von ihnen verborgene Hölle sichtbar, dadurch aber auch die Notwendigkeit dieser Idyllen deutlich zu machen. Hierin ist der russische Schriftsteller dem amerikanischen Filmregisseur David Lynch, insbesondere dessen Fernsehserie »Twin Peaks«, die in Russland zum Kultkunstwerk wurde, seelenverwandt. In seinen Erzählungen schilderte Sorokin vorzugsweise mustergültige Szenen aus dem Zusammenleben von Autoritätspersonen und ihren Untergebenen, Chef und Bürokraft, Lehrer und Schüler, die eine Spur zu harmonisch und schon dadurch unheimlich wirken. An einem Punkt lässt er die Situation kippen und ihren gewaltsamen, sexuellen, analen Kern hervorbrechen. Ein Abteilungsleiter vom Gebietskomitee lobt die Belegschaft des Betriebs, den er inspiziert, superherzlich – bis er plötzlich, als müsse er auch seine wahre Wertschätzung kundtun, sich auf dessen Jubiläumsbroschüre entleert (»Auf der Durchreise«). Ein Lehrer macht mit Schulabgängern einen romantischen Ausflug, um ihnen die Schönheit des Waldes ans Herz zu legen. Zwischendurch entfernt er sich, um sein Geschäft zu verrichten. Doch ein besonders dankbarer Junge schleicht ihm nach und verschlingt auch diese Hinterlassenschaft des Pädagogen (»Sergej Andrejewitsch«). Beinahe verstörender als die peinliche Situation, in die Sorokins Figuren geraten, wirkt ihre fast pathologische Ergebenheit.

Sorokin hat das sowjetische Erziehungssystem durchlaufen, schon im Kindergarten wurde in Zweierreihen marschiert. Lebhaft prägte sich ihm eine sadistische Szene aus der Grundschule ein. Die Lehrerin packte einen Mitschüler bei den Haaren, drückte sein Gesicht in ein aufgeschlagenes Buch und fragte, was dort geschrieben stünde. Ständig habe er sich schuldig gefühlt, sagt Sorokin, ständig musste er geloben, sich zu bessern, sich ins Kollektiv einzupassen. Als er erwachsen wurde, kam es ihm freilich so vor, als würden bei den braven Sowjetbürgern im Dunkeln, in der Intimität, sobald die öffentliche Kontrolle wegfällt, die »antisowjetischen« Dämonen erwachen. Sorokins Roman »Roman«, der 1994 erschien, inszeniert, wie die literarische Kultur von der im unbeobachteten Moment freigesetzten Aggression zerrissen wird. Das Buch ist ein Meisterwerk der Stilisierung, ein viele 100 Seiten langer Turgenjew-Tolstoi-Gontscharow-Verschnitt nach der Rezeptur von Schullehrern und Literaturmuseumsdirektoren, homogenisiert, leicht nachgesüßt, ohne die herbe Frische der Originale. Der Romanheld Roman, ein stadtflüchtiger Jurist, kehrt in den Schoß eines idealen patriarchalischen Dorfes heim, wo das Leben aus endlosen Landschaftsbetrachtungen, gutmütigen Typen, Blinybacken, Tischgesprächen und Pilzsammeln besteht. Hier trifft er seine reine Braut Tatjana. Doch kaum ist das Traumpaar in der Hochzeitsnacht allein, da erfasst beide eine Zerstörungslust, die sie erst das schlafende Dorf und dann einander hinmetzeln lässt, bis am Ende der russische Roman tot ist.

In den neunziger Jahren versteckte sich jedoch die Aggression nicht mehr. Der Putsch des Obersten Sowjets 1993 war von Präsident Jelzin provoziert. Der Krieg in Tschetschenien und unter russischen Banditen war, auch übers Fernsehen, allen sichtbar. Das von Lehrerinnen, Beschattern, Aufsichtsorganen konservierte Wir-Gefühl, das Sorokin so sehr hasste, zerfiel. Was dereinst an dessen Stelle treten könnte, erfuhr er, als er im Sommer 1998 die Berliner Love-Parade miterlebte. In dieser mehr als einer Million tanzender Menschen sei ihm zum ersten Mal eine Menschenmenge begegnet, in der er sich nicht erdrückt, sondern frei fühlte, sagte Sorokin tief beeindruckt (siehe sein Gespräch mit dem Literaturwissenschaftler Igor Smirnow »Auf der Love-Parade der Klone und Engel« in der Frankfurter Allgemeinen Zeitung vom 7. 4. 1999, S. 53). Die Leute hätten sich wie Ölsardinen gedrängt und doch die Privatsphäre des jeweils anderen geachtet. In dieser aggressionslosen Masse glaubte der Schriftsteller das Kollektiv des 21. Jahrhundert erkennen zu können, eine Ansammlung von Menschenkörpern ohne schreckliches Geheimnis, gewissermaßen ohne Unterleib.

Nach dem Ende der Sowjetunion schien auch die Black Box der russischen Archive, die seit Ende der achtziger Jahre begonnen hatten, Geheimnisse freizugeben, für die historische Forschung lesbar zu werden. In den Monaten nach dem Augustputsch entschieden die Archivdirektoren selbständig über die Herausgabe von Dokumenten an Wissenschaftler, und gern zu deren Gunsten. Anfang der neunziger Jahre zogen Pilgerströme westlicher Fachleute in die Archivlesesäle. Dank der Öffnung brachte der staatliche Archivdienst Russlands (Rosarchiv) 1992 gemeinsam mit der Hoover Institution of War, Revolution and Peace eine umfangreiche Mikrofilmpublikation heraus, die 25 Millionen Bestandsverzeichnisse oder Findbücher (opisi) sowie zahlreiche Dokumentenbestände aus dem Staatsarchiv sowie zwei zentrale

Parteiarchive umfasst (siehe den Bericht von Markus Wehner »Geheime Verschlusssache« in der Beilage Geisteswissenschaften der Frankfurter Allgemeinen Zeitung vom 12. 7. 1995). Ein deutsch-russisches Forschungsprojekt, das Strafprozessakten über 36 000 in der Sowjetunion verurteilte Kriegsgefangene auswertete, fuhr seine wissenschaftliche Ernte in dem 1998 erschienenen Sammelband »Die Tragödie der Gefangenschaft in Deutschland und in der Sowjetunion« ein (Herausgegeben von Klaus-Dieter Müller, Konstantin Nikischin und Günther Wagenlehner bei Böhler in Köln/Weimar). Doch das goldene Jahr der Archivforschung war 1992, sagt Arseni Roginski, Samisdat-Pionier der Stalinismus-Forschung und Vorsitzender der Menschenrechtsgesellschaft »Memorial« (Telefoninterview am 22. 5. 2009). Damals war die Sowjetunion frisch verschieden. Die siegreichen Demokraten um Jelzin versuchten, die KPdSU, die Ziehmutter fast aller von ihnen, in einem Prozess vorm Verfassungsgericht für kriminell befinden und verbieten zu lassen. So wollte man das kommunistische Gespenst begraben. In jenem Jahr ergoss sich eine Flut von ehemals geheimem Aktenmaterial aus den Archiven der Partei, des KGB, des Außen- und des Verteidigungsministeriums, das die einst allmächtige Partei diskreditierte, in die Zeitungsredaktionen. Die Papiere belegten beispielsweise, dass die Bolschewiken die Hungersnot im Bürgerkrieg 1921–1922 bewusst provozierten, dass das Politbüro und das Zentralkomitee die blutigen Säuberungen der dreißiger Jahre billigten, dass zur Finanzierung des Afghanistan-Krieges Gold und Diamanten ins Ausland verkauft wurden. Der oberste Verfassungsrichter Valeri Sorkin, der das Verfahren leitete, bezeichnete solche Dokumente jedoch als »Qumran-Handschriften«, als handle es sich bei ihnen um apokryphe Fundstücke aus nebelhafter Vorzeit, und weigerte sich, sie zu berücksichtigen. Sorkin stützte sich nur auf maximal drei Jahre altes Material, also aus der späten Gorbatschow-Zeit, als die KP wie ein alternder Löwe noch zu retten suchte, was zu retten war: Dass etwa die Parteiführung Jelzins Interregionaler

Abgeordnetengruppe die Gründung einer eigenen Zeitung untersagte; oder dass der KGB weiter Spione, die als Zeitungskorrespondenten getarnt wurden, ins Ausland schickte. In seinem sibyllinischen Urteil erklärte der Verfassungsgerichtsvorsitzende dann einerseits die Verstaatlichung des früheren Parteibesitzes für rechtens, sprach aber zugleich den Kommunisten das Recht zu, sich als Partei neu zu organisieren.

1993 unterzeichnete Jelzin einen Ukas zur Archivgesetzgebung, wonach die Inventare staatlicher Institutionen im Prinzip uneingeschränkt nutzbar sein sollten. Doch die flankierenden Bestimmungen über die Prozedur, nach der die Geheimhaltung aufzuheben war, installierte schwer passierbare bürokratische Schleusen. Um ein geheimes Dokument allgemein zugänglich zu machen, musste seine Trägerinstitution, normalerweise ein Ministerium, manchmal auch mehrere Behörden, das befürworten. Die Arbeit kroch voran. Die Verantwortlichen hatten kein Interesse, Dokumente freizugeben, Offenheit wurde nicht belohnt. Im Gegenteil. Die Teilpublikmachung von Beutekunst und -archiven brachte Russland vor allem offensiv vorgetragene Rückgabeansprüche vom ehemaligen Kriegsgegner Deutschland ein. Dadurch drohte die Glorie des Sieges im Zweiten Weltkrieg, die wie eine Ikone über der Dauertragödie der sowjetrussischen Geschichte leuchtete, blasser zu werden. Westliche Wissenschaftler, die etwa Protokolle des Politbüros der KPdSU studierten, stießen aber auch auf innere Verteidigungsringe. Statt eines innen- oder außenpolitischen Politbürobeschlusses fanden sie in den einschlägigen Aktenmappen den Vermerk: »Beschluss siehe Sondermappe« (rešenie sm. osobaja papka). Sondermappen sind der geheimste Schatz der russischen Archive. Die kostbarsten von ihnen ruhen, hinter Kremlmauern und in Metallsafes gesichert, im Präsidentenarchiv, dem früheren Archiv des Generalsekretärs des ZK der KPdSU, das Stalin begründete (siehe Markus Wehner: »Archivreform bei leeren Kassen«, in: Osteuropa, 1994, Heft 2, S. 114). Dieses Allerheiligste der Geheimhaltung ist für Ausländer gesperrt wie der orthodoxe Altarraum für Frauen. Westliche Historiker können jedoch Anfragen an das »Sondermappenarchiv« richten, aus dem zu politischen Zwecken bestimmte Dokumente gezielt publiziert werden (nach dem Augustputsch etwa Material über die Wahl Gorbatschows zum Generalsekretär oder über das weitere Vorgehen im Afghanistan-Feldzug unter seiner Führung, das Gorbatschow im schlechten Licht zeigte. Siehe Markus Wehner, a. a. O.).

Seit der Mitte der neunziger Jahre suchte Russland aber wieder Halt in seiner nationalen Größe, bezeugt Geschichtsforscher Roginski. Historische Aufklärung wurde kontraproduktiv. Viele vormals liberale Archivleiter wandelten sich zu Patrioten. Freigegebene, sogar einige publizierte Dokumentenbestände wurden wieder als geheim eingestuft. Aus Findbüchern verschwanden Verweise. Zwar kam im Rahmen einer russischen Kooperation mit europäischen Archiven eine Internet-Publikation von Akten der Kommunistischen Internationale zustande. Doch die entscheidenden Dokumente, die verraten hätten, wie Moskau die westlichen kommunistischen Parteien finanzierte, blieben gesperrt (siehe Markus Wehner: »Gescheiterte Revolution. In Russlands Archiven gehen die Uhren rückwärts«, in: Osteuropa, 59. Jg. 2009, S. 49). Tabu sind ferner die Akten über die Beutekunsttransporte, außerdem jegliche Dokumente über Verbrechen von Soldaten der Roten Armee im Zweiten Weltkrieg.

Die Black Box, die das Stroh und Blut der russischen Geschichte zu Gold spinnen kann, ist die Literatur. Sorokins 1999 erschienener Roman »Himmelblauer Speck« (Goluboe salo) malt aus, wie Russland aus einer immer schlimmeren Zukunft heraus durch literarische Hochtechnologie den Gang der Geschichte rückwirkend umlenkt – und so den Traum dichtender russischer Konservativer, von den Slawophilen bis Solschenizyn, verwirklicht. Das Buch blickt ein Menschenalter weit nach vorn ins Jahr 2068, da die Welt den Atomkrieg hinter sich hat, man in Russland ein chinesisch durchsetztes Pidgin spricht und geklonte Monsterbrieftauben die transsibirische Post zustellen. Doch das ist korrigierbar. Denn in einem sibirischen Geheimlabor klonen Gentechniker schon die großen russischen Schriftsteller, um aus ihnen himmelblauen Speck zu gewinnen, einen thermisch unveränderlichen Zauberstoff, der beim Schreibprozess entsteht und sich als Energieträger ebenso eignet wie als Superdroge. Die wahren, nämlich bodenständigen Russen, die in Sibirien unter der Erde leben und sich nur mit ihr paaren – Söhne des Märchens oder verstrahlter Mutanten –, bemächtigen sich der romantisch leuchtenden Substanz und liefern sie, fast wie Arnold Schwarzeneggers in Russland vergötterter Terminator, per Zeitmaschine ins Moskau des Jahres 1954. Dort sind schon die Folgen ihres vorigen Besuchs zu bestaunen, aus dem Säuberungsjahr 1937, als die Chthoniker, sehr symbolisch, einen Eisenbahnzug entgleisen ließen. Bei wachsendem Zeitabstand und zunehmender Verwilderung des Betrachters wird, so lautet eine Botschaft von Sorokins Text, die Vergangenheit zum Land fast unbegrenzter Möglichkeiten. In seiner aus der Taiga umgeschriebenen Turbo-Historie wurden Stalin und Hitler politische Freunde, wie es sich viele Patrioten heute rückblickend gewünscht hätten. Gemeinsam besiegten sie die westliche Plutokratie. Roosevelt wurde zum Mörder von sechs Millionen Juden. Die historischen Helden sind auch genetisch modifiziert. Aus dem bäuerlichen Entstalinisierer Chruschtschow wurde der aristokratische Geliebte eines athletischen Stalin, der ein Jahr nach seinem verbürgten Tod noch fit und munter ist. Dieser Super-Stalin injiziert sich das biochemische Kondensat russischer Pegasusflüge ins Gehirn, das davon expandiert bis zur Größe des Weltalls. Es ist die ins Kosmische aufgeblähte Aura des Schachspielergottes, zu dem Stalin heute oft stilisiert wird, der alles kann, alles immer schon gewusst und bedacht hat, weshalb die Wirklichkeit wie seine Projektion erscheinen kann, während er als Person unfassbar bleibt. Der Fernsehregisseur Grigori Ljubomirow, der sich zu Perestroikazeiten als kremlkritischer Satiriker hervortat, extrapolierte unter Putin in seiner Diktatorenseifenoper »Stalin live« den inneren Monolog des betagten Kremlherrn, der in der Stille seiner Gemächer die unausgesprochenen Absichten seiner Getreuen ebenso durchschaut wie die geheimen Pläne seiner westlichen Widersacher (siehe meine Reportage »Mörder von Millionen. Russlands Fernsehen feiert den Diktator: ›Stalin live‹« in der Frankfurter Allgemeinen Zeitung vom 9. 2. 2007). Als 2008 per Internet-Umfrage der »Name Russlands« ermittelt werden sollte, lag Stalin zeitweise in Führung, vor Puschkin und Peter dem Großen (zur Internet-Popularität Stalins siehe Michael Ludwig: »Stalin-Mythos im Schneeball-Effekt«, in: Frankfurter Allgemeinen Zeitung vom 11. 12. 2008).

Als die Sowjetunion noch bestand, argwöhnten Perestroika-Skeptiker, die Offenheit der Glasnost werde vor allem dem KGB zugutekommen. Der Staatssicherheitsdienst werde die Untertanen studieren wie ein offenes Buch und dieses Wissen für seine intransparenten Manöver später nutzen, glaubten vor allem ältere Leute mit Erfahrung. Das vergegenwärtigte ein anonymer Vierzeiler, der damals kursierte: »Glasnost befördert unsre Werke, / Glaub mir, mein Freund, das geht vorbei, / Doch unsre Namen wird sich merken / Die Staatssicherheitspolizei« (»My vse živem v ėpochu glasnosti, / tovarišč, ver', projdet ona, / a ministerstvo bezopasnosti / Zapomnit naši imena.« Alexander Sinowjew zitiert eine Variante des Gedichts in seinem Buch »Katastroika«). Nach dem Sieg über die Putschisten zerschnitt Präsident Jelzin, um das junge demokratische Regime zu schützen, das menschenfressende Ungeheuer KGB sicherheitshalber in mehrere Teile. Der Föderale Sicherheitsdienst FSB (Federal'naja služba bezopasnosti), der bis heute für die innere Sicherheit und Gegenaufklärung zuständig ist, erbte den größten Teil der KGB-Inlandsstrukturen. Der Auslandsgeheimdienst SWR (Služba vnešnej razvedki) übernahm das Direktorat der Außenaufklärung mitsamt dem Netz der Auslandsagenten. Die Abhör- und Kommunikationsstrukturen gingen in die Zuständigkeit der FAPSI, der Föderalen Agentur für Regierungskommunikation und -information über. Der Föderale Wachdienst (Federal'naja služba ochrany) übernahm die Verantwortung für den persönlichen Schutz wichtiger Staats- und Regierungsvertreter sowie deren Familienmitglieder vom neunten KGB-Direktorat.

Die KGB-Erben waren moralisch in der Defensive. Auch um sich vor dem eigenen Volk zu rehabilitieren, machte die Leitung der KGB-Archive zuvor geheime Akten über die Opfer des Staatsterrors zugänglich. Freilich verfügte schon das im Oktober 1991 verabschiedete Gesetz, das viele Terroropfer pauschal rehabilitierte, dass Verhörprotokolle nur von Verwandten der Gefangenen eingesehen werden dürfen beziehungsweise von deren Bevollmächtigten (»Über die Rehabilitierung der Opfer der politischen Repressionen«, O reabilitacii žertv politčeskich repressij vom 18. 10. 1991, www.legis.ru/misc/206/51). Die oft unter schlimmen Umständen erlangten Aussagen enthielten häufig Denunziationen, die neben allem anderen auch für Familienangehörige schwer erträglich waren, weiß Sergej Kudrjaschow, Historiker am Deutschen Historischen Institut in Moskau (Telefoninterview am 25. 5. 2009). Die Aussagen der Henker des Regimes jedoch bleiben, sogar wenn diese selbst gehenkt wurden, nicht nur für die Forschung, sondern auch für die Verwandten gesperrt. Was die liquidierten Leiter der Staatssicherheitsbehörde Genrich Jagoda, Nikolai Jeschow, Viktor Abakumow, Lawrenti Beria im Verhör zu sagen hatten, wäre äußerst lehrreich, sagt Memorial-Historiker Roginski. Doch für nicht Rehabilitierte, zu denen die Staatssicherheitschefs gehören, gilt die offizielle Geheimhaltungsfrist von 75 Jahren. (Das verfügt die »Provisorische Bestimmung zur Ordnung des Zugangs zu Dokumenten« des Archivkomitees bei der russischen Regierung, Roskomarchiv, vom 29. Mai 1992, in den Abschnitten 1.10. und 1.12.) Theoretisch endete die Geheimhaltung im Fall des 1936 umgebrachten MGB-Leiters Jagoda 2011, die für seinen 1940 erschossenen Nachfolger

Jeschow 2015, und die für den 1951 hingerichteten NKWD-Chef Abakumow soll 2026 auslaufen. Doch Roginski ist skeptisch, ob die Akten dann wirklich zugänglich werden. Memorial-Kollegen, die Fälle von Verfolgungen aus den zwanziger Jahre sichten, deren Geheimhaltungsfrist also abgelaufen ist, stoßen in den Papieren oft auf Vermerke zu Sonderkonvoluten, so genannten »Umschlägen« (konverty), die angeblich Fahndungsgeheimnisse enthalten und daher nicht eingesehen werden dürfen (Roginski beim Telefoninterview am 8. 6. 2009). Während die Stasi-Akten jenen Deutschen, über die sie angelegt wurden, zugänglich sind, dürfen die Russen aus ihren eigenen KGB-Dossiers nur das wissen, was der Behörde genehm ist. Die Geheimpolizei wurde hier ja nicht liquidiert, sondern umgebaut, umbenannt und von anderen Organen beerbt.

Die Schwäche der Staatssicherheit schwächte auch den Staat. Die Hoffnung, dass ein ziviler Konsens die Rolle des sozialen Kitts übernehmen würde, erfüllte sich nicht. Der wichtigste Träger von Zivilität, die Intelligenzia, verarmte als erste. Die Gesellschaft verrohte aber auch infolge von Emigration. Nach der Öffnung zogen Scharen russischer Wissenschaftler, bildender Künstler, Journalisten, Musiker nach Europa, in die Vereinigten Staaten oder nach Israel. Wladimir Tarnopolski, der Anfang der neunziger Jahre selbst ein Angebot bekam, an der Bostoner Universität Komposition zu unterrichten, hält seine defätistischen Landsleute an dem russischen Debakel für mitverantwortlich. Hätten prominente Perestroika-Intellektuelle wie der »Ogonjok«-Herausgeber Vitali Korotitsch oder die Komponisten Sofia Gubaidulina, Alexander Raskatow, Alfred Schnittke, Edisson Denissow und Nikolai Korndorf damals nicht bei der ersten sich bietenden Gelegenheit ihr Land verlassen, so stünde es, ist der Musiker überzeugt, heute anders da.

Unter Jelzin versuchte Russland, von Westeuropa Demokratie zu lernen, subsumiert Wladimir Sorokin die neunziger Jahre. Der erste Präsident schämte sich dessen nicht, sagt Sorokin lobend. Jelzin schämte sich auch nicht, im Gegensatz zu seinem Nachfolger Putin, sich mit Männern zu umgeben, die ihm überlegen waren. Die Folgen der Privatisierung brachten aber, zumal das Steuersystem schleppend in Gang kam, den Kreml in zunehmende Abhängigkeit von den aufsteigenden Oligarchen, und wegen der Schwäche der Zentralgewalt stiegen die Regionen auf; manche Landkreise schützten ihre Wirtschaft durch Zollschranken. Die nichtrussischen Territorien der Tataren, Karelen, Jakuten, Kalmyken, Tschetschenen gaben sich eigene Verfassungen und werteten ihre Oberhäupter zu Präsidenten auf. Tschetschenien machte sich faktisch unabhängig. Jelzin soll seinen Schlag gegen die Geheimdienste sehr bald bereut haben (dokumentiert im Stern vom 24. 8. 1995). Schon nachdem er im Oktober 1993 die Rebellion seines Parlaments blutig niedergeschlagen hatte, unterstellte er die Sicherheitsorgane, die bis dahin von der Regierung kontrolliert wurden, sich, dem Präsidenten. Im Frühjahr 1995 unterzeichnete Jelzin ein Gesetz, das die Dienste ermächtigte, nach eigenem Ermessen Telefone abzuhören, Wohnungen zu durchsuchen, Unterlagen zu beschlagnahmen, falsche Dokumente zu benutzen, selbst Unternehmen zu gründen. Der neue FSB-Chef Michail Barsukow, dessen Dienste jetzt auch für die Bekämpfung von Terroristen, der Mafia, Schmugglern und Rauschgifthändlern zuständig waren, träumte von einer Wiederauferstehung des KGB (siehe Evgenij Strigin: FSZ PF pri Barsukove (1995–1996) Moskva 2007). Barsukow und der persönliche Sicherheitschef des Präsidenten, KGB-Veteran Alexander Korschakow, wurden zu Hauptstützen von Jelzins nationalem Sicherheitsrat. Das Spinnennetz, mit dem der Präsident alles zu kontrollieren hoffte, kontrollierte ihn allerdings auch zusehends selbst.

Jelzin war menschlich-allzumenschlich. Seine Landsleute konnten sich in ihm wiedererkennen, im Guten wie im Schlechten. Er war einer von ihnen, als er im August 1991 einen Panzer bestieg und dann mit großer Geste das sowjetische Joch abwarf. Er erkämpfte sich die Macht, und die Macht machte ihn glücklich, sagt Sorokin (siehe das Interview »Kehrt Iwan der Schreckliche wieder, Herr Sorokin?« in der Frankfurter Allgemeinen Zeitung vom 12. 1. 2008). Aber auch wenn die Russen sich für die Temperamentsausbrüche und Alkoholexzesse ihres Präsidenten schämten, sahen sie darin zugleich ein unschmeichelhaftes Spiegelbild ihres Nationalcharakters. Putin hingegen faszinierte vor allem durch Unmenschlichkeit und eine Effizienz, die vielen Russen »deutsch« vorkam. Man konnte Putin bewundern, ihn fürchten oder verabscheuen. Identifizieren konnte man sich mit ihm schwer. Russlands zweiter Präsident war und ist apparathaft undurchsichtig. Als ihm die Macht übergeben wurde, wusste man vor allem, dass er aus dem Geheimdienst kam und dass Informationen über ihn mit Vorsicht zu genießen waren. Manches lässt vermuten, dass die 1999 vorgeblich von tschetschenischen Terroristen verübten Sprengstoffanschläge in Moskau, die den Wählerzuspruch zu Putin mobilisierten, von den Geheimdiensten selbst organisiert wurden (am meisten erfährt man dazu aus dem Buch des später ermordeten Ex-Geheimdienstlers Alexander Litwinenko und dessen Koautor, dem Historiker Yuri Felshtinsky, deren Buch »Blowing up Russia« auf deutsch als »Eiszeit im Kreml« 2007 bei Hoffmann und Campe in Hamburg erschien). Putin kämpfte nicht offen um die Macht, sagt Sorokin. Und als er sie hatte, bereitete sie ihm offensichtlich keine wirkliche Freude Frankfurter Allgemeine Zeitung-Interview a. a. O.).

Dass die demokratische Mannschaft nach acht Jahren Machtausübung einen KGB-Zögling berief, kam für die Demokratie einem Offenbarungseid gleich. In einer doppelten ironischen Wendung hatten die Demokraten den legendären Plan »Roter Stern« (Krasnaja zvezda), den Juri Andropow 20 Jahre zuvor entwarf, um die Sowjetunion zu einem Konzern mit KGB-Management umzubauen, verraten und dann wider Willen doch erfüllt. Wjatscheslaw Sergejewitsch K., ein Ex-Geheimdienstler, der in die Wirtschaft gewechselt war, verriet der investigativen Zeitschrift »Stringer« 2002, dass radikale

Reformpolitiker wie Anatoli Tschubais, Sergej Glasjew, Jegor Gaidar, der Bankier Pjotr Aven und einige andere einst zu einer speziellen sowjetischen Kaderreserve gehörten, die unter Andropow an der Wiener Hochschule für angewandte Systemanalyse eine Spezialausbildung erhielten (Gaidar freilich erst nach Andropows Tod, siehe das Interview »Lonzjumo imeni Andropova«, in: Stringer, 12. 2. 2002). Diese hatten das Sowjetsystem retten sollen, demontierten es dann aber. Doch nicht nur die KGB-Strategen, auch die Marktreformer wurden von den Prozessen, die sie anstießen, überrollt. Da der Tschetschenienkonflikt und die Staatsfinanzen außer Kontrolle gerieten, während Jelzin physisch nicht mehr regierungsfähig war, setzte dessen innerer Zirkel auf den Geheimdienst als vermeintlich einziger noch nicht ganz korrumpierter Kraft im Staat und speziell auf Putin, weil der seinem Mentor, dem demokratischen Petersburger Bürgermeister Anatoli Sobtschak, auch noch die Treue hielt, als der 1996 den Kampf um seine Wiederwahl verlor. Kurz nach seinem Amtsantritt soll Putin seinen FSB-Kollegen erklärt haben, sie seien Russlands neuer Dienstadel (das versicherten der Moskauer Globalisierungsforscher Michail Deljagin im Gespräch am 30. 5. 2009 u. a.). In den Augen von FSB-Chef Nikolai Patruschew, der der gleichen Ansicht war, umfasste diese Aristokratie höchst unterschiedliche Typen, vom hochintellektuellen Analytiker über den athletischen Elitekämpfer und schweigsamen Sprengstoffexperten bis zum strengen Verhörleiter (siehe: Direktor Federal'noj služby bezopasnosti Rossii Nikolaj Patrušev: »Esli my ›slomaemsja‹ i ujdem s Kavkaza načnetsja razval strany«, in: Komsomol'skaja pravda, 20. 12. 2000). Ehemalige Geheimdienstler, von denen Wladimir Putin behauptete, das Beiwort »ehemalig« gelte für sie nicht (Drozdov, Ju., Fartyšev, V.: Jurij Andropov i Vladimir Putin, Moskva, Olma-press 2001, S. 143), saßen inzwischen in Banken, Monopolbetrieben, Behörden, international operierenden Firmen und Mafiastrukturen. Viele hatten als Sicherheitsbeauftragte von Oligarchen das Handwerk feindlicher

Firmenübernahmen gelernt. Ihre versprengten Kräfte sollten wieder einen wehrhaften Organismus bilden – wie der bewaffnete Superman mit nordisch dämonischer Physiognomie aus dem Film »Terminator 2«, der nicht nur wie ein Gott jede beliebige Gestalt annehmen, sondern auch zerstückelt, aufgesplittert, in die Luft gesprengt werden kann, weil er sich, wie Quecksilber, immer wieder neu sammelt.

## Wend ich mich ab

Präsident Putin schloss als erstes die Fensterläden der großen, unabhängigen Medien. Nach seiner Inauguration im Mai 2000 vergingen nur vier Tage, da überfielen maskierte und mit Maschinenpistolen bewaffnete Garden der Föderalen Steuerpolizei den Träger von NTW, Gussinskis Holding Media Most. Als Begründung hieß es, NTW habe Regierungsgelder veruntreut; außerdem wurde der Sicherheitsdienst von Media Most beschuldigt, illegal Gespräche abgehört zu haben. Bald bekamen weitere Konzerne Drohbesuche von bewaffneten und maskierten Sicherheitsbeamten, die Büros durchsuchten und Geschäftsunterlagen, oft auch ganze Computer mitnahmen. Beispielsweise die Ölkonzerne Lukoil und TNK, aber auch die Fernsehanstalt ORT, von der Beresowski über Logovaz elf Prozent der Aktien besaß, die er aber faktisch kontrollierte. Eine steuerpolizeiliche »Maskenshow«, wie die Einschüchterungsspektakel genannt wurden, womit in dieser Übergangsepoche die Staatsmacht sich wieder Respekt verschaffte, wurde auch beim Autowerk Avtovaz aufgeführt. (Nach Informationen des Steuerrechtlers und Wirtschaftsjournalisten Artjom Rodionov kamen die bewaffneten und maskierten Garden der Steuerpolizei allein im Jahr 1999 200 000 Mal zum Einsatz. Siehe Rodionovs Buch über die Steueroptimierungsverfahren, für die Chodorkowski verurteilt wurde: »Nalogovye schemy, za kotorye posadili Chodorkovskogo«, Moskva, Veršina 2008, S. 236.) Dessen Management soll seine Produktionszahlen buchhalterisch abgesenkt und dadurch hunderte Millionen Dollar Steuergeld hinterzogen haben. Insbesondere wurden offenbar 200 000 Neuwagen mit identischer Fahrgestellnummer versehen und am Fiskus vorbei verkauft. Beresowski verteidigte seine früheren Partner und Rechenschüler mit der Behauptung, Avtovaz habe seine Profite reinvestiert und stehe deswegen als einziger funktionstüchtiger russischer Autohersteller da.

Die Demonstration der Folterwerkzeuge zähmte die meisten Unternehmer. Nur Gussinski kam im Juli für drei Tage ins Moskauer Butyrka-Gefängnis. Er war der erste inhaftierte Oligarch. Bevor man ihn entließ, hatte er einen Vertrag unterzeichnet, der das Kontrollpaket seiner Medienholding dem staatlich kontrollierten Gaskonzern Gasprom übereignete – wobei die Schulden der Most-Gruppe über 437 Millionen Dollar verrechnet wurden. Das Dokument verpflichtete den NTW-Gründer, nichts zu tun, was die verfassungsmäßige Ordnung des russischen Staates untergraben könnte, und garantierte ihm zugleich, dass er, sollte er den Vertrag einhalten, vor strafrechtlicher Verfolgung sicher sein würde. Dass Presseminister Michail Lesin das Papier als Garant mit unterzeichnete, zeigte, dass es eine Kapitulationsurkunde des unabhängigen Fernsehens war. Doch kaum war Gussinski frei, setzte er sich nach Spanien ab und erklärte den Vertrag für nichtig, weil er ihn unter Druck unterschrieben habe.

Putin imponiert seinen Landsleuten durch Sachkompetenz und die Art, wie er sich und scheinbar auch die Männer seiner Umgebung kontrolliert. Von Anfang an empfahl er sich – besonders bildmächtig am Steuerknüppel eines Jagdflugzeugs und als U-Boot-Kapitän – als einer, der alles kann, dabei aber wenig Worte macht und seinem Staat beinahe mönchisch entsagungsvoll dient; wie Stirlitz, der Meisterspion aus der beliebten Fernsehserie »Siebzehn Augenblicke des Frühlings«, dessen viel sagenden Blick und die leise, dabei pointierte Redeweise Putin sich abgeschaut zu haben scheint. Doch als im August 2000 das Atom-U-Boot »Kursk« in der Barentssee unterging und das Staatsoberhaupt tagelang an seinem Schwarzmeerurlaubsort blieb, statt als Vater der Nation zum Katastrophenort zu eilen, wirkte das wie Verrat. NTW berichtete in gewohnter Schärfe über die Vertuschungsmanöver der Militärs, nicht vorhandenes Rettungsgerät an Bord, und zitierte einen Geheimdienstler, der behauptete, die militärische Aufklärung habe kurz nach dem Unglück geheime Akten aus dem Wrack geholt. Das sprach dafür, dass die Explosion einer neuen Waffenart die Katastrophe auslöste – spätere westliche Forschungen bestätigten dies. Auf dem landesweiten Kanal ORT prangerte Fernsehmoderator Sergej Dorenko, der sein Propagandatalent jetzt in Beresowskis Dienste stellte, in Interviews mit Hinterbliebenen der Ertrunkenen die Verlogenheit der Machthaber und ihre Gleichgültigkeit gegenüber Menschenleben an. Für Putin lagen die Dinge genau umgekehrt. Bei einem Treffen mit Angehörigen der 118 Besatzungsmitglieder der »Kursk« erklärte er: »Das Fernsehen? Es lügt, es lügt, es lügt.« Dorenko wurde nach einer Intervention des Präsidentenapparats aus seinem politischen Magazin bei ORT verbannt.

Am 9. September 2000 wurde dann das strategische Dokument veröffentlicht, das Sinn und Grenzen der Information der Allgemeinheit definierte und klarmachte, wohin die Reise geht: die Doktrin der Informationssicherheit der Russischen Föderation (Doktrina informacionnoj bezopasnosti RF, www.infotecs.ru/law/doctrina.htm). Der vom Präsidenten abgesegnete Text, der sich einer geistigen Wiedergeburt Russlands verschreibt, erklärt die wahrheitsgetreue Darstellung der staatlichen Politik zum nationalen Interesse und verlangt daher, dass die staatlichen Medien gestärkt werden müssten. Um die verfassungsmäßige Ordnung, soziale Stabilität und territoriale Einheit des Landes zu bewahren, müssten auch Patriotismus, Verteidigungsbereitschaft und die traditionellen russischen Werte starken Rückhalt haben, heißt es dort. Als deren Hauptbedrohung wird ein Zuviel an ausländischen kulturellen Werten oder Informationsquellen angeführt, bedingt durch einen informationstechnischen Rückstand des Landes. Als Gefahr wird aber auch der ungenügende Schutz von Staatsgeheimnissen genannt, wobei die Statistik, das Finanzsystem und das Ansehen der Militärs zu besonders schutzbedürftigen Zonen erklärt werden. Von einem Grundrecht des Menschen auf Information ist nirgends die Rede. Viel hingegen von der Abwehr feindlicher »Informationswaffen« und deren Auswirkungen auf das individuelle, gesellschaftliche und Gruppenbewusstsein russischer Staatsbürger.

Der zweite Präsident sagte auch den »dubiosen Sicherheitsdiensten« der Oligarchen, wo viele Ex-Geheimdienstler beschäftigt waren, den Kampf an (in Putins programmatischer Parlamentsrede vom 8. Juli 2000). Der berühmteste dieser »Mini-KGBs«, wie Experten die privaten Wachmannschaften nannten, war Beresowskis Sicherheitsfirma »Atoll«, mit deren Hilfe es dem Kremlpaten im Juni 1996 offenbar gelungen war, den ersten Präsidenten Jelzin dazu zu bewegen, seinen langjährigen Chefleibwächter Korschakow und FSB-Chef Barssukow zu feuern. Es war mitten im Wiederwahlkampf. Sicherheitsbeamte hatten gerade zwei Wahlkampfhelfer, den Geschäftsmann Sergej Lissowski, der Jelzins Kampagne für Jungwähler leitete, und einen Mitarbeiter des Privatisierungschefs Tschubais, Arkadi Jewstafjew, dabei erwischt, wie sie mit einem Kopierpapierkarton, der eine halbe Million Dollar in bar an Wahlwerbungshonoraren enthielt, das Weiße Haus verlassen wollten. Beresowski, der davon erfuhr, als er mit Gussinski im Logovaz-Empfangspalast weilte, rief unverzüglich Jelzins Tochter Tatjana Djatschenko an. Sie war die Vertraute ihres Vaters, der Beresowski persönlich nicht leiden konnte, weshalb der Oligarch sie systematisch umgarnte. Beresowski drang in Tatjana, die Jelzin in Image-Fragen beriet, es stehe eine Revanche der Kommunisten bevor, die nur vereitelt werden könne, wenn ihr Vater seine Sicherheitschefs, Korschakow und Barsukow, sofort feuere. Damit das plausibler klang, ließ er seine Atoll-Leute sich um das Logovaz-Haus postieren wie ein Ring von Beschattern. Tatjana Djatschenko, die bald dort eintraf, fiel auf das Theater herein, verriet Atoll-Chef Sergej Sokolow später (der mit den Geheimdiensten gut vernetzte Alexander Chinštejn zeichnete Sokolows Beichte auf und veröffentlichte Proben aus Beresowskis Abhör-Archiv 2006 in der Zeitung Moskovskij komsomolec, siehe »Sekretnye materialy Rossii«, www.informacia.ru/2006/news10101.htm, und in seinem Buch »Berezovskij i Abramovič. Oligarchi s bol'šoj dorogi«, Moskva 2007, S. 210 ff., 217 ff., 222 ff.). NTW hatte von den Festnahmen in den Spätnachrichten berichtet, Tatjana telefonierte mit ihrer Mutter deswegen. Diese wiegelte erst ab und wurde dann selbst nervös. In der Nacht soll dann Naina Jelzina ihren Mann, den Präsidenten, bearbeitet und ihn dazu gebracht haben, am nächsten Tag seine zwei Schlüsselfiguren für Sicherheit abzusetzen.

Sokolow will »Atoll« nach dem Muster des israelischen Geheimdienstes Mossad aufgebaut haben: mit einer analytischen, einer technischen und einer Kampfabteilung. Beresowski habe fast jede Woche ein Logovaz-Auto an seine Freunde verschenkt, bezeugt er. Zugleich legte Beresowski allerdings auch Dossiers über alle an, über seine Partner und Konkurrenten, über Politiker und vor allem über Mitglieder des Jelzinklans, verriet der Sicherheitsmann später (Chinštejn, a. a. O.). Im Logovaz-Palais, wo in den neunziger Jahren die Prominenz zusammenkam, wurden alle Telefongespräche aufgezeichnet. In der Kaminuhr steckte eine Minikamera, sagt Sokolow, dessen Truppe diese angeblich selbst angefertigt hatte. Der Schalter, mit dem Beresowski in seinem Arbeitszimmer die Schreibtischlampe anknipste, startete auch die Videodokumentation im Raum. Außerdem besaß der Chef diverse tragbare Kleinkameras – in einer Schreibgarnitur, in einer Lampe und in einem Taschenrechner, die er bei Bedarf mit sich herumtrug (Chinštejn, 2007, a. a. O. S. 183).

»Atoll« wurde im Januar 1999 enttarnt (durch einen Bericht des verdienten Aleksandr Chinštejn im Moskovskij komsomolec), die Mitarbeiter erlitten das Schicksal von Spionen. Beresowski stritt jede Verbindung mit ihnen ab und ließ sie fallen (Chinštejn, a. a. O.). Doch jetzt kündigte der Generalstaatsanwalt Juri Skuratow Ermittlungen wegen illegaler Geschäfte in der engsten Umgebung des Präsidenten an. Jelzin wollte daraufhin Skuratow entlassen, doch der Föderationsrat verweigerte dem Präsidenten die dafür erforderliche Zustimmung. Da gelangte eine Videoaufzeichnung, die den Verbrecherjäger im Bett mit zwei Prostituierten zeigte, nackt wie die Wahrheit, ins Abendprogramm des Fernsehsenders RTR. Es wirkte wie ein Gruß von Atoll und war ein klares Beispiel dafür, wie staatliche Politik nicht aussehen durfte. Dem Besuch des Staatsanwalts bei den Mädchen, deren Beruf Wladimir Tarnopolski als den allerehrlichsten in Russland bezeichnet, widmete bald auch Dorenko bei ORT eine entrüstete Sondersendung. Gegen Skuratow, der gemeinsam mit der damaligen Schweizer Bundesanwältin Carla Ponte die Fährten russischer Funktionäre ins Ausland verfolgte, wurde ein Strafverfahren eingeleitet. Das Parlament hielt aber weiter zu ihm. Als Skuratow im Dezember 1999 immerhin vom Amt suspendiert wurde, erhob der geschäftsführende Nachfolger Ustinow sogleich Anklage gegen ihn wegen Amtsmissbrauchs. Im Gegenzug kandidierte Skuratow bei den Präsidentschaftswahlen im März 2000. Der Wahlsieger Putin entledigte sich des ungebärdigen Chefanklägers, noch bevor er förmlich ins Präsidentenamt eingeführt wurde und zum Einstand einen Ukas erließ, wonach sein Vorgänger Jelzin und dessen Familie lebenslang Immunität vor strafrechtlicher Verfolgung genießen sollten.

Beresowski, der Mann, der alles über alle wissen wollte, verließ Ende 2000 das Land. Trotz seiner Verdienste um den Wahlsieg Putins jagte ihn der Staatsanwalt, weil er Aeroflot-Gewinne in die Schweiz kanalisiert hatte. Der legendäre Kreml-Pate verkaufte seine ORT-Anteile, blieb aber als Besitzer der führenden Zeitungen »Kommersant« und »Nesawisimaja gaseta« sowie des Fernsehsenders TV6 noch eine Weile Lotse der öffentlichen Meinung. Um NTW zog sich ein Belagerungsring zusammen, die Büros wurden in immer kürzeren Intervallen durchsucht, immer nachdrücklicher forderte Gasprom die Schulden zurück. Der Regisseur im Kreml legte Wert darauf, diese wichtige Operation mit »fremden Händen« auszuführen. Obwohl klar war, dass der Kreml die Fäden zog, was von Gasprom-Medienmanagern auch zugegeben wurde, leugnete Präsident Putin jegliches Interesse und bezeichnete die Auseinandersetzung als »Streit von Wirtschaftssubjekten«.

Die NTW-Journalisten fühlten sich als die letzten Retter der Wahrheit. Dabei informierten sie das Publikum schwerpunktmäßig über die Probleme ihres bedrängten Senders. Im April 2001 gelang es Gasprom, das 48 Prozent der Aktienanteile besaß, den amerikanischen Minderheitsaktionär Capital Research Management, der 4,5 Prozent innehatte, auf seine Seite zu ziehen und mit dieser Mehrheit auf einer Aktionärsversammlung eine staatstreue NTW-Geschäftsführung zu installieren. In der bald folgenden Karfreitagsnacht übernahm die neue Mannschaft das Sendestudio. Ein Teil der Redaktion unterzeichnete die neuen Verträge. Die politischen Überzeugungstäter fanden einen Ankerplatz bei TV6, das ihretwegen die eigene Nachrichtenmannschaft vor die Tür setzte. Doch schon im Februar 2002 wurde TV6, auf Antrag eines Minderheitsaktionärs, geschlossen. Die Kernmannschaft mit dem pompösen Politprediger Jewgeni Kisseljow und dem Satiriker Viktor Schenderowitsch fand im Kleinkanal TVS ein letztes Rettungsfloß, bevor auch dem im Juni seine Lizenz entzogen wurde. Das gezähmte NTW servierte fortan offiziöse Nachrichten mit einer pfiffigen Note von Infotainment. Das staatliche Fernsehen, dessen Reporter zuvor versucht hatten, durch lebendige Berichte die private Konkurrenz auszustechen, was ihnen manchmal auch gelang, reagierte, als sei ihm ein Dorn aus dem Leib gezogen worden. Plötzlich glichen sich die Mitteilungen von ORT und RTR, als hätten die Kollegen voneinander abgeschrieben. Um den Brei herumredende Experten wurden zu Standardstudiogästen. Außerdem kam bei Nachrichtenmoderatoren eine kehlige, gleichsam empörte Stimmlage in Mode – das genaue Gegenteil zu der melodiös modulierenden Sprechweise der NTW-Stars. Man merkte jetzt selbst mit geschlossenen Augen, dass das Fernsehen sich von einem Wahrnehmungs- zu einem Steuerungsorgan gewandelt hatte.

Aggressiver Konformismus lohnte sich wieder. Der Ex-Geschäftsmann Wassili Jakemenko sammelte schon 2000 unter dem Namen »Die Zusammengehenden« (Iduščie vmeste) eine Möchtegern-Nachwuchselite, die sich durch Kundgebungen für Präsident Putin, gegen Rauchen und Trinken und durch Aufräumarbeiten in Moskauer Innenhöfen als neues Kaderreservoir positionierte. Jakemenko hatte bis dahin drei Monate lang die innenpolitische Abteilung für Öffentlichkeitsarbeit in der Präsidentenadministration geleitet und dabei als Fußtritt für den entlassenen Staatsanwalt Skuratow eine Sympathiedemonstration von Prostituierten für ihn organisiert. Die »Zusammengehenden« besaßen außer Gehorsam kein Programm, ihre Mitglieder empfahlen sich als zuverlässige Zahnräder, nicht als potentielle Hauptschalter. Die vom Präsidentenapparat finanzierte Bewegung kümmerte sich indes auch um die geistige Hygiene. Die war nach Ansicht von Jakemenko besonders durch »unmoralische« Literatur von Autoren wie Viktor Jerofejew, Viktor Pelewin, vor allem aber Wladimir Sorokin gefährdet. Die Texte dieser Autoren enthalten eine Überdosis an Sex und Gewalt, moniert er, aber keine moralischen Vitamine, derer vor allem das junge Publikum bedürfe. Im Januar 2002 riefen die »Zusammengehenden« die Moskauer Leser auf, ihre Bücher von Jerofejew, Pelewin und Sorokin bei ihnen zu entsorgen. Dafür sollten sie Werke des vergessenen Sowjetklassikers Boris Wassiljew geschenkt bekommen. Die äußerlich muntere

Aufmachung der Aktion signalisierte, dass die »Zusammengehenden« nicht weniger zeitgemäß waren als ihre Feinde. Trotzdem witterten einige Moskauer Zensur und protestierten. Da blies der Herdenführer Jakemenko die Veranstaltung ab.

Wassili Jakemenko, der mit seinen Eltern in einer Einzimmerwohnung im Moskauer Arbeitervorort Ljuberzy aufwuchs, interessiert sich nicht für die problemdiagnostischen Fähigkeiten von Kunst. Ihm ist die Literatur wichtig als Ehrfurcht gebietendes Klassikerpantheon, worin unterschiedliche Schriftsteller wie Puschkin, Dostojewski und Majakowski verklärt koexistieren wie Heilige in einer Ikonostase – aller Erschütterungen, die ihr Schaffen bei ihnen selbst und ihren Lesern auslöste, ledig, damit aber auch tot und wehrlos. Jakemenko gab zu, dass die meisten der »Zusammengehenden« keine Überzeugungen hätten und vor allem auf Karrierechancen hofften (Jakemenko sagte dies in einem Interview, das meinem Artikel über den Putin-Kult: »Sie lieben ihn trotzdem« zugrunde lag, in der Frankfurter Allgemeinen Zeitung vom 29. 10. 2002, S. 37). Die jungen Leute sollten daher lernen, die angeblich sakralen Werte der einheimischen Literatur, insbesondere ihre moralischen und patriotischen Lehren, vor Profanierung zu schützen und sich so als Stützen der Gesellschaft zu beweisen. Destruktive Tabubrüche in der anspruchsvollen Literatur hätten zu Zynismus und Verwahrlosung der russischen Jugend wesentlich beigetragen, gibt sich Jakemenko überzeugt. Die echte Pornographie beunruhigt ihn hingegen kaum.

Doch Sorokin mit seinen Horrorvisionen wurde, wie viele vor ihm, selbst zum Klassiker. Das Bolschoi-Theater bestellte ein Opern-Libretto von ihm. Aus Protest stellten rund 50 »zusammengehende« Studenten im Juni 2002 auf dem Theatervorplatz eine riesige Papptoilette auf, um darin eigens nachgedruckte Skandalpassagen aus diversen Sorokin-Werken zu versenken, darunter eine Stelle aus dem »Himmelblauen Speck«, die schildert, wie der Stalin- und der Chruschtschow-Klon miteinander kopulieren. Flankierend reichte Jakemenko eine Klage gegen Sorokins Verlag Ad Marginem ein, weil der dort publizierte Text pornographisch sei und obendrein sowjetische Staatsführer beleidige.

Die »Zusammengehenden« errangen einen Teilsieg. Experten, die im Auftrag des Kulturministeriums den »Himmelblauen Speck« auf Pornographie abklopften, wurden fündig. Die Staatsanwaltschaft des Moskauer Stadtteils Samoskworetschje leitete ein Strafverfahren ein, Sorokin wurde zum Verhör vorgeladen. Als Verfolgter wurde er aber sofort auch zum Helden; sein »Himmelblauer Speck« war in Moskauer Buchläden ausverkauft. Doch die »Zusammengehenden« führten ihm die möglichen Kosten eines dichterischen Heldenlebens vor Augen. Drei Mitglieder machten sich vor der Tür vor Sorokins Wohnung an der Gubkina-Straße zu schaffen und fragten frech bei ihm an, ob er nicht ein Gefängnisgitter bestellt habe.

Als Sorokin in Begleitung seines Anwalts im Ermittlungsbüro eintraf, empfingen ihn dort außer dem für ihn zuständigen Untersuchungsführer noch vier von dessen mit anderen Fällen befassten Kollegen. Alle hatten ihre Sorokin-Romane mitgebracht, um sie vom Autor signieren zu lassen. Der Schriftsteller erklärte später, einem Sprachkunstwerk Pornographie vorzuwerfen, sei absurd. Wenn ein Künstler einem Untersuchungsbeamten Rechenschaft darüber ablegen muss, warum auf Seite soundso die Genitalien des Genossen Stalin beschrieben werden, sei das absurdes Theater, bei dem er nicht mitspielen werde. Die Kunst sei ein freies Tier, sagte Sorokin. Es stirbt, wenn man versucht, es zu zähmen oder zu kastrieren. Gegenüber den Ermittlern verweigerte der Schriftsteller die Aussage. Der Fall ging aber glimpflich für ihn aus. Der Pornographieverdacht erhärtete sich nicht – wohl auch wegen des Aufruhrs in der Presse und Sorokins Bekanntheit, das Verfahren wurde im folgenden Frühjahr eingestellt. Doch die Kriminalinspektoren bekamen ihre Autogramme von dem Verdächtigen. Während der ein Buch nach dem anderen mit seiner Unterschrift versah, blickte er zwischendurch aus dem Fenster auf die Mauern des berüchtigten Butyrka-Gefängnisses mit seinen Wachtürmen und dem Stacheldraht und auf jene Tür, die aus dem Vernehmungsraum direkt ins Gefängnis führt. Dabei eröffnete sich ihm, bekannte Sorokin später, der tiefe Sinn der russischen Vernunftkritik.

## Wissen ist Ohnmacht

Als Gasprom den Fernsehsender NTW kastrierte, kam es in mehreren russischen Städten zu Protestdemonstrationen, in Moskau gingen 20 000 Menschen auf die Straße. Doch von einem Volksaufstand war man weit entfernt. Die Bevölkerung fand sich mit der Teilanästhesie, die die Umwandlung von NTW in einen Staatssender bedeutete, bald ab. Sie entlastete ja auch von dem Missverhältnis zwischen dem Informiertwerden über Amtsmissbräuche in höchsten Beamtenkreisen und den dann nicht eintretenden juristischen und politischen Konsequenzen. Denn die Korruptionsenthüllungen bei NTW und in den streitbaren Zeitungen während der Jelzin-Jahre hatten nie Gerichtsprozesse oder Rücktritte zur Folge gehabt. Die Russen, denen die mediale Aufklärung ein Gefühl von Mündigkeit beschert hatte, mussten beinahe gleichzeitig die Ohnmacht des Wissens erleben, das den aufgeklärten Menschen im Westen zumeist erst in einer späteren Phase einholt. Selbst der Generalstaatsanwalt Skuratow, der, während Jelzin ihn absetzen wollte, wiederholt ankündigte, er werde kompromittierendes Material über den inneren Kreml-Kreis aktivieren, beließ es bei den Drohungen. Offenbar war auch ihm das Kollateralschadensrisiko zu groß.

Während der Glasnost-Dämmerung wurden in der Mediennahrung die Reizstoffe neu dosiert. Lebenspralle und zugleich politisch kontroverse Reportagen, wie sie Gussinskis Wochenzeitschrift »Itogi« (die in Kooperation mit Newsweek produziert wurde) beispielsweise über die Geschichte der Kunstraubzüge Ende des Zweiten Weltkriegs oder den Zulauf von Sekten in der Provinz brachte, galten nun als nicht gesund. Gasprom tauschte die Redaktion aus. »Itogi« verwandelte sich in ein geschwätziges Boulevard-Journal. Gussinskis liberale Tageszeitung »Segodnja« ging schon im Frühjahr 2001 ein. Die »Neue Iswestia«, wohin sich viele »Segodnja«-Journalisten retteten, brachte Berichte über den beginnenden Personenkult um Putin. Anfang 2003 wurde sie eingestellt. Die Entscheidung traf der Mehrheitsaktionär Oleg Mitwol. Allerdings war klar, dass Mitwol ohne ein Signal aus dem Kreml nicht aktiv geworden wäre. Nach einer Pause von einem halben Jahr erschien die »Neue Iswestia« wieder. Wem das Blatt gehört, wollte man am Telefon aber nicht mitteilen.

Nachdem das Geiseldrama in der Schule von Beslan im September 2004 blutig beendet wurde, traf es die »Iswestia«. Die Zeitung hatte die der Tragödie gewidmete Ausgabe mit dem ganzseitigen Bild einer Mutter illustriert, die ihr totes Kind liebkost. Das herzzerreißende Bild persönlichen und nationalen Schmerzes wurde zum Anlass, dass Chefredakteur Raf Schakirow gehen musste. Auch hier trat der Kreml nicht offen in Erscheinung, doch die »Iswestia«, deren Verlag an der Tafel des ökonomischen und öffentlichen Lebens sitzen bleiben wollte, wurde vorsichtig und regierungsloyal und 2005 von Gasprom gekauft. Symbolisch war der Untergang des Flaggschiffs der Perestroika, der Wochenzeitung »Moskowskie nowosti« (Moscow News), die mit Enthüllungen und Besinnungsaufsätzen über die Sowjetgeschichte die spätsowjetische und postsowjetische Debattenkultur geprägt hatte. 2006 wurden die »Moskowskie nowosti« vom kremlnahen Geschäftsmann Arkadi Gaidamak gekauft, der versprach, sie unterhaltsamer und optimistischer zu gestalten. Doch Ende 2007 machte Gaidamak die Zeitung zu. Seit 2011 werden die »Moscow News«

von der Nachrichtenagentur RIA-Nowosti als Tageszeitung für die internationale Gemeinde auf Englisch und Russisch produziert.

Die Medienlandschaft entmischte sich wie die Gesellschaft. Die Fernsehgrundversorgung besteht aus der offiziösen Präsentation der Regierungspolitik mit sozialen Kuriositäten und Rührgeschichten als Beilage, sowie Sport und Unterhaltung als Ballaststoffen. Fast jeden Abend werden halbdokumentarische Sendungen über angebliche Geheimnisse der Sowjetführer ausgestrahlt, insbesondere Stalins, die vorzugsweise Geheimdienstveteranen das Wort erteilen und den Zuschauer durch das historische Schlüsselloch an Entscheidungsprozessen im engsten Machtzirkel teilhaben lassen. Für unpolitische Spione gibt es Sendungen, wo man Privatdetektiven zusieht, wie sie mit versteckter Kamera untreuen Ehefrauen ihrer Klienten auf die Schliche kommen. Besonders beliebt war 2009–2011 die spätabendliche Reality Show »Eheschund« (Bračt'noe čtivo) des Senders DTV, der sich inzwischen in »Pfeffer« (perez) umbenannte. Das nachrichtliche Schwarzbrot wird besonders reichhaltig von den Zeitungen »Kommersant« und »Nesawissimaja gaseta« serviert, deren materialreiche Berichte durch einen milden spöttischen Tonfall die Theaterhaftigkeit der öffentlichen Politik würdigen. Anspruchsvolle politökonomische Wochenschriften wie »Ekspert«, »Wlast«, »Profil« bringen die analytischen Dossiers. Doch auch offensive systemkritische Journalisten haben ihr Gehege. Gasprom, das ökonomische Rückgrat des Staates, trägt auch den Radiosender »Echo Moskwy«, wo Menschenrechtler und liberale Intellektuelle sich argumentativ austoben können. Investigative Berichte über Polizeifolter, Rekrutenmisshandlung, kriminelle Geschäfte von Kreml-Protegés erscheinen in der »Nowaja gaseta« (Neue Zeitung), an der die Stiftung von Glasnost-Vater Michail Gorbatschow 49 Prozent besitzt.

Allerdings trifft die journalistische Aufklärungsarbeit auf erbitterte Gegenwehr. Investigative Reporter setzen sich in Russland einem hohen persönlichen Risiko aus. Gefährlicher sei ihr Beruf nur in Algerien und im Irak, befand das Komitee zum Schutz von Journalisten im Juni 2007 (Exiled journalists, CPJ brief UN congressional caucus on dangers facing Russian journalists, www.canada.ifex.org/fr/content/view/full/84529). Besonders schockierend war der Mord an der Journalistin der »Nowaja gaseta«, Anna Politkowskaja, die am 7. Oktober 2006, dem 54. Geburtstag von Präsident Putin, im Aufzug ihres Moskauer Wohnhauses erschossen wurde; von einem tschetschenischen Auftragsmörder. Anna Politkowskaja hatte in der »Nowaja gaseta« vor allem über Menschenrechtsverletzungen in Tschetschenien und in der Armee, aber auch über Korruption berichtet. Deswegen war sie mehrfach bedroht worden. Im Sommer 2004 erlitt sie bei einer Flugreise ins südrussische Rostow eine lebensbedrohliche Vergiftung. Ihr Blatt, die »Nowaja gaseta«, hatte schon im Sommer 2003 ihren stellvertretenden Chefredakteur Juri Schtschekotschichin verloren. Schtschekotschichin erforschte gerade den Korruptionsskandal um das Moskauer Möbelhaus »Drei Wale« (Tri kita), in den hohe FSB-Generäle verstrickt waren. Der Journalist, der zugleich liberaler Duma-Abgeordneter war, starb an einer rätselhaften allergischen Reaktion, wie die Ärzte zunächst sagten. Das Krankheitsbild ähnelte dem des Ex-Spions Alexander Litwinenko, der im November 2006 an einer Poloniumvergiftung zugrunde ging. Die Symptome – Haarausfall, Hautentzündungen, Nierenversagen – ließen Schtschekotschichins Kollegen und Verwandte an eine Strahlenkrankheit denken. Außerdem wurde der russischstämmige Chefredakteur der russischen Ausgabe der Zeitschrift »Forbes«, Paul Klebnikow, im Sommer 2004 vor seinem Büro von den Schüssen eines Killerkommandos durchsiebt. Im Mai hatte Klebnikow eine Liste der reichsten Russen publiziert, die nach Einschätzung eines ungezeichneten Kommentars der seriösen Internetseite »gazeta.ru« der Wahrheit ziemlich nahe kam und jedenfalls zuverlässiger war als alle offiziellen Dokumente. Außerdem hatte Klebnikow sich über die engen persönlichen Verbindungen zwischen Präsident Putin und Oligarch Abramowitsch ausgelassen.

Von den Fehdemorden an Journalisten wurde keiner vollständig aufgeklärt. Im Fall von Anna Politkowskaja wurde der Name des mutmaßlichen Todesschützen, Rustam Machmudow, im März 2008, als er noch flüchtig war, in der Boulevardzeitung »Komsomolskaja prawda« publik gemacht. Das Signal sollte Machmudow die Möglichkeit geben, sich in Sicherheit zu bringen, glauben Anna Politkowskajas Kollegen in der »Nowaja gaseta« und die Anwältin der Politkowskaja-Familie, Anna Stawizkaja. Zwei Brüder von Machmudow, Ibrahim und Dschabrail, die wegen Beihilfe zu dem Verbrechen vor Gericht gestellt wurden, mussten im Februar 2009 freigesprochen werden – auch weil die Anklage dürftig ermittelt hatte. Der Ex-Sondermilizionär von der RUBOP-Einheit zum Kampf gegen das Organisierte Verbrechen, Sergej Chadschikurbanow, der mit auf der Anklagebank saß, bekam kurz darauf acht Jahre Strafkolonie, weil er den ehemaligen Leiter einer Miliz-Beschattungseinheit, Dmitri Pawljutschenkow, erpresst habe. Pawljutschenkow trat damals als geheimer Zeuge in der Sache auf. Doch im Juni hob das Oberste Gericht den Machmudow-Freispruch auf, es wurde neu ermittelt. Im Mai 2011 nahm man Rustam Machmudow in seinem tschetschenischen Heimatdorf fest. Mit Hilfe der Journalisten von der Recherche-Abteilung der »Nowaja gaseta« lösten die Polizeifahnder den Fall beinahe. Im Sommer 2011 kam Ex-Beschatter Pawljutschenkow aus dem Zeugenstand auf die Anklagebank. Pawljutschenkow hatte offenbar das Mordkommando organisiert und geleitet, nachdem dessen ursprünglicher Kopf, der Onkel der Machmudow-Brüder, Ali-Lom Gaitukajew, im Sommer 2006 wegen einer anderen Bluttat ins Gefängnis kam. Pawljutschenkows Untergebene haben das Opfer Anna Politkowskaja vor der Tat ausspioniert. Außerdem scheint Pawljutschenkow vom Auftraggeber den größten Teil des Honorars für das Verbrechen erhalten, es aber mit den Bandenmitgliedern, zu denen außer den Gebrüdern Machmudow und Ex-Mafiajäger Chadschikurbanow auch der FSB-Oberst Pawel Rjagusow gehörten, nicht geteilt zu haben. Was offenbar auch ein Grund war, warum Chadschikurbanow Pawljutschenkow erpresste. Der Auftraggeber der Tat aber blieb unbekannt. Pawljutschenkow erklärte, er könne nicht ausschließen, dass Boris Beresowski dahinter steckte. Das entsprach der Behauptung Putins, die Spuren des Verbrechens führten nach London. Ende 2011 wurde die Frist für weitere Ermittlungen bis zum Mai 2012 verlängert. Ibrahim und Dschabrail Machmudow, die Indizien zufolge ihren auf seinen Prozess wartenden Bruder Rustam zum Tatort chauffierten und für ihn Schmiere standen, lebten unterdessen unbehelligt in Tschetschenien, sie durften nur das Land nicht verlassen.

Die Nachforschungen im Fall Schtschekotschichin wurden im Frühjahr 2009 offiziell eingestellt. Die Gerichtsmediziner wollen in seinem Körper keine Gifte, Schwermetalle oder Tallium festgestellt haben. Die Staatsanwaltschaft hatte zweimal einen Antrag auf Einleitung eines Strafverfahrens zurückgewiesen. Im Fall Klebnikow erfuhren die Verwandten des Toten, als sie im Juli 2009 aus Amerika nach Moskau kamen, die Staatsanwaltschaft habe 700 Zeugen verhört – ohne Ergebnis.

Eine Zivilgesellschaft mit freier Presse und unabhängiger Rechtssprechung, wie sie in den neunziger Jahren keimte, konnte keine Wurzeln schlagen. Die Macht sah sich dadurch gefährdet. Die Heldentaten einiger Moskauer Journalisten, die früher auf den Rest des Landes ausstrahlten, nahmen sich immer mehr wie Don Quijoterien aus. Zudem wirken die räumlichen Entfernungen und das Wohlstandsgefälle entsolidarisierend. Die einzige soziale Gruppe, die überregional Bürgersolidarität mobilisieren konnte, waren die Autofahrer. Gegenüber dem Fußvolk hat der Autofahrer nicht nur den Mobilitätsvorteil, ihn begleitet mit der Blechkarosse auch ein Stück geschützte Privatsphäre und, da er sich jederzeit als informeller Taxifahrer betätigen kann, eine ständige Verdienstmöglichkeit. Die Bürger, die an Polizisten, diverse Kontrollbeamten, Prüfungs-

oder Musterungskommissionen Schmiergeld zahlen müssen, klagen vor allem in Privatgesprächen und anonymen Umfragen darüber. Doch nur die Autofahrer leisten auch ein Minimum an Widerstand. Auf Überlandstraßen warnen sie Mitmotorisierte durch Blinksignale, wenn dort Verkehrspolizisten auf der Lauer liegen. Im August 2005 starb der Gouverneur der sibirischen Altai-Region, Michail Jewdokimow, als sein Mercedes, der mit stark überhöhter Geschwindigkeit auf der Gegenspur fuhr, einem Toyota-Sprinter ausweichen musste und gegen einen Baum prallte. Der Toyota-Fahrer Oleg Schtscherbinski, der ganz legal hatte abbiegen wollen, wurde erst einmal wegen fahrlässiger Tötung angeklagt und in erster Instanz verurteilt. Doch die Autofahrer organisierten Protestdemonstrationen im ganzen Land, auch in Moskau. Daraufhin wurde das Urteil kassiert und Schtscherbinski freigesprochen. Im September 2007 verunglückte ein Petersburger Autofahrer tödlich, weil er einem ihm auf der Gegenfahrbahn entgegenrasenden Polizeiwagen ausweichen musste. Danach demonstrierten in mehreren Städten, auch in der Hauptstadt, Autofahrer gegen die Milizwillkür. Um in der Krise die vaterländische Industrie zu stützen, hob die Putin-Regierung zum Jahreswechsel 2008/2009 die Einfuhrzölle für bis zu fünf Jahre alte Gebrauchtwagen von 25 auf 30 Prozent an, für ältere Modelle sogar auf bis zu 80 Prozent. In 40 Städten, darunter auch in Moskau, organisierten die Autofahrer Proteste, die mit großem Polizei-Aufgebot und unter Einsatz von Omon-Spezialeinheiten zerschlagen werden mussten. Wladimir Sorokins Selbstverständnis als unpolitischer Autor fand auch darin seinen Ausdruck, dass er im Familienwagen am liebsten, chauffiert von seiner Frau, auf dem Beifahrersitz fuhr.

Außerhalb von Moskau starben die meisten Journalisten in der Autostadt Togliatti, der Heimat von Avtovaz, eines unnatürlichen Todes. Im Herbst 2000 wurden dort die zwei Leiter des unabhängigen Fernsehsenders »Lada-TV«, Sergej Iwanow und Sergej Loginow, ermordet. Iwanow und Loginow hatten »Lada-TV« zu einem angesehenen liberaldemokratischen Forum gemacht. Anderthalb Jahre darauf, im April 2002, wurde der Chefredakteur der Zeitung »Umschau von Togliatti« (Tol'jattinskoe obozrenie), Valeri Iwanow, vor seinem Haus erschossen. Valeri Iwanow hatte in seiner Zeitung und in einem Fernsehprogramm namens »Kriminelles Russland« (Kriminal'naja Rossija) bei NTW über die schattenwirtschaftlichen Machenschaften der Autofabrik berichtet. Iwanow, der zugleich Abgeordneter im Stadtparlament war, wurde damals wie ein Kriegsgefallener an der Heldenallee des Hauptfriedhofs von Togliatti beigesetzt. Die Chefredaktion der »Umschau von Togliatti« wurde dann von Alexej Sidorow übernommen, der fortfuhr, über die Mafia-Geschäfte bei Avtovaz zu recherchieren. Im Oktober 2003 starb Sidorow, ermordet von Messerstechern. Vertraute des Reporters prophezeiten sogleich, das Verbrechen sei, wie die vorigen, ein tauber »Auerhahn« (gluchar'). So nennt man, nach dem russischen Wort für »taub« (gluchoi), Fälle, die ungelöst bleiben. Der Auerhahn hat seinen russischen Namen, weil er mit seinem Liebesgesang das eigene Gehör ausschaltet. Tatsächlich wurde auch in Togliatti keiner der Journalistenmorde aufgeklärt.

Die Partner von Politik und Wirtschaft lieben bei ihren Operationen die Dunkelheit wie Brautleute in der Hochzeitsnacht. Wenn bei einem Mitglied des Aufgebots in der Öffentlichkeit das Schamgefühl kurzfristig versagt, sollte die Presse die schwarzen Balken unaufgefordert selbst anbringen, machte im Mai 2008 ein Moskauer Schiedsgericht klar, indem es den »Kommersant« mit Bußgeld belegte, weil er am 30. November 2007 Insider-Bekenntnisse des mit dem Kreml eng vernetzten Geschäftsmannes Oleg Schwarzman unzensiert veröffentlicht hatte. Schwarzman, damals Chef der Firma »Finance Group«, hatte, als Konferenzteilnehmer im kalifornischen Palo Alto, dem »Kommersant« ein ganzseitiges Interview gegeben, in dessen zweiter Hälfte er verriet, wie unter seiner Regie Guthaben russischer Privatunternehmen zugunsten staatlicher Konzerne abgeschöpft würden. Die Operation, bei der »diversen Chodorkowskis«, wie Schwarzman sich ausdrückte, soziale Projekte aufgezwungen und der Marktwert ihrer Firmen heruntergefahren wurde, bezeichnete der Manager als »samtene Reprivatisierung«. Seine eigene Rolle dabei verglich Schwarzman, der behauptete, die Interessen des staatlichen Rüstungsexporteurs Rosoboroneksport zu bedienen, mit einem Staubsauger, der die fremden Aktiva einer Struktur zuleitet, aus der dann ein Staatsunternehmen wird. Nach der Publikation ließen die Europäische Bank für Wiederaufbau und Entwicklung, die Russian Venture Company und der Geschäftsmann Tamir Fishman ihren Plan, einen gemeinsamen Fonds mit »Finance Group« zu gründen, fallen. Die Leitung von Rosoboroneksport versicherte sogleich, man habe nie etwas mit »Finance Group« zu tun gehabt. Sie verklagte Schwarzman wegen Rufschädigung. Als der erklärte, der »Kommerssant« habe seine Aussagen entstellt, hängte die Redaktion zur eigenen Rechtfertigung den aufgezeichneten Wortlaut des Interviews ins Internet. Trotzdem befanden die Schiedsrichter nicht nur Schwarzman, sondern auch die Zeitung für schuldig. Der »Kommersant« musste eine Gegendarstellung drucken und 20 000 Rubel Strafe zahlen (nach dem damaligen Kurs 550 Euro. Die Geschichte ist nachzulesen im Bericht von Natalja Eremina: »›Kommersant‹ otvetit za Švarcmana« bei gazeta.ru vom 7. Mai 2008).

Der Umstand, dass russische Zeitungsschreiber gegen Sonderhonorar oder auf politischen Druck oder in einer Mischung aus beidem Tendenzartikel verfassen, erzeugt zwar keine Skandale, demoralisiert aber nachhaltig die journalistische Zunft und verdirbt ihren Ruf. Der Chefredakteur des für seine – nicht selten bestellten – Skandalgeschichten bekannten Hauptstadtblattes »Moskowski komsomolez«, Pawel Gussjew, regte im Frühjahr 2009 an, einen journalistischen Ehrenkodex auszuarbeiten, dessen Unterzeichnung die Medienakteure verpflichten würde, keine Aufträge für Propagandabeiträge zu erfüllen (bekannt gegeben durch die »Gil'dija izdatelej periodičeskoj pečati«, die Gilde der Herausgeber von Periodika, am 23. März 2009). Allerdings werden manche bezahlte Artikel auch durch ein Sternchen oder durch ein kleines »R« (für Reklame) gekennzeichnet. Wenn Journalisten, die noch einen Rest von Ehrgefühl haben, solche politischen Werbetexte verfassen, unterzeichnen sie mit Pseudonym, sagt Jelena Kostjutschenko, Korrespondentin der »Nowaja gaseta«. Frau Kostjutschenko, die in Jaroslawl, 200 Kilometer nördlich der Hauptstadt, aufwuchs, schrieb sich zum Journalistikstudium in Moskau ein, nachdem sie Berichte von Anna Politkowskaja aus Tschetschenien und über die Armee in der »Nowaja gaseta« gelesen hatte. Mit Moskauer Kollegen könne sie leichter über Sex reden als über Anstand im Beruf, sagt die Provinzlerin. Angehende Reporter, die ehrlich arbeiten wollen, provozieren damit geradezu ihre erfahreneren Kollegen, hat sie beobachtet. Die Älteren bedrängen solche Anfänger, ihnen doch zu verraten, wer sie denn nun wirklich aushält, sagt Jelena Kostjutschenko. Oder sie erklären ihnen, ihre Ideale seien aus Scheiße geformt. Die erste Lüge werde von den Journalisten offenbar wie ein Initiationstrauma erlebt, nimmt Jelena Kostjutschenko an (Interview am 10. Juli 2009). Um sich zu entlasten, möchten sie dann alle um sich her in der gleichen Lage sehen und reden ihnen und sich selber ein, lügen sei normal.

Statt Informationen über Produkte vermehren sich die Zertifikate, die mitteilen, welche gefährlichen Inhaltsstoffe sie nicht enthalten. Im Sommer 2007 liefen Lebensmittelchemiker des moskaunahen Wissenschaftlerstädtchens Puschtschino vergeblich gegen eine Verordnung der Moskauer Stadtregierung Sturm, die den Einzelhandel dazu nötigte, Esswaren mit einem Siegel zu kennzeichnen, das besagt, sie enthielten keine genetisch veränderten Organismen. Ein Rundschreiben, das an die Handelskettenvertreter der Hauptstadt versandt wurde (mit Datum vom 29. 7. 2007 und der Laufnummer 2/02–08–266), empfahl ihnen, Fleisch-, Milch-,

Getreide- und Gemüseprodukte mit dem Entwarnungssignal »Enthält keine GMO!« (auf Russisch: Ne soderžit GMO – für genetičeski modificirovannye organizmy) ausstatten zu lassen. Dazu sollten sie Proben ihrer Lebensmittel in speziellen, vom Moskauer Departement für Verbrauchermärkte und -dienstleistungen ermächtigten Labors testen lassen, die mittels eines Biochip-Verfahrens feststellen, ob sie genetisch veränderte Stoffe enthalten oder nicht. Der Brief kündigte außerdem an, nicht vertrauenswürdige Lieferanten würden in ein Sonderregister eingetragen, und die Medien würden ausführlich darüber berichten. Die Lebensmittelchemiker von Puschtschino tadelten nicht nur, dass die Stadtverwaltung die Einzelhändler de facto dazu zwang, sich dem Biochip-Verfahren der Monopol-Firma »Biokontrol« zu unterziehen, was die Endverbraucherpreise um zehn bis zwanzig Prozent erhöhen dürfte. Sie monierten auch, dass dem Biochip-Verfahren eine Technologie der späten siebziger Jahre zugrunde liege, die nachgewiesenermaßen falschen Alarm schlage, beispielsweise bei Kohlgewächsen (Centr po ispytanijam i certifikacii piščevoj produkcii i kormov, Avtonomnaja nekommerčeskaja organizacija »Test-Puščino«, Informationsblatt vom 1. 6. 2007). Außerdem sei es viel vernünftiger, nicht über nicht vorhandene Ingredienzien aufzuklären, ereiferte sich die für Pressearbeit und Verbraucherkontakte zuständige Anastassia Prygunowa, sondern, wie auch im Westen üblich, über das, was drinsteckt.

Doch die Kampagne der Moskauer Regierung hatte Erfolg. Im Sommer 2009 war vom Departement für Verbrauchermärkte und -dienstleistungen der Stadt Moskau zu erfahren, das Testprogramm, das die Sauberkeit der Waren russischer Lebensmittelhersteller von genetisch modifizierten Stoffen feststellt, sei im vollen Gang (das erklärte die Pressebeauftragte Irina Fedina am Telefon am 21. Juli 2009). Das Internet-Portal des Departements verzeichnet eine lange Liste einheimischer Produzenten von Pflanzenöl, Brot, Milch, Süß- und Fleischwaren mitsamt den Daten, wann sie das Testverfahren absolviert und sich das Recht erworben hätten, ihre Produkte mit dem Vermerk »Frei von GMO!« zu kennzeichnen. Dieses Recht wird allerdings von den wenigsten genutzt. In Lebensmittelläden findet man das Zertifikat nur an einem kleinen Kontingent von Wurstwaren, zumeist in Kombination mit dem Aufdruck: »Frei von Soja!«. Es sind künstlich schmeckende Würstchen- und Streichwurstsorten des unteren Qualitätssegments – beispielsweise die geschmacksneutrale Doktorskaja-Wurst der Hersteller Belkom und Dymow oder die Wiener Würstchen der Fleischfabrik Tscherkisowskij –, bei denen dem Kunden tatsächlich Zweifel kommen könnten und die sonst nichts haben, um damit zu werben. Im April 2012 wurde die Markierung wieder abgeschafft. Garantiert hatte sie ohnehin nichts, erklärte der Leiter des hauptstädtischen Handelsdepartements (siehe: GMO ne budet vidno, in: gazeta.ru vom 2. 4. 2012).

Im Präsidentenwahlkampf zeugt es von Solidität, wenn der favorisierte Kandidat nichts von sich preisgibt. Wladimir Putin legte weder bei seiner Wahl 2000 noch bei seiner Wiederwahl 2004 und 2012 ein Programm vor. Er nahm nie an Wahlkampfdebatten teil. Um dennoch Wahlkampfstimmung zu erzeugen, kreuzten die Kandidaten, die pro forma gegen ihn antraten, im Fernsehen verbal die Klingen: der Kommunist Nikolai Charitonow, der Nationalist Oleg Malyschkin, der Populist Oleg Mironow, der Patriot Sergej Glasjew, die Liberale Irina Chakamada. Putins Handeln-statt-Reden-Taktik überzeugte viele Wähler. Statt »liberal« mitbestimmen zu wollen, sucht der schwache Einzelne die Anonymität der Herde und folgt den Unbedenklichkeitssignalen des Hirten. Als Position formulierte das im Dezember 2007 ein Anrufer beim liberalen Radiosender »Echo Moskwy«, wo in der Sendung »Wychoda net« (Kein Ausgang) gerade der Duma-Wahlsieg der Kreml-Partei »Einheitliches Russland« diskutiert wurde, der sich, unabhängigen Wahlbeobachtern zufolge, massiven Fälschungen verdankte. Er habe jahrelang für die liberale Opposition gestimmt, bekannte der Mann. Doch jetzt habe er deren »Populismus«, der darin bestehe, fruchtlos politische Programme und Korruptionsprobleme zu analysieren, satt. Deshalb habe er bei diesen Duma-Wahlen erstmals das »Einheitliche Russland« unterstützt, weil die etwas täten statt zu reden. Als die Moderatoren ihn fragten, ob er denn konkrete Ziele der Partei kenne, die er gewählt habe, verneinte das der Anrufer beinahe stolz (am 5. Dezember 2007. Die Meinung des Mannes steht für viele. Was nicht ausschließt, dass der Anruf inszeniert war). Einen Monat bevor im März 2008 Dmitri Medwedjew als Putins gekürter Nachfolger zum Präsidenten gewählt wurde, bekannten in Umfragen zwei Drittel der Stimmberechtigen, sie hätten von Medwedjews politischen Zielen keine Ahnung. Doch eine noch größere Zahl, 82 Prozent der Wähler, gab an, für Medwedjew stimmen zu wollen.

Dreieinhalb Jahre später, im September 2011, lüftete Medwedjew das inzwischen offene Geheimnis, dass er nur Interimspräsident vor Putins Wiederkunft im nächsten Frühling war. Das und die massiven Fälschungen zugunsten der Kremlpartei »Einheitliches Russland« bei den Dumawahlen im Dezember, die von Beobachtern dokumentiert und im Internet vorgeführt wurden, trieben dann Moskauer, die dergleichen nie von sich erwartet hätten, auf die Straße. Der politische Frühling, bei dem bei Eis und Schnee Hunderttausende mit weißen Schleifen, Schals oder Luftballons für ehrliche Wahlen und gegen Putin demonstrierten, war eine Revolution der begabteren Jugend, der Intelligenzia und der Pelzmäntel. Die Zivilgesellschaft erhob ihr Haupt. Putin war ehrlich erschrocken. Doch dann organisierte seine Mannschaft Gegendemonstrationen, für die Staatsangestellte, Studierende, Belegschaften von Fabriken mit Kremlprotektion aus dem ganzen Land per Bus und Bahn nach Moskau gekarrt wurden. Den Leuten war Geld versprochen oder für den Fall, dass sie nicht mitmachen würden, die Exmatrikulation oder Entlassung oder Vertragskündigung angedroht worden. Deswegen erzielten die Organisationen der

Pro-Putin-Kundgebungen etwas größere Teilnehmerzahlen als die Opposition der Freiwilligen. Fernsehdebatten, die für ihn auch Rechenschaftsberichte hätten werden können, stellte Putin sich freilich immer noch nicht. Stattdessen schickte der Wiederwahlkämpfer Vertrauensleute in den Studioring, beispielsweise Filmregisseur Nikita Michalkow, der sich im Rededuell mit Irina Prochorowa, die sich für ihren gegen Putin antretenden Bruder Michail stark machte, erbärmlich blamierte. Die bewährten Gegenkandidaten des Kremls waren über 65 Jahre alt. Kommunistenführer Gennadi Sjuganow, der zum vierten Mal antrat, stammelte auswendig gelernte Phrasen oder schwieg. Dem Politclown Wladimir Schirinowski, der zum fünften Mal dabei war, bereiteten seine geschätzten Temperamentsausbrüche sichtlich Mühe. Das System zeigte Materialermüdung. Als Putin noch am späten Wahlabend, als erst ein Drittel der Stimmen ausgezählt war, vor einer Menschenmenge auf dem Manegeplatz seinen Sieg verkündete, liefen ihm, was die Öffentlichkeit nie vorher an ihm sah, die Tränen in Bächen herunter. Kurz darauf, am 15. März strahlte der Staatskanal NTW eine Sendung namens »Anatomie des Protestes« (Anatomija protesta) aus, die die Sünde, bezahlte Kundgebungen organisiert zu haben, der Opposition in die Schuhe schob. Dokumentarisch aufgemachtes Filmmaterial, dessen Autoren aber ungenannt blieben, zeigte, wie angebliche Demonstranten für die Opposition Geld und weiße Schleifen ausgehändigt bekamen. Zeugen der Dreharbeiten erklärten später die Szenen für gestellt. Journalisten, Blogger und Internetnutzer tobten. Der Chefredakteur der Zeitschrift »Experte« (Ekspert), Valeri Fadejew, und die Direktorin des Antikorruptionszentrums Transparency International, Jelena Panfilowa, die irreführend zitiert worden waren, kündigten jede weitere Zusammenarbeit mit NTW auf. Doch das Levada-Umfrage-Institut stellte kurz darauf fest, dass der Zuspruch der Gesellschaft zur politischen Führung stärker geworden sei. Da wiederholte NTW die »Anatomie des Protestes«.

Die toxischen Substanzen der Geschichte kamen nach der Jahrtausendwende wieder hinter Schloss und Riegel. 2002 war durch einen Erlass von Präsident Putin eine »Interministerielle Kommission zum Schutz von Staatsgeheimnissen« gegründet worden, die im Prinzip die Aufgabe hatte, Archivakten, die die Sowjetunion geheim hielt, Schritt für Schritt freizugeben. Tatsächlich unternahm sie vor allem das Gegenteil, von den Akten des Russländischen Staatsarchivs für Sozial- und Politikgeschichte, die die Kommission im Jahr 2005 begutachtete, erklärte sie 13 Prozent für geheim. 2006 waren es schon 40 Prozent. Und 2007 befand das Gremium, 60 Prozent der von ihm geprüften Dokumente seien geheim zu halten (siehe Wehner, a. a. O., S. 49). Dabei handelte es sich um Akten aus der Stalinzeit, die also älter waren als 54 Jahre. Bis 2004 galt im Prinzip eine gesetzliche Geheimhaltungsfrist von 30 Jahren, für nachrichtendienstliches und nukleartechnisches Material ausnahmsweise bis zu 50. Doch 2004 trat ein neues Gesetz in Kraft, worin es zwar heißt, Archivakten sollten öffentlich zugänglich gemacht werden, aber nur wenn die Kommission grünes Licht gibt. Und Fristen wurden nicht mehr genannt.

Unterdessen erklärte die Kommission, deren Leitung im Dezember 2008 Präsident Medwedjews Stabschef, Sergej Naryschkin, übernahm, von den Parteidokumenten aus der Zeit zwischen 1953 und 1991, die im Russländischen Archiv für Zeitgeschichte lagern, viele Akten, die schon freigegeben waren, wieder für geheim; beispielsweise Materialien über die sowjetische Außenpolitik unter Nikita Chruschtschow vor und während der Kuba-Krise (Markus Wehner, a. a. O.). Auch die wichtigsten Akten über den Massenmord des NKWD an polnischen Offizieren in Katyn (die Hauptmilitärstaatsanwaltschaft, die den Kriminalfall Katyn verhandelte, stellte das Verfahren im September 2004 ein, erklärte »eine Anzahl konkreter sowjetischer Amtsträger« zu Schuldigen, zugleich jedoch ihre Namen sowie die Prozessakten für geheim. Dabei war die Erschießung der polnischen Gefangenen durch einen Politbürobeschluss vom 5. März 1940 angeordnet worden, den Stalin, Woroschilow, Molotow und Mikojan eigenhändig unterzeichneten, schrieb am 22. April 2009 in der GULAG-Beilage der »Nowaja gaseta« Anatoli Jablokow, ein ehemaliger Untersuchungsführer der Militärstaatsanwaltschaft, der Anfang der neunziger Jahre die frisch freigegebenen Katyn-Akten bearbeitet hatte) oder die von Stalins Politbüro über die Teilung Polens oder die Annexion der baltischen Länder, die unter Gorbatschow und Jelzin teilweise zugänglich waren, kamen zurück in die Giftschränke. Selbst Dokumente, die 1992 im Prozess gegen die KPdSU veröffentlicht wurden, gelten heute als geheim. Die Publikation eines Dokuments sei kein Grund, seine Geheimhaltung aufzuheben, hat der Leiter der russischen Archivverwaltung, Wladimir Koslow, oftmals erklärt. Und der russische Forscher, mit dem Markus Wehner sprach, zitiert die alte Regel, dass noch niemand dafür bestraft wurde, dass er Akten geheim hielt – für ihre Freigabe hingegen schon (Markus Wehner, a. a. O., S. 50).

Dafür hatten ehemalige Sowjetrepubliken wie die Ukraine und die baltischen Staaten ihr sowjetisches Aktenerbe freigegeben und betrieben postimperiale Vergangenheitsbewältigung. Ihre Befreiung durch die Rote Armee klassifizierten sie als neue Okkupation. Im Mai 2009, als der 70. Jahrestag des Molotow-Ribbentrop-Pakts näher rückte, schlug Katastrophenminister Sergej Schoigu daher vor, ein Gesetz zu erlassen, das es unter Strafe stellen würde, den Sieg der Sowjetunion über den Hitlerfaschismus zu leugnen. Die Idee war offensichtlich vom alten Kriegsgegner Deutschland inspiriert, wo das Abstreiten des Holocaust als Verbrechen gilt. Der Gesetzesentwurf, für den sich Schoigu stark machte, sah vor, Politiker von Ländern, wo das Vorgehen der Roten Armee und der sowjetischen Sicherheitsorgane verbrecherisch genannt wird, mit Gefängnis von bis zu fünf Jahren und Bußzahlungen von bis zu einer halben Million Rubel (12 000 Euro) zu bestrafen. Ehemalige Sowjetrepubliken, die nach russischer Auffassung staatlichen

Geschichtsrevisionismus betreiben, hätten mit der Ausweisung ihrer Botschafter oder dem Abbruch der diplomatischen Beziehungen zu rechnen. Privatleute, die Hitlers Bezwingern Verbrechen vorwerfen, wurden mit drei Jahren Gefängnis bedroht.

Doch der postheroische Präsident Medwedjew berief stattdessen eine 28 Personen starke Expertenkommission aus Funktionären von Staatssicherheit und Auslandsaufklärung, hohen Militärs, Politikern der Regierung und der Präsidentenverwaltung sowie vier Historikern, um »Geschichtsfälschungen zu Lasten der Interessen Russlands« abzuwehren. Bürgerrechtler schlugen Alarm. Zumal zum Leiter der Kommission Stabschef Naryschkin ernannt wurde, unter dessen Archivkommission sich die Staatsgeheimnisse so rasant vermehrt hatten. Die Vorsitzende der Helsinki-Gruppe, Ljudmila Alexejewa, der Menschenrechtskämpfer Lew Ponomarjow und weitere Aktivisten bezeichneten den neuen Wächterrat über das kanonische Geschichtsbild als totalitär. An Naryschkin, der einst als Wirtschaftsfachmann für die sowjetische Botschaft in Belgien gearbeitet hatte und nach Informationen einiger Medien für den KGB tätig war, wurde von Präsident Medwedjew zur gleichen Zeit auch die Leitung der »Kommission zur Anhebung des Ansehens von Russland im Ausland« übertragen, die bis dahin dem Außenministerium angegliedert war. Der Schleusenwart von so vielen Informationsströmen versuchte als erstes, die Gemüter zu beruhigen. Seine Antigeschichtsfälschungskommission werde auf keinen Fall Geschichtsbücher umschreiben oder Historiker gängeln, versicherte Naryschkin mit Kreidestimme.

Doch das Neuschreiben der Geschichte war bereits im vollen Gang. Ende 2007 war das von Alexander Filippow, einem Beamten des Bildungsministeriums, herausgegebene Geschichtslehrbuch über die Periode zwischen 1945 und 2006 erschienen, das Stalin als »effektiven Manager« würdigt, dem Russland seine Industrie, Infrastrukturobjekte und seine Nuklearwaffen verdanke. Die Millionen Menschenleben, die das kostete, erscheinen in dem für die elfte Klasse gedachten Werk als bedauerliche Kollateralschäden einer Mobilisationsökonomie, die die internationale Konkurrenz und ungünstige historische Umstände Russland aufgezwungen hätten. Obendrein erscheinen die Säuberungs- und Verfolgungskampagnen gegen Juden, Genetiker und Schriftsteller, die Stalin persönlich leitete, als anonyme, gleichsam meteorologische Prozesse. »Das Ministerium für Sicherheit leitete die Strafsache der Ärzte ein«, heißt es über die letzte große Terrorwelle des Diktators. Um der Balance willen werden auch einzelne Stalin-Kritiker zitiert, die der Sache des sowjetrussischen Staates ergeben waren, wie der adlige Publizist Wladimir Antonow-Owsejenko (1884 bis 1938). Antonow-Owsejenko, Spross eines Offiziersgeschlechts, gehörte zu jenen Bolschewiken, die 1917 den Winterpalast stürmten und die Provisorische Regierung verhafteten. Er diente als Diplomat in der Tschechoslowakei, Litauen, Polen und Spanien, war ab 1934 Generalstaatsanwalt und wurde 1938 erschossen. Die schwere Artillerie des russischen Antistalinismus, von Alexander Solschenizyn über Anna Achmatowa bis zu Lew Kopelew, Schriftsteller, die den bolschewistischen Staat per se verurteilten, kommt nicht zu Wort. Als strahlende Helden der Epoche erscheinen Stalins Auslandsspione, die es schafften, den Amerikanern das Geheimnis der Bombe zu entreißen.

Die Möchtegern-Seelenhirten machten ihre Einsätze. Der Patriarch von Moskau und ganz Russland, Kyrill, erklärte im Juni 2009, der wahre Grund des Zweiten Weltkrieges sei gewesen, dass Russland sich von der Kirche losgesagt hatte. Ein mysteriöses Autorenkollektiv vom »Institut für Strategische Sicherheit«, dessen mystisch-autokratische Politutopien mit dem Titel »Projekt Russland« (Proekt Rossija) schon zweimal die Bestsellerlisten erobert hatten, brachte in Millionenauflage den dritten Band heraus. Darin wird ausgemalt, wie Russland, wenn es sich zum streng orthodoxen Priesterstaat wandle, in der Weltwirtschaftskrise zu jener Arche werden würde, die allein nicht untergeht. Um die Gesellschaft zu konsolidieren und kleinliche Egoismen zu überwinden, erklären die anonymen Autoren unumwunden, wirkt ein klug verabreichtes Feindbild Wunder. Das lieferte der Militärhistoriker Sergej Kowaljow mit einem Aufsatz, worin er Polen die Schuld am Ausbruch des Zweiten Weltkriegs zuwies, weil es die Forderung des Dritten Reiches zurückwies, sich Danzig einzuverleiben und eine Sonderstraße nach Ostpreußen durch polnisches Gebiet zu legen. Es sei schwer, die deutschen Ansprüche als unbegründet zu bezeichnen, schrieb Kowaljow in seinem Artikel »Hirngespinste und Fälschungen bei der Beurteilung der Rolle der UdSSR vor und zu Beginn des Zweiten Weltkriegs«, den das russische Verteidigungsministerium im Mai 2009 auf seiner Internetseite aushängte (Kowaljows Text: »Vymysli i fal'sifikacii v ocenkach roli SSSR nakanune i s načalom vtoroj mirovoj vojny« war zuerst im »Voenno-istoričeskij žurnal«, dem Militärgeschichtlichen Journal, Heft 7, 2008 erschienen). Wegen heftigen Protests bei Historikern und im Internet wurde der Text aber bald wieder entfernt. Doch das Moskauer »Zentrum für Problemanalyse und staatlich-administratives Projektieren« (Centr problemnogo analiza i gosudarstvenno-administrativnogo proektirovanija) brachte eine 360 Seiten starke Handreichung für Verfasser künftiger Geschichtslehrbücher heraus, wo der Schulunterricht zum Instrument staatlicher Verwaltung erklärt wird. Das Traktat mit dem Titel »Geschichtsschulbuch und staatliche Politik« (Škol'nyj učebnik istorii i gosudarstvennaja politika von V. Bagdasarjan u. a., Moskva 2009) kritisiert das umstrittene Geschichtslehrbuch von Alexander Filippow als ideologie- und daher konzeptlos. Die sieben Verfasser bemängeln insbesondere, dass dort versäumt werde, in Stalins Herrschaftsform eine Wiederkehr der für Russland traditionellen Monarchie zu erkennen. Die offenbar mit der Orthodoxie sympathisierenden Autoren merken an, Stalin sei in Religionsfragen »relativ tolerant« gewesen, wobei sie offenbar daran denken, dass der Völkervater Priester, die seine Terrorwellen überlebt hatten, nach Hitlers Überfall auf die Sowjetunion aus dem Gulag holen ließ. Doch die Unterrichtsstrategen vertiefen sich nicht in Einzelheiten. Außer der ideologischen Stringenz der Lehrmittel hat das vom Verlag »Wissenschaftlicher Experte« (Naučnyj ėkspert) publizierte Opus insbesondere die Frequenz bestimmter Schlüsselwörter darin nachgemessen und befremdet festgestellt, dass die Vokabel »Orthodoxie« (Pravoslavie) beziehungsweise seine Derivate über eine Passage von 15 Seiten hinweg nur zwölfmal auftaucht (a. a. O., S. 153).

Sorokin hatte schon vier Jahre zuvor, in seinem Opernlibretto »Rosenthals Söhne«, vorgeführt, wie die verwilderten Reste der früheren Wissenshochkultur durch unser neues Mittelalter irren. Das Bolschoi Theater gab bei Sorokin und dem Petersburger Komponisten Leonid Dessjatnikow eine Oper in Auftrag, und der Schriftsteller schlug vor, seine Vision von den geklonten Literaten aus dem »Himmelblauen Speck« ins Reich der Musik zu übertragen. So entstand die Figur des Humangenetikers Alex Rosenthal, der vor den Nationalsozialisten in die Sowjetunion floh, wo er im Klonlabor Stalins Untertanenschaft vermehrt. Aus Musikleidenschaft schenkt Rosenthal außerdem fünf genialen Komponisten – Mussorgski, Tschaikowsky, Verdi, Wagner und Mozart – ein zweites Erdendasein. Doch dann stirbt erst die Sowjetunion und bald auch Klonvater Rosenthal. Das verwaiste Musiker-Quintett sieht sich in die freie Wildbahn des Moskauer Flohmarktkapitalismus entlassen. Die Genies schlagen sich als Straßenmusikanten durch. Doch dann verliebt Mozart sich in eine Prostituierte und will sie heiraten. Ihr rachsüchtiger Zuhälter Kela reicht als Hochzeitstrunk der ganzen Gesellschaft vergifteten Wodka, der alle ins Jenseits befördert, bis auf Mozart. Der einsame Mozartklon intoniert am Ende Papagenos Pfeifmotiv, wie um zu testen, ob außer ihm noch jemand auf der Welt sei.

Die Putin-Jugend der »Zusammengehenden« hatte schon vor dem Theater Protestdemonstrationen abgehalten, als das

Bolschoi dem »Pornographen und Koprophagen« Sorokin, wie sie den Schriftsteller für die vermeintliche Unanständigkeit seiner Visionen schmähten, gerade erst den Auftrag zum Verfassen eines Operntextes erteilt hatte. Der Anführer der »Zusammengehenden«, Wassili Jakemenko, gewann den Duma-Abgeordneten Sergej Newerow, Mitglied der Kremlpartei »Einheitliches Russland« aus der sibirischen Bergbauregion Kemerowo und Vizevorsitzenden des Ausschusses für Arbeit und Soziales, zum Alliierten. Newerow, der offen zugab, kein Werk von Sorokin je gelesen zu haben, warnte seine Mitparlamentarier gleichwohl vor dem Schaden, den Sorokins »Abgeschmacktheiten« dem Bolschoi Theater, dem in aller Welt anerkannten Stolz Russlands, zufügen würde. Der Deputierte brachte immerhin die Duma dazu, ihr Kulturkomitee damit zu beauftragen, den Fall zu prüfen. Bolschoi-Generaldirektor Anatoli Iksanow fragte kopfschüttelnd, ob dieser Vorstoß nur eine Idiotie einzelner Bürger sei oder schon Ausdruck staatlicher Politik.

Am Tag der Uraufführung von »Rosenthals Söhnen« am 23. März 2005 glich das Bolschoi einer belagerten Festung. Auf dem Theatervorplatz demonstrierten junge Aufstiegswillige von den »Zusammengehenden« gemeinsam mit armen Anarchisten vom »Volkswillen« (Narodnaja volja) und ultranationalen Monarchisten von der »Union orthodoxer Bannerträger« (Sojuz pravoslavnych chorugvienoscev) gegen Sorokin, den sie nicht kannten, nicht kennen wollten, aber eindeutig als Besudler des nationalen Kulturheiligtums anprangerten. Die Theaterleitung ließ vorsichtshalber das ganze Gebäude von Wachmannschaften mit Hunden durchsuchen und die Kulturkämpfer durch Straßensperren auf Abstand zu den Premierenbesuchen halten.

Dabei war die Oper wirklich harmlos. Das lag allerdings weniger an ihrer Fabel, die reizvoll die Dialektik von Fortschritt und Rückbildung vorführt, sondern vor allem an Dessjatnikows Musik. Der Petersburger Komponist ist wie Sorokin Spezialist für die Anverwandlung fremder Stile, aber ohne dessen Hang zur Übersteigerung. Die Auftraggeber vom Bolschoi ersparten dem Publikum und ihren Musikern die Zumutung avantgardistischer Klänge, wie es ein Werk von Wladimir Martynow oder von Wladimir Tarnopolski – auf ganz gegensätzliche Weise – bedeutet hätte. Stattdessen erklang gut goutierbare, mit reichlich Schlagzeug und metrischen Verschiebungen gepfefferte Kinosymphonik, aus der Klassikchimären hervorwachsen: so der Jubelchor der Genetiker auf Klonkönig Rosenthal, der das Zarenlob aus Mussorgskis »Boris Godunow« parodiert, oder die Straßenmusik der fünf Komponistenklone, eine Travestie auf Mussorgskis fröhliche Popen aus der litauischen Schenke. Als trügen sie diese im genetischen Gedächtnis, reproduzieren die Klonhelden Passagen aus dem Werk ihrer Originale. Der Tschaikowsky-Wiedergänger duettiert mit seiner Klonlaborantin wie Tatjana mit ihrer Amme im »Eugen Onegin«, aber schwerfälliger, lächerlicher. Er vergegenwärtigt gleichsam den andressierten Infantilismus im eugenischen Labor. Das Wagner-Double wird von bösen Träumen und tiefen Bläserattacken verfolgt, bis Klonvater Rosenthal ein ernstes Wort mit ihm redet wie Alberich mit seinem Sohn Hagen. Merkwürdig nur, dass der Mozart-Doppelgänger vor Liebe zur russischen Hure Tatjana mit ihr einen leidenschaftlichen Zwiegesang à »La Traviata« anstimmt.

## Die Misstrauensgesellschaft

Im November 2006 starb der nach London geflohene russische Ex-Spion Alexander Litwinenko an einer Polonium-Vergiftung. Litwinenko war 1998 in Moskau mit der Erklärung an die Öffentlichkeit getreten, er habe den Auftrag erhalten, den damaligen Oligarchen Beresowski zu ermorden. 2000, im gleichen Jahr wie Beresowski, emigrierte Litwinenko nach London und erhielt ein Jahr später politisches Asyl. Dort verfasste er gemeinsam mit dem russisch-stämmigen Amerikaner Juri Felshtinsky das Buch »Eiszeit im Kreml« (»Blowing up Russia«, auf Deutsch 2007 erschienen), das nachzuweisen versucht, dass die Sprengstoffanschläge auf Wohnhäuser in Moskau, Wolgodonsk und Rjasan 1999, denen Russlands zweiter Präsident ein Gutteil seines Wählerzuspruchs verdankte, vom Geheimdienst FSB selbst organisiert worden seien. Mit dem von Beresowski finanzierten Buch, das auch in Moskau vorgestellt wurde, hatte Litwinenko die einst gemeinsame Sache mit den Machthabern im Kreml auf besonders eklatante Weise verraten. Kurz nach Litiwinenkos Tod erklärten meine Bekannten nahezu einhellig, das Gift sei ihm sicher von einem russischen Geheimdienstler verabreicht worden. Zugleich zeigten sie sich fest davon überzeugt, dass die Wahrheit nie ans Licht kommen werde. Die britischen Fahnder, die den Fall untersuchten, verdächtigten den russischen Geschäftsmann und Ex-Geheimdienstler Andrej Lugowoi, der sich mit Litwinenko in London getroffen hatte, unmittelbar bevor dessen Krankheitssymptome einsetzten; außerdem waren in Lugowois dortigem Hotelzimmer und in seiner Hamburger Wohnung Polonium-Spuren gefunden worden. Daraufhin veranstaltete Lugowoi in Moskau Pressekonferenzen und beteuerte in herausfordernd patriotischem Ton seine Unschuld. Die Journalistin Julia Latynina glaubt, dass er die Flucht nach vorn, ins Licht der Publizität, auch deswegen antrat, um zu verhindern, als Mann der zu viel wusste, unauffällig aus dem Weg geräumt zu werden.

Dafür spricht auch, dass der Ex-Agent bald in die Führungsriege der nationalpopulistischen Partei LDPR eintrat und nach einer Kampagne, in der er sich dem sibirischen Wahlvolk als unerschrockener Herausforderer der arroganten Westmächte angedient hatte, einen Sitz in der Duma und damit die Abgeordnetenimmunität erstritt. Das russische Fernsehen lancierte unterdessen die Kreml-Version, wonach Beresowski den von ihm »benutzten« Litwinenko habe umbringen lassen, um das Verbrechen den Moskauer Machthabern in die Schuhe zu schieben. Daran glaubte unter meinen Bekannten niemand. Extrem durchsichtig erschienen nur die medialen Ablenkungsmanöver.

Russland ist der am alleroffensichtlichsten von seinen Geheimdiensten regierte Staat der Welt. Am Ende des liberaldemokratischen Experiments rekrutierte die Kremlführung ihren neuen Steuermann aus Reservisten des KGB, denen allein man genügend Verschlagenheit und Corpsgeist zutraute, die Fliehkräfte der modernen Marktwirtschaft zu bändigen. Vor Putin hatten die Kandidaten Nikolai Bordjuscha, Jewgeni Primakow, Sergej Stepaschin das Nachfolger-»Casting« durchlaufen – allesamt ausgebildete Spione; (daran erinnerte die Soziologin und Eliteforscherin Olga Kryschtanowskaja in ihrem Vortrag vom 29. Mai 2008 über die »Russische Elite im Übergang« (Rossijskaja ėlita na perechode, nachzulesen unter: polit.ru/lectures/2008/07/31/rus_elita.html). Putin brachte »Gewaltbeamte« (siloviki), Militärs, vor allem aber Ex-Geheimdienstler an die Schaltstellen der Politik und der zum Teil wieder staatlich kontrollierten Wirtschaft. Vor Putin betrug der Anteil der »siloviki« in den Machtstrukturen nicht mehr als 13 Prozent. 2003 lagen sie bei einem Viertel, im Februar 2008 stellten sie 42 Prozent der Beamtenelite der staatlichen Zentrale, hat Frau Kryschtanowskaja berechnet (Kryschtanowskaja, a. a. O.). Dabei seien die Ziffern eigentlich zu niedrig, denn viele Zöglinge der Staatssicherheit verschweigen das lieber, merkt die Forscherin an. Die Soziologin hat ihre Techniken, mit denen sie professionelle Geheimdienstler enttarnen zu können glaubt, beispielsweise Lücken im offiziellen Lebenslauf, aber auch ein paar andere Indizien. Mit Hilfe dieser Methoden kommt sie auf eine Dunkelziffer der russischen Elite mit Geheimdiensthintergrund von 77 bis 78 Prozent (Kryštanovskaja u Al'bac: lj.rossia.org/users/tapirr/475568.html, 8.2.2007). Der prominenteste Ex-Spion an der Spitze eines großen Staatskonzerns ist der grimmige Igor Setschin, der den Ölbetrieb Rosneft leitet, welcher von der Ausweidung der Holding Yukos, die Putins Lieblingsfeind Michail Chordokowski abgenommen wurde, am meisten profitierte; Setschin soll auch die treibende Kraft hinter der Zerschlagung von Yukos gewesen sein. Während Putins Präsidentschaft war er dessen stellvertretender Administrationschef, der Premierminister Putin machte Setschin zum Vizepremier. Doch auch das Erdgasimperium Gasprom hat mit Vizedirektor Alexander Medwedjew, Chefjurist Konstantin Tschuitschenko und Vize-Managementschef Sergej Uschakow drei Geheimdienstveteranen in der Führungsspitze. Sergej Tschemesow, der mit Putin in Ostdeutschland diente, lenkt den staatlichen Rüstungsexporteur Rosoboroneksport, der seit 2005 das Autowerk Avtovaz mit besitzt. Alle »siloviki« sind besonders darin geschult, ihr Gegenüber zu überlisten, ihm gegen seinen Willen Informationen abzuluchsen, fasst Olga Kryschtanowskaja die Berufspsychologie der herrschenden Kaste zusammen. Sie hätten gelernt, verschlossen zu sein, ständig eine Maske zu tragen. Sie seien Zyniker. Die Interessen des Staates stehen stets über denen der menschlichen Moral. Betrug und Verrat seien für sie Beweise höchster Professionalität. Ihre geheime Tätigkeit schmiede sie zu einer Art Orden mit einem eigenen Ehrenkodex und einem besonderen Glauben zusammen. Der Geheimdienst wurde zudem fester Bestandteil der kulturellen Grundversorgung. Das Fernsehen bringt regelmäßig Sendungen über sowjetische Meisterspione, die das Staatsschiff über Riffe der internationalen Politik hinwegmanövrierten, von denen die zivilen Passagiere keine Ahnung hatten. Und seit 2006 vergibt der Staatssicherheitsdienst auch wieder Kulturpreise, wie es der KGB zwischen 1978 und 1989 tat. Preisträger, die sich nach dem Urteil der Jury um ein zugleich positives wie objektives Bild des Agentenberufes in der Öffentlichkeit verdient gemacht hatten, wurden der Historiker Roy Medwedjew mit seinem Buch über Juri Andropow, der Chansonnier Alexander Rosenbaum sowie der Leadsänger der militärisch-patriotischen Popgruppe »Ljube«, Nikolai Rastorgujew, dessen maskulin sentimentaler Musikstil auch von Wladimir Putin geschätzt wird.

Michail Chodorkowski kam hinter Gitter, weil er, während Präsident Putin an der staatlichen Machtvertikale baute, seinen Ölkonzern Yukos, damals Russlands größten, vorbildlich transparent gemacht hatte und mit dieser Transparenz den Rest der Gesellschaft anstecken wollte. Der deutschlandfreundliche Auslandsaufklärer und der studierte Waffenchemiker wollten den sozialen und politischen Problemen auf diametral gegensätzliche Weise zu Leibe rücken. Dabei verdankte Chodorkowski seinen steilen Karriereflug ursprünglich seinen Verbindungen als stellvertretender Komsomol-Leiter der Moskauer Mendelejew-Hochschule für Chemische Technologie, nicht zuletzt auch zu Geheimdienstoffizieren. Zugleich verdankte er ihn der eigenen Naivität. Beschirmt vom Parteijugendkomitee hatte Chodorkowski im Perestroika-Jahr 1987 an seiner Hochschule ein »Wissenschaftlich-Technisches Jugendzentrum« aufgebaut, das für diverse Forschungsinstitute, die meisten mit militärischem Profil, wissenschaftliche Projekte erledigte und damit knappes Bargeld aus den Staatsreserven verdiente. Das wurde sein Sprungbrett in die Wirtschaft. Als er viele Jahre später seine verdienten früheren Senior-Kollegen aus dem Institut fragte, warum sie nicht mehr Geschäfte gemacht hätten, erklärten die ihm, sie hätten die Kossygin-Reformen, die ab Mitte der sechziger Jahre den wissenschaftlichen Einrichtungen eine gewisse finanzielle Autonomie zugestand, allzu gut in Erinnerung gehabt. Als das Experiment unter Breschnew wieder abgeblasen wurde, waren einige Forscher im Gefängnis gelandet. Er sei zu jung für solche Erinnerungen gewesen, gestand Chodorkowski seinem amerikanischen Biographen David Hoffman damals (Hoffman, 2002, a. a. O., S. 107). Das verlieh ihm Mut. Bald organisierte er den Import von Personalcomputern, was, da die Staatssicherheit ihren Besitz lange verboten hatte, extrem profitabel war. Mit Hilfe seiner Protektion gründete er, zur Abwicklung der wachsenden Geldströme, noch zu Sowjetzeiten die Bank Menatep. Sicherheitshalber warb das Geldinstitut im Volk um Aktionäre, man wollte im Fall, dass die Partei von ihrem liberalen Kurs abkommen würde, lebendige Schutzschilde haben (Hoffman, a. a. O., S. 123). Obendrein erkannte Chodorkowski als einer der Ersten, wie profitabel es ist, in Staatsbeamte zu investieren, vermerkt die Verfasserin seiner russischen Vita, Julia Latynina (Julija Latynina, »Michail Chodorkovski: Chimija i žizn'«, in: Soveršenno sekretno, 1. 8. 1999, S. 3 ff.). Empfänge für hochrangige Entscheidungsträger brachten der Menatep-Bank tausendfache Rendite. Doch gegen Ende von Jelzins erster Amtszeit wurden die Kommunisten gefährlich populär. Vor seiner Wiederwahl 1996 vergab die Kremlführung daher Aktien wichtiger Rohstoffbetriebe gegen Kredite an die »richtigen« Geschäftsleute. So finanzierte man einerseits die Wahlkampagne und entmachtete nebenbei die »Roten Direktoren«. Chodorkowski sorgte dafür, dass seine Menatep-Bank die Auktion für die staatliche Ölholding Yukos abhielt und bekam – o Wunder – den Zuschlag für 45 Prozent der Anteile. Der wichtigste Kunde der Vertrauensbanken wie Menatep war die Regierung; der Spottpreis von 45 Millionen Dollar, den Chodorkowski für seine Konzernhälfte bezahlte, bestand daher zu einem nicht geringen Teil aus Haushaltsmitteln.

Während seiner Aufstiegsphase begeisterte sich Chodorkowski, ein diplomierter Sprengstoffexperte, nur für Effizienz und Technik. 1996 übernahm er einen unrentablen, hoch verschuldeten Konzern, der bei seinen Arbeitern mit den Löhnen ein halbes Jahr im Rückstand war. Bei einem Verkaufspreis von acht Dollar pro Fass Öl lagen Yukos' Förderkosten um die 12 bis 14 Dollar. Der neue Chef wurde von den sibirischen Ölarbeitern zunächst als Moskauer Bankier abgetan. Doch Chodorkowski fuhr zu seinen Bohrplattformen und arbeitete als Geselle mit, wodurch er sich bald Respekt bei seinen Mannschaften vor Ort erwarb. Er orderte Qualitätsarbeitskleidung für seine Bohrleute. Zwei Moskauer Manager, die sich von dem Auftrag etwas abzweigen wollten, ließ er feuern. Er heuerte die amerikanischen Fachleute Joe Mac und Don Walcott an, die erst einmal die Hälfte der Yukos-Bohrlöcher wegen Unrentabilität schlossen. Das kostete Arbeitsplätze, in der Belegschaft kochte es. Da bestellte Chodorkowski einen seiner besten Ingenieure nach Moskau, hielt ihm eine Standpredigt und entließ ihn vor versammelter Mannschaft – zur allgemeinen Abschreckung. Chodorkowskis Abteilungsleiter lernten die ungezwungenen Business-Lunch-Runden fürchten, bei denen ausgesuchte Opfer ihrem Chef für technische Probleme aus ihrer Zuständigkeit Rede und Antwort stehen mussten. Unterdessen zahlte der Konzern die Löhne pünktlich und in den Ölregionen wurden Schulen, Wohnungen, Sporthallen gebaut. Nach 7 Jahren Chodorkowski arbeitete Yukos in 50 statt in 9 russischen Regionen und hatte die Förderkosten auf 1,57 Dollar pro Ölfass gesenkt.

Zur wirtschaftlichen Glasnost-Politik wurde Chodorkowski durch die Schuldenkrise von 1998 bekehrt. Die Menatep-Bank ging pleite. Der Oligarch empfand damals das Zentnergewicht der Verantwortung für treue Mitarbeiter, die es gewohnt waren, betrogen zu werden, sich sogar damit abgefunden hatten, und dennoch zu ihm hielten. Den Beschluss, Yukos zu einer transparenten, nach westlichen Buchhaltungsregeln geführten Firma zu machen, soll Chodorkowski 1999 auf einer »geheimen« Sitzung im engsten Kreis seiner Manager und Aktionäre bekannt gegeben haben (siehe Valerij Panjuškin, Michail Chodorkovskij: Uznik tišiny, Piter Press, Sankt Petersburg 2009, S. 129). Einige Mitstreiter fanden das falsch. Doch danach gewann der Konzern rasch an Wert, die Menatep-Bank konnte alle Einleger auszahlen. Zugleich begriff Chodorkowski, dass er mittelfristig auch sein Umfeld ändern musste. Er wollte begabte Nachwuchskader im Land halten. Ihren Steckbrief zeichnete der sich zum Glauben an die Effektivität Bekennende anhand des Jahreseinkommens. Mindestens 100 000 Dollar könnten, behauptete Chodorkowski in einer kurz nach der Jahrtausendwende gehaltenen Konferenzpredigt, jene zugleich qualifizierten und unternehmerischen Leute, die allein eine Gesellschaft voranbrächten, überall auf der Welt verdienen (Panjuškin, Chodorkovskij, a. a. O., S. 134 f.). Durch seine Wohltätigkeitsstiftung »Offenes Russland« (Otkrytaja Rossija) ließ er in Schulen Internetzugänge und Bibliotheken einrichten und organisierte Computerkurse für Lehrer. Das sollte helfen, die Heimat in ein »normales Land« zu verwandeln, dessen Firmenkapitalisierung und Altersrenten denen im Westen nicht nachstünden.

Dass er auf diesem Weg seinem Staat voranschreiten wollte, wurde Chodorkowski zum Verhängnis. Als Präsident Putin am 19. Februar 2003 die Kapitäne der Wirtschaft zur Beratung über das Sorgenthema Korruption in den Kreml lud, wagte er einen politischen Vorstoß. Chodorkowski erzählte, dass, Umfragen zufolge, mehr als ein Viertel der Bevölkerung die Korruption als das gefährlichste Problem ansehe. Dass fast die Hälfte der Bevölkerung die Mehrheit der Beamten für korrupt halte, besonders die Miliz, die Verkehrspolizei, die Gerichte und die Machtorgane. Dafür sprach auch der Andrang auf die Kaderschmieden. Während auf einen Studienplatz im Erdölinstitut, dessen Absolventen 500 Dollar monatlich verdienten, nur zwei Bewerber kamen, bewarben sich bei der Verwaltungsakademie, deren Absolventen offiziell nur 200 Dollar verdienten, für jeden Platz zehn Kandidaten. Als aktuelles Beispiel einer Transaktion mit doppeltem Boden nannte Chodorkowski den Erwerb der Ölfirma »Sewernaja neft«, für die Yukos geboten hatte, durch den Staatskonzern »Rosneft«, der zwei Jahre später auch die Trümmer von Yukos vertilgen würde. Chodorkowski gab sich allerdings bußfertig. Die Korruption habe »mit uns« begonnen, bekannte der weitsichtigste aller Oligarchen, auf die postsowjetische Privatisierung anspielend, der die Anwesenden ihre Reichtümer verdankten. Sie müsse aber ein Ende haben. Dem damaligen, liberal gesonnenen Premierminister Kassjanow unterbreitete er, im Namen der Business-Gemeinde, den Entwurf für ein Gesetz, das die Geschäftsleute verpflichtete, für ihre zu billig gekauften Firmen eine Ausgleichszahlung zu leisten, eine Art einmalige Steuer, die einem transparenten Fonds für strategische Projekte zugutekommen sollte. Dabei wollten die Männer, die die Gipfel der ökonomischen Nahrungskette erklommen hatten, die Beträge selbst bestimmen. Denn jeder der Kollegen wisse, versicherte Chodorkowski damals, selbst am besten, wie viel Geld er dem Staat schulde (im Interview Michail Kas'janov mit Evgenij Kiselev: »Ja ponjal, čto vse uže pošlo v druguju storonu«, in: Kommersant-Vlast', 31. 8. 2009, S. 31 f.). Putin, dem Kassjanow den Vorschlag weiterreichte, dürfte begriffen haben, dass ein solches Gesetz die Magnaten »von der Kette gelassen« hätte (den Ausdruck wählte Kassjanow in dem Interview, a. a. O., S. 32). Bei Chodorkowski war die Emanzipation am weitesten fortgeschritten. Er unterstützte nicht nur die liberalen Parteien Jabloko und SPS, wozu ihm Putin grünes Licht gegeben hatte, sondern auch die Kommunisten. Das war zwar legal, doch der Präsident erwartete, dass so etwas mit ihm unter vier Augen abgestimmt würde. Außerdem verfolgte Chodorkowski offen das Ziel, Yukos zu einem internationalen Konglomerat auszubauen. Er verhandelte damals mit den amerikanischen Ölgiganten Chevron und Exxon, die er zu Teilhabern machen wollte. Das war nicht der Kurs, den Putin steuern wollte. Sein Projekt der Rekonsolidierung des Staates, bei dem die Korruption in absoluten Ziffern und im internationalen Vergleich stetig wuchs, führte aber paradoxerweise dazu, dass man das Wirtschaftssystem insgesamt einigermaßen durchschauen und das Verhalten seiner Akteure vorhersehen konnte – jedenfalls im Vergleich zum transparenten Westen. Dort sei ja, sagte mir ein deutscher, für ein internationales Unternehmen lange in Russland tätiger Geschäftsmann im Sommer 2009 (Jürgen Weiß, Direktor für Finanzen und Informationstechnologie der Knauf-Gruppe GUS am 9. September in Jasnaja poljana), das Handeln der Großinvestoren gänzlich unberechenbar.

Chodorkowski war gewarnt. Business-Kollegen baten ihn, kürzer zu treten und zu bedenken, in welchem Land er lebe. Im Juni 2003 wurde sein Sicherheitschef Alexej Pitschugin verhaftet, im Juli sein Kompagnon Platon Lebedjew. Enge Mitarbeiter drangen in ihn, er möge emigrieren. Stattdessen reiste Chodorkowski im Herbst durch die Regionen, nach Belgorod, Tambow, Saratow, warb bei Begegnungen mit Gouverneuren und Studenten für den geplanten Zusammenschluss von Yukos mit dem anderen privaten Ölriesen Sibneft und erkundete die politische Stimmung. In Nischni Nowgorod heftete sich ein Beschatterwagen an seine Kolonne. Vor dem Weiterflug nach Irkutsk erhielt er einen mysteriösen Anruf. Da schickte er seine Mannschaft zurück nach Moskau. Er flog mit nur zwei, drei Mann nach Sibirien, offenbar wissend, was bevorstand. Bei der Zwischenlandung in Nowosibirsk am 25. Oktober drangen bewaffnete Männer mit dem Aufdruck FSB auf ihren Jacken ins Flugzeug ein und führten ihn ab.

Der Chodorkowski-Prozess wurde zum Racheritual gegen die Aufklärung. Beim ersten Verfahren, das im Juni 2004 eröffnet wurde, saßen die Angeklagten Chodorkowski und Lebedjew, wie bei russischen Strafprozessen üblich, in einem Gitterkäfig, als wären sie schon überführt oder gemeingefährlich. Ihnen wurde Steuerhinterziehung, Dokumentenfälschung, Bildung einer kriminellen Vereinigung und Schädigung des Staatshaushalts durch Steueroptimierungsverfahren um umgerechnet gut eine Milliarde Dollar vorgeworfen. Yukos' Hauptvergehen bestand darin, dass es seine Gewinne buchhalterisch heruntergefahren hatte, indem es Öl und Ölprodukte billig an abhängige Firmen im In- und Ausland verkaufte, die die Ware dann zu Weltmarktpreisen weiterverkauften, teilweise sogar wieder zurück an Yukos. Solche Techniken waren in der Branche üblich. Chodorkowski hatte im Gespräch mit Politikern oft offen von Gesetzesschlupflöchern gesprochen, die er ausnutzen werde, solange sie offen stünden. Da seine Konkurrenten dasselbe taten, war er, um ihnen gegenüber nicht ins Hintertreffen zu geraten, gewissermaßen sogar dazu gezwungen. Die russische Justitia nahm aber nur in seinem ausgewählten Fall Anstoß. Außerdem wurden Steuern, so die Anklage, statt in Geld in Yukos-Wechseln bezahlt. Das wurde erst 2004 von Finanzminister Kudrin verboten. Doch die Verteidigung erinnerte vergeblich daran, dass es im Krisenjahr 1999 akzeptiert wurde, und dass die Wechselschuld längst beglichen sei, diejenigen Fälle ausgenommen, in denen der Staat mit den Wechseln Handel trieb. Das Gericht verhängte das Verbot rückwirkend. Flankierend ergingen an den Yukos-Konzern Steuernachforderungen in Höhe von rund neun Milliarden Euro für die Zeit von 2000 bis 2003. Damit war der Enterhaken geworfen. Yukos beantragte, in Raten zahlen zu dürfen, zumal per Gerichtsbeschluss seine Konten gesperrt und ihm die Veräußerung von Besitz untersagt war. Der Finanzminister lehnte das mit dem Hinweis ab, Yukos habe genügend Geld. Da tauchte im Dezember 2004 aus dem Nichts die Firma »Baikalfinancegroup« auf, schnappte sich Chodorkowskis durch De-facto-Insolvenz verbilligte Hochleistungsmaschine und löste sich, kaum dass sie sie an den Staatskonzern Rosneft weitergegeben hatte, wieder in Luft auf (später trafen sich der Auktionsveranstalter von »Baikalfinancegroup« und der Generaldirektor der Ölfirma »Tomskneft«, die zu Yukos gehörte und erst 2007 von »Rosneft« gekauft wurde, im Untersuchungsgefängnis Butyrka wieder. Die Journalistin Olga Romanowa verriet am 1. 3. 2010 in ihrem Interview mit dem Kollegen Leonid Parfjonow für das

Chodorkowski-Pressezentrum, ihr Gatte habe ein halbes Jahr lang mit beiden Männern in einer Zelle gesessen). Bezeichnenderweise wurde Chodorkowski auch vorgehalten, dass er 2001 dem bedrängten Fernsehsender NTW mit einem Kredit aufgeholfen hatte. Die Staatsanwälte machten geltend, dadurch habe er die Aktionäre geschädigt. Dass kein Yukos-Anteilseigner etwas derartiges hatte verlauten lassen, war ihnen egal.

Chodorkowski Anwälte konnten noch so glänzend argumentieren, sie wurden vom Gericht ignoriert. Von den Zeugen, deren Befragung die Verteidigung beantragt hatte, wurden nur einige gehört, und die wurden zuvor in die Staatsanwaltschaft vorgeladen, um dort zu erfahren, dass sie im eigenen Interesse lieber nichts zur Entlastung der Angeklagten vorbringen sollten. Der ehemalige Bürgermeister der westsibirischen Ölstadt Lesnoi, Alexander Iwannikow, handelte dem Rat zuwider. Iwannikow sagte aus, Yukos habe korrekt Steuern bezahlt. Bald darauf wurde er selbst wegen Amtsmissbrauchs angeklagt und bekam 2006 eine Bewährungsstrafe, was der Staatsanwaltschaft zu milde war. Sie ging in die Berufung, alle Richter wurden, angeblich wegen Befangenheit, ausgewechselt. Im Februar 2007 wurde Iwannikow zu fünf Jahren Strafkolonie verurteilt.

Michail Chodorkowski stritt in seinem Schlusswort im Mai 2005 alle Schuld ab und sagte, hinter dem Verfahren stecke eine kriminelle Bürokratie. Da sollen der Richterin Irina Kolesnikowa Tränen in den Augen gestanden haben (das bezeugt Olga Kryschtanowskaja gegenüber der Süddeutschen Zeitung in ihrem Interview vom 26. 4. 2005). Doch dann verlas Frau Kolesnikowa stoisch ihr 662 Seiten langes Urteil, das über weite Passagen die mehr als hundert Bände starke Anklageschrift wörtlich zitierte und Chodorkowski und Lebedjew für erst einmal neun Jahre ins Straflager schickte. Obwohl das Strafgesetzbuch bestimmte, Verurteilte sollten ihre Strafe in der Nähe ihres Wohnortes abbüßen, kam Chodorkowski ins fernöstliche Krasnokamensk und sein Partner Lebedew in den

Nordural. Der Direktor des Strafvollzugsdienstes, Juri Kalinin, erklärte damals, in Haftanstalten näher bei Moskau seien keine Plätze frei. Dabei hatte der damalige Justizminister Wladimir Ustinow der Duma mitgeteilt, per November 2005 blieben landesweit 150 000 Gefängnispritschenplätze unbesetzt. Eleganterweise verabschiedete die Duma 2007 dann eine Gesetzesänderung, die der Strafvollzugsbehörde die Wahl des Haftortes für einen Verurteilten freistellt.

Bei einem systembildenden Rechtsritual wie dem Chodorkowski-Prozess sollen mächtige, alogische, von einer speziell befugten Autoritätsperson vorgetragene Wortfluten, wie im orthodoxen Gottesdienst, die Urteilskraft überrollen. Im Dezember 2004, als die Ermittlungen für den ersten Prozess noch liefen, hatte Chodorkowski schon erfahren, dass es ein zweites Strafverfahren gegen ihn geben würde. Im Februar 2007 wird abermals Anklage gegen ihn und seinen Kompagnon erhoben. Das Ziel der Operation lautet diesmal, zu zeigen, dass Yukos, dem die Gewinne aus den Ölverkäufen seiner Tochterfirmen zuflossen, diese in Wirklichkeit bestohlen hat. Die Staatsanwälte bezifferten die illegalen Profite – praktisch das gesamte Ölgeschäft zwischen 1998 und 2003 – auf sieben Milliarden Dollar. Die Sammlung belastender Dokumente – konfiszierte Kaufverträge, Honoraranweisungen, Memoranden, viele als Kopien und Kopien von Kopien – wächst auf fast 200 Bände an. Das Verfahren beginnt im Frühjahr 2009. Es ist öffentlich in dem Sinn, dass Personen, die älter sind als 16 Jahre, als Zuschauer zugelassen sind. Es kommen Menschenrechtler, Angehörige, Journalisten, aber auch zivile Sympathisanten, vor allem Frauen, die Chodorkowski und Lebedjew, die diesmal in einem Panzerglaskasten, dem so genannten »Aquarium«, ausgestellt werden, ihre Solidarität signalisieren wollen. Die eigens für den Prozess ins Gericht von Chamowniki angelieferte Riesenvitrine hat nur schmale Durchreichen, was die Verständigung zwischen den Angeklagten und ihren Verteidigern schwerer macht, als wenn sie im Käfig säßen. Zum

Gericht werden sie von hünenhaften Maschinengewehrträgern aus den Omon-Polizeisondereinheiten eskortiert, die ihrerseits von einem schmächtigen Blonden im »zivilen« Jeansanzug ständig beäugt werden. Im September legt die Duma einen Gesetzesentwurf vor, der es Anwälten verbietet, elektronische Datenträger – Mobiltelefone, Diktafone, Computer – ins Untersuchungsgefängnis mitzubringen. Die Abgeordneten begründeten ihren Vorstoß damit, dass das Wachpersonal mit der Kontrolle überfordert sei.

Viereinhalb Monate verlesen die Staatsanwälte ihr Beweismaterial. Der uniformierte Oberst Valeri Lachtin rezitiert tagein, tagaus mit flacher Stimme Vertragstexte, Durchsuchungsprotokolle, Anwaltskorrespondenzen auch über ganz prozessferne Fragen, ohne auch nur anzudeuten, was damit bewiesen werden soll. Solche Nebelwerferrhetorik ist ein Indikator dafür, dass eine wichtige Operation bevorsteht, weiß Chodorkowskis Verteidiger Wadim Kljuwgant. Doch während die Textmengen im ersten Prozess wenigstens noch fortlaufend verlesen wurden, springen die Ankläger jetzt hin und her. Einige Konvolute werden dreimal verlautbart. Oberst Lachtin krümmt seinen mageren Rücken über die Aktenstapel, als drücke ihn die verantwortungsvolle Aufgabe nieder, den bösen Geist der Logik nicht aus der Flasche zu lassen. Er kämpft sichtlich mit dem Material. Westliche Firmen heißen bei ihm oft nur »ausländische Namen«. Bei Zahlen dichtet er Extranullen hinzu. Einmal verwandeln sich 150 Tonnen Öl in 15 000 Tonnen (33. Tag, Juni 2009), ein anderes Mal werden aus 2000 Rubel für die Tonne Öl 20 000 Rubel (43. Tag, Juli 2009). Als Lachtin meldet, ein Registrierungsformular sei von Victoria Road unterschrieben, muss ihn die Verteidigung aufklären, es handle sich hierbei um eine Adresse, eine Straße, die den Namen von Königin Victoria trage (73. Tag, August 2009). Lachtin hat schon bei Prozessbeginn eingeräumt, die Anklageschrift enthalte »technische Ungenauigkeiten«. Die Angeklagten hätten nicht sieben Milliarden Dollar gestohlen, wie es dort heißt, sondern vier Milliarden. Das sei aber nicht wesentlich. Mit Lachtin alterniert dessen Kollegin Gultschera Ibragimowa mit der feinen Flötenstimme, die ihrerseits Nullen erfindet (aus 280 Rubel machte sie 280 000 Rubel, monierte Platon Lebedjew, siehe www.infox.ru/authority/mans/2009/04/27/Hodorkovskiy_2_p). Die zierliche Obristin hatte den Verteidigern bei Prozessbeginn geraten, von »Störmanövern«, wie sie sich ausdrückte, abzusehen. Wenn sie eine Textpassage nicht verstünden, sollten sie, statt aus der Haut zu fahren, sich lieber schämen. Die Anklage werde doch durchbringen, was sie sich vornehme, sagte Frau Ibragimowa, womit sie ein ungutes Gelächter im Saal auslöste. Sie dürfte gemeint haben, dass die Staatsanwälte nicht unter Beweiszwang standen. Richter Viktor Danilkin, der wie ein müder Philosoph über seine Brillengläser hinweg in die Runde blickt, würde, so waren tatsächlich alle Anwesenden gewiss, das Urteil fällen, welches ein diskretes telefonisches Signal ihm nahe legt. Und tatsächlich befand Danilkin, der sich während des Verfahrens oft über die tollkühnen Schlussfolgerungen der Staatsanwälte amüsierte, Ende Dezember 2010 Chodorkowski und Lebedjew des Diebstahls von 21,5 Milliarden Euro von den eigenen Yukos-Tochterfirmen sowie der Geldwäsche von 11,5 Milliarden Euro für schuldig und verurteilte sie zu zusätzlichen 13 Jahren Haft. Das Urteil, dessen Wortlaut zu weiten Teilen die Anklageschrift wiederholte, war dem Richter vom Moskauer obersten Gericht aufgezwungen worden, verriet im Februar 2011 Danilkins Pressesprecherin Natalja Wassiljewa, die gleich darauf den Dienst quittieren musste.

Chodorkowski hat sich in der Haft, seines Lebenswerks, seiner Geschäftsgeheimnisse und selbst seiner Privatsphäre beraubt, stark verändert. Zur Zeit des ersten Gerichtsverfahrens wirkte er noch naiv, bezeugt sein früherer Rechtsanwalt Juri Schmidt. Er habe sich unschuldig und dadurch sicher gefühlt, sagt Schmidt. Doch allmählich begriff er den Ernst seiner Lage und wurde äußerst angespannt (so drückte sich Schmidt auf der Pressekonferenz von Chodorkowskis Verteidigern in deren Moskauer Pressezentrum am 22. September 2009 aus). Dem Biographen Chodorkowskis, Valeri Panjuschkin, imponierte, wie sein Held mit dem Liberalismus der neunziger Jahre, dem er seinen Aufstieg verdankte, abrechnete. Die Politik der Radikalreformer wie Jegor Gaidar und Anatoli Tschubais machte für zehn Prozent der Bevölkerung den Weg frei, schrieb der Häftling für die Zeitung »Wedomosti« (»Krizis liberalizma« am 29. 3. 2004). Die restlichen 90 Prozent wurden mit falschen Versprechen wie dem, dass ein Voucher bald zwei Wolga-Wagen wert sein werde, betrogen. Tatsächlich konnten ja nur unternehmerische Finanzspieler, die Geheiminformationen zu bekommen und auszunutzen wussten, von den Privatisierungsgutscheinen profitieren, gestand Chodorkowski. Es gebe wirklich einen reichen Russen, der sich für die Verarmung der Bevölkerungsmehrheit während der neunziger Jahre mitverantwortlich fühlte, stellt Panjuschkin fest, einen einzigen. Doch der sitze im Gefängnis (Panjuškin, a. a. O., S. 56–62). Chodorkowski gab aus seiner Zelle Interviews und verfasste Sendschreiben. Er drängte die Politik zu einer linken Kurskorrektur (sein Traktat »Levyj povorot« erschien in zwei Portionen in den »Vedomosti«, am 1. August und am 11. November 2005). Er forderte eine globale Perestroika und, vor allem in den westlichen Ländern, Konsumverzicht (Chodorkowskis Thesenpapier dazu erschien als »Global'naja perestroika. Levyj povorot 3« am 7. November 2008 in der Zeitung »Vedomosti«). Seinen Peinigern von der Staatsanwaltschaft, der Gefängnisaufsicht und einem Mitgefangenen, der gezwungen wurde, ihn zu denunzieren, verzieh er (nachzulesen in seiner Korrespondenz mit Boris Akunin im Oktoberheft 2008 des russischen »Esquire«, S. 86 f.). Er merkte, dass die restlichen Sinneseindrücke umso stärker wirkten, da er des Empfangs von Signalen aus der Welt beraubt war. Er beobachtete, dass man es den meisten Leuten anmerkt, wenn sie lügen – nur aktiven Geheimdienstlern und Fahndern nicht (siehe sein Interview im russischen GQ, Septemberheft 2009, S. 167 ff.). In Chodorkowskis Texten erkannte selbst die eigene Gattin ihren Mann nicht wieder (Panjuškin, a. a. O., S. 38, 232). Doch Besucher beider Prozesse berichteten beeindruckt, die einzig lebendigen Figuren dieses peinlich inszenierten Dramas seien die im Käfig. (Die Lebenden im Gericht seien die zwei im »Aquarium«, vermerkte der Zeichner Boris Žutovskij zu seinen Skizzen, die die Novaya gazeta am 20. 7. 2009 abdruckte. Ulrich Schreiber, damals Leiter des Berliner Literaturfestivals, der dem ersten Prozess am Tag vor der Urteilsverkündung beiwohnte, fand, Chodorkowski habe von allen ungefähr 60 Anwesenden am lebendigsten und intelligentesten ausgesehen, wie er am Telefon am 2. 10. 2009 bekräftigte.) Ein Jahr nachdem Chodorkowski und Lebedjew zum zweiten Mal verurteilt wurden, Ende Dezember 2011, kam der Kreml-Menschenrechtsrat zu dem Befund, dass die vertikal integrierte Struktur des Yukos-Konzerns und seine Transferpreisbildung, die das Moskauer Chamowniki-Gericht als verbrecherisch qualifiziert hatte, nach russischen Gesetzen nicht strafbar gewesen seien. Das zweite Yukos-Urteil, erklärte Ratsmitglied Tamara Morschtschakowa, eine ehemalige Verfassungsrichterin, beruhe auf einer strafrechtlichen Fiktion (zitiert nach »Ugolovnaja fikcija«, in: Vedomosti, 22. 12. 2011).

Die längste Zeit von Putins Präsidentschaft arbeitete Sorokin an seiner Roman-Trilogie »Ljod« (Das Eis) (in deutscher Übersetzung ist bisher nur deren als erstes entstandener Zentralteil unter dem Titel »Ljod. Das Eis« 2003 im Berlin-Verlag erschienen) über einen geheimen Orden, dessen Mitglieder das Humane in sich – und anderen – zerstören, um übermenschlicher Erleuchtung teilhaftig zu werden. Es sind revolutionäre Hyperboräer, nordische Verächter des wimmelnden Menschentums, die ihresgleichen finden, indem sie Zeitgenossen kidnappen und einem brutalen Initiationsritual aussetzen. Man haut auf die Brust des Kandidaten mit einem

Hammer ein, dessen Kopf aus dem Eis jenes Meteoriten geschnitten ist, der 1908 am sibirischen Tunguska-Fluss einschlug. Bei den Auserwählten wird dadurch das Herz erweckt und beginnt, sakral supralogisch zu »sprechen«. Wenn ein Herz auf die Knochen zertrümmernde Rede des Hammers jedoch nicht antworten kann, so gehört es zu einer leeren »Fleischmaschine«, die ohne Bedauern liquidiert wird.

Sorokin lässt drei typische Helden der späten neunziger und frühen nuller Jahre, einen Internet-Nerd, eine Nackttänzerin, einen zynischen Geschäftsmann den Eistest bestehen. Nachdem sie Ordensnamen bekommen und die Wonnen der laut- und sexlosen Herzensverständigung erfahren haben, löst sich ihr voriges Ich in einem einwöchigen Weinkrampf auf. Eine weise alte Schwester aus dem Volk, deren Ordensname »Chram« (Tempel, Kathedrale) wie eine Hommage an das heilige Russland klingt, verrät ihnen, dass die verschwörerische Eisbruderschaft systemübergreifend schon im Busen von Hitlers und Stalins Sicherheitsapparaten nistete, auch während beide Länder sich bekriegten. Die Vita des Mütterchens, die in einem Leningrader KGB-Oberst, der nach Kriegsende im besetzten Dresden stationiert war, den Bräutigam ihres Herzens fand, klingt wie eine Hommage an Putin. Zumal der zweite Präsident mit seiner Aura von Askese, nahezu »übermenschlicher« Sportlichkeit und Kompetenz, sowie seinen Petersburger Seilschaften, seiner Ideologie wie seiner Herkunft nach, in Moskau ja tatsächlich, frei nach Nietzsche, als Hyperboräer durchgehen kann. Die »Unsrigen« (Naschi), wie die Ordensmitglieder Ihresgleichen nennen, betrachten die Fleischmaschinen, die außer ihrem Erdendasein keine höhere Bestimmung haben, als wucherndes Gestrüpp, dem sie die noch verborgenen Herzen entreißen und es, um die geheime Aristokratie zu schützen, immer wieder rabiat zurückschneiden müssen.

Doch im malträtierten Menschenmaterial regt sich Widerstand. Die Überlebenden der Tortur mit dem Eishammer, unter ihnen die weltläufige jüdische Russin Olga und die schwedische Terminatorfigur Björn, versuchen, sich per Internet zu organisieren. Dabei entgehen sie allerdings nicht dem virtuellen Spähauge der Bruderschaft. Der Autor lässt deren amerikanische Agenten Olga und Björn ungefähr zu der Zeit abfangen und in ein chinesisches Arbeitslager werfen, als Chodorkowski aus seiner Gefängniszelle nahe der chinesischen Grenze schrieb, Russland bedürfe eines skandinavischen Sozialismus-Modells. Sorokins Orden ist mit Hilfe der Privatisierung der neunziger Jahre zu einer transnationalen Korporation ausgewachsen. Zu ihrem Unterhalt produzieren die »Unsrigen« ein Wellness-Set mit Eishammer in Kleinausführung. Unter der Erfolgsmarke »Ljod« beschert es dem Verbraucher in gesundheitlich ungefährlicher Dosierung jenes Erlebnis von Niedergeschlagenheit mit nachfolgender Euphorie, wie sie die Begegnung mit dem Erhabenen auslöst. Bei der Herstellung werden die Aufsässigen unter den aussortierten Eistestpersonen, auch Olga und Björn, als Zwangsarbeiter eingesetzt. Endlich haben die Brüder die magische Zahl jener 23 000 beisammen, die durch die Union ihrer Herzen die unrettbare Welt zum Verschwinden bringen können. Auf einer Insel vor Hongkong stellen sie sich, an den Händen gefasst, so im Kreis auf, dass jeder jeden sieht (exakt die gleiche Übung, das Aufstellen im Kreis, wobei »jeder jeden sieht«, praktizierte im Sommertrainingslager am Seliger-See 2009, unter dem Kommando ihres Trainers, eine Abteilung der Kremljugend »Naschi«, siehe meine Reportage »Sommerlager der Präsidententreuen« in der Frankfurter Allgemeinen Zeitung vom 7. 8. 2009, S. 25). Grelles Licht blitzt auf, die Erde bebt. Die Ordensmannschaft, setzt sich in eine bessere Welt ab und hinterlässt 23 000 Leichen. Das macht den überlebenden Olga und Björn schließlich den Weg frei in eine russisch-skandinavische Utopie.

## Im Schutz der Dunkelheit

Kurz nach der Jahrtausendwende begegnete mir in Moskau der amerikanische Geschäftsmann Donald D., der den russischen Beziehungswildwuchs als ertragssteigernden Sichtschutz nutzte. Donald stammte aus dem mittleren Westen, sein Vater war ein charismatischer Pfingstler-Prediger, wie es auch der Großvater gewesen war. Als Kind war D. junior, wie er gern erzählte, mit der Aufgabe betraut worden, die Eindollarnoten, die sein Vater von armen Gemeindemitgliedern eingenommen hatte, glattzustreichen und zu stapeln. Donald kam in den frühen neunziger Jahren in die ehemalige Sowjetunion, um Bibeln herzustellen und zu vertreiben. Bald wertete er außerdem billige Strumpfhosen aus Weißrussland durch italienische Verpackungen auf und verkaufte sie teuer. Das ebnete ihm den Weg in die Drogen-, Liebes- und Restaurantbranche einer russischen Metropole, aus der er nach einer Weile vor unzufriedenen Partnern fliehen musste. Er zog nach Moskau. Dort erfuhr er, dass amerikanische Großspender, die so genannten »Wale« (Whales), seinen Vater auf einen Schlag um 18 Millionen Dollar reicher gemacht hatten. Er sollte schleunigst in steuerlich absetzbare Russland-Hilfsprojekte investieren. Der Predigersohn begann, an der Ringautobahn am Stadtrand ein Einkaufs- und Freizeitzentrum für die umliegenden Wohnsilos hochzuziehen. Dabei musste er sich auch mit Arbeitsethikproblemen herumschlagen; die Arbeiter waren faul, die Verwaltungsbeamten wollten geschmiert werden. Oft führte Donald mit schneidender Stimme Tiraden gegen das Erbe des Sowjetregimes, das wegen seiner Gottlosigkeit dafür verantwortlich sei. Dabei schienen seine Augen manchmal ironisch zu blinzeln. Doch das Projekt erwies sich als Goldgrube und machte schnell Schule. Donalds wirtschaftlicher Spürsinn wurde ihm aber auch zum Verhängnis. Nach einem Jahr übernahmen Moskauer Matadore seine Baustelle. Als Dank für seine Pionierleistung bekam er einen Koffer voller Scheine, mit der

Auflage, das Land binnen 24 Stunden zu verlassen. Er brach auf in Richtung Zentralasien, wo sich seine Spuren verlieren.

Die wirtschaftlichen Stoffwechselvorgänge kamen unter die Kontrolle von Männern, die das Handwerk der Manipulation und Übervorteilung im Staatsinteresse gelernt hatten und keine Interviews gaben. Sergej Tschemesow, der gemeinsam mit Putin in Ostdeutschland diente, übernahm im Frühjahr 2004 die Leitung des Rüstungsexporteurs Rosoboroneksport und später auch die des Autowerks Avtovaz. Igor Setschin, der in den achtziger Jahren als sowjetischer Außenhandelsagent in Mosambik und als Militärdolmetscher in Angola tätig war, wurde im Sommer 2004 Vorsitzender der staatlichen Ölfirma Rosneft. Im Herbst 2009 erhielt Setschin obendrein die staatlichen Anteile des aufgelösten Energie-Import- und Exportnetzes RAO EES. Wladimir Golubjew, ebenfalls ein Zögling der Staatssicherheit, wurde 2006 Vorstandschef des Erdgasmonopolisten Gasprom. Dem langjährigen KGB-Chef von Leningrad, Viktor Tscherkessow, wurde die Behörde Narkokontrol zur Überwachung der Wachstumsbranche Drogenhandel anvertraut. Der als Folge des Yukos-Prozesses befürchtete Einbruch der Börsenkurse blieb aus. Aber die Dresdner Kleinwort Wasserstein-Investment-Bank, die Ende 2004 für die Regierung den Yukos-Konzern schätzte, kam auf einen Mindestwert von zehn Milliarden Dollar, während Branchenbeobachter ihn für doppelt so wertvoll hielten. Doch so musste sich der Staat bei der Akquisition nicht überheben und die Marktteilnehmer spürten, dass sie Gefahr von sich abwendeten, wenn sie die Politik des Kremls mit trugen.

Unter den westlichen Investoren waren die Deutschen besonders enthusiastisch. Das zeigte sich eindrucksvoll im Juni 2005, als Putin je ein Dutzend deutscher und amerikanischer Großindustrieller im Petersburger Konstantinow-Palast empfing, um sie zu noch lebhafterem Engagement zu animieren. Der Leiter der deutschen Delegation, Klaus Mangold, lobte die vertrauensvolle Zusammenarbeit deutscher und russischer

Partner sowie die exzellente politische und wirtschaftliche Stabilität im Land, die sich ganz den mutigen Reformen des Präsidenten verdanke. Der deutsche Export nach Russland wachse jährlich um mehr als ein Viertel, verkündete Mangold, der Vorsitzende des Ostsektors der deutschen Wirtschaft, glutvoll. Vergleichbare Daten gebe es für kein anderes Land. Die dreieinhalbtausend Firmen, die in vielen Regionen Wurzeln geschlagen hatten, meldeten volle Zufriedenheit. Die Amerikaner waren viel reservierter. Zwar hatte sich Exxon Mobil in die Ölfelder von Sachalin eingekauft, und General Motors produzierte gemeinsam mit Avtovaz eine modifizierte Version des ruppigen Geländewagens Niwa. Doch die »Rules of the Road«, die Verkehrsregeln für die Tätigkeit in Russland, seien immer noch nicht klar genug, monierte Sanford Weill, Chef des Bankenkonsortiums Citigroup. Insbesondere die Steuergesetzgebung und das Gerichtswesen blieben undurchsichtig, tadelte Weill, möglicherweise mit Blick auf den Yukos-Prozess. Außerdem sei der russische Markt überreguliert. Bevor die Gäste aus Übersee größere Kapitalströme ins Land leiten könnten, müssten erst die Rahmenbedingungen berechenbarer werden, sagte der Bankier unverblümt. Ein junger New Yorker Journalist im Pressetross freilich zeigte für das staatshörige und manipulierbare russische Rechtswesen vollstes Verständnis. Seine angereisten Landsleute verfügen über die weltweit besten Anwälte, gab er mir bei einer Plauderei im Hotellift zu bedenken. Wenn Russland ein überschaubarer Rechtsraum wäre, könnten, so meinte er, solche Geschäftspartner schnell für seine Souveränität gefährlich werden.

Einen ähnlichen Gedanken umkreiste Russlands oberster Verfassungsrichter Valeri Sorkin, als er vier Jahre später in der Zeitschrift »Kommersant-Wlast« dem Strafgefangenen Michail Chodorkowski entgegentrat, der an gleicher Stelle einen Weg zu einer unabhängigen Justiz gewiesen hatte. Während der nuller Jahre waren mehrmals Richter entlassen worden, die sich dem Druck von Parteipolitikern widersetzt hatten und bereit waren, sich zu Handlangern der Anklage zu machen. Damit Richter im Konfliktfall dem Recht und nicht den Machthabern verpflichtet sind, müssten sie auch von Richtern gewählt statt von der Exekutive ernannt werden, schrieb Chodorkowski (Michail' Chodorkovskij: »Rossija v ožidanii suda«, in: Kommersant-Vlast', 15. 6. 2009, S. 22 ff.). Damit sie keinen politischen Druck zu befürchten hätten, sollten sie strafrechtlich immun sein und ihre Fälle per Losentscheidung zugeteilt bekommen, lautete der Reformvorschlag aus der Gefängniszelle. Verfassungsrichter Sorkin hatte zwar die Korruption russischer Gerichte beklagt, die er zu einem Hauptschmiergeldmarkt erklärte (Valerij Zor'kin: »Mzdoimstvo v sudach stalo odnim iz samych moščnych korrupcionnych rynkov«, in: Izvestia, 25. 10. 2004). Doch dem gestürzten Wirtschaftskapitän bescheinigte er eine technologisch reduzierende Rechtsauffassung (Valerij Zor'kin: »Pravo – ne vešč' v sebe«, in: Kommersant-Vlast', 6. 7. 2009, S. 24 ff.). Das Recht sei kein kantisches »Ding an sich«, belehrte der Hüter des russischen Grundgesetzes seinen Opponenten. Auch wenn russische Prozesse ein trauriges Bild böten, dürfe, so Sorkin, ein verantwortungsvoller Jurist nie außer Acht lassen, wie sich Rechtsentscheidungen auf die diversen Gesellschaftssphären auswirkten und welches Rechtssubjekt die Hebel der Gesetze bedient. In einem blumigen, mit poetischen Zitaten gespickten Aufsatz für das Regierungsblatt »Rossiskaja gaseta« sprach er es aus: Der Glaube an Institutionen als solche, dem Russland in den neunziger Jahren anhing, habe es um ein Haar seine Staatlichkeit gekostet (Valerij Zor'kin: »Put' k svobode«, in: Rossijskaja gazeta, 16. 9. 2009).

In der Boomzeit bis zum Sommer 2008 nahm die Korruption stetig zu. Die Korruptionsforschungsorganisation Transparency International führte Russland im hinteren Drittel seiner 180 Länder langen Rangliste, ungefähr auf der Höhe von China, Mexiko und Indien. Allerdings würde in jedem anderen Land ein Schmiergeldgeber für seine Sonderzuwendung etwas bekommen, erläuterte ein deutscher Mitarbeiter der Moskauer Niederlassung einer internationalen Firma, der nur seinen Vornamen Birger nennen wollte, die nationale Besonderheit. In Russland bezahle man Leute bloß dafür, dass sie einen normal arbeiten lassen, sagte der Mann mit Blick auf die ewig hungrigen Dienste von der Feuersicherheit bis zur Seuchenpolizei. (Anna Ovjan: »V Rossii tretij ne lišnij«, in: Novaja gazeta, 14. 10. 2009, S. 10). Zugleich hielt sich das Land auf der Liste der »Reporter ohne Grenzen«, die 170 Staaten nach dem Grad ihrer Pressefreiheit bewertet, ein gutes Stück näher zum Schlusslicht, im letzten Achtel. Es lag vor China, wurde aber von Indien weit abgeschlagen und fiel sogar hinter Mexiko zurück. Wichtige handelnde Subjekte verteidigen ihre Intimsphäre außerdem durch die dunkle Verglasung ihrer Automobile. Die Banditen, die Ende der neunziger Jahre eine Vorliebe für amerikanische Jeeps mit blickdichten Scheiben an den Tag legten, steckten damit bald die ganze Elite an und bei einem teuren Wagen kann man heute nur noch am Nummernschild erraten, wer drin sitzt. Aber auch immer mehr Schiguli-Fahrer beschichten ihre Scheiben mit Sonnenschutzfolie, obwohl eine Abdunklung von mehr als 20 Prozent eigentlich verboten ist.

Ein epochales Werk der Geheimhaltungsarchitektur wurde der Fall des Möbelhauses »Drei Wale« (Tri kita). Die Firma, deren Name aus dem russischen Märchen kommt, wo drei Wale das ganze Weltgebäude tragen, importierte um die Jahrtausendwende im großen Stil teure Einrichtungsgegenstände – und andere Dinge –, entrichtete dafür jedoch nur symbolische Zollgebühren. Im Herbst 2000 begannen Inspektoren des Innenministeriums zu ermitteln. Doch schon im November riss die Generalstaatsanwaltschaft die Sache eilig an sich, offenbar, weil wichtige FSB-Partner involviert waren, und stellte den Fall im darauffolgenden Frühjahr erst einmal ein. Stattdessen kam der Polizeifahnder Pawel Saizew vor Gericht, weil er angeblich ohne staatsanwaltliche Ermächtigung Durchsuchungen abgehalten und Verdächtige festgenommen hatte. Nachdem aber 2002 der Duma Abhörbänder vorgespielt wurden, worin von Schmiergeld für die Staatsanwaltschaft die Rede war, damit die einen Prozess gegen die »Drei Wale« verhindere, wurde das Verfahren wieder aufgerollt. Die Ermittlungen kamen allerdings nicht voran, stattdessen häuften sich Überfälle auf Zeugen, Zollfahnder und Inspektoren. Im folgenden Jahr, 2003, kam ein früherer Manager des Möbelhauses, Alexander Kokarew, unter rätselhaften Umständen auf seiner Datscha ums Leben. Ein Zeuge, der Möbelhändler Sergej Perewersew, wurde in der Burdenko-Militärklinik erschossen. Juri Schtschekotschichin, der als Vizevorsitzender des Duma-Komitees für Korruptionsbekämpfung auch den Fall der »Drei Wale« recherchierte und nach Amerika reisen wollte, um dort dem FBI von seinen Waffenschmuggelrecherchen zu berichten, erlag im Sommer einer mysteriösen Krankheit. Keiner der Todesfälle wurde aufgeklärt. Die Täter hinterließen praktisch keine Spuren, bezeugen Fahndungsbeamte, die dem Geheimnis der »Drei Wale« nachgingen. Sie glauben daher, dass ehemalige Mitarbeiter der Miliz oder der Geheimdienste, die die Ermittlungsmethoden der Organe kennen, dahinter stecken müssen (»Sledstvie stoit na ›Trech kitach‹«, in: Novaja gazeta, 27. 3. 2008).

Mitte 2006 entließ der Präsident dann plötzlich Generalstaatsanwalt Ustinow, seinen anscheinend fleißigsten Korruptionsjäger. Der bullige Mann mit dem schüchtern verschlagenen Blick galt als Putins engster Mitstreiter. Ustinow hatte Chodorkowski zur Strecke gebracht. Er gab sich als frommer Christ, predigte Gehorsam gegenüber der staatlichen Autorität und als Heilmittel gegen alle gesellschaftlichen Übel orthodoxe Moral. Allerdings nahm der Verbrecherjäger auffallend selektiv Fälle ins Visier, die für den FSB und den Ölkonzern Rosneft von Igor Setschin, dessen Tochter mit Ustinow junior verheiratet war, geschäftlich interessant waren. Wohl deshalb hatte Putin schon im Frühjahr die Fahndungsabteilung der Drogenaufsicht beauftragt, die »Drei Wale« zu beobachten. Die Drogenpolizei wurde bald fündig. Im September legte der Leiter der Behörde, Viktor Tscherkessow, dem Staatsoberhaupt ein Dossier vor, das wichtige FSB-Kader belastete. Putin feuerte drei von ihnen. Zuvor waren, nur zwei Wochen nach Ustinows Abgang, sieben ihrer zivilen Partner festgenommen worden, der Besitzer der »Drei Wale«, Sergej Sujew, sowie Mitarbeiter und Branchenkollegen, die der Geldwäsche und Schmuggelei verdächtigt wurden.

Der FSB ließ den Schlag der Drogenkontrolleure aber nicht einfach so auf sich sitzen. Alexander Bulbow, der Chef des Einsatzdienstes der Drogenkontrollbehörde, der die »Drei Wale« ausspioniert hatte, merkte bald, dass er beschattet wurde. Ende September 2007, als Bulbow und drei leitende Mitarbeiter in den Vereinigten Arabischen Emiraten zu tun hatten, wurden ihre Häuser durchsucht. Drogenfahnder Bulbow bat daraufhin seine Behörde, ihn und die Kollegen von bewaffneten Sondereinheiten der Drogenmiliz vom Flughafen abholen zu lassen. Am Abend des 2. Oktober standen aber schon Elitekämpfer des FSB auf dem Rollfeld von Domodedowo und nahmen die Würdenträger der Drogenkontrolle vor den Augen ihrer eigenen Garden fest. Eine Woche später erfuhren Bulbow und seine Getreuen, dass man sie verdächtigte, ihre Amtsbefugnisse überschritten und illegal Telefongespräche – wohl von Leuten, die Subjekte, nicht aber Objekte eines Lauschangriffs sein durften – abgehört zu haben.

Da brach der Direktor der Drogenkontrollbehörde, Viktor Tscherkessow, das Schweigen seines Berufsstandes und trat mit einem dramatischen Appell, Verteilungskriege unter den Geheimdienstklanen nicht zuzulassen, an die Öffentlichkeit. Tscherkessows Text erschien unter dem programmatischen Titel »Man darf Krieger nicht zu Händlern werden lassen« im Kommersant (»Nel'zja dopustit', čtoby voiny stali torgovcami«, in: Kommersant, 9. 10. 2007). Der oberste Drogenkontrolleur erinnerte daran, dass die Tschekisten, die Erben der bolschewistischen »Außerordentlichen Kommission« Tscheka, ihre Sondervollmachten und die staatliche Deckung bekämen, damit sie illegale Geschäftemacher verfolgten, nicht um zu ihren Komplizen zu werden. Die Gemeinde der Tschekisten sei der Haken, an dem die postsowjetische Gesellschaft heute überm Abgrund hänge, lautete Tscherkessows beängstigender Befund. Ohne ihn würde das Land ins Bodenlose stürzen. Um ihre tragende Funktion zu erfüllen, müsse die Tschekistenkaste aber ihren Normen treu bleiben. Korruption und Geschäftsinteressen seien für sie wie Rost, der den Haken von innen zerfrisst.

Deswegen müssten Offiziere seiner Behörde, die sich vom »dunklen Imperium« des Rauschgifthandels verführen lassen, sogar härter bestraft werden als gewöhnliche Bürokraten, beteuerte Tscherkessow. Korruptionsbekämpfung habe ja höchste Priorität. Warum also würden jetzt Mitarbeiter jenes Stabes verhaftet, fragte er rhetorisch, der sich ganz legal, auf Anweisung der Staatsanwaltschaft, um die Aufklärung von Fällen wie der »Drei Wale« bemühte? Er erwähnte außerdem die »chinesische« Schmuggelaffäre, der seine Leute nachschnüffelten. Eine Bande, die von zwei fernöstlichen Politikern geleitet wurde, dem ehemaligen Senator Igor Iwanow und dem Ex-Parlamentarier Gennadi Lyssak, hatte offenbar mit chinesischer Massenware gehandelt, die auf einem FSB-Stützpunkt bei Moskau zwischengelagert wurde. Der Geheimdienstler Tscherkessow stellte die Frage in den Raum der Medienöffentlichkeit, ob jetzt etwa zukünftigen Fahndern signalisiert werden solle, dass sie, um nicht das Schicksal ihrer Vorgänger von der Drogenaufsicht zu erleiden, Ermittlungen gegen mächtige Kollegen lieber im Sand verlaufen zu lassen hätten.

Die Antwort kam im nächsten Mai, kurz nachdem Dmitri Medwedjew Präsident geworden war. Tscherkessow wurde in die staatliche Agentur der Truppenversorgung versetzt, wo publizistische Auftritte sich verboten. Die Leitung der Drogenkontrolle übernahm sein ehemaliger KGB-Kollege Viktor Iwanow, der für seine Verschwiegenheit geschätzt wurde. Die Publizistin Julia Latynina rechnet Iwanow jenem Klan zu, dessen kommerzielle Tätigkeit Tscherkessow und seine Getreuen ans Licht zerren wollten. Als Sicherheitskontrolle der Staatssicherheit wurde die Drogenaufsicht nicht mehr gebraucht, glaubt Frau Latynina (Julija Latynina: »Sprašivajte u oficial'nych dilerov« in: Novaja gazeta, 16. 6. 2008). Diese Aufgabe hatte Präsident Medwedjew übernommen. Alexander Bulbow blieb in Untersuchungshaft, offenbar als warnendes Beispiel für andere, wie Tscherkessow schon vorausgeahnt hatte. Die regierungstreue »Iswestia« zitierte in einem Dossier, das sich auf den mit den Geheimdiensten gut vernetzten Journalisten und Duma-Deputierten Alexander Chinstein berief, anonyme Zeugen, denen zufolge Bulbow »nicht uneigennützig« abgehört habe, also wohl bestechlich war. Viel schlimmer war, dass die Zeitung verriet, Bulbow besäße im Moskauer Umland ein Haus und zwei Grundstücke, außerdem seien drei Moskauer Wohnungen auf seine Frau eingetragen. Die »Iswestia«, die sich gern seriös gibt, listete sogar die Quadratmeterzahlen laut Liegenschaftsregister auf (Rassledovanie ›Izvestij‹: »Ĉto prosmatrivaetsja na nevidimom fronte?«, in: Izv., 11. 10. 2207). Das wertvollste Anwesen der Bulbows blicke auf den Ruderkanal und habe einen Privatanleger, ließ das Blatt wissen. Bei der Haussuchung im September, die übrigens von Nachbarn aufgenommen worden sei, seien 17 Mobiltelefone und zahlreiche leere Juwelenschachteln gefunden worden. Kein gut versorgter Patriot würde so »ausgezogen« werden wollen! Die Generalstaatsanwaltschaft konnte sich schließlich aber noch nicht dazu durchringen, Bulbow den Prozess zu machen, und ließ ihn Ende 2009 frei. Unterdessen begann im Juni 2008 das Verfahren gegen den Besitzer der »Drei Wale«, Sergej Sujew, in der Moskauer Vorstadt Naro-Fominsk, wo die Firma registriert war. Zweimal in der Woche, dienstags und donnerstags, wurden Sujew und acht Mitangeklagte aus dem Moskauer Untersuchungsgefängnis nach Naro-Fominsk gekarrt. Dort musste die 600 Bände starke Anklageschrift – dreimal so dick wie die des zweiten Chodorkowski-Prozesses! – verlesen und 300 Zeugen vernommen werden. Alle Prozeduren wurden in die Länge gezogen, erklären die Beteiligten übereinstimmend. Ein Verhör, für das zwei Stunden genügt hätten, dauert zwei Tage. Sujew, vor seiner Verhaftung ein smarter Herr im besten Alter, hat sich einen fransigen Priesterbart wachsen lassen, als sei er aus der Zeit gefallen. Fromme alte Frauen im Publikum beten für ihn, aber auch für seine Ankläger, die, wie sie versichern, vom Antichrist besessen seien. Auch ein Anwalt sagt, er bete zu Gott – dass nicht ein Richter ausgewechselt werde. Denn dann müsse das Verfahren von vorn beginnen. Prozessbeobachter erwarteten, das Verfahren solle so lange künstlich ausgedehnt werden, bis im Jahr 2012 die Angelegenheit verjährt und die Drei Wale vor jedem Urteil davon schwimmen könnten (Aleksandr Švarev: »›Tri kita‹ ›uplyvut‹ ot prigovora?«, Rosbalt, 3. 6. 2009). Doch im März 2010 wurden, wegen Schmuggels von 300 Tonnen Möbeln, Sujew zu acht Jahren Strafkolonie und drei Mitangeklagte zu vier bis siebeneinhalb Jahren verurteilt. Die übrigen erhielten Bewährungsstrafen.

Als im Herbst 2008 die Wirtschaftskrise zuschlug, verordnete die russische Führung dem Land erst einmal eine Extradosis Anästhesie. Während die russische Börse bis Anfang November um 70 Prozent ihres Wertvolumens absackte, was selbst im internationalen Vergleich grandios war, tat Premier Putin das als verschmerzbare Spekulationsverluste ab, die sich bald wieder ausgleichen würden. Die staatlichen Rücklagen des Stabilisationsfonds, die Finanzminister Kudrin während der fetten Jahre angehäuft hatte, waren zu dieser Zeit durch Rettungsaktionen für Rubelkurs und Banken von fast 600 Milliarden Dollar im August auf weniger als 500 Milliarden zusammengeschmolzen. Von dem staatlichen Hilfspaket von mehr als 100 Milliarden Dollar für die Finanzmärkte profitierten tragende Säulen des Systems wie die Sberbank und Außenhandelsbank VTB, aber auch wenig wichtige wie die Kit-Bank und die Swjaz-Bank, die einmal den »Wal« (kit) und einmal die

»Beziehungen« (swjasi) im Namen trugen und mit dem Kreml vernetzt gewesen sein dürften (davon geht die gut vernetzte Julija Latynina in ihrem Leitartikel aus: »Too connected to fail«, in: Moscow Times, 24. 9. 2008). In den Nachrichtenprogrammen der staatlichen Fernsehkanäle fand die russische Finanzkrise jedoch nicht statt. Die Redaktionen hatten Weisung, das Wort Krise nicht in den Mund zu nehmen. Premierminister Putin sprach hartnäckig nur von den »Folgen der Weltfinanzkrise«. Im Oktober beteuerten Präsident Medwedjew und Putin, sie deponierten ihre Ersparnisse in Rubel. Doch die Untertanen plünderten ihre Konten, kauften Devisen, investierten in Sachwerte. Als in Jekaterinburg und in Wladiwostok Bankkunden panikartig ihre Ersparnisse abhoben (betroffen waren in Jekaterinburg die Bank 24.ru, die Severnaja kazna, die Ural-Bank für Wiederaufbau und Entwicklung, in Wladiwostok die Dalkombank. Vielen Kunden war per SMS mitgeteilt worden, die Institute stünden vor dem Bankrott), begann die Generalstaatsanwaltschaft, regionale Medien unter die Lupe zu nehmen und zu prüfen, ob sie nicht durch ihre Berichte finanzielle Panik säten. Mir erklärten damals im Industriedorf Schilowo, 300 Kilometer von Moskau entfernt, eine Babuschka und ein Behinderter, zwei Menschen, die nichts zu hoffen und zu verlieren hatten, unabhängig voneinander die politische Hermeneutik des Volkes: »Wenn unsre Machthaber sagen, es gebe keine Krise, dann gibt es garantiert eine.«

Wladimir Sorokin verarbeitete die Geldvermehrung unter Putin zu einem Drama mit dem lapidar beziehungsreichen Titel »Kapital« (erschienen bei Zakharov, Moskau 2007). Der Schriftsteller war, nachdem die Kremljugend der »Unsrigen« ihn attackierte, zum Lieblingsstar der glamourösen Hochglanzpresse aufgestiegen. Doch Moskaus konjunkturelle Himmelfahrt beschwört er, mit goethisch-tolstoischem Röntgenblick, als Teufelsspuk. Sorokin lässt eine verschworene Bankbelegschaft magisch gruppendynamische Rituale vollführen. Als Firmenfetisch und Kreditsicherheit dient das Reichtum verleihende Ikonen-Antlitz des Präsidenten, das regelmäßig als »Ressourcenfundstätte« angezapft wird und neue Wundmale bekommt.

In diesem Geldmaschinenraum ist die psychologische Ökonomie von Projektion und Verdrängung das eigentliche Bankgeheimnis. Das Personal – der russisch joviale Chef, dessen kaukasisch mafioser Stellvertreter, der beflissene Jurist mit Brille und Charakternase, der gorillagleiche Sicherheitsbevollmächtigte – reproduziert Russlands sozialen Organismus als schrille Karikaturenfamilie. Der Präsident dirigiert seine Truppe durch Psychodruck. Kaum erwähnt er die Fehlinvestition »Weißer Reichtum« – eine Art mephistophelischer Papiergeldschwindel –, schon werden die Mitarbeiter panisch und umzingeln ihn mit einem Tangotanz aus Klagen über Undank und Treueschwüren voller Pathos.

Entsprechend der Lehre von Marx wächst das Bankkapital, indem Menschen verschmolzen werden. Sobald der Chef sein neues Stigma hat, beginnt das rudelstiftende Fest. Schlachtrufe wie »Kreditordnung«, »Erfolg!« und griffige Nonsens-Silben leiten über zur Verbrüderung in der Disco. Versiegelt wird das Kollektiv noch durch die öffentliche Beichte, wobei jeder eine Peinlichkeit aus seinem Leben preisgeben muss. Diese Übung soll den »Chodor«, wie Sorokin den Dämon des Individualismus zu Ehren des Häftlings Chodorkowski getauft hat, noch im hintersten Herzenskämmerlein aufspüren und zerdrücken.

## Die Kunst der Tarnung

Zeitlos modisch ist in Russland Kleidung aus paramilitärisch gefleckten Armeetuch. Es ist die patriotisch eurasische Antwort auf den Jeans-Look. Vom Präsidenten über schicke Großstadtjugendliche bis hin zum hintersten Dörfler finden es alle kleidsam und praktisch. Schon zur Sowjetzeit schätzte man den Stoff als die einzige zuverlässig belastbare Textilware vaterländischer Produktion. Außerdem kommt er der russischen Liebe zum Military Look entgegen. Im Unterschied zur Arbeitsaura des Jeanstuches vermittelt der laubfarben gesprenkelte Tarnstoff das Lebensgefühl von Extrem-Urlaub und Versteckspiel. Der Träger macht ein bisschen auf Soldat, er stellt Wehrhaftigkeit zur Schau, aber auch so etwas wie Mitgliedschaft in einer Mannschaft. Die Wildkatzen- oder Herbstwaldmuster, die auch in femininem Rosa und kindgerecht blasseren Tönen zu haben sind, passen besonders gut zur russischen Kunst, in Gesprächen klare Standpunkte zu vermeiden und sich ironisch souverän dem allgemeinen Ton anzupassen.

Auch Autofahrer schätzen besonders die Geländegängigkeit eines Fahrzeugs. Moskauer haben ein Faible für Jeeps. Am Steuer eines Off-Road-Wagens braucht man russische Schlaglöcher und Schlammstraßen nicht zu fürchten und flößt anderen Verkehrsteilnehmern Respekt ein. Das ist selbst Bewohnern der staugeplagten Millionenstadt wichtiger als die Nachteile beim Manövrieren und Parkplatzsuchen. Autos westlicher Hersteller, die speziell für den russischen Markt produziert werden, liegen höher und sind härter gefedert als ihre europäischen Brüder. Seit den neunziger Jahren wurden aber auch immer größere Mengen ausländischer, vor allem deutscher und japanischer Gebraucht- und Jahreswagen eingeführt. Eine wachsende Zahl von Asphalt-Cowboys fand, dass sie nicht nur rassiger, sondern auch zuverlässiger waren als die einheimischen Züchtungen, so dass sich die höheren Aufwendungen für Service und Ersatzteile mehr als ausglichen. Während die postsowjetische Gesellschaft erbarmungslos aufgemischt und wieder entmischt wurde, war der Privatwagen die manifeste Selbstbestimmung. In einer Zeit, da viele arbeitslos gewordene Akademiker auf Chauffeur umlernen mussten, war ein Auto oft wichtiger als die Wohnung oder eine feste Stelle. Viele Menschen stürzten sich in hohe Schulden für ihr Auto und lebten buchstäblich darin, erinnert sich der Moskauer Psychologe Andrej Kalaschnikow (Alexander Bratersky, Natalya Krainova: »United Russia Tripped Up in Tax Bill Debacle«, in: The Moscow Times, 19. 11. 2009). Am Ende des Ölbooms hatte die Zahl russischer Wagenhalter den Rekordwert von 40 Millionen erreicht.

Der Charme einheimischer Automobile liegt darin, dass sie auf den Heimwerker zugeschnitten und in jeder Dorfgarage zu reparieren sind. Dafür quietschen und klappern sie oft. Auch den Geruch nach billigem Plastik haben die Sorokins, die bis Mitte der neunziger Jahre einen Schiguli besaßen, nicht vergessen. Bei hohen Geschwindigkeiten verliert er gefährlich an Bodenhaftung. Wolgas sind berüchtigt für ihren tückischen Lenkradspielraum. Beim Moskwitsch kann sich plötzlich ein Rad querstellen. Wer einen westlichen Wagen erwirbt, macht einen Entwicklungssprung. Dazu gehört auch ein charakterliches Image. Ein Mercedes verleiht Solidität, weshalb er ironisch »Merin« – Wallach – genannt wird. Der BMW, oft liebevoll als »Bombe« (bomba) bezeichnet, verleiht eine Aura von Verwegenheit. Ein schwarzes Prachtexemplar diente dem Regisseur Pjotr Buslow als Hauptheld für seinen Film »Bumer« (2003) über die Abenddämmerung der Banditenromantik. Audi und Volkswagen stehen für die schnörkellose Essenz des Autos. Die japanischen Marken, wie sie die Sorokins seit einigen Jahren bevorzugen, verwöhnen ihre Besitzer mit elektronischen Annehmlichkeiten und sind unschlagbar sparsam im Benzinverbrauch. Franzosen vermitteln durch elegant nonkonformistisches Design ein futuristisches Lebensgefühl. Selbst ein eingefleischter Patriot würde nicht freiwillig von einem Import- auf ein vaterländisches Auto umsteigen.

Den wirksamsten Persönlichkeitsschutz bietet indes das literarische Wort. Schriftstellerische Fiktion ist jenes Drachenblut, das die Haut mit einer Isolierschicht gegen die Folgen von Sinnzerstörung und Leidensdruck umgibt. In der Kunst, das russische Lebensgefühl in zugleich philosophisch kritische und leicht verdauliche Prosa zu fassen, dürfte der bei Intellektuellen wie beim Massenpublikum gleichermaßen geschätzte Autor Viktor Pelewin unschlagbar sein. Pelewin webt aus aktuellen Reizthemen und politischen Zaubersprüchen Texte, die virtuos mit der Gebrauchssprache spielen und die Sachzwänge des gelebten Lebens fadenscheinig werden lassen wie einen Maja-Schleier. Der Autor gibt auch durch sein öffentliches Nicht-Auftreten zu verstehen, dass er die Umarmungen der schnöden Welt verschmäht. Er lässt sich selten interviewen. Auf seinem Telefonanschluss nimmt eine verzerrte Computerstimme Nachrichten entgegen. Und wenn er sich ausnahmsweise doch dem Fotografen stellt, verschanzt er sich dabei zumeist hinter dunklen Brillengläsern.

Pelewin verwandelt in seinen Büchern die Realität in einen Geisterspuk. Als in den neunziger Jahren Gangstergruppen um die Macht im Staat kämpften, ließ er den legendären Bürgerkriegshelden Wassili Tschapajew und seinen Kommissar Petja wieder auferstehen, allerdings als dekadente Intellektuelle. Der Roman »Tschapajew und Pustota« (1996 bei Vagrius erschienen. Die deutsche Übersetzung kam 1999 unter dem Titel »Buddhas kleiner Finger« im Verlag Volk & Welt heraus) schildert einen unübersichtlichen Konflikt aller mit allen, wobei oft der Zufall oder der Kokainkonsum entscheidet, auf welcher Seite der Front jemand steht. Tschapajews militärisches Erfolgsgeheimnis besteht darin, dass er wie ein Spiegel die jeweiligen Erwartungen der aufgewühlten Kämpfer reflektiert – und zwar im doppelten Wortsinn, er versteht sie und strahlt sie zurück. Als dann zur Jahrtausendwende hin das Land sich mit Hilfe von Polittechnologien und virtueller Wirtschaft zu konsolidieren versuchte, entlarvte Pelewin den Konsum- und

Reklame-Trug in seinem furiosen Trash-Roman »Generation P«. Dessen Held, ein Moskauer Intelligenzler, der sich, der Marktökonomie gehorchend, vom Dichter zum Werbetexter wandelt, bringt es in der Kunst kommerzieller Seelenfischerei zur Meisterschaft. Er empfängt aber auch, per mystischem Schreibimpuls, Jenseitsbotschaften von dem in der Ewigkeit residierenden Che Guevara, der das primitiv auf seine oralen und analen Verbrauchsfunktionen reduzierte Nachfolgewesen des Menschen, das die Welt erobert, mit dem lateinischen Gattungsnamen als Oranus oder »Mundarsch« klassifiziert.

Bei dem eigentümlich russischen Postmodernismus, den Pelewin repräsentiert, verhüllt die ironische Wortjongliererei ein bitter ernstes ideologisches Programm. Das unabschließbare Spiel mit Bedeutungen ist hier nicht Selbstzweck, der das Verhältnis zur Welt unmittelbarer und nackter macht. Vielmehr dient es dem Subjekt, sich von diesen Bedeutungen zu befreien und unangreifbar zu werden. Der russische Mensch, den eine armselige, widerwärtige Wirklichkeit umgibt, bedarf ja eines stärkeren metaphysischen Immunschutzes als der glückliche Westeuropäer, ist der Literaturprofessor Sergej Kornjew überzeugt (Sergej Kornev: »Stolknovenie pustot: Možet li postmodernizm byt' russkim i klassičeskim?«, in: Novoe literaturnoe obozrenie, Heft 28, 1997, S. 244–259). Pelewin wirkt auf Kornjew wie ein östlicher Guru, der die postmoderne Philosophie der Sinnentleerung, wie Michel Foucault sie formulierte, umdeutet zur Propädeutik eines kanonischen Buddhismus. Der Philologe bewundert das Talent des Literaten, erkennt in ihm jedoch einen finsteren Apostel des Orients, der sich die schütteren Gewänder des Westens anzieht, um dann dessen milde Greisenweisheit niederzumachen. Pelewin lässt seine Helden in ihre Abenteuer ein- und aus ihnen wieder auftauchen wie in Computerspiele, weshalb er als »Computerbuddhist« bezeichnet wurde. Er liefert den Jüngeren ein Bildungsgebäude, das die virtuellen Erfahrungen als Gleichnis für das gesamte Erdendasein deutet. Tatsächlich hat Pelewin bekannt, er betrachte die so genannte Wirklichkeit als einen trügerischen Tagtraum (im Interview mit Barbara Lehmann: »Russland ist nur eine böse Parodie«, in: Die Zeit, 4. 11. 1999, S. 53).

Pelewin betrachtete Putins Projekt staatlicher Konsolidierung durch die Schutzbrille von Vampirmärchen, die ein Propagandamärchen aufmöbelten. Die Staatsführung versuchte, ihr durch Willkürakte der immer arroganteren Ordnungshüter kompromittiertes Ansehen mit einer Kampagne gegen »Werwölfe in Uniform« aufzupolieren. Auf diesen Gattungsnamen taufte man ausgewählte Schmiergelderpresser, die weggesäubert und der Öffentlichkeit zum Fernsehfraß vorgeworfen wurden. Das inspirierte Pelewin zu seinem »Heiligen Buch der Werwölfe« (in deutscher Übersetzung 2006 bei Luchterhand, München erschienen). Der Autor schlüpft darin in die Haut einer Werfüchsin, der weiblichen Variante, die dank eines dauerfrischen Luxuskörpers seit Jahrhunderten vom ältesten Gewerbe lebt. Angesichts der kapitalistischen Prostituierung von allem und jedem preist sie das als Inbegriff von Ehrlichkeit und Bescheidenheit. Sie versetzt ja für ein paar Dollar mit ihrem Lolitazauber den Mann in eine aus Projektionen genährte kurze Ekstase. Die anständige Frau hingegen, so reproduziert Pelewins Alter Ego die Moskauer Hurenweisheit, wolle sein ganzes Geld dafür, dass sie ihm den letzten Blutstropfen aussaugt. In der modernen Schauergeschichte wird Russlands Naturreichtum, das Öl, von Wirtschaftswölfen ausgebeutet bis zur Ressourcenerschöpfung. Der einzige Politmagier, der diese Raubtiere in Schach halten kann, ist der Super-Werwolf, im bürgerlichen Beruf General der Staatssicherheit. Und nur für diesen Übermenschen empfindet die menschenverachtende Heldin wahre Liebesleidenschaft.

Zwei Jahre später sah Pelewin ein vampirisches Geheimreich unwiderruflich etabliert. In seinem Roman »Empire V« (2006 im Moskauer Eksmo-Verlag erschienen. Die deutsche Version »Das fünfte Imperium« kam 2009 bei Luchterhand in München heraus) regiert eine allwissende Elite von Blutsaugern über die Normalsterblichem, die brav Konsumschimären nachjagen und dabei diskret zur Ader gelassen werden. Freilich hat der Lebenssaft seinen Urzustand als Blut längst überwunden und sich zu Geld gereinigt. Auch können die Angehörigen der Vampirkaste, die während ihrer Evolution den weiten Weg von Raubmördern zu Scheckbetrügern zurücklegten, sich zugutehalten, dass das domestizierte und zum strategischen Denken nicht mehr fähige Menschenmilchvieh ohne ihre Hege gar nicht überlebensfähig wäre. Nur die Vampire können wie Schachspieler komplexe Manöver vorausberechnen, weshalb zu ihren Macht- und Informationsprivilegien auch das Recht gehört, sich zu maskieren.

Freilich kann ein Mitglied des inneren Kreises vom Wunsch heimgesucht werden, die Maske abzunehmen. Das passierte dem ersten stellvertretenden Stabschef des Präsidenten, Wladislaw Surkow, der bis Ende 2011 als politischer Chefdenker galt. Surkow prägte die Formel von der spezifisch russischen »souveränen Demokratie«, er ist der geistige Vater der Kremljugend der »Unsrigen« (Naschi). Im Krisensommer 2009, als mordende Milizionäre und mit Inflation gepaarte Arbeitslosigkeit das Selbstvertrauen des Regimes erschütterten, brachte das Journal »Der russische Pionier« (Russki Pioner) einen lyrisch-zynischen Roman namens »Um den Nullpunkt« (Okolonolja) mitsamt dem Gerücht heraus, Surkow habe ihn verfasst. Schon das Autorenpseudonym Natan Dubowitzki klang, da der Politiker mit Natalja Dubowitzkaja verheiratet ist, geradezu exhibitionistisch. Der Text, auf dessen ersten Seiten Viktor Pelewin sich in ein Wildschwein verwandelt und im russischen Wald verschwindet, schickt ein Autoren-Alter-Ego über den Parcours der kriminell-korrupten Moskauer Gesellschaft. Der Jugendliche erschießt im Auftrag eines philosophierenden Schwarzhändlers einen alten Mann, was den Milizionären in der Nachbarwohnung, wo sie Wilderer beherbergen, herzlich egal ist. Nach Lehrjahren bei Gangstern bekehrt sich der Held zum politischen Dienst und wird Neidobjekt einer Journalistin, die gegen die Korruption anschreibt, sich von ihren Opfern aber auch gern bezahlen lässt. Surkow, der in Chodorkowskis Menatep-Bank arbeitete, bevor er dritter Mann der Machtspitze wurde, schöpft aus einem reichen Erfahrungsschatz. Freilich meint man in der pedantischen Gleichgültigkeit, womit er gemeine Verbrecher, ihre stupiden Opfer, käufliche Oppositionelle schildert, die Verachtung des Schachmeisters für sein Spielmaterial zu spüren. »Um den Nullpunkt« wurde zum literarischen Ereignis der Saison. Surkow verfasste erst einen Verriss auf den Roman und gleich danach eine Hymne. Kremlnahe Kulturträger wie der Filmregisseur Nikita Michalkow und der Theaterleiter Oleg Tabakow erklärten das Werk für genial. Der Schriftsteller Dmitri Bykow verglich den Staatsideologen, der seine eigenen Botschaften literarisch desavouiert, mit Präsident Medwedjew, der als Blogger über die von ihm selbst vertretene Kremlpolitik herzieht. In anderen Ländern würden solche Politiker zurücktreten, meint Bykow. Doch in der russischen Machtarchitektur, die Rücktritte nicht vorsieht, bleibe ihnen nur das Ventil der Schriftstellerei. Surkow verlor seinen Posten in der Präsidialverwaltung Ende 2011, als in Moskau die Proteste gegen die Dumawahlfälschungen nicht zur Ruhe kommen wollten. Doch da schrieb sein literarisches Alter Ego Natan Dubowitzki schon an einem anderen Roman, der ebenfalls, aber auf eine andere Weise, von der eigentümlichen Moskauer Kremlperspektive auf die Welt inspiriert war. »Auto und Fahrrad« (Mašinka i Velik) war der Titel seiner »Gaga Saga« von dunklen und lichten Kräften, die in Russland um die Herrschaft kämpften und zugleich unentwirrbar miteinander verflochten sind. Ein spiritueller Anführer, der das offenbar begriffen hat, erklärt dort seinen Kameraden, dass der Verrat, der von den Menschen moralisch verurteilt wird, in Wahrheit ein Segen und der Fortschrittsmotor für sie sei. Denn wenn der Mensch seine Überzeugungen nicht verraten, sich von seinem Glauben nicht losgesagt, seine Ideale nicht betrogen und seine Schwüre nicht gebrochen hätte, so formuliert der Weise seine ironisch leere Geschichtsphilosophie, so würde er noch immer in Höhlen sitzen und Steingötzen anbeten (siehe: Russkij pioner, Heft 2, April 2012, S. 127).

Präsident Medwedjew war angetreten, die russische Wirtschaft und Gesellschaft zu modernisieren. Staatskonzerne, die innovative Technologien zu entwickeln versprachen, »Rosnano«, »Rostechnologii«, »Rosoboroneksport« wurden bevorzugte Investitionsobjekte. Der ausgebildete Jurist Medwedjew sagte auch dem »Rechtsnihilismus« seiner Landsleute den Kampf an. Freilich, als im Sommer 2009 Chodorkowski, der die Hälfte seiner Haftzeit abgesessen hatte, ein Begnadigungsgesuch einreichen wollte, erklärte das Staatsoberhaupt, bevor er ihn begnadigen könne, müsse der Ex-Oligarch erst seine Schuld eingestehen – obwohl in dem Gesetzestext davon keine Rede ist. Um die Korruption einzudämmen, will Medwedjew, nach dem Vorbild Südkoreas, den Behördenverkehr so weit wie möglich ins Internet verlegen. Unterdessen wird das reale Leben immer unmoderner. Die in die staatlichen Technologiefirmen gesetzten Hoffnungen erfüllten sich nicht. Zum Jahresende 2009 zitierte Medwedjew die Chefs von »Rosoboroneksport« und »Rostechnologii« ins Moskauer Hauptquartier des staatstragenden Konzerns Gasprom an der Nametkin-Straße und ermahnte sie, endlich in solches technisches Wissen zu investieren, das ihnen in Zukunft international Wettbewerbsvorteile und russischen Unternehmen auf den globalen Märkten führende Positionen sichern würde – als könnten die Modernisierungsfunktionäre wie Zauberer das Gras von oben wachsen lassen. Der Präsident herrschte seine Technologie-Manager an, sie hätten genug geschlafen. Tatsächlich widmeten sich die Staatsbetriebe vorzugsweise der Modifikation von aus dem Ausland angekauften Technologien, die sie an die russischen Bedingungen anpassten. Sie produzierten alles Mögliche, nur keine Innovationen, lautete das vernichtende Urteil der Ministerin für wirtschaftliche Entwicklung, Elvira Nabuillina (zitiert nach »Chvatit spat'!« von Elina Bilevskaja, in: Nesavisimaja gazeta vom 28. 12. 2009, S. 3).

Sergej Tschemesow, Putins alter KGB-Freund, der »Rostechnologii« vorstand, versuchte zu widersprechen. Tschemesow präsentierte ein von seiner Firma in Kooperation mit der zypriotischen Holding WiMAX produziertes Mobiltelefon mit Internetfunktion, das man schon diversen Bossen überreicht habe. Zwar musste er einräumen, dass die Internetverbindung bisher nur im Moskauer Stadtzentrum funktionierte. Aber außerdem stellte »Rostechnologii« wärmesparende Glühbirnen her, meldete Tschemesow. Doch Medwedjew gab sich ungnädig. Was »Rostechnologii« vorgestellt habe, seien gute, notwendige, moderne Produkte, aber keine Innovationen, beschied der Präsident und gab den Konzernleitern zu verstehen, echte, nicht nominelle Innovationen seien das Kriterium, nachdem über ihre Weiterbeschäftigung im nächsten Jahr entschieden werden würde. Der bis dahin bei öffentlichen Auftritten stets verbindliche Medwedjew legte sich noch kurz vor dem Ende des letzten nuller Jahres einen neuen, grimmig maskulinen Habitus zu. Das wirkte wie ein Eingeständnis, dass Ungehorsam die Primärgefahr war, die es abzuwenden galt.

Russlands technische Infrastruktur entwickelt sich zurück. Im Sommer 2009 löste sich im größten russischen Wasserkraftwerk am sibirischen Sajano Schuschensker Stausee eine der Turbinen, die jahrelang nur nominell gewartet worden waren, aus der Verankerung und zerstörte das Maschinenhaus. Das nationale Straßennetz schrumpft. Laut der offiziellen russischen Statistik maß das Gesamtstraßennetz 2007 963 000 Kilometer, 2008 aber nur noch 940 000, verlor also 23 000 Kilometer. Das Netz von Verkehrswegen mit festem Belag ging in der gleichen Zeit von 771 000 auf 754 000 Kilometer zurück (Quelle: »Transport v Rossii«. Statističeskij sbornik, Federal'naja služba gosudarstvennoj statistiki, Moskau 2009). Der Import von Gebrauchtwagen war durch die erhöhten Schutzzölle in den ersten vier Monaten 2009 um das 24-Fache zurückgegangen. Im Osten Sibiriens sind ganze Landstriche, die vom Gebrauchtwagengeschäft lebten, wirtschaftlich tot. Die heimische Automobilindustrie stürzte durch die Krise in ein Loch. Die Produktion brach in den ersten elf Monaten 2009 um 62 Prozent ein. Die hoch verschuldeten Werke Avtovaz und GAZ mussten immer wieder die Förderbänder anhalten und verschlangen staatliche Kredithilfen in Milliardenhöhe. Der Personalchef des Wolga-Herstellers GAZ, der mit den Massenentlassungen offenbar nicht fertig wurde, erhängte sich. Die Produktionszahlen der russischen Niederlassungen von Ford, Renault, Volkswagen, BMW, Kia, Chevrolet und Nissan überholten die der stark subventionierten einheimischen Konkurrenz. Premier Putin appellierte an seine Landsleute, die vaterländischen Produzenten zu unterstützen. Bevor er im Mai auf seiner Residenz in Sotschi den türkischen Präsidenten Erdogan empfing, fuhr er dort demonstrativ mit einem neuen Lada-Jeep der Serie Niva-Rys' (zu Deutsch: Erdscholle-Luchs) mit militärisch fleckiger Tarn-Lackierung vor. Doch Fabrikarbeiter bei Avtovaz und GAZ, die in dieser Zeit von Journalisten besucht wurden, gestanden diesen meistens, dass sie an ihre eigenen Erzeugnisse nicht glaubten. Besonders symptomatisch war die Ankaufspolitik der zum Erwerb von in Russland gefertigten Fahrzeugen aufgerufenen Administrationschefs. Die Verwaltungen von Krasnojarsk, Tscheljabinsk und Ulan Ude legten sich im Krisenfrühling auf Kosten des Steuerzahlers noch schnell ein paar Range Rover- und Cadillac-Luxusjeeps zu.

Wladimir Sorokin hatte schon 2006 durch seinen Roman »Tag des Opritschnik« (Den' opričnika, erschienen im Moskauer Verlag Igor' Zacharov) in archaischer Comicsprache extrapoliert, dass seine Heimat mit Siebenmeilenschritten in Richtung Mittelalter unterwegs ist. Sorokins Vision versetzt in ein christlich totalitäres Moskowien des Jahres 2027, das sich gegen Europa hinter einer »Westlichen Mauer« verschanzt und seinen Kontakt zum Rest der Welt weitgehend auf Öl- und Gaslieferungen beschränkt. Mit dem Segen des Herrschers und der Kirche hält ein Geheimorden eine materiell wie geistig verarmte Bevölkerung permanent in Angst und Schrecken. China liefert der Machtmaschine wasserstoffgetriebene Mercedes-Limousinen, dreidimensionale »Nachrichtenblasen«, aber auch Siedler, denen das untervölkerte Reich erhöhte Steuern abnimmt. Immer neue Repressionswellen haben das Land nicht nur von Oppositionellen, sondern auch von westlicher Kleidung, Lebensmitteln, Intellektuellen und dem Humus aller Freigeisterei, der ernsten säkularen Kultur gesäubert. Man hört nur noch fromme und volkstümliche Sprüche. Allmächtige Ministerien, etwa für Nachrichten oder für Geheimes, heißen Prikas (Befehl) wie im 16. Jahrhundert. Die nicht geflohenen oder getöteten Autoren vom Buch-Prikas haben das »überflüssige« Schrifttum eigenhändig verbrannt.

Der Leser begleitet den Helden, ein Seniormitglied des staatlichen Repressionsapparats, durch einen Arbeitstag, an dem er einen Oligarchen liquidiert, im Gottesdienst seine Lieblingsikone küsst und wie ein braver Mafioso von Bürgern und Beamten Tribute eintreibt. Der Bewohner des immer mehr auf Einschüchterung setzenden Putin-Staates konnte meinen, er schaue in einen Prognosespiegel, in dem das Willkürregime zarentreuer Foltergarden als konsequente Verlängerung heutiger Zustände sichtbar wird. Sorokin, der bis dahin seine Horrorgeschichten in ein artifizielles Fantasy-Genre entrückte, erfand plötzlich eine neue Art von Realismus. Der Schriftsteller war selbst von seiner Wandlung überrascht. Sein Selbstverständnis als unpolitischer Weltbürger und metaphysischer Literat mochte auch daher gerührt haben, dass in der späten Sowjetzeit und in den neunziger Jahren das historisch Schlimmste schon überstanden schien. In den nuller Jahren ging diese Gewissheit verloren. Als Putin den Kompass umstellte, habe er sich zum ersten Mal als Staatsbürger gefordert gefühlt, bekennt Sorokin. Der zweite Präsident wollte das Sowjetsystem reanimieren. Doch stattdessen erstand, so der Autor, das Reich Iwans des Schrecklichen wieder auf.

Der »Opritschnik« wurde sogleich zum Kultbuch. Dissidenten, Showstars, Kremlstrategen und Nationalisten zeigten sich gleichermaßen begeistert. Boris Beresowski, der von seinem Londoner Exil aus übers Internet geschraubt maliziöse Sendschreiben an Putin richtete wie einst der nach Litauen geflohene Fürst Andrej Kurbski an Iwan den Schrecklichen, empfahl »Wolodja«, wie er den Kremlherrn in alter Familiarität anspricht, Sorokins vorzügliches Werk unbedingt zu lesen (Beresowskis literarisch ambitioniertester Brief vom 21. 8. 2007 trägt den Titel »Sonate über den unaufhaltsamen Zusammenbruch des Putin-Regimes und der Notwendigkeit einer neuen Revolution in Russland«. Der Hinweis auf Sorokins »Opritschnik« steht im dritten, als »Reprise« bezeichneten Abschnitt). Doch auch Mitarbeiter der Kremladministration lobten den Roman als »äußerst treffend«. Einige Beamte ließen dem Schriftsteller ausrichten, insbesondere der »Goida«-Ruf, womit die Opritschnina-Garden sich auf das Zerschmettern von Feinden einstimmten, sei ihnen unvergesslich. Vollends unheimlich war Sorokin das Kompliment des reaktionär orthodoxen Publizisten Roman Bytschkow, der fand, wie der Autor die Racheorgien der Opritschniki schildere, sei, obwohl satirisch gemeint, ausgesprochen »herzerhebend«. Bytschkow, der selbst der radikalen »Opritschnina-Bruderschaft des heiligen Iosif von Wolozk« angehört, empfahl deswegen Sorokins Buch angehenden Mitgliedern seines Bundes zur mobilisierenden Lektüre (zitiert nach: Alina Vituchnovskaja: »Strašnaja kniga«, Recenzija na »Den' opričnika« Vladimira Sorokina, 5. 4. 2007, emty-nests.live-journal.com/35627.html). Auch die aggressiv nationalistische »Union der orthodoxen Bannerträger« urteilte, der »Tag des Opritschnik« fange die Hoffnungen von Patrioten auf Russlands Wiedergeburt ein. Sorokin präsentiere diese Hoffnungen allerdings in der »entarteten« Form einer liberalen Antiutopie. Deshalb warfen die Bannerträger bei einer rituellen

Bücherverbrennung in Moskau am 21. November 2008 auch den »Tag des Opritschnik« in die Flammen (das meldete stolz der Informationsdienst der Organisation, siehe www.pycckie.org/novosti/2008-211108.shtml).

Als Sorokin seine Geschichte von der Wiederkehr der Opritschnina herausbrachte, hoffte er, die literarische Vision könne auf die Wirklichkeit immunisierend wirken wie ein Abwehrzauber. Doch in den darauf folgenden Jahren bekam er von Freunden und Bekannten zu hören, das Leben werde dem Roman immer ähnlicher, der wirke wie ein vorab veröffentlichtes Drehbuch. Tatsächlich eskalierten, nachdem der Text erschienen war, die unaufgeklärten, ungesühnten Morde an Aufklärern über die Opfer staatlicher Gewalt, den Journalistinnen Anna Politkowskaja, Anastasia Boburowa, dem Anwalt Stanislaw Markelow, der Menschenrechtlerin Natalja Estemirowa. Die Chefankläger, die nur Regime-Feinde verfolgten, waren dafür ausgesprochen gottesfürchtig. Im direkt hinter der Lubjanka gelegenen Sretenski-Kloster, dessen Abt Tichon als Beichtvater von Putin gilt, verriet mir im Sommer 2008 ein gelehrter Mönch, der im weltlichen Leben Philosoph war und Michail hieß, der frühere Generalstaatsanwalt Ustinow und sein Stellvertreter Birjukow gehörten zu den frömmsten Gemeindemitgliedern der Klosterkirche. Die Hände Birjukows, der den Chodorkowski-Fall »gelöst« hatte, seien bis zu den Ellenbogen blutgetränkt, erklärte der Gottesmann und verglich den zweiten Verbrecherjäger im Land mit dem berüchtigten Opritschnik Iwans des Schrecklichen, Maljuta Skuratow. Dabei schien der Mönch weniger entsetzt über die Taten Birjukows zu sein als stolz darauf, dass ein derart Furcht einflößender Glaubensbruder in seinen Klostermauern Trost und Erbauung findet.

Die Opritschnina wurde von Zar Iwan erfunden zur Bezeichnung der herrscherlichen Interessenssphäre, die den Gesetzen des flachen Landes, der »Semschtschina«, nicht unterworfen war. Das Wort leitet sich ab von »opritsch«, zu Deutsch

»ausgenommen«, man könnte auch sagen immun. Opritschnina wurde ein geflügelter Ausdruck. In den Provinzen nannten die Leute die in schicken Büros untergebrachten Steuereintreiber »unsere Opritschniki« (das erklärte mir im Februar 2007 in der sibirischen Ölstadt Chanty-Manssijsk ein Taxifahrer, der Sorokin nicht kannte). In Moskau wurde die Opritschnina-Nostalgie salonfähig. 2008 wurde in der Nähe des noblen Baltschug-Hotels, wo einst die erste Wodkakneipe für Iwans Gewaltordensmitglieder stand, das Restaurant »Opritschnik« eröffnet, wo man vorpetrinische, also urrussische, nicht französisch überformte Spezialitäten genoss. Mitbesitzer des Lokals war der nationalistische Journalist Michail Leontjew. Im »Opritschnik« kehrten gern Militärs und Geheimdienstler ein und tranken auf den Dienst am Vaterland. Alexander Dugin, der vom Kreml protegierte Chef-Ideologe der Eurasier, predigt schon lange, Russland brauche eine neue Opritschnina-Kampftruppe, um sich von inneren und äußeren Feinden zu säubern. Da Putin als neuer Zar Iwan nicht tauge, müssten die neuen Opritschniki führerlos dem Heiligen Russland dienen, stellte Dugin bedauernd fest (in seinem ideologischen Traktat »Russkij orden (aktual'nost' novoj opričniny)« auf dem Internet-Portal der Eurasier-Bewegung www.rossia3.ru). Als der neu inthronisierte Medwedjew die Bekämpfung der Korruption zur politischen Hauptaufgabe erklärte, schlug Dugin vor, zwischen »patriotischer« Korruption und der Korruption der »atlantischen« Compradores zu unterscheiden. Die Krankheit habe das gesamte System befallen und sei daher vorerst nicht heilbar, schrieb der Guru einer reaktionären Revolution (Aleksandr Dugin: »Ne smertnyj grech«, in: Literaturnaja gazeta, 22. 10. 2008). In dieser Lage sei der Korruption der Silowiki, die Dugin »ökonomische Opritschniki« nennt, der der Oligarchen vorzuziehen. Die von Patrioten eingetriebenen Schmiergelder blieben wenigstens im Land. Und tatsächlich sei es Brauch, dass der von Gewaltorganen dominierte Staat illegale Geschäfte bei westlich »atlantischen« Unternehmern enttarnt, nicht jedoch bei den eigenen Funktionären, merkte Dugin an, der als russischer Macchiavelli beim Namen nennt, was allgemein üblich ist und doch geleugnet wird.

Das Thema ließ auch Sorokin nicht los. Nach der Innensicht eines Monstersklaven wollte er auch die anderen Bewohner des armen, durch Gewalt und Informationstechnologie zusammengehaltenen Imperiums kennenlernen. Zwei Jahre nach dem »Opritschnik« schob er den Folgeband »Zuckerkreml« (Sacharnyj kreml', AST Moskau, 2008) nach, der in 15 Erzählungen einem Hofnarr, einem Henker, Zwangsarbeitern, Bettlern, aber auch Bessergestellten bei ihren täglichen Verrichtungen zusieht. Das zu Beginn der Wirtschaftskrise erschienene Buch entwirft ein Simbabwe-Szenario. Von bürgerlichen Berufen und Besitztümern ist demnach in 20 Jahren kaum noch etwas übrig. Weil fast alle Brennstoffe ins Ausland verkauft werden, heizen auch besser gestellte Moskauer mit Holzscheiten, und die Aufzüge der Wohlsilos stehen an Wochenenden still. Dafür leuchtet in der »guten« Wohnzimmerecke« die interaktive 3-D-Ikone des Herrschers. Im Straflager, im Umgang mit Kindern, aber auch unter Ehegatten stabilisieren Prügelrituale die soziale Ordnung. Die Gefängnisse platzen aus den Nähten. Sorokin lässt nur den Opritschnik und einen Inspektor der Staatssicherheit, der durch Foltern aus einem Häftling Komplizennamen für seine mystische Verschwörungstheorie herausquetscht, in Limousinen der Marke Mercedes beziehungsweise Kia durch die Hauptstadt kurven. Der Großschriftsteller, der sich, seit er ein eigenes Haus auf eigenem Grund und Boden bewohnt, Leo Tolstoi immer näher fühlt, schildert die einzigen authentischen menschlichen Gefühle am Beispiel eines jungen Bauernpaares in einem von aller Zivilisation unberührten Dorf.

Unterdessen wuchs, als Russlands Mittelklasse unter Druck kam, aus der Klasse der Autobesitzer eine echte Bürgerrechtsbewegung hervor. Nachdem zur Jahreswende 2008/2009 die Zölle für Importwagen angehoben wurden, verabschiedete die Duma im November 2009 eine Gesetzesänderung, die zum nächsten Jahreswechsel die Kraftfahrzeugsteuer auf einen Schlag verdoppelt hätte. Am Tag der Duma-Entscheidung organisierte die Union der Berufskraftfahrer (Sojuz professional'nych voditelej) eine zehnminütige Protestfahrt auf der Moskauer Ringautobahn, was fürchterliche Staus verursachte. Aus dem gleichen Anlass blockierten in Kaliningrad organisierte Autofahrer einige Stunden lang die Hauptstraße. Wenige Tage später lehnte der Föderationsrat, einer Empfehlung der Präsidentenadministration folgend, die Gesetzesnovelle ab. Doch noch im selben Monat trat ein neues Gesetz in Kraft, das zwar den Basissteuersatz nicht verändert, dafür aber den Regionalverwaltungen das Recht erteilt, ihn bis auf das Zehnfache, statt wie bisher auf das Fünffache, zu erhöhen. Am Abend des letzten Montags 2009 demonstrierten Aktivisten mehrerer Autofahrerverbände auf dem Moskauer Gartenring in der Innenstadt dagegen. Da legten die elektrisierten Ordnungshüter die Hauptverkehrsader für Stunden lahm. Mit einem Großaufgebot von Verkehrpolizisten und Omon-Sondermilizen zerschnitten sie die Wagenkolonnen und zwangen, unter dem Vorwand von Kontrollen, die Fahrer zum Aussteigen.

Natürlich führen er und seine Mitstreiter ein Rückzugsgefecht, gab der Anführer des Berufsfahrerverbandes, Alexander Kotow, zu. Die föderale Machtzentrale nahm die steuerlichen Zusatzforderungen, die insbesondere die Halter älterer Modelle mit starken Motoren treffen und wieder zu Fußgängern erniedrigen könnten, ja nicht zurück. Sie schob nur die Verantwortung dafür den Provinzverwaltungen zu. Russische Profifahrer investieren knappes Geld und viel Nervenkraft in ihr Gefährt. Sie halten sich beim Trinken zurück. Sie fürchten weder schlechte Straßen, aggressive Verkehrsteilnehmer noch tückische Polizisten. Im Unterschied dazu dienen die sommerlichen Prozessionsfahrten der Motorradbruderschaften eher prahlerischer Selbstdarstellung. Ihr Anführer mit Spitznamen »Chirurg« ließ sich von Patriarch Kyrill bereitwillig zum Patrioten stilisieren und segnen (in Sewastopol am 25. 5. 2009).

Die Besitzer vierrädriger Stahlrösser hingegen, für die am Familienbudget und an Arztbesuchen gespart wird, wollen sich, wie Cowboys im wilden Westen, im eigenen Land frei bewegen und in diskreter Entscheidung über sich verfügen. Mit einem eigenen Wagen wird das möglich. In den Automobilisten-Organisationen keimt die russische Zivilgesellschaft. Wohl deshalb breiten die staatlichen Medien über sie den Mantel peinlichsten Schweigens. An den Protestesten gegen Wahlfälschungen im Winter 2011/12 beteiligte sich auch die Assoziation der Autofahrer. Am Sonntag, den 19. Februar 2012, veranstalteten motorisierte Aktivisten der »Wählerliga« (Liga izbiratelej) unter dem Motto »Moskau zieht den weißen Ring zusammen« (Moskva sžimaet beloe kol'co) eine Kolonnenfahrt die Gartenringstraße entlang. Dazu hatten die Autofahrer ihre Fahrzeuge mit weißen Luftballons, Fähnchen und Aufklebern oder Antiputinparolen in der Farbe der Reinheit und Unschuld geschmückt. Die Verkehrspolizei behinderte sie nach Kräften. An den Zufahrtsstraßen bildeten sich trotz des Feiertags lange Staus, weil die Rotphase der Ampeln verlängert und die Grünphase auf wenige Sekunden verkürzt worden war. Die Kremluferstraße blieb für Wagen mit weißer Symbolik wegen angeblicher Kanalisationsschäden dort gesperrt – doch Autos ohne Accessoires ließ man durch. Außerdem hatten am Vorabend kremltreue Verkehrsteilnehmer als Gegenaktion einen »Nächtlichen Ring« (Nočnoe kol'co) organisiert, bei dem viele Luxusjeeps und exzentrische Oldtimer, aber auch offizielle Taxis und Linienminibusse sich abends um elf zur Rundfahrt trafen. Etliche trugen die Aufschrift »Putin am Steuer«. Aus dem erleuchteten Fonds einer Limousine winkten zwei hübsche Bikiniträgerinnen. Sie gehörten zu den Passagieren, die sich für die anschließende Klubnacht in Stimmung brachten. Die vielen Scheinwerfer strahlten fröhlich und dämonisch. Einige der Teilnehmer kamen anderntags noch zu den »Weißen«, drängten dort die Autofahrer ab, hupten und schrien sie an. Doch der »Nächtliche Ring« wurde von niemanden behindert.

# II. Kapitel

# GEWALT

Me crezco en el castigo.
Ich wachse in der Züchtigung.
Miguel Hernández

## Wölfe und Schafe

Freiheit muss sich verteidigen können. Als der russischen Gesellschaft das Joch der Sowjetmacht vom Hals fiel, setzten die Radikalreformer der Jelzin-Regierung auf die Regenerationskräfte, die sich beim Überlebenskampf aller gegen alle entfalten würden. Anfang 1992 wurden in der monopolisierten Wirtschaft die Preise freigegeben, was der von der Sowjetunion ererbten relativen sozialen Gleichheit schnell ein Ende bereitete. Während Leiter von Staatsbetrieben zu deren Hauptaktionären mutierten, landeten von den Angestellten viele auf der Straße oder bekamen ihren Lohn mit großer Verspätung. Von den Wissenschaftlern definierten sich einige um zu Finanzingenieuren wie Beresowski oder Chodorkowski; ein größerer Teil verarmte, wanderte aus oder versuchte sich als wilder Taxifahrer oder Kleinhändler. Leute mit Energie und Mut gründeten jene produzierenden oder dienstleistenden Privatfirmen, von Restaurants und Reklamestudios über Elektronikgeschäfte bis zu Autosalons oder -werkstätten, die so dringend gebraucht wurden und im offenen Wettbewerb reüssieren oder untergehen sollten.

Das Aussortieren der Schwachen besorgten dann allerdings vor allem die Schutzgeldtruppen, die den Gewerbetreibenden folgten wie Wölfe der Schafherde. Mancher Betrieb, der noch vor seiner Eröffnung eine stolze Schutzgeldrechnung erhielt, kam gar nicht erst zur Welt. Die Racketeers, die, in der Drogen-, Spiel- und Prostitutionsbranche wurzelnd, von der übrigen Wirtschaft parasitierten und sie infiltrierten, waren die Hauptgewinner der Übergangsepoche. Viele Sportler und Afghanistan-Veteranen machten bei ihnen eine Zweitkarriere. Die schlecht bezahlten Milizionäre ließen sich gern von ihnen kaufen. Nicht wenige Kleinunternehmer wechselten, von Drangsalierungen durch Ganoven entnervt, in deren Lager über. In einer Zeit, da nur wenige Steuern zahlten, beerbte das organisierte Verbrechen, das für Tribute Geschäftssicherheit versprach, die am Boden liegende Staatsgewalt.

Das Regiment der Banditen hatte den ruppigen Charme des Urstaates der Wegelagerer und Okkupanten. Deren Kernmannschaften kamen aus den trostlosen Vorortsiedlungen – Ljuberzy, Orechowo, Ismailowo, Medwedkowo, Podolsk, Solnzewo – und standen zu Moskau im Verhältnis hungriger Nachrücker. Ihr Erfolg erklärt sich durch eine militärisch straffe, hierarchische Organisation, flankiert durch solidarische Unterstützung für Kameraden, die angegriffen wurden, in Not oder ins Gefängnis geraten waren. Daher bezeichneten die

Ganoven sich oft als »Bruderschaft«, als seien sie ein Orden. Wenn man um die Mitte der neunziger Jahre Schüler befragte, was sie am liebsten werden wollten, lautete die häufigste Antwort: Bandit. Die kriminellen Brüder lebten gefährlich und oft nicht lange. Doch Leute, die wenig mehr als ihren Zorn und ihre Muskelkraft anzubieten hatten, konnten in ihren Reihen wie Herren auftreten. Sie bekamen eine Mannschaft, auf die sie stolz sein konnten, die Gunst der Mädchen und eine abenteuerliche Karriere waren garantiert.

Doch die Staatsmacht schlug brutal zurück. Die Sondermilizeinheit zur Bekämpfung des organisierten Verbrechens, GUBOP (für glavnoe upravlenie bor'by s organizovannoj prestupnost'ju), jagte die Mafia mit Mafiamethoden. Die Banditen wurden von den Kriegern des Inneren entführt, gefoltert, um Geständnisse zu erpressen oder gezielt umgebracht. Mit Hilfe von Verbindungsleuten, die die GUBOP in die Banden eingeschleust hatte, hetzte sie die Gruppen aufeinander. Um eines weniger wehrhaften Verdächtigen habhaft zu werden, schob man ihm Rauschgift, Waffen oder einen gefälschten Pass unter. Dabei kam es zu kuriosen Szenen. Dem Nestor der »Diebe im Gesetz«, genannt Djed – oder Opa – Chassan, pflanzten schlampige Agenten versehentlich die Jugenddroge Ecstasy. Danach wurde noch lange in den Bruderschaften gewitzelt, der Alte Chasan habe sich wohl für die Disco in Stimmung bringen wollen.

Das Credo von GUBOP-Gründer Wladimir Ruschailo lautete, dass Erfolge im Feld zählen, nicht formaljuristische Details. Tatsächlich gerieten unter den Schlägen der GUBOP die Banden in die Defensive und Ruschailo brachte es 1999 sogar zum Innenminister. Für seine Mission warb er mit dem Kampfruf, die »Jungs von der Schabolowka« – an der Schabolowka-Straße lag das GUBOP-Hauptquartier – seien »abgefahrener als die von Solnzewo« (»Šabolovskie kruče Solncevskich«), also der Bruderschaft, die in Moskau führend war. Der Gegner sollte eingeschüchtert werden. Und tatsächlich hatten ihm Ruschailos Truppen ja eine Wunderwaffe voraus: Sie waren immer im Recht.

Ruschailos Jungs begannen die Racketeers zu ersetzen. In der Phase des Aufstiegs der Oligarchen drangen sie immer weiter in den Handel mit Geschäftssicherheit vor. Der damalige Kreml-Favorit Boris Beresowski empfahl Ruschailo voll Wärme als seinen Freund, der ihm oft geholfen habe. Doch die GUBOP, die einen regen Schmuggel und Hehlergeschäfte mit Waffen betrieben haben soll, erwarb sich auch den Ruf, sie sei zur mächtigsten Mafia-Organisation aufgestiegen. Um die Mitte der neunziger Jahre prangten auf den GUBOP-Parkplätzen an der Schabolowka-Straße in dichter Reihe Luxuslimousinen und teure Jeeps. Um die Kämpfer abzusichern, gründete Ruschailo den »Fonds zur Unterstützung der sozialen Absicherung von Berufsgruppen mit erhöhtem Risiko« (»Fond sodejstvijy social'noj zaščity professional'nych grupp povyšennogo riska«), nach dem Muster des »Obschtschak«, der Gemeinschaftskasse der kriminellen Bruderschaft. Die Banken Alpha, Rossijski kredit, Eleksbank, Promradtechbank und diverse Firmen zahlten zwischen 1993 und 1996 um die 1,8 Millionen Dollar in diesen Fond ein. Doch abweichend von den Bräuchen der Bruderschaften erhielt Ruschailo aus dieser Kasse auch 130 Millionen Rubel zu Repräsentationszwecken (das meldet der schon mehrfach erwähnte Journalist Alexander Chinstein in seinem Artikel »Volšebnaja lampa Rušajlo« im Moskovskij komsomolec vom 31. 3. 2000).

Unter Putin jedoch stiegen die Geheimdienste zur einsamen Spitze der Gewaltpyramide auf. Auf dem Weg dorthin brachen sie einen regelrechten Krieg gegen das eigene Volk vom Zaun, verriet der ehemalige KGB-Offizier Alexander Litwinenko in seinem Buch »Blowing up Russia«, dessen Erscheinen 2007 der Autor nicht mehr erlebte. Litwinenko versucht, anhand von Indizien und Täterhandschriften zu beweisen, dass die Sprengstoffanschläge auf mehrere Wohnhäuser in Moskau und anderen russischen Städten, die die Bevölkerung in Angst und Schrecken versetzte und dem Geheimdienstler Putin die Stimmen vieler panischer Wähler zuführten, von Agenten der Staatssicherheit zu diesem Zweck gelegt wurden. Diese Terrorakte seien freilich nur ein Höhepunkt gewesen, glaubte der Ex-Spion. Als deren Vorstufen betrachtete er die Explosionen in Moskauer öffentlichen Verkehrsmitteln 1994 und 1996, die angeblich Tschetschenen, von denen aber jede Spur fehlt, gezündet haben sollen. Litwinenko, der von einigen Gesprächspartnern als skandalsüchtig beschrieben wurde, konnte aus reicher Erfahrung schöpfen. Von 1996 bis 1998 war er selbst Mitglied der neuen Sondereinheit URPO zur Bekämpfung des organisierten Verbrechens, der geheimdienstlichen Antwort auf die GUBOP. Bis er dort den Auftrag erhalten haben will, Beresowski umzubringen, und den Dienst quittierte. In seinem Buch schildert Litwinenko die blutige Arbeit diverser Todesschwadronen, die aus Kriminellen und Ex-Geheimdienstlern bestehen, von der Staatssicherheit geführt und vor der Verhaftung durch Milizinspektoren beschirmt wurden. Mit ihrer Hilfe kamen, so Litwinenko, illegale Geschäfte unter geheimdienstliche Kontrolle. Der einzige Fahnder, der diesen Superkriminellen ernsthaft auf die Spur kam, Wladimir Zchai, der an der Moskauer Kriminalpolizeilichen Ermittlungsstelle die Abteilung für Auftragsmorde leitete und 1996 stellvertretender Chef der Behörde wurde, starb schon im folgenden Frühjahr an Leberzirrhose. Zchai, der weder trank noch rauchte, wurde nur 39 Jahre alt (Litwinenko, a. a. O., S. 83). Litwinenko ist sicher, dass auch Zchai »gestorben wurde«.

Die Dichterin Alina Wituchnowskaja empfindet das gesamte Dasein als unablässige Folter, wie den Zustand eines Peinigern ausgelieferten Objekts. Gleich nachdem sie im März 1973 in Moskau geboren wurde, spürte sie qualvoll, an den falschen Ort geraten zu sein. Von der »richtigen« Existenz, wo die Welt eine Emanation ihres Ichs war, waren ihr nur undeutliche Erinnerungsfetzen, dafür aber die Gewissheit geblieben, dass das Missverständnis ihrer menschlichen Inkarnation sich bald aufklären und korrigieren müsse. Bis sie mit sechs Jahren begriff, dass es aus dem Erdenalptraum kein Erwachen geben würde. Da entbrannte in der kleinen Alina der Wille zur absoluten Macht. Sie wollte keine Folge äußerer Ursachen, sondern der Urgrund der Dinge selber sein. Unterdessen hatte das Mädchen, während es sprechen lernte, bemerkt, dass Worte den Horror des Seins, wie ein Betäubungsmittel, erträglicher machen. Im Alter von drei begann sie zu dichten. Doch das erwies sich als Falle. Denn die schöne Literatur sei, urteilte Alina Wituchnowskaja als junge Frau, eine billige Ersatzbefriedigung für die gedemütigte Kreatur, gewissermaßen die Gummipuppe unserer Machtgelüste. Genialität, wie sie ihr einige Kritiker bescheinigten, würde sie nur zu gern gegen die Neutronenbombe eintauschen, hat die furiose Poetin bekannt. Die Sprache dient ihr dazu, ihr Selbst gegen äußere Zumutungen zu behaupten, vor allem aber um, wie sie es in ihrem persönlichen Manifest formulierte, die Wirklichkeit zu vernichten (»Vernichtung der Realität«, in: Alina Vituchnovskaja, Schwarze Ikone, Köln 2002, S. 111).

Ihre Umgebung erscheint Alina Wituchnowskaja im grellen Licht des Hasses. Schon dem Säugling graust es vor den eigenen Eltern. Das fatalistische Lächeln der Mutter lässt sie Böses ahnen. Die mütterlichen Brüste erinnern sie im Rückblick an die verhassten Kirchenkuppeln. Ihr aus frühkindlicher Erinnerung gezeichnetes Porträt des Vaters, dessen zum Kuss geschürzte Lippen, feucht und faltig glänzend wie ein Regenwurm, sich ihr nähern, vergegenwärtigt auf intim beklemmende Weise die Wurmnatur des Menschen (»Kindheit«, in: Alina Vituchnovskaja, Schwarze Ikone, a. a. O., S. 21). Ihre Eltern hatten sie in die Welt gesetzt, um irgendeine raffinierte Gräueltat an ihr zu begehen, glaubte das kleine Kind zu wissen. Wenn ihr Misstrauen erst einmal eingeschläfert wäre, würden sie sie aussetzen, töten oder in ein Ungeheuer verwandeln. Dass man Kinder aus einem anderen Grund zeugen könnte, erschien ihr unmöglich und unvorstellbar primitiv (Alina Vituchnovskaja: Roman s fenaminom, Moskau 1999, S. 67).

Die Gewalt war, noch bevor sie sie erfuhr, ihre Urgrammatik. Sie sei unfähig, sich zu entspannen und Vergnügen zu empfinden, hat Alina Wituchnowskaja bekannt. Als sie mit neun Jahren von der Mutter zum Arzt gebracht wurde, erwartete sie, dass der »Höllendoktor« (sie spricht in der Rückschau von »PsichiADor« und »ADoktor«, siehe: Alina Vituchnovskaja: Roman s fenaminom, Moskau 1999, S. 17 f., »Ad« ist das russische Wort für »Hölle«) ihr irgendetwas amputieren würde. Ihr erstes, mit 14 Jahren verfasstes Buch »Anomalizm« enthält dann die Vision eines Operationssaals, wo weiche Öhrchen, harzige Herzen weggeschnitten und zerkleinert werden. Den imaginären Eingriff, wobei abgetrennt wird, was einer über seine Einsamkeit hervorstehen lässt, bezeichnet die Dichterin als kosmetisch psychologische Abtreibung (Alina Vituchnovskaja: Anomalizm, Moskau 1993, S. 9) In der zweiten Einzelpublikation, dem »Kindertotenbuch«, lässt sie ihre Spielzeuge, Teddybär und Plüschhase, von einem »Tierverschlinger« verstümmeln und dann hinrichten (»Otorvali miške lapu, otorvali zaicu ucho ...«, in: Detskaja kniga mertvych, Moskau 1994). Und im Putschjahr 1991 schildert der Teenager die Liebe als fesselndes Schießspiel, bei dem sie für ihren Jungen die Zielscheibe abgibt (»My žili byli v tire«, in: Novyj mir, Nr. 5, 1996, S. 98 ff., auf deutsch als »Engel und Insekten«, in: Schwarze Ikone, S. 80 ff.)

Alina Wituchnowskajas erbarmungsloses Programm fand bald sein Echo in der Wirklichkeit. Im Herbst 1994 druckte die Zeitschrift »Nowoje wremja« den journalistischen Text der 21 Jahre alten Autorin »Rettet die Säure die Welt?« (»Kislota spaset mir?«, in: Novoe vremja, Nr. 8, 1994. Der Titel spielt an auf die ähnlich klingende Formel »Krasota spaset mir«, »Die Schönheit rettet die Welt« aus Fjodor Dostojewskis »Idiot«), der über die Verbreitung von LSD im Westen und in Russland und auch von einem Moskauer Untergrundlabor berichtete, wo die Psychodroge produziert wird. Als sie dann am Abend des 16. Oktober von einem Rockkonzert zurückkehrt, wird sie vor ihrem Haus am Leningradski Prospekt von zehn bis zwölf Sicherheitsbeamten in Zivil erwartet. Die Männer drängen sie in einen Nebeneingang, drehen ihr den Arm um und wühlen in ihren Taschen. Mit dem Zauberwort: »Föderale Spionageabwehr« fordern sie ihren Wohnungsschlüssel. Als der Vater aus dem Lift steigt, stürzen sie sich auf ihn und kündigen eine Haussuchung an. Der Vater schlägt vor, den Nachbarn, einen ehemaligen Staatsanwalt, zum Zeugen zu berufen. Die Beamten winken ab, sie haben ihre eigenen Zeugen. Anderthalb Stunden durchstöbern sie einen Raum in der Dreizimmerwohnung, bevor ihre Gewährsleute eintreffen und sie in deren Beisein zwei Behälter mit 650 Milligramm LSD und anderthalb Gramm Amphetamin »finden« – und natürlich nicht die Fingerabdrücke darauf prüfen. Alina wird mitgenommen aufs Revier. Dort stellt man sie zwei am gleichen Abend verhafteten Drogensüchtigen gegenüber, die Stunden zuvor, als sie zum Konzert unterwegs war, von ihr in der Metrostation »Retschnoi woksal« vier Portionen LSD erworben haben wollen. Zuvor hat ein minderjähriger Zeuge, den die Beamten auf der Straße aufgegriffen hatten, unterschrieben, dass das Rauschgift in seinem Beisein bei den Jugendlichen gefunden wurde. Beide junge Leute sind berauscht. Der eine hat eine zerschlagene Augenbraue. Alina sieht die zwei, die sie ebenfalls nicht zu kennen scheinen, zum ersten Mal. Doch als der Inspektor die Jugendlichen anfährt: »Wer soll sitzen, ihr oder sie?«, sagen sie, was er will, dass diese Person ihnen für insgesamt umgerechnet 20 Dollar Stoff verkauft habe.

Alina wurde des Besitzes und der Veräußerung von Rauschgift angeklagt und ins Butyrka-Gefängnis geworfen. Erst am dritten Tag lässt man einen Rechtsanwalt zu ihr. Im Prozess stützt sich die Anklage in ihrer Beweisführung ausschließlich auf die Aussagen der zwei Süchtigen und den »Fund« in der Wohnung der Beklagten. Dabei machen Alinas »Kunden« widersprüchliche Angaben über die Kleidung, die sie in der Metro trug. Der eine erinnert sich an eine Jeans, der andere an eine schwarzweiß gemusterte Hose. Sie geben zu, Alina nie zuvor gesehen zu haben. Gemeinsame Bekannte oder Vermittler gibt es nicht. Dass die Verteidigung Bekannte Alinas vorweist, die sie an jenem Abend zur angeblichen Tatzeit im Musikklub »Stampf nicht mit dem Huf« (Ne bej kopytom) beim Rockkonzert gesehen haben, interessiert das Gericht nicht. Auch nicht, dass, wie der Anwalt moniert, zur korrekten Identifikation der Beklagten durch die Zeugen eine Gegenüberstellung mit mehreren Frauen gleichen Alters und bei der Haussuchung eine gerichtliche Order erforderlich gewesen wären. Für angeblich Alina belastende Telefongespräche, die aufgezeichnet wurden, wird die Abhörgenehmigung vom Gericht rückwirkend erteilt. Doch die Verteidigung darf das Dokument nicht sehen, ebensowenig wie den Text der Telefonate, der als Staatsgeheimnis gilt.

Die demokratische Presse, die »Literaturnaja gaseta«, die »Komsomolskaja prawda«, die »Iswestia«, schlugen Alarm. Die Journalisten sahen die sowjetische Schaujustiz mit ihrer Indizienfälschung und den vorab gefällten Urteilen wieder aufleben – zumal anlässlich eines Streitwertes von 20 Dollar, während unterdessen ungestraft Milliarden unterschlagen wurden. Der Petersburger Schriftsteller Konstantin Asadowski, der unter der Sowjetmacht wegen untergeschobenen Rauschgiftes ins Lager nach Kolyma geschickt worden war, merkte an, dass die Dienste ihre Technik seit damals nicht geändert hätten. Der russische PEN-Club appellierte an Präsident Jelzin, Alina Wituchnowskajas viel versprechende Begabung nicht von einer Unrechtsjustiz zugrunde richten zu lassen, und wollte für die Dichterin bürgen. Alinas Vater sorgte sich, da sie unter Ohnmachten litt, schlechter sah und hörte, ernsthaft um ihre Gesundheit. Da fuhr die Anklage eine Gegenattacke. Der Chef der Abteilung zur Bekämpfung des Rauschgifthandels des Föderalen Sicherheitsdienstes FSB, Oberst Dmitri Woronkow, trat persönlich im Gericht auf. Der oberste Drogendealerjäger erzählte von dem weltumspannenden Spinnennetz, das er bekämpfe, und in dem auch Alina Wituchnowskaja eine Masche sei. Doch als die Verteidigung konkretere Aussagen zu den Anklagepunkten fordert, verweigert Woronkow das, mit dem Argument, es handle sich um Fahndungsgeheimnisse. Zugleich gibt der Oberst zu, dass die Angeklagte für ihn eine kleine »Etappe« und nicht wirklich wichtig sei.

Der Prozessverlauf liege ganz in der Hand der Dienste, versichern die Fahnder bei Verhören Alina immer wieder. Sie will das nicht glauben. Doch die Beamten erklären ihr, unter Marktverhältnissen könne kein Richter, Inspektor oder Staatsanwalt von seinem Gehalt leben. Alle seien auf Sonderzuwendungen zahlungskräftiger Organisationen angewiesen, deren illegale Geschäfte sie protegieren, das heißt ignorieren. Das mache sie zu geradezu rückgratlosen Weisungsempfängern. Alina notiert, im Verhör werde sie gefragt, welche Söhne oder Töchter prominenter Politiker oder Geschäftsleute Drogen nehmen. Sie fragt zurück, wozu die Männer das brauchen. Ihre Gesprächspartner lachen, sagen, es stünden Wahlen bevor. Kompromittierende Nachrichten über den Nachwuchs könnten die Karriere einer öffentlichen Person knicken. Der Soziologieprofessor Lew Timofejew, der unter der Sowjetmacht im Lager sitzen musste und jetzt über den Fall der Alina Wituchnowskaja in der »Iswestia« berichtete, erkannte, dass der FSB, wie einst der KGB, weniger bemüht war, die kriminelle Welt zu bekämpfen als vielmehr, sie für seine Zwecke einzuspannen (Lev Timofeev: »Nasledniki KGB v dele Aliny Vituchnovskoj« in: Izvestia, 8. 9. 1995).

Doch einige kleine Räder drehten sich nicht mit. Alina nannte weder die Namen von Rauschgiftkonsumenten noch gab sie das Moskauer Untergrundlabor preis, von dem in ihrem Artikel für die »Nowoje wremja« die Rede war. Die Zeugen der Anklage widerriefen noch im November 1994 ihre Aussage, sie hätten von Alina Rauschgift gekauft. Der eine, den Moskauer Psychiater mehrfach für schizophren befunden hatten, gab zu Protokoll, Milizionäre hätten ihn durch physischen und psychischen Druck zur Falschaussage genötigt. Auch der andere erklärt, er habe von keiner Alina Drogen erworben. Das Geständnis habe er nur unterschrieben, weil er nicht klaren Sinnes war und von den Inspektoren genötigt wurde. Die Richterin reagiert nicht. Doch am 12. Oktober 1995 ist zur neuerlichen Befragung der jugendliche Zeuge vorgeladen, der vor fast einem Jahr die Durchsuchungs- und Verhördokumente über die zwei verhafteten Süchtigen gegenzeichnete. Der Schüler Alexander Kostenko, mittlerweile 17 Jahre alt, erscheint in Begleitung seiner Mutter. Er berichtet, wie er am 16. Oktober 1994 von Milizionären auf der Straße aufgegriffen und zur Zeugenaussage aufs Revier verfrachtet wurde, obwohl er minderjährig war. Er musste sein Geburtsjahr fälschen. In Gegenwart von Alinas lädierten »Rauschgiftkunden« und dem das Verhör leitenden Oberst Woronkow unterzeichnete er ein Protokoll, worin es hieß, man habe in seinem Beisein bei einem Delinquenten ein Fläschchen gefunden. Dabei stand, wie der noch ganz kindliche Alexander jetzt versicherte, der Behälter schon auf dem Tisch, als er eintraf. Außerdem wurde ihm ein undatiertes Protokoll mit Aussagen der Inhaftierten zum Unterschreiben vorgelegt, das in den Prozesspapieren als Akte vom 23. Oktober erscheint. Nachdem er seine Autogramme abgeleistet hatte, verabschiedeten ihn die Männer mit dem Gruß: »Der FSB wird sich an Sie erinnern!« Alexander Kostenkos dramatischer Auftritt scheint auch die Richterin Natalja Arinkina zu beeindrucken. Am Ende des Verhandlungstages setzt sie Alina Wituchnowskaja, die sich freilich verpflichten muss, das Land nicht zu verlassen, auf freien Fuß.

## Der Pawlowsche Hund

Während der Monate, die sie im Gefängnis zubrachte, überzeugte Alina Wituchnowskaja sich von der Sklavennatur des Menschen. In den ersten sechs Wochen teilte sie mit 40 Frauen eine Zelle mit 22 Schlafplätzen. Die Hälfte der Insassen schlief auf dem Boden, einige tags, andere nachts. Mäuse, Kakerlaken, Wanzen spazierten über sie hinweg. Als einmal in der Gefängnissuppe ein Rattenschwanz schwimmt, fischen die Häftlinge ihn heraus und essen weiter. Ständig brennt Licht. Einige Frauen versuchen nachts zu lesen. Die Wärterin, die das sieht, schimpft: »Wozu lesen? Wer nicht in die Koje will, kommt in den Karzer!« Als eine, die Herzattacken hat, schreit, höhnt die Aufseherin: »Wenn du stirbst, macht das nichts. Wir schreiben dich einfach ab.« Eines Nachts wird ein Mädchen von Bauchkoliken gequält. Die Gefängnisärzte weigern sich, sie zu untersuchen, expedieren sie dann aber ins Spital des Untersuchungsgefängnisses »Matrosenstille«. Die junge Frau kommt mit von mehreren Operationen entstelltem Bauch zurück und gelobt, nie wieder Gefängnismediziner um Hilfe zu bitten. Ins Schwitzbad werden die Gefangenen von einer Uniformierten eskortiert, die zum Kampfruf: »Schneller, schneller!« den Gummiknüppel schwingt, als spiele sie KZ-Wärterin in einem Nazifilm. Es seien aber nicht die faschistischen Zustände, die sie schockierten, der Sadismus der Obrigkeit und die sinnlosen Schikanen, betont Alina. Sie halte die Natur für totalitär und habe mit so etwas gerechnet. Doch woran sie sich nicht gewöhnen könne, sagt sie, seien Menschen, die sich nicht widersetzen, sondern sich an diese Bedingungen bereitwillig anpassen als seien sie dafür geschaffen. Auf Anton Tschechow antwortend, der vor hundert Jahren dazu aufrief, den Sklaven tropfenweise aus sich herauszupressen, schrieb sie: »Wenn man den Sklaven aus dem Menschen herauspresst, bleibt nichts übrig« (Alina Vituchnovskaja: »Dlja pressy«, in: Delovoj mir, 26. 8. 1995).

Ihre Zellengenossinnen seien völlig fatalistisch gewesen, bezeugt Alina. Sie entrüsteten sich nicht. Sie waren vielmehr froh, wenn sie ein »nur« halbes Jahr bekamen und nicht zwei. Sie unterschrieben falsche Geständnisse und Denunziationen, wenn ihnen dafür schnellere Haftentlassung versprochen wurde. Freilich hielten die Drogenfahnder ihre Versprechungen dann meistens nicht. Alina Wituchnowskaja hatte schon Anfang der neunziger Jahre das Duell der Kreatur mit der Zivilisation, die sie zu programmieren versucht, in dem monumentalen Gedichtzyklus »Der Pawlowsche Hund« (Alina Vituchnovskaja, Konstantin Kedrov: Sobaka Pavlova, Moskau 1999) poetisch verbildlicht. Held der 30 Gedichte, deren Lakonismus und Assonanzenreichtum manchmal an Marina Zwetajewa erinnern, ist der treue Freund und Nachahmer des Menschen, der in dessen Gesellschaft nach deren Anforderungen zu reüssieren versucht. Doch als er sich als Opernsänger versucht, treibt sein animalisches Geheul das Publikum in die Flucht. Er nimmt sich armer Waisen an. Ein Pope versucht, ihn zu erziehen. Anerkennung findet er aber erst, als er zur Maschinenpistole greift und rebelliert. Denn siehe da, das feige Sozium macht mit. Den empfindsamen Damen bereiten nach den Freuden der Galanterie die des Masochismus fast noch mehr Genuss. Der letzte Nobelpreis wird dem Schriftsteller verliehen, der den Leser erschießt. Wer alle Kelche geleert hat, den dürstet es nach Macht, heißt es an einer Stelle. Alle Menschen, die »überzeugt waren von der Überzeugungskraft von Überzeugungen«, sind am Ende tot. Alina Wituchnowskajas Frontalangriffe gegen die Weltordnung klingen oft schwer neurotisch. Aber vielleicht ist das in einer schwer kranken und abgrundtief zynischen Gesellschaft schon wieder normal. Dem Komponisten Wladimir Tarnopolski, der diesen Zyklus besonders bewundert, kommt Alinas Dichter-Ich vor wie die Psyche eines reinen Mädchens, das in eine Kasernenwelt geraten ist, dort alle Gewalt und Erniedrigungen erlebt und verarbeitet und dabei die jugendfrische Kraft, sich zu entsetzen, nicht verloren hat.

Die Lyrikerin, die Texte manchmal mit »Alien« signiert, als komme sie von einem anderen Stern, versuchte, ihre Gefängnishaft als künstlerische Aktion aufzufassen. Ihre Lage als real anzuerkennen, hätte sie zu demütigend gefunden. Am meisten fürchtete Alina, dass die Psychiater des Serbski-Instituts, die sie begutachteten, sie für verrückt erklären und damit ihre Worte und Taten diskreditieren würden. Gegenüber ihren staatlichen Dompteuren verhielt sie sich möglichst entgegengesetzt zu dem, was diese erwarteten. Darin sah sie die einzige Möglichkeit, außerhalb des Systems und frei zu bleiben. Alina änderte ihren Habitus. Vor ihrer Verhaftung war sie leicht traurig gewesen, hatte oft geweint. Jetzt, da sie verängstigt und niedergeschlagen hätte sein sollen, lachte sie im Gerichtssaal, machte spöttische Bemerkungen. Sie kleidete sich herausfordernd. Ihre äußere Erscheinung sollte dem inneren Zustand auf keinen Fall entsprechen. Als sie frei kam, hielt sie sich nicht klug im Schatten. Sie trat im Privatfernsehen NTW auf, erklärte, der Staat ziehe systematisch Denunzianten heran, und die Haftanstalten seien regelrechte Denunziantenfabriken (Alina Vituchnovskaja: »V tjurme«, in: Izvestija, 17. 1. 1996). Im Übrigen könne jeder ins Gefängnis kommen. Denn: »Ihre Verbrechen werden ohne Ihre Mitwirkung verübt« (Alina Vituchnovskaja: »Stranica v kletku«, in: Nezavismaja gazeta, 14. 10. 1995).

Auf Anweisung des Gerichts begann eine Nachuntersuchung. Unterdessen heftete sich ein Bekannter Alinas, den die Verhaltensforscher des Systems offenbar professionell konditioniert hatten, an ihre Fersen. Bei einer Unterredung, die sie heimlich aufzeichnete, gestand er ihr, dass er getarnten Milizionären Rauschgift verkauft habe und seither mit einer gewissen Organisation zusammenarbeite. Aber sie, Alina, arbeite auch für diese Organisation, versicherte er, wenngleich sie es nicht wisse. Solche wie sie würden dort als Schafe bezeichnet, die man später abschlachtet. Der Bekannte deutete an, es lägen Dinge gegen ihn vor, die ihn ins Gefängnis bringen könnten.

Sie müsse ihm helfen, über eine ihr bekannte Journalistin eine Information an die Presse zu bringen. Dann könne ihre Strafsache schnell ganz eingestellt werden. Alina erwiderte, sie werde nichts für ihn tun und warf ihm Erpressung vor. Am folgenden Tag rief der Bekannte an und wollte sie zu Hause aufsuchen, um eine »Schuld« zu begleichen. Alina verbot ihm das. Dann klingelte er doch lange an ihrer Wohnungstür. Als sie ihn später anrief, um zu sagen, dass sie ihn nicht empfangen werde, erwiderte er, sie solle sich auf etwas gefasst machen. Tatsächlich wurde Alina, wenn sie in diesen Tagen auf die Straße trat, von Leuten mit Funkgeräten und dunklen Dienstautos schon erwartet (aufgezeichnet von Igor' Rjabov: »Takich kak ty nazyvajut baranami. Kotorych režeut«, in: Komsomol'skaja pravda, 12. 3. 1996).

Zwei Jahre nach ihrer Entlassung, am 28. Oktober 1997, wurde Alina Wituchnowskaja wieder zum Gericht vorgeladen, angeblich aus formalen Gründen. Doch der nun mit dem Fall betraute Richter Dmitri Lutschkin verlas einen neuen Haftbefehl gegen sie. Die Dichterin wurde aus dem Gerichtssaal in ein gerade gebautes Frauengefängnis transportiert, wo es sogar einen orthodoxen Geistlichen gab, der die Häftlinge betreute. Doch wenn ihm ein Gefangener etwas beichtete, erinnert sich Alina Wituchnowskaja, gab er die Information an die Fahnder weiter. Ihre zweite Gefängnisstrafe empfand sie als noch verlogener als die erste. Daher wollte sie sich für alle Terrorakte, die in Russland während der letzten Jahre verübt wurden, verantwortlich erklären. Sie sah dann aus Rücksicht auf ihre Verteidiger vor Gericht und in der Öffentlichkeit davon ab.

Auch in dieser Anstalt zermalmt der Tagesablauf die Insassen. An Verhandlungstagen werden die Häftlinge um zwei Uhr Nachts geweckt und um vier in eine ungelüftete Sammelzelle gesteckt, wo ihnen vor Sauerstoffmangel schwarz vor Augen wird. Um zehn werden sie von einem Kleinlaster geholt, der die verschiedenen Gerichte abfährt. Der Angeklagte denkt an solchen Tagen vor allem ans Schlafen, versichert Alina Wituchnowskaja, die es sich zur Aufgabe gemacht hat, fürs Publikum im Gerichtssaal zu lächeln. Doch nach zwei aufeinander folgenden Verhandlungstagen kann sie nicht mehr. Als sie in der dritten Nacht geweckt wird, zittern ihre Arme, aus den Augen fließen Tränenbäche. Eine Ärztin entscheidet, die Gefangene sei verhandlungsunfähig und gibt ihr ein Schlafmittel. Doch nach einer Stunde ergeht die Order, Alina müsse erscheinen. Die Ärztin wirft ihren Bericht weg, schreibt einen neuen. Die Angeklagte weigert sich. Da kommt der Spezialkonvoi des Diensthabenden Gehilfen des Gefängnisvorstehers (DPNSI für Dežurnyj pomoščnik načal'nika sledstvennogo izoljatora) mit Schäferhunden. Die Häftlingsbändiger evakuieren als erstes aus Alinas Zelle ihre Mitinsassen. Dann drehen sie ihr die Arme um. Alina beschließt wieder, sich zu testen. Sie hält die Arme in der verdrehten Stellung und verlangt: »Gewalt! Mehr Gewalt!« Sie fordert die Männer auf, die Hunde auf sie loszulassen. Dabei tut sie so, als wolle sie sich auf eins der Tiere stürzen, ein Hund schreckt zurück. Auch die Herrchen sind irritiert. »Sie wollen wohl einen Skandal?«, fragen die Beamten. »Den kriegen Sie nicht!« Alina wurde schließlich doch zum Gericht gebracht, wo aber die Verhandlung vertagt war (Alina Vituchnovskaja: »Tjur'ma zapolnena modnymi devuškami«, in: Novoe vremja, Heft 18–19, 1998).

Nach einem halben Jahr wurde sie wieder freigelassen. Die zwei Zeugen der Anklage bestanden darauf, sie hätten Rauschgift von einem anderen Mädchen erworben und seien von Staatssicherheitsbeamten dazu gezwungen worden, Alina zu belasten. Der Pressedienst des FSB setzt eilig die Erklärung in Umlauf, Geheimdienstler, die aus Zeugen Aussagen herausprügeln, gäbe es prinzipiell nicht. Parallel dazu demonstrieren die Organe an Alexander Kostenko, der vor zwei Jahren Alina durch Widerruf seines Falschzeugnisses befreite, dass sie tatsächlich nichts vergessen. Kostenko, der jetzt wegen Diebstahls angeklagt ist, wird ihr erneut gegenübergestellt. Der junge Mann wurde offensichtlich misshandelt. Die

Hand, die seine Peiniger in eine Handschelle geklemmt haben, ist gebrochen. Wieder beteuert er Alinas Unschuld. Am Ende wird die Teilklage des Rauschgiftverkaufs gegen sie fallen gelassen. Alina bekommt, wegen Rauschgiftbesitzes zwecks Veräußerung, anderthalb Jahre – genau die Frist, die sie schon abgesessen hat.

Alina Wituchnowskaja kam sich in ihrem Angeklagtenkäfig immer auch wie ein beleidigtes Kind vor. Als sie frei gelassen wurde, kehrte sie in die Wohnung ihres geschiedenen Vaters zurück, der sie besucht und sich für sie eingesetzt hatte, woraufhin sie sein »dämliches Lächeln« durch die Besucherscheibe in ihrem »Roman mit Phenamin« verewigte (Alina Vituchnovskaja, Roman s fenaminom, a. a. O., S. 47). Spätestens als er nach der Scheidung von Alinas Mutter zum zweiten Mal heiratete und eine Familie gründete, war das Verhältnis zwischen ihm und der Tochter zerrüttet. Alina spricht möglichst nicht darüber. Dass sie trotz guter Noten in der Schule nicht studiert hat, bedauert sie kaum. Sie habe die sowjetische Bildungsdressur, wie sie sich ausdrückt, immer abgelehnt. Alles Wichtige glaubt sie schon mit drei Jahren begriffen zu haben. Auch Autofahren lernte sie nie. Bei dem Tumult in ihrem Innern, meint Alina, würde sie sowieso nur mit einem Hindernis oder einem anderen Wagen zusammenstoßen.

Dafür erlebte sie im Butyrka-Gefängnis, wie für einen unglücklichen Mann das Automobil zur Wahnidee wurde. Jeden Morgen, wenn der Männertrakt auf Besucher wartete, rief dort eine Stimme durch die Gitterstäbe: »Geh weg von meinem Auto!« Die Dichterin widmete dem unbekannten Mitgefangenen ein Gedicht, wo der Titel »Geh weg von meinem Auto«, wie in jenen Gefängnistagen eine Ostinatofigur darstellt, die in fünf von sechs Strophen auch die Schlusszeile liefert. Dieser »Idiot«, der hartnäckig den gehörlosen Gott des motorisierten Paradieses anrief (»Otojdi ot moej mašiny«, in: Roman s fenaminom, a. a. O., S. 89), wurde, erfährt der Leser, von grimmigen Insassinnen der Zelle der Autorin ausgelacht. Aller Wahrscheinlichkeit nach besaß der Verwirrte nicht wirklich einen Wagen. Doch das zärtliche Verhältnis vieler Russen zum Fahrzeug, das die Kräfte vervielfacht und einen von der Staatsmacht forttragen kann, erzeugte bei ihm eine Vision, die er eifersüchtig verteidigt. In den Augen Alinas freilich war der Häftling, der in ihrem Text aufgrund seiner »unentbehrlichen Eigenart« einsaß, das Opfer eines Konsumtraums, der die Macht der mit seinem Leben spielenden Unterdrücker nur vergrößerte.

Darin fühlte sie sich auch durch die Erfahrung bestärkt, dass ihre Beschatter im Auto Jagd auf sie machten wie auf ein Stück Wild. Eines Nachmittags im Sommer 1996 raste auf der Flotskaja-Straße nahe ihrer Wohnung eine große Limousine direkt auf sie zu und rammte sie zweimal. Alina stürzte, verlor das Bewusstsein und wurde mit einer Gehirnerschütterung ins Krankenhaus eingeliefert. Die Verkehrspolizei konnte ermitteln, dass das Unfallfahrzeug ein Volvo war. An seinem Steuer soll ein »guter Mensch« gesessen haben, der einer »soliden Behörde« angehörte. Als Alinas Anwalt sich einschaltete, fand er einen Jeep. Dessen Fahrer behauptete, seine Mandantin habe sich vor das Fahrzeug geworfen, und das gleich zweimal. Die verletzte Dichterin witzelte damals bitter über die Unprofessionalität ihrer Peiniger, die es nicht fertig brächten, ihr Opfer richtig zu überfahren. Sie selbst will außer durch die Sprache vor allem durch ihr gutes Aussehen Widerstand leisten. Im Tod möchte sie unbedingt sorgfältig geschminkt und frisiert sein (Roman s fenaminom, a. a. O., S. 186, der Rest: S. 218 f.). Damals sagte Alina auch, sie hoffe, dass sie beim nächsten Zusammenstoß von einem schöneren Auto angefahren werde.

## Der gelenkte Bürgerkrieg

Putin empfahl sich schon als Premierminister unter Jelzin, als er im Herbst 1999 ankündigte, Terroristen nötigenfalls »im Klo kaltmachen« zu lassen, als Politiker, der nicht davor zurückschreckt, hart zuzuschlagen. Sobald er Präsident wurde, machte er aus den staatlichen Gewaltstrukturen eine zentralisierte Maschine und liquidierte separate Machtzentren. Der schwer lenkbare Innenminister Ruschailo mitsamt seiner Entourage musste gehen. Aus Ruschailos Vorhaben, eine Art russisches FBI aufzubauen, wurde nichts, seine GUBOP-Behörde wurde aufgelöst. Mit Boris Gryslow übernahm zum ersten Mal ein Zivilist, den allerdings eine alte Freundschaft mit FSB-Chef Patruschew verband, die Leitung der Polizeibehörde. Minister Gryslow bekam einen Generaloberst der Staatssicherheit, Jewgeni Solowjow, zum Stellvertreter und vergab bald weitere Schlüsselpositionen an FSB-Generäle. Die Sorge der neuen Administration, dass die durch ihre Agenten mit der Unterwelt vernetzte Miliz unterwandert wurde, war keineswegs unbegründet, bezeugt der auf das Organisierte Verbrechen und Geheimdienste spezialisierte Journalist Andrej Soldatow (Soldatows Vortrag »Organized Crime in Russia. How to struggle in favor of legality?«, den der Autor am 10. Juni 2005 in Rom hielt, ist zu finden unter: studies.agentura.ru/english/about). Doch seit die Innenbehörde an die Kandare der Staatssicherheit gelegt wurde, ging auch sie gegenüber der Mafia in die Defensive.

Das wechselseitige Misstrauen von Geheimdienst und Miliz war für die Koordinationsfehler verantwortlich, die dem Geiseldrama im Musicaltheater an der alten Kugellagerfabrik vorausgingen. Anfang Oktober 2002 informierte die Spionageabwehr die Kollegen vom Innenministerium, dass aus Tschetschenien einige Frauen in Richtung Moskau unterwegs seien, um sich dort an einem Terrorakt zu beteiligen. Allerdings waren die Informationen der vorsichtigen Agenten wenig konkret. Als verdecktes Material schickten sie Fotos zweier Frauen. Die Moskauer Polizeibeamten benutzten diese aber nicht als Grundlage für mündliche Instruktionen, sondern leiteten sie einfach an die Außenstellen weiter und enttarnten damit, höchst illoyal, das Inkognito der Absender.

Im Kulturpalast des Industrieviertels Dubrowka lief seit dem Frühjahr das erste russische Musical, das eine sowjetische Heldenlegende vom Waisenknaben, der Polarflieger wird und ein schreckliches Verbrechen aufklärt, im popsymphonischen Idiom zum Mitsingen und -tanzen aktualisierte. Im Pausenfoyer, dessen Decke wie eine astronomische Karte für Nordmeerfahrer ausgemalt war, konnte man außer Tee und Butterbrot auch Tassen, T-Shirts, Schlüsselanhänger mit Emblemen der Abenteueroper erwerben. Der zweite Teil setzt im Säuberungsjahr 1938 ein. Zu Beginn legen Luftwaffenflieger und Soldaten einen Stepptanz hin, woraufhin die erwachsen gewordene Hauptfigur als gestandener Pilot auftritt. Als am 23. Oktober stattdessen Terroristen die Bühne stürmten, glaubte der Regieassistent einen Augenblick, es handle sich um einen neuen Spezialeffekt seines Chefs. Doch 21 bewaffnete Tschetschenen, die 19 »schwarze Witwen« mit Sprengstoffgürten unter ihren Gewändern mit sich führten, nahmen die fast 800 Zuschauer gefangen. Sie drohten, falls Putin die Kriegshandlungen in Tschetschenien nicht einstellen würde, das Gebäude in die Luft zu sprengen oder nach Ablauf von drei Tagen die Geiseln nacheinander zu erschießen.

Alina Wituchnowskaja fuhr am zweiten Tag des Geiseldramas, dem 25. Oktober, zum von der Presse, Politikern und Sonderpolizeieinheiten umringten Kulturpalast. Als sie ankam, sang ein Kinderchor auf dem Vorplatz ein Couplet aus dem Musical: »Auf, Kameraden, wir ziehen los!«, um sich und allen anderen Mut zu machen. Junge Leute hielten Tafeln, auf denen Namen von offensichtlich mit ihnen bekannten Geiseln, »Sascha« beziehungsweise »Natascha«, geschrieben waren. Die Dichterin war angewidert angesichts des, wie ihr schien, zugleich verlogenen und von Herzen kommenden Masochismus, der das Publikum zusammenschweißte und das Musical auf der Straße weiterlaufen ließ (Alina Wituschnowskaja: »Gewehre auf die Bühne«, in der Frankfurter Allgemeine Zeitung, 29. 10. 2002). Auch die Radio- und Fernsehjournalisten, die an Humanität und das Mitleid mit den Geiseln appellierten, wirkten billig und verachtenswürdig auf sie. Durch das Verhalten des kommunistischen Schreihalses mit Abgeordnetenmandat Viktor Anpilow, der ebenfalls vor dem Theater auftrat, fühlte sie sich in ihrer Meinung bestätigt. Der Politschauspieler Anpilow tat zunächst so, als sei er, um den Geiseln zu helfen, zu allem bereit. Als aber die Tschetschenen bekannt gaben, sie würden für einen Deputierten zehn Geiseln austauschen, verstummte er und entfernte sich umgehend.

In der darauf folgenden Nacht wurde das Theater gestürmt. Am frühen Morgen des 26. Oktober leiteten die Spezialtruppen, die zuvor in einem ähnlich gebauten Kulturpalast ihren Einsatz geprobt hatten, Betäubungsgas ins Gebäude, das die Terroristen und ihre Geiseln ohnmächtig machte. Dann drangen sie ins Haus vor, wo sie die Verbrecher schnell töten konnten, ohne selbst Verluste zu erleiden. Sie schleppten die besinnungslosen Geiseln auf die Treppenstufen vor dem Eingang. Von dort wurden diese mit Bussen in Krankenhäuser abtransportiert, wo die Ärzte bei ungefähr 130 Personen nur noch den Tod feststellen konnten. Untersuchungen an Überlebenden ergaben, dass der Geheimdienststab höchstwahrscheinlich das für große Säugetiere verwendete Narkosemittel Carfentanyl eingesetzt hatte, das beim Menschen schnell zum Tod führen kann, wenn nicht umgehend ein Gegenmittel verabreicht wird. Den ärztlichen Helfern war der Name der Chemikalie nicht verraten worden. Sie wussten, dass sie Antiopiate brauchen würden, hatten dann aber nicht die ausreichende Menge dabei. Außer drei Geiseln, die von den Terroristen erschossen wurden, starben alle Opfer des Dramas an dem »rettenden« Gas. Dennoch erklärte Präsident Putin die Operation zum glänzenden Sieg, und der Moskauer FSB-Chef Viktor Sacharow, zu dessen Aufgaben es gehört hätte, Terroranschläge wie diesen zu verhüten, wurde zum Dank zum Generaloberst befördert.

Für die Einsatzleitung war die Geiselbefreiung offenbar zweitrangig. Ein Plan zu ihrer Evakuierung lag nicht vor. Die Elitekämpfer trugen die leblosen Menschen in eigener Regie nach draußen. Nach dem Einsatz fand auch keine Manöverkritik statt, erfuhr Andrej Soldatow von vielen an der Operation Beteiligten, mit denen er danach sprach (davon berichtete Soldatow in der Sendung »Iščem vychod« des Radiosenders Echo Moskvy am 24. 10. 2006). Das fiel umso leichter, als die Milizionäre alle betäubten Terroristen erschossen hatten – offiziell hieß es, wegen deren noch nicht entschärften Sprengstoffsätzen oder weil den Sonderpolizisten die Nerven durchgingen. Soldatow glaubt eher, dass man sich Verhöre ersparen wollte, bei denen die Frage, durch wessen Schuld der Anschlag nicht vereitelt wurde, unvermeidbar gewesen wäre. Doch so konnte der FSB mit der Gründung einer neuen Abteilung belohnt werden, dem Dienst für Verfassungsschutz und Bekämpfung des politischen Extremismus, der insbesondere Bürgerrechtler und Revoluzzer wie den Schriftsteller Eduard Limonow und seine jugendlichen Nationalbolschewisten verfolgte. Diese Arbeit, für die bisher die Abteilung für Terrorismusbekämpfung mit zuständig war, wurde durch die Ausgliederung formal auf die gleiche Wichtigkeitsstufe erhoben (Andrej Soldatov, Irina Bodogan: »Nord-Ost: Każdomu svoe«, in: Versija, 20. 10. 2003).

Über die Geiseltragödie führte Alina Wituchnowskaja ein Interview mit Boris Beresowski, gegen den die russische Justiz soeben ein Strafverfahren wegen der 2000 Lada-Autos eingeleitet hatte, die sich der Ex-Oligarch durch dubiose Verträge mit Avtovaz angeeignet haben soll. Alina interessierte sich für Beresowski, weil der in London den imperialistischen Schriftsteller Alexander Prochanow empfangen und ihm erklärt hatte, eine Allianz aus Kommunisten und Ultrapatrioten sei seine

Wunschopposition gegen die farb- und charakterlose Macht der Geheimdienste. In dem Dialog der beiden Männer, den die von Prochanow geleitete militante Zeitung »Morgen« (Sawtra) abdruckte, bezeichnete der Politemigrant es rückblickend als seinen persönlichen Fehler, dass er diese Macht mit installiert hatte (»S Berezovskim, v Londone«, Beseda Aleksandra Prochanova s Borisom Berezovskim, in: Zavtra, 1. 10. 2002). Die Dichterin fand den Vorstoß des »operettenhaften Abenteurers«, als welchen sie Beresowski wahrnahm, originell. Sich selbst versteht sie als politisch rechts, auf der Seite freier Individuen stehend. Sie glaubte damals aber auch, politische Bildungsdefizite, die durch die Haftzeit verschärft worden waren, aufholen zu müssen. Der dämonische Beresowski erschien ihr in diesem Augenblick ehrlicher und lebendiger als Putin und seine Mannen ohne Eigenschaften. Vorbereitend telefonierte Alina mit Londoner Bekannten Beresowskis, einige Male auch mit Alexander Litwinenko. In ihrem Dialog mit Beresowski, der im November 2002 zustande kam (der für die Zeitung Kommersant geschriebene Text erschien dann nur im Internet, derzeit findet man ihn unter: alinavit.com/literatura/intervu/berezovski.htm), fragte die Dichterin ihn, ob Putin seiner Meinung nach Jagd auf ungefährliche Gegner wie Limonow mache, weil er nicht das Zeug zu einem Tyrannen habe. Der Geschäftsmann erwiderte, Putin kompensiere, wie jeder Diktator, tief sitzende Komplexe und Schwächen; seiner, Beresowskis Meinung nach verwandle er sich in einen ganz normalen Tyrannen. Zur Geiseltragödie bemerkte der Exilant, er halte sie zwar nicht, wie die Sprengstoffanschläge von 1999, für von den Geheimdiensten selbst inszeniert, doch die unnötige Tötung schlafender Terroristen und die Geheimnistuerei um das Gas zeigten, dass hier nicht aufgeklärt, sondern vertuscht werden sollte. Beresowski wiederholte im Gespräch mit der Anruferin aus Moskau seine Idee, die Kommunisten und die Rechtspatrioten sollten sich gegen den Kreml verbünden. Doch im nächsten Satz sprach er sich für ein Bündnis aus Kommunisten und Liberalen aus.

Da spürte Alina, dass der manische Manipulator wieder einmal eine jener leeren Intrigen anzuzetteln versuchte, auf die, wie sie zu bemerken glaubte, die russische Politik typischerweise hinausläuft. Dafür hatte Litwinenko nach den fernmündlichen Wortwechseln bei ihr den Eindruck eines ausnehmend anständigen Mannes hinterlassen.

Die russische Zivilgesellschaft wurde durch den Terroranschlag ein weiteres Stück zurückgestutzt. Daran waren die Moskauer selbst mit schuld, findet Andrej Soldatow. Während der Belagerung des Kulturpalastes pilgerten sie wie Touristen dorthin, um Erinnerungsfotos zu schießen. Und als klar wurde, dass die Machthaber sie anlogen, gingen sie nicht zu Protestdemonstrationen auf die Straße (Andrej Soldatov in: »Iščem vychod«, a. a. O.). Alina Wituchnowskaja hält die russische Gesellschaft sogar für völlig tot. In den neunziger Jahren demonstrierten Hunderttausende, erinnert sie sich. Doch in den nuller Jahren wurden die Menschen zu einer apathischen Masse. Dass sich dabei zugleich die Gewaltbereitschaft verstärkte, ist für die Dichterin, die in der Zeit wiederholt überfallen und verprügelt wurde, kein Widerspruch. Im Herbst 2001 hatte sie auf einer Pressekonferenz in Moskau eine Gruppe jugendlicher Nationalbolschewisten verteidigt. Sie teilte deren Ansichten nicht, versichert Alina. Doch die jungen Leute seien, nachdem sie in Riga mit Flugblättern auf die Verletzung der Menschenrechte ethnischer Russen in Lettland aufmerksam gemacht hatten, im Schnellverfahren als »Terroristen« zu 15 Jahren Gefängnis verurteilt worden. Auf dem Heimweg von der Veranstaltung fingen zwei kaukasisch aussehende Männer sie ab, zerrten sie in ein Auto und warnten sie davor, sich für Nationalbolschewiken einzusetzen. Als sie erklärte, Drohungen würden nur ihre Entschlossenheit verstärken, erhielt sie einen schweren Schlag. Am Abend fand man sie bewusstlos auf dem Hof ihres Wohnhauses. Im Mai 2005 fingen einige finster aussehende Kerle Alina auf der Straße ab, nachdem sie sich für den mit ihr bekannten Schriftsteller Sergej Schargunow eingesetzt hatte, gegen den eine Hetzkampagne lief, weil er für die Leitung der Jugendorganisation der Kremlpartei »Rodina« kandidierte. Die Männer sagten, sie solle sich nicht um Dinge kümmern, die sie nichts angingen. Dann schlugen sie sie nieder und liefen davon.

Alina Wituchnowskaja betrachtet ihre Verfolger, die ihr an physischer Kraft weit überlegen sind, dennoch als Sklavenwesen, die nicht sich oder irgendetwas durchsetzen, sondern nur möglichst viele andere zu sich hinabziehen möchten. Eine Haltung wie die Alinas einzunehmen, kostet in Russland viel. Hier wird von früh an die Vorwärtsverteidigung geübt. Die nach Dresden ausgewanderte Kunsthistorikerin Darja Detschewa berichtet, wenn sie mit ihrer kleinen Tochter ihre Mutter in Moskau besuchen kommt, werde das Kind in der Sandkiste regelmäßig von Spielkameraden gebissen. Russische Kleinkinder seien insgesamt deutlich aggressiver als deutsche, bezeugt Frau Detschewa. Freilich spielen die Eltern die entscheidende Rolle. Die Moskauer Musikwissenschaftlerin Vera Serebrjakowa, deren Tochter und Sohn vier beziehungsweise anderthalb Jahre alt sind, trifft auf ihrem Hof manchmal Kleinkinder an, die kaum sprechen können, aber schon, offenbar nach dem Vorbild ihrer verwilderten Erzeuger, mit Flüchen um sich werfen. Vor denen schirmt Frau Serebrjakowa ihre Sprösslinge ab. Verhaltensauffällige Kinder, bei denen die Jungen in der Mehrzahl sind, finden sich außer bei den Verlierern auch oft bei den Familien der sozialen Sieger. In der Datschensiedlung, wo die Akademikerin Serebrjakowa mit ihren Angehörigen freie Tage verbringt, wohnt manchmal ein vierjähriger Knabe, der von seiner Amme und einem Leibwächter spazieren geführt wird. Er bekommt seine Eltern eine Stunde am Tag zu Gesicht. Das Kind hat häufig Wutausbrüche und versucht, seine Erzieher oder andere Kinder zu verprügeln. Insbesondere an staatlichen Schulen fallen regelmäßig Kindergruppen brutal über schwächere Kameraden her. Auch Alina Wituchnowskaja hat das als

Schülerin erlebt. Dabei machte es ihr nie etwas aus, geschlagen zu werden, behauptet die Dichterin. Sie empfand Gewalt immer als etwas Ehrliches, im Gegensatz zu Nächsten- und Elternliebe, die ihr stets verlogen vorkamen.

In intakten russischen Familien halten die Eltern ihre Kinder am kürzeren Zügel als in Deutschland – schon um sie vor der grausamen Erwachsenenwelt abzuschirmen. Umso größer ist dann oft der Bruch. Für junge Männer ist der Armeedienst die Feuertaufe, die die meisten Eltern, die sich das leisten können, ihnen zu ersparen versuchen. Da vor allem Moskauer das dazu nötige Schmiergeld aufbringen können, stammen die noch ganz kindlichen Rekruten, die man in der Hauptstadt sieht, überwiegend aus der Provinz. Als Soldaten lernen sie, mit dem Maschinengewehr, dem Bajonett, dem Minensuchspaten oder waffenlos zu kämpfen, müssen dabei aber zugleich ihren Eigenwillen unterdrücken und nicht sich selbst schützen, sondern den kollektiven Organismus ihrer Einheit. Allerdings hält die Armee immer weniger Übungsmanöver ab. Viele Offiziere widmen sich vor allem ihren Nebenverdiensten und überlassen es den oberen Dienstjahrgängen, in ihrem Zug oder ihrer Kompanie für Disziplin zu sorgen. Diese kurz vor der Demobilisierung stehenden Männer, die im Armeejargon »Großväter«, Djedy, heißen, und von denen ein nicht geringer Teil aus schwierigen Verhältnissen kommt, erledigen das meistens, indem sie die Neuzugänge für sich Wäsche waschen oder Geld beschaffen lassen oder sie physisch misshandeln; wobei sie auch die Schikanen weitergeben, die sie selber in der ersten Dienstphase von ihren »Großvätern« erfahren haben. Viele Russen bezeichnen den Armeedienst als wichtige Schule, wo man lernt, ohne Sicherheitsnetz seinen Mann zu stehen. Allerdings sind die Kosten hoch. Jedes Jahr sterben unverhältnismäßig viele Wehrdienstleistende an Folterungen durch Kameraden, Hunderte begehen Selbstmord (im Jahr 2008 starben 231 Rekruten von eigener Hand, 24 am »Großväterunwesen«, Misshandlungen durch Dienstältere. 2007 nahmen 224

Wehrdienstleistende sich das Leben, 15 wurden durch ihre »Großväter« umgebracht).

In ihrem Inneren beschäftigt die sich auseinander entwickelnde Gesellschaft immer mehr Aufpasser. Entlang der Moskauer Stadtgrenzen stehen – wie auch an der Einfahrt zu anderen russischen Städten – Milizposten, an denen der Verkehr oft auf verengter Fahrbahn im gedrosselten Tempo vorbeigeleitet wird, damit die Beamten verdächtige Reisende möglichst noch vor der Zivilisationsinsel abfangen. Größere Kreuzungen oder trickreiche Abbiegungen werden von Polizisten bewacht, die Verkehrssünder oder Auffällige oder den ganzen Verkehrsfluss stoppen, damit V. I. P.s in ihren blaulichtbewehrten Mercedeslimousinen an der Blechkolonne vorbeirasen können. Wer zu Fuß unterwegs ist, muss im Prinzip einen Ausweis, der ihn zum Aufenthalt in der Hauptstadt berechtigt, dabeihaben und ihn bei Stichproben vorzeigen.

Ein großer Teil der russischen Männer bewacht das Eigentum anderer vor möglichen Übergriffen Dritter. Konzerne haben ihre professionellen Sicherheitsdienste. Wohnsiedlungen beschäftigen oft Rentner als Aufseher am Tor. Moskauer Werkstätten und Supermärkte werden von Söhnen der ärmeren Provinzen vor Dieben beschützt. Das am Gorki-Park gelegene Schwimmbad »Tschaika« unterhält sogar einen dreifachen Verteidigungsring. Der Besucher muss dort seine Eintrittskarte dem diensthabenden Trainer am Eingang zu den Umkleideschränken vorzeigen. Allerdings sollen einige dieser Kontrolleure manche Gäste – nach Sonderabsprachen – auch ohne Ticket durchgelassen haben. Deswegen wurden auf dem Weg zur Umkleide zusätzlich noch Drehkreuze aufgestellt, vor denen uniformierte Beamte aus dem Strafvollzug, die sich hier etwas dazuverdienen, das Dokument ein weiteres Mal inspizieren. Obendrein lässt ein Kontrolldienst den Eingangsbereich des Schwimmbads begehen und mit Videokameras beobachten. Dessen Mitarbeiter, die alle Armeereservisten sind, müssen Diebstähle der Polizei melden. Außerdem obliegt es ihnen,

Leute, die den Ausweis eines wichtigen Staatsorgans vorweisen und dadurch das Recht zu haben glauben, nachts schwimmen zu gehen, diplomatisch aber entschlossen davon abzubringen oder alkoholisiert randalierende Gäste zu zähmen. Dabei kommen auch im Kriegsdienst erlernte Verteidigungstechniken zum Einsatz. Der Sicherheitschef, der in Tschetschenien gekämpft und danach für die Finanzaufsicht mutmaßliche Steuersünder durch die Mangel genommen hat, muss außerdem die Seilschaften potentieller Geschäftspartner, die in die Liegenschaften des Schwimmbads investieren oder sich dort einmieten wollen, durchleuchten. Denn sollte ein mächtiger Klan seine Leute einschleusen, kann er womöglich einen Vorwand für eine Klage und eine feindliche Übernahme finden.

Eine Gesellschaft ohne produktive eigene Agenda ist der Gravitation der Sieger bei den Verteilungskämpfen schutzlos ausgeliefert. Alina Wituchnowskaja spricht lieber vom energetischen Potential der Russen – aber in fast gleichem Maß auch der Europäer –, das praktisch erschöpft sei. Eine Nation, die von dem lebt, was der Export ihrer Rohstoffe abwirft, ist in ihren Augen schlimmer dran als eine Kolonie. Nach dem Ende der Sowjetherrschaft hätten ihre Landsleute die Chance gehabt, frei zu sein, sagt die Dichterin. Damals gingen Hunderttausende für die Demokratie auf die Straße. Doch dann ergaben sich die meisten willenlos dem Konsum. Sie sammelten keine Rücklagen an. Dass es keine legitimen Wahlen mehr gibt, nehmen sie hin, stellt sie beinahe angewidert fest. Zu den Protestmärschen der Nicht-Einverstandenen, die die versprengten Oppositionsgruppierungen von Schachweltmeister Garri Kasparow bis zu den nationalbolschewistischen Anhängern von Eduard Limonow veranstalten, kommt nur noch ein kleines Häufchen, das keine Angst vor den Schlägen der Omon-Sondermilizen hat.

Das Recht, ungestraft Gewalt auszuüben, ist der Rangindikator. Nach dem schriftlosen Kodex der russischen Banditenmoral ist es ein Zeichen von Vornehmheit, wenn das nackte

Recht des Stärkeren ruhig und würdevoll ausgeübt wird. Wie es jener gut angezogene Besitzer einer Nissan-Limousine tat, der im Hof der Wohnung von Vera Serebrjakowa den körperbehinderten Fahrer eines alten Moskwitsch, der ihm die Ausfahrt verstellt hatte, einfach zusammenschlug. Hätte der Schläger auch in einem Billigauto gesessen, hätte er das nicht getan, ist Frau Serebrjakowa überzeugt. Doch so verhielt er sich, als täte er etwas ganz Normales. Bevor er sein Opfer verdrosch, nahm er die Brille ab, legte sie ins Handschuhfach und setzte sie nach vollbrachter Tat wieder auf. Diese Abwesenheit jeglichen Affekts schockierte die Moskauer Familienmutter besonders.

In einem konsenslosen Gemeinwesen ist Gewalt die wichtigste Tauschwährung. Die Kremljugend der »Unsrigen« (Naschi), die in politischen Seminaren für den künftigen Staatsdienst trainiert wird, hatte 2007 bei ihrer Sommerakademie am Seliger-See noch eine symbolische Hauswand mit geöffneten Türen aufgebaut, die für das Problem häuslicher Gewalt sensibilisieren und das Schweigen darüber brechen helfen sollte. Als dann im November ein Empfangskomitee von »Naschisten« zum Flughafen Scheremetjewo kam, um den ossetischen Architekten Vitali Kalojew, der beim Flugzeugabsturz über dem Bodensee 2002 seine Frau und zwei Kinder verloren und danach den wahrscheinlich verantwortlichen Fluglotsen umgebracht hatte, lobten die jungen Leute ihn aber nur dafür, dass er Rache geübt hatte. Für seine persönliche Tragödie äußerten sie kein Mitgefühl. Im Sommer 2009 kam die Akademie der »Unsrigen« ohne mahnende Hauswand aus. Dafür hatte sich eine besonders aggressive Untergruppe mit dem Titel »Stahl« gebildet, die, rhythmisch den Kampfruf »Das ist Stahl!« (ėto stal') skandierend, durchs Zeltlager marschierte und unter ihrem Anführer Massenaufläufe nachstellte, bei denen auf sein Kommando unsichtbare Schwerter geschwungen wurden. Angeblich hatte »Stahl« es sich zur Aufgabe gemacht, durch politische Aktionen Russlands Image in der Welt aufzupolieren (meine Beobachtungen von den Sommerschulungen der »Unsrigen«, wo auch diese Einzelheiten geschildert sind, erschienen unter dem Titel »Heute tun wir einmal so, als ob wir alle tüchtige Beamte wären« am 7. 8. 2007 und als »Sommerlager der Präsidententreuen« am 10. 8. 2009 in der Frankfurter Allgemeinen Zeitung). Sie tat sich allerdings vor allem durch Störmanöver gegen Demonstrationen von Regimegegnern hervor.

Aber auch wer mit politischer Kraftmeierei und der Aura des Agentenkillers den Volkszorn kanalisiert, kann sich damit einen Schutzschild vor echter Bedrohung verdienen. Das führte der ehemalige KGB-Offizier und spätere Sicherheitschef für Beresowskis Fernsehsender ORT, Andrej Lugowoi vor, der bei dem Londoner Treffen mit Litwinenko am 1. November 2006 dabei war und danach von dem an Poloniumvergiftung Sterbenden als sein Mörder bezeichnet worden war. Lugowoi hatte mit dem Vaterlandsverräter Litwinenko Geschäftskontakte unterhalten und ihm versprochen, kompromittierendes Material über russische Politiker zu übermitteln, weshalb das Leben in der Heimat problematisch für ihn werden konnte. Als Listenzweiter für die chauvinistisch populistische Partei LDPR, der oft vorgeworfen wurde, gegen Geld Kriminelle aufzunehmen und vor der Justiz zu bewahren, brachte er 2007 mit frechen Schimpfkanonaden gegen Russlands Erzfeind Großbritannien die Partei über die Siebenprozenthürde und erkämpfte sich die Abgeordnetenimmunität. Gelegentlich produziert er sich mit seinem aggressiven Patriotismus noch in Talkshows. Als Leiter eines Sicherheitsunternehmens ist Lugowoi zudem ein reicher Mann. Das wird dem von Scotland Yard Gesuchten das Reiseverbot und den mangelnden Respekt einiger Ex-Kollegen verschmerzen helfen. Präsident Putin soll über ihn gesagt haben, zwischen Lugowoi und Litwinenko bestehe eigentlich kein Unterschied (zitiert nach Julija Latynina: »Lugovogo zameli v Šeremet'evo s dos'e na Viktora Ivanova« vom 3. 2. 2008 auf der Internetseite forum.msk.ru).

## Die letzte Pfandleiherin

Drei Tage nachdem sie aus dem Gefängnis entlassen wurde, schrieb Alina Wituchnowskaja ihre großartige Prosadichtung von der »Letzten alten Pfandleiherin der russischen Literatur« (Alina Vituchnovskaja: Poslednjaja starucha-procentščica russkoj literatury, Moskau 1996), eine prophetische Vision von Macht und Ohnmacht von der Kunst. Sie versetzt in eine apokalyptische, posthistorische Zeitlosigkeit. Moskau ist Teil des »Universalen China«. Es herrschen der »große Sex und die große Politik« von Denunziation und Selbstdenunziation. Die Untertanen finden vor allem an erlaubten Gemeinheiten gegenüber ihresgleichen Vergnügen, außerdem an der süßen Hingabe an Mao, wofür einigen von ihnen, wenn sie sterben, der Titel »Nationalheld« verliehen wird. Fische, das Symbol christlicher Kultur, der Evolution von Lebewesen, der Beseeltheit der kalten Materie und, in chinesischer Tradition, des Überflusses, werden systematisch ausgerottet. Sie verbrennen in Krematorien. Sie bloß zu erwähnen ist streng verboten. Nur Alina Wituchnowskajas wahrer Held, ein gebückter kleiner Ingenieur (sutulen'kij inženerik), hält heimlich in seiner Toilette noch ein Glas mit einem einäugigen Jungfisch – fast wie ein jüdisches Kind in Nazideutschland. Der kleine Ingenieur, ein Erbe der Seeleningenieure der russischen Wortkunst, liebt seinen Fisch mehr als seinen Augapfel, mehr als sich selbst. Das Fischlein verdaut am liebsten das, was das Menschengeschlecht schmückt: lockiges Haar und dicke russische Romane.

Während Alina Wituchnowskaja im Drucktopf der Haft ihre Befreiung erwartete, hatte sie die Illusion, draußen werde ein ganz neues Dasein beginnen, gestand sie später. Genauso setzt ihr kindlich schwächlicher und gleichsam schicksalsgebeugter Held alle Hoffnungen in sein Haar und Literatur fressendes Kiementier, das wie ein exkorporaler Embryo in seinem eigenen Element schwimmt. Zugleich übersetzt die Autorin die schlechte Ewigkeit des Gefängnisdaseins in die politische Normalität eines asiatischen Totalitarismus, wo es keine Ideale, keine Identität, nicht einmal eine tragische und deshalb auch keinen echten Tod gibt, sondern nur unabschließbare Metamorphosen. Als der Mutter des Ingenieurs dessen Fischpassion unheimlich wird, erschlägt ihr Sohn sie, wie Raskolnikow in »Schuld und Sühne« die alte Pfandleiherin, die sich, wie es ihm schien, seiner Lebensmission in den Weg stellte. Möglicherweise hat Alina Wituchnowskaja ihr eigenes Verhältnis zu den Eltern manchmal so empfunden. In ihrer Geschichte ist die Erzeugerin des Helden nicht totzukriegen. Das Mordopfer bekommt sofort das Gesicht von Fjodor Dostojewski, der »Mutter« des Raskolnikow und anderer Unsterblicher. Der untote Dostojewski trägt dem mickrigen Ingenieur auf, er solle die russische Literatur und die getöteten Fische rächen. Dafür sperrt die maoistische Miliz auch nicht den Mörder, sondern dessen allzu lebendiges Opfer in jahrhundertelange Isolationshaft.

Von Moskau, das, wie manche politische und Wirtschaftsstrategen es erträumten, den chinesischen Weg eingeschlagen hat, will in Alina Wituchnowskajas Vision der Westen nichts mehr wissen. Die demokratischen Gesellschaften verurteilen den Fischmord, allerdings nur als eine Umweltsünde. Ein amerikanischer Forscher stellt sogar die These auf, Moskau simuliere seine Okkupation aus Masochismus. Erst als er es aus größerer Nähe, von Deutschland aus studiert, erkennt er, dass Mao auch eine Erscheinungsform von Hitler ist und wird dann selbst an Fischfantasien irre. Von dem Ingenieur aber lässt sich ein seelenverwandtes Mädchen schwängern, das dann als aufopferungsvolle Künstlergattin ganze Fischschwärme zur Welt bringt. Doch statt zu rebellieren, richten die Menschen weiterhin ihre Kinder nur zur Jagd aufs Geld ab, wettern gegen die Provokation der Literatur und sind nicht imstande, die eigene Unterdrückung wahrzunehmen. Sie sind also blind, folgert der Ingenieur. Da schneidet er sich die Augen aus dem Kopf, pulverisiert sie und streut sie in die städtische Wasserleitung. Als die Leute das Wasser getrunken und sich seine Optik einverleibt haben, erkennen sie plötzlich ihre Versklavung, den Verlust der russischen Kultur, so wie Adam und Eva, nach einem Biss vom Apfel vom Baum der Erkenntnis, die eigene Nacktheit. Sie haben die schreckliche Halluzination des chinesischen Totalitarismus vor Augen, die bisher nur der krumme Ingenieur kannte. Doch da der die Vision nicht mehr teilt, kann er sie ihnen auch nicht mehr deuten. Der Versuch, Inspiration und Gesellschaft kurzzuschließen, misslingt. Deswegen sucht das Volk am Ende doch wieder Halt in Staat und Führer, im großen Sex und der großen Politik, in der Wollust der Unterwerfung, im Kitzel des Unterdrücktwerdens. Von der Geschichte vom buckligen Ingenieur und den Fischen mit ihrer Symbolik bleibt ein Schauermärchen. Nur die geschrumpfte alte Pfandleiherin der Literatur lacht homerisch, weil sie alles immer schon im Voraus weiß.

Zu ihrer Enttäuschung fühlte Alina Wituchnowskaja nach ihrer Entlassung aus der Haft sich vom normalen Leben fast augenblicklich wieder eingesperrt. In dieser Lage erschien es ihr entscheidend, eine eigene politische Position zu finden. Sie orientierte sich an Intellektuellen, die als radikale Regimegegner auftraten, welche von der Obrigkeit kein Entgegenkommen erwarteten und keine Kompromisse mit ihr zu schließen bereit waren. Alinas Favoriten waren zunächst der Schriftstellerkollege Eduard Limonow, der als Feind aller Bürgerlichkeit aus dem New Yorker und Pariser Exil zurückgekehrt war und Anfang der neunziger Jahre die Nationalbolschewistische Partei gegründet hatte, und sein damaliger Mitstreiter, der Vordenker eines neuen eurasischen Imperiums der Titanen, Krieger und Dichter, Alexander Dugin. Der egomanen Künstlerin, die nie eine Familie gründen wollte, gefielen diese vorgeblichen Freiheitskämpfer, weil sie nicht, wie die Liberalen, Wirtschaftsinteressen, sondern einen durchsetzungsstarken, opferwilligen Idealismus zum politischen Motor machen wollten; das, was der Begründer des neuen Eurasiertums, Lew Gumiljow (1912 bis 1992), als »Passionarität« (passionarnost') definiert hatte. An solchen Energien, die gegen den seine Kreatur demütigenden Schöpfergott rebellieren, sei seinerzeit die deutsche Kultur der dreißiger Jahre reich gewesen, glaubt Alina. Wie Limonow und Dugin kann sie sich für den Faschismus als formstarken Stil begeistern. Die Massengesellschaft hingegen findet sie schon ästhetisch unannehmbar.

Doch bald begriff sie, dass Dugin ein verkappter Lakai der Staatsmacht war, sagt Alina. Der imponierend belesene Polit-Guru, der zu Sowjetzeiten der historisch-nationalistischen Gesellschaft »Pamjat« beitrat, nachdem er zuvor einem mystischen »Schwarzen SS-Orden« angehörte, hätte in Russland gern eine konservative Revolution angefacht. Er lehrte, sein Land sei das Opfer einer atlantisch-liberalen Verschwörung, die alle Tradition, alle Metaphysik, alles Heilige zu zerstören versuche. Durch Vorträge und Aufsätze, vor allem in seiner esoterischen Zeitschrift »Elementy«, bemühte Dugin sich, eine echte Geisteselite zu mobilisieren, die den Rest der Bevölkerung führen sollte. Der zukunftszugewandte Traditionalist, als welchen er sich verstand, pflegte Kontakte zu westlichen Geheimgesellschaften. Er berief sich gern auf mystisch-konservative Europäer wie René Guinon und Julius Evola, aber auch auf mystisch-kommunistische Hitler-Widerständler wie Ernst Niekisch und Harro Schulze-Boysen. Sein Projekt zog Intellektuelle der alternativen Szene an, aber auch einige patriotische Ordnungshüter sowie Teile der orthodoxen und der islamischen Geistlichkeit. Doch im Grunde, so Alina, suchte Dugin nach einer Formel für ein neues Sowjetsystem, wo er der weise Staatstheoretiker und sein Land eine große Strafkolonie werden sollten. Dabei argumentiert sie gar nicht gegen sein schillerndes Lehrgebäude, wo von strenger Hierarchie und außerökonomischen Arbeitsanreizen die Rede ist. Die junge Frau bewertete ihn als Person. Kurz vor der Jahrtausendwende trennte Dugin sich von Limonow, um mit dem Duma-Salonkommunisten Gennadi Selesnjow, dem Generalstab und, nach Putins Machtübernahme, mit dem Kreml zusammenzuarbeiten.

Eduard Limonow imponierte ihr wegen seiner literarischen Leistungen und weil er immer den Kampf suchte, ohne sich zu schonen. Der Schriftsteller, der sein Pseudonym vom russischen Wort für Handgranate, »Limonka«, ableitete, versuchte, nachdem er in den siebziger Jahren aus der Sowjetunion ausgebürgert wurde, in Amerika ein Popstar zu werden. In den neunziger Jahren zog er an der Seite bosnischer Serben in den jugoslawischen Bürgerkrieg. Limonows beste Bücher leben von der Auseinandersetzung mit einem starken Gegner, wie sein Romanerstling »Fuck off, Amerika« (im Original »Ėto ja, Edička«, Paris 1979, die deutsche Fassung München 1982), oder, wie seine Kriegsskizzen im »Buch vom Wasser« (Kniga vody, Moskau 2002) von der die Sinne schärfenden Gefahr. Wenn Dugin Stratege des russischen Nationalismus sein will, so ist Limonow sein Schlachtross. Seine 2007 offiziell verbotene Partei rekrutiert sich aus abenteuerlustigen Großstadtjugendlichen, die sich schrill anziehen und, auch als Mutprobe, mehrmals prominente Regierungspolitiker mit Eiern und Tomaten bewarfen. Als im November 2000 einige Nationalbolschewiken sich mit einer Sprengstoffattrappe im Rigaer Petridom verschanzten, um auf die verletzten Rechte der russischen Minderheit in Lettland aufmerksam zu machen, solidarisierte Limonow sich mit ihnen. Doch bald darauf wurden nationalbolschewistische Aktivisten in Südrussland festgehalten, die Kalaschnikows kauften, weil, wie sie sagten, Limonow einen russischen Aufstand in Nordkasachstan anzetteln wollte. 2001 kam der Parteiführer ins Gefängnis. Dort entstand seine aggressiv zugespitzte, hoch inspirierte Kulturheldengalerie »Die heiligen Monster« (Svjaščennye monstry, Moskau 2003), worin er dem zum esoterischen Rassentheoretiker und Faschisten-Idol gewandelten Dada-Künstler Julius Evola als einem »Marx des Traditionalismus« huldigt, den Nationaldichter Puschkin aber als Kitschpoeten abkanzelt.

Limonow ist ein Egomane wie Alina und vertritt auch als Politiker kein konstruktives Programm und keine konstruktive gesellschaftliche Gruppe. Als Mann muss er sich aber wohl mehr durch Projekte im realen Leben beweisen als die Dichterin mit ihrer überkochenden Innenwelt. Der Widerstand gegen das Putin-Regime liefert ihm Pfänder, mit denen er wuchern und seine inhaltlichen Blößen bedecken kann. Der Bürgerschreck schlug sich auf die Seite der außerparlamentarischen liberalen Opposition um den Schachweltmeister Garri Kasparow und Ex-Premier Michail Kassjanow, mit denen er gemeinsam demonstriert. So hat er an den Schlägen teil, die die Moskauer Omon-Sonderpolizisten an sie austeilt, aber auch an ihrer demokratischen Aura. Wer nicht kuscht, zeigt, dass er immerhin Ehre besitzt. Gegenüber dem Radiosender »Radio Liberty« sprach Limonow im April 2007 aus, was in Moskau als Binsenweisheit gilt, dass nämlich die hauptstädtischen Gerichte kein Urteil fällen würden, das Bürgermeister Luschkow nicht genehm wäre. Das kostete den Schriftsteller eine halbe Million Rubel oder 14 000 Euro – zu einer so hohen Schadensersatzleistung wurde er verurteilt, nachdem im Folgejahr ein Gericht der Rufschädigungsklage Luschkows stattgab. Doch die ständigen Gefechte halten ihn fit. Mit weit über 60 zeugte er noch zwei Kinder. Auch literarisch bleibt er fruchtbar. Und um die straffe Figur und seine herausfordenden Parolen können ihn weit Jüngere beneiden.

Alina Wituchnowskaja hat gesagt, möglicherweise müsse man Putin dankbar dafür sein, dass unter seiner Herrschaft die Literatur wieder heroisch sein konnte (das erklärte sie auf die Frage: »Wie gefährlich ist es für Schriftsteller?« in der Feuilletonumfrage »Wie gefährlich ist Moskau?« der Frankfurter Allgemeinen Sonntagszeitung vom 3. 12. 2006). Diese Botschaft vermittelte auch Limonows Lyriklesung, die er im Sommer 2003, nachdem er wegen guter Führung vorzeitig aus der Haft entlassen worden war, im konspirativen »Bunker« der Nationalbolschewiken abhielt, und wo unter anderen Alina auftrat. Im stickigen Keller eines Wohnhauses an der 3. Frunsenskaja-Straße drängten sich zur Feier des Tages athletische junge Männer mit Piratenkopftuch und radikal gestylte schöne Frauen. Der ewige Jüngling Limonow rezitierte, flankiert von der Ehrengarde zweier schwarze Armbinden tragenden Aktivisten, gereimte Verse, die Kampf und Blutrausch als die einzige eines echten Mannes würdige Lebensform preisen. Das Gefängnis, das im Russischen weiblichen Geschlechts ist, wird als böses Urweib beschworen, das den Helden festhält und ihm seine Gangsterbräute wegnimmt. Danach war der wilde Eros- und Thanatos-Poet Jegor Jemelin an der Reihe. Unter Jubelrufen skandierte Jemelin, das »R« triumphal rollend, sein Lied vom russischen Soldaten, den seine Eskapaden mit der Regimentshure Lili Marleen dafür entschädigen müssen, dass er bald in Tschetschenien abgestochen wird. Als dann aber Alina im gequält schleppenden Tonfall ihre Verse über Mädchen vortrug, die Bomben gebären und sich mit ihrem Liebhaber durch wechselseitige Tötung aus der widerlichen Welt absetzen (»Engel und Insekten« und »Born to kill«, in: Schwarze Ikone, a. a. O., S. 80 ff. und 101 ff.; Originale: »My žili-byli v tire«, in: Novyj mir, 1996, Heft 5, S. 98 ff. und »O prjamom dejstvii«, Černaja ikona, a. a. O., S. 289), leerte sich der Bunker. So mochten die Asphaltkrieger sich ihre Gefechtspausen offenbar nicht vorstellen.

Alina Wituchnowskaja sammelt ihre Fan-Gemeinde, so wie Limonow es sich einst erträumt hatte, zu konspirativen Pop Konzerten, wie an jenem feuchtkalten Novemberabend 2006 in der schrägen Nachtbar »Ikra«. Erst bringen die mit Alina befreundeten Musiker der Band »Sobaki Tabaka« (Tabakhunde) die Gäste, die mit Bierglas oder Zigarette herumstehen, durch harte Rockklänge in Stimmung. Zu schon vorgerückter Stunde tritt endlich die Dichterin, in schwarzem Minirock und hohen Lederstiefeln, die wie unter Schmerzen lächelnden Lippen blutrot geschminkt, auf erhöhter Bühne vors Mikrophon. Ein Videoapparat wirft hinter ihrem Rücken Zeichentrickfilme von aufgeschlitzten Mädchen-, Fisch- und Reptilienkörpern an eine Projektionswand, während sie ihr unheimliches

Kultgedicht vom Fuchs, der sterben soll, deklamiert: »Umri lisa umri«. Es ist die berauschte Liebesanrede einer Frau, die sich als wildes Tier vorkommt und spürt, dass erotisches Verlangen und Tötungswunsch untrennbar sind. Der liedhaft trochäische Versfluss, der die Gewalt leidende Kreatur beschwört, wird von immer längeren Wortwiederholungen zerrissen, als breche eine Ursprache hervor. In ihrer Verswelt verliert der Fuchs auch nach seiner Tötung, als Pelztrophäe, seine magische Macht über deren Träger nicht ganz. Die Hauptstadtbohème applaudiert johlend. Alina Wituchnowskaja verkörpere ein einzigartiges Projekt, Denken und Sein zur Deckung zu bringen, begeistert sich der Literaturkritiker Michail Boiko. Sie bewerte zwar alle menschlichen Sinngehalte als verbraucht, stelle dafür aber selbst ein Gesamtkunstwerk dar, findet Boiko. Ihre Verse, die geheimnisvoll sedierte Stimme, der stolze Busen und die dämonische Kostümierung bilden, so Boiko, eine Einheit. Tatsächlich ist Alinas Ideal der Autor, der die Zukunft nicht nur, wie es ihrer Meinung nach »normale« Schriftsteller wie Wladimir Sorokin tun, vorausfühlt. Der in ihrem Sinn heroische Autor, der sich das Recht auf Gefängnisstrafe und Tod erworben hat, lebt in dieser Zukunft.

## Zentrum des Universums

Der amerikanische Schriftsteller Tom Wolfe lässt in seinem Roman »Bonfire of the Vanities« (New York 1987, auf Deutsch: »Fegefeuer der Eitelkeiten«) den Haupthelden sich als »Herrn des Universums« fühlen, weil er, ein Wallstreetbanker, die großen Finanzströme manipuliert. Das Allmachtsgefühl, das Wolfe beschreibt, wirkt wie ein männliches Gegenstück zu den Allmachtsfantasien von Alina Wituchnowskaja, die sie, eher weiblich, zum Zentrum des Universums machen. Die Romanfigur des Amerikaners träumt, wie auf ihre Weise auch die Schriftsteller Dugin und Limonow davon, die Welt durch allumfassende äußere Kontrollstrukturen zu regieren, im einen Fall durch das Finanzsystem, im anderen durch metaphysisch begründete Hierarchien. Die Russin, die sich der »Metaphysik« ihres Selbst (den Ausdruck verwendete sie mehrmals in Interviews 2008 und im Frühjahr 2010) verschrieben hat, schöpft aus ihrem glühenden Innern, das, wie bei einem expandierenden Stern, die Außenwelt verdrängen oder sich ihr überstülpen soll. Leute, die durch intelligente Systeme eigene innere Substanz meinen ersetzen zu können – wie beispielsweise Dugin –, sind für sie »Analysten von Nullen« beziehungsweise »Liebhaber gefährlicher Betrügereien« (so im Gedicht »Ja vojna«, in: Černaja ikona russkoj literatury, Ul'tra.kul'tura, Ekaterinburg 2005, S. 222).

Die Art wie die Dichterin ihr Sein verabsolutiert, scheint charakteristisch für das weibliche Lebensgefühl. Trägerinnen des XX-Chromosoms sind ja in einem besonderen Maß mit sich selbst identisch, während das XY-Chromosom sich nicht zuletzt darin ausdrückt, dass der Mann das viel weniger ist. Er lebt eher jenseits von sich selbst und nimmt mit seinen äußeren Aufgaben oft auch andere Identitäten an. Seine bessere räumliche Orientierung und Wahrnehmung sowie das, was Alina Wituchnowskaja als »monotone Unschuld seiner Innereien« (monotonnaja nevinnost' ich vnutrennostej – das ist es, was der Held ihres Jugendwerkes »Anomalizm« im Innern der Männer findet, Moskau 1993, S. 23) beschreibt, prädestiniert zum strategischen Denken, zum diplomatischen Ausgleich, zu kollegialen Freundschaften, es macht rudelfähig. Als Manipulatoren der Außenwelt entschließen Männer sich leichter zum aggressiven Vorstoß, entschließen sich dann aber auch leichter um, probieren Alternativen. Frauen, die mehr dem inneren Kompass folgen, sind insgesamt konservativer. Aber wenn sie einmal den Kriegspfad einschlagen, also den inneren Schalter umgelegt haben, tun sie das häufig – ob als Selbstmordattentäterinnen oder beim Scheidungsanwalt – mit einer Radikalität, die Außenstehende an ein Pferd mit Scheuklappen erinnert. Alina streitet weiblich radikal gegen die, wie sie findet, feigen Sprachregelungen und sozialen Kompromisse, die die schreckliche Lebenswahrheit zukleistern. Dazu gehört auch, dass die Dichterin ihren Krieg nicht erklärt oder führt als eine von ihr selbst unterschiedene Angelegenheit, sondern verkündet, sie und der Krieg – der im Russischen wie auch der Hass, der Sieg und der Tod weiblichen Geschlechts sind – seien miteinander identisch (so im Gedicht »Ja vojna«, a. a. O., S. 222).

Make-up und provokative Kleidung legt Alina an wie einen Amazonenharnirsch. Mit ihren klaren, fein gerundeten Zügen könnte sie eine Schönheit sein. Aber sie bekennt sich zum »Hurenstil«, weil der ihrer Ansicht nach für schamlose Ehrlichkeit steht. Der knallrote Lippenstift, dicker Lidstrich über den glanzlosen Augen, Plateausandalen, eine Sonnenbrille, die sie vorzugsweise abends aufsetzt, stellen freilich vor allem Distanz her. Seit Ende 2009 färbt sie ihr langes brünettes Haar platinblond und wirkt dadurch obendrein noch kühl. Unter der forciert fraulichen Fassade fühlt die Dichterin, die sich in ihren eindrucksvollsten Werken in Tiere versetzt – Hunde, Fische, Füchse –, sich eigentlich nicht als Mensch. Dass ein Nachfolgewesen des Menschen auf der Bildfläche erscheinen würde, sei, nach dem Tod Gottes, den Nietzsche feststellte, nur eine Frage der Zeit gewesen, glaubt sie. Dieses neue Tier spielt Alina Wituchnowskaja in dem Gedicht »Ich der Nicht-Mensch bin gekommen« (Ja prišel, ne-čelovek, in: Černaja ikona, a. a. O., S. 301). In ihrer Vorstellung macht der Erbe des Menschen mit seinem Vorgänger kurzen Prozess. Der Post-Homo sapiens liquidiert als erstes einige der schwächeren »Menschlein«, von denen sowieso viel zu viele herumlaufen. Ihr eigenes Ende bereitet dieser zugleich so monströsen und so zarten Person nur insofern Sorgen, als es sie unvorbereitet treffen könnte, irgendwo zu Besuch, in einer unschönen Pose. In dem Fall bittet sie die Nachwelt, ihr unbedingt das Haar zu kämmen und den Mund rot anzumalen (siehe: Roman s fenaminom, a. a. O., S. 186 und Schwarze Ikone, a. a. O., S. 99).

Kunst ist für die Gesellschaft wie die Blüte einer Pflanze eine Last, wenngleich ihr eigentlicher Zweck. Das im Vergleich zu Westeuropa rückständige Russland hat im revolutionären 20. Jahrhundert auffallend viele erstklassige Künstlerinnen hervorgebracht: eine ganze Plejade Malerinnen der abstakten Avantgarde, die großen Lyrikerinnen Anna Achmatowa und Marina Zwetajewa, deren einsame Lebensbahnen – einmal in Leningrad, einmal in der Emigration – eine gewisse Distanz zum Moskauer Machtmoloch hielten. Dennoch nehmen viele Russen, denen die Kunst wichtig ist, weibliche Schöpfungen nicht für voll. Sie gelten als nicht wirklich originell, stilistisch niemals bahnbrechend und oft von Privatproblemen absorbiert. Der Moskauer Dichter und Literaturprofessor Juri Kusnezow (1941 bis 2003), der in seinen wichtigsten Versen Schrecken und Heldentaten des Zweiten Weltkriegs ausmalt, dessen Kind er war, stellte die These auf, das schöne Geschlecht habe in der Poesie die Wahl zwischen drei Möglichkeiten: dem Epigonentum, »Handarbeit« oder Hysterie. Den zweiten Weg sei Anna Achmatowa gegangen, den dritten Marina Zwetajewa, behauptete Kusnezow. Als habe Anna Achmatowa die tragischen Themen aus ihrem persönlichen und dem Leben ihrer Stadt nur kunstgewerblich bearbeitet; als zeugten Marina Zwetajewas Dithyramben auf die unbedingte Liebe und gegen die Verspießerung vor allem von einer unausgeglichenen Psyche. Unterdessen besang Kusnezows eigene lyrische Muse moderat expressiv schrecklich-schöne Fronterlebnisse, die überwiegend nicht seine eigenen waren.

Als die Gesellschaft in den siebziger Jahren zur Ruhe kam, entstand der Moskauer Konzeptualismus, der mit klischeehaften Zeichen jongliert und ganz ohne Subjekt und menschliche Chemie auszukommen scheint. Diese rein hauptstädtische, halboffizielle Strömung, von der auch Wladimir Sorokin erzogen wurde, kultivierte schon durch die betont leidenschaftslose, dürftige Arbeit am verbalen oder visuellen Material eine philosophische Distanz zu ihm. Es war ein Ethos, das sich auf ihre Art in dieser Zeit auch viele Arbeiter der russischen Automobilwerke zu eigen machten, indem sie »so taten, als ob sie arbeiteten«. Dem hochintellektuellen Dichter, Installations- und Aktionskünstler Dmitri Prigow verdanken wir suggestive Wortwiederholungslyrik, die Sprachdefekte expressiv einsetzt, Installationen, die mit Textfluten Unsagbarkeit vergegenwärtigt. Der im Brotberuf als Journalist tätige Lew Rubinstein wird als Poet für seine absurdistischen Kürzestgedichte geschätzt. Bei beiden ist das Subjekt durch seine Mitteilungsunfähigkeit vor allem als absurdistische Leerstelle gegenwärtig. Es ist die poetische Mission von Alina Wituchnowskaja, die jeder ironischen Distanz den Kampf angesagt hat, diese Leerstelle auszufüllen.

Auch Wladimir Tarnopolski bezeugt, russische Tonkünstler täten die Kreationen weiblicher Kollegen oft als »Weibermusik« ab. Sein Schüler und Kollege, Nikolai Chrust, hingegen hat ein sentimentales Verhältnis zum weiblichen Musikschaffen. Ihm imponiere an Kompositionen weiblicher Komponisten das manchmal Urgesteinhafte, Apodiktische, was er in Werken von Männern, die in der Regel weltläufiger, dabei aber auch unverbindlicher seien, nicht finde, bekennt Chrust. Er denkt dabei insbesondere an die Petersburger Schostakowitsch-Schülerin Galina Ustwolskaja (1919 bis 2006) mit ihren aufs äußerste komprimierten Symphonien, außerdem an die erratischen orchestralen Klanghieroglyphen der 1966 geborenen Swetlana Rumjanzewa, die in Woronesch lebt, ebenso weit von Moskau entfernt, aber in südlicher Richtung. Außerdem gelinge weibliches Künstlertum seltener, hat der Musiker, der am Moskauer Konservatorium unterrichtet, beobachtet. Und wenn, dann sei es, da Frauen sich ihrer Sache bis zur Asozialität hingeben können, in der Regel biographisch teurer erkauft.

Große Kulturleistungen werden dann aber auch von den Nachkommen oft als Last empfunden. Die meisten russischen Kompositionsstudenten hätten Mühe, der Gravitation von Sergej Prokofjew und Dmitri Schostakowitsch zu entkommen, deren Klanggesten sie klischeehaft reproduzieren, bezeugen Chrust und Tarnopolski aus ihrer pädagogischen Praxis. Der Petersburger Komponist Boris Filanowski läutete daher das Schostakowitsch-Jahr 2006 mit einem Pamphlet ein, worin er seine Zunftkollegen dazu aufrief, den Schostakowitsch in sich abzutöten (»Bez Šostakoviča«, in: Chronika, Juli 2005, deutsch übersetzt als »Schluss mit dem Šostakovič-Kult«, in: Osteuropa, 56. Jg., 8/2006, S. 46–47). Schostakowitschs Werke seien sicher unvergänglich, räumt Filanowski ein. Dennoch müssten sich jüngere Komponisten zu einem solchen geistigen Übervatermord durchringen, behauptet er. Sonst hätten sie keine Chance, sich zu eigenständigen Künstlern zu entwickeln. Noch furioser fiel dann eine weibliche Abrechnung mit der Kulturikone Anna Achmatowa aus. Die Moskauer Geburtsfehlerdiagnostikerin und angehende Schriftstellerin Tamara Katajewa brachte 2007 eine 550 Seiten starke Schmähschrift mit dem Titel »Anti-Achmatowa« heraus (»Anti-Achmatova«, Moskau 2007), die Selbstzeugnisse der Dichterin und Erinnerungen an sie, die auf die Schwächen der hoheitsvollen Leningraderin anspielten, aus dem Zusammenhang gerissen, kompilierte und mit eigenen hämischen Kommentaren versah. Anna Achmatowa, die als Leitfigur ihrer eigenen Epoche Schostakowitsch identifizierte, hatte die Herkulestat fertiggebracht, die literarische Stimme und die lebendige Erscheinung eines fragilen, aber klar und anmutig konturierten Individuums zu bewahren, während um sie herum Menschliches vernichtet und Kultur zusammengeschmolzen wurde. Für Tamara Katajewa sind die Gedichte der Achmatowa das geringste Problem, sie findet sie bloß unbedeutend. Was sie jedoch in Rage bringt, sagt sie, sei die Achmatowa-Verehrung, die sie als Achmatowa-Personenkult wahrnimmt. Um den auszumerzen, versucht sie, Anna Achmatowas menschlichen Kern zu desavouieren. Tamara Katajewas Dossier bündelt Zitate darüber, wie die Dichterin an ihrem Nachruhm feilte, wie sie sich Verehrer und adlige Ahnen andichtete und manchmal ihre Mutterpflichten vernachlässigte. Das wird abgerundet mit einer Tirade der Autorin, wie eitel und selbstverliebt die Poetin gewesen sei. Dass sie Gedichte umdatierte, qualifiziert sie als Betrug. Und wenn die Dichterin schreibt, sie habe mit ihrem Volk gelitten und sei zweimal Witwe geworden, hält die Säuglingsärztin dem Zeugnisse und Dokumente entgegen, wonach Anna Achmatowa während der Leningrader Blockade, als sie nach Taschkent evakuiert war, sich dort schamlos betrunken und frivole Hüte getragen habe; und dass ihr erster und zweiter Gatte jeweils umgebracht wurden, als sie nicht mehr mit ihr verheiratet waren. Die persönliche Stoßrichtung von Tamara Katajewas Kritik erinnert an die von Alina Wituchnowskaja gegenüber Alexander Dugin. Mit dem Unterschied, dass die in der Sache viel verhaltenere Alina einen Zeitgenossen beurteilt, den sie kennt, der sich wehren kann und politische Protektion besitzt. Tamara Katajewa hingegen unterwirft eine entrückte Figur aus totalitärer Zeit dem Gericht ihrer selbst, die weit weniger ausstehen musste als ihr Opfer. Wie der Komponist Filanowski glaubt die Medizinerin Katajewa, die Kultur leide vor allem an kanonischen Götzen. Da die hauptstädtischen Kritiker in ihrer Mehrzahl ihr Buch unprofessionell und gemein fanden, beschloss die mit so viel Energie begabte und so destruktive Autorin, die zweite, erweiterte Auflage ihrer »Anti-Achmatowa« in die Provinzen zu tragen.

## Wo es uns schlecht geht, da sind wir

Nach dem Beginn der Wirtschaftskrise wurde das System richtig bösartig. Laut offizieller Statistik investierte der Staat jetzt 2,6 Prozent des Bruttosozialprodukts in die innere Sicherheit, mehr als in die Landesverteidigung, die er sich 2,5 Prozent des Bruttosozialprodukts kosten ließ. Das hatte es nie gegeben, erklärte der Ökonom Jewgeni Jassin gegenüber dem Radiosender »Echo Moskwy« (in der Sendung »Tektoničeskij sdvig« vom 28. 12. 2009). Bis dahin hatte das Sicherheitsbudget nie höher als bei der Hälfte, maximal bei zwei Dritteln des Verteidigungshaushalts gelegen. Die Hüter der staatlichen Ordnung, die nach Putins geflügeltem Wort Terroristen und andere Staatsfeinde »im Klo abknallen« sollten, griffen immer aggressiver auf das gesunde gesellschaftliche Gewebe über und töteten brave Moskauer Bürger. Der eklatanteste Fall war der des Polizeichefs des hauptstädtischen Bezirks Zarizyno, Major Denis Jewsjukow, der im April 2009, nachdem er in einem Restaurant seinen Geburtstag gefeiert hatte, per Anhalter-Taxi zu einem Supermarkt seines Einzugsgebiets fuhr, um dort ein Blutbad anzurichten. Nachdem er seinen Chauffeur, statt ihn zu bezahlen, erschoss, totete er im Laden eine Kassiererin und verletzte sieben Kunden. Dabei handelte er völlig kaltblütig. Nachdem ihn Milizkollegen in Gewahrsam genommen hatten, wurde Jewsjukow zunächst gedeckt. Mitarbeiter der Staatsanwaltschaft forderten die Angehörigen der Opfer auf, Zeugen für den Amoklauf beizubringen. Andernfalls würde der »Verdächtige« wahrscheinlich bald freigelassen, sagten sie. Jewsjukows Vorgesetzter, der Moskauer Polizeichef Wladimir Pronin, sagte am Tag nach dem Drama, dem Major seien wegen familiärer Probleme die Sicherungen durchgebrannt, doch im Grunde sei er ein Mitarbeiter mit großer Zukunft. Jewsjukow, der schon 2008, im Alter von 31 Jahren, zum Bezirkspolizeichef aufgestiegen war, wurde von den höheren Rängen im Ministerium für seine vorbildlich vielen aufgeklärten Kriminalfälle gelobt und ausgezeichnet. Dabei sei er als Fahnder eine Null gewesen, versicherten seine früheren Untergebenen. Doch die Firmen, Geschäfte, Kioske seines Gebiets zahlten ihm Tribut mit vielen Nullstellen. In dem Supermarkt, wo er Amok lief, hatte er mehrmals »eingekauft« und sich dabei geweigert zu bezahlen. Er soll sich damit gebrüstet haben, dass er ohne mit der Wimper zu zucken einen Menschen töten könnte, wenn der das »verdiene«. Doch wenn er Verdächtige festnahm, konnten deren Verwandte durch Sonderzuwendungen erreichen, dass die Ermittlungen eingestellt wurden. Er soll Mitarbeiter unter einem Vorwand entlassen und deren Posten »verkauft« haben. Vor allem aber machte er regelmäßig mit dicken Umschlägen Visite bei den Vorgesetzten.

Jewsjukow, der im Februar 2010 zu lebenslanger Haft verurteilt wurde, war jedoch in einem Spiel auf höherer Ebene offenbar selbst ein Bauernopfer. Denn als die Moskauer Mobiltelefonfirma »Jewrosetj« ihren Verkäufer Andrej Wlaskin, der Anfang der nuller Jahre im großen Stil nicht inventarisierte Telefone verschob, zunächst von einem Kontrolleur beschatten, und, nachdem dieser von Wlaskins Freunden zweimal fast umgebracht worden wäre, 2005 zur Fahndung ausschreiben ließ, war es Jewsjukow, der den Haftbefehl abzeichnete. Doch Wlaskin, den Milizbeamte kidnappten und in eine konspirative Wohnung sperrten, um Kompensationszahlungen aus ihm herauszuquetschen, konnte sie und ihre Vorgesetzten offenbar als Geschäftspartner gewinnen. Die Miliz machte jetzt Jagd auf »Jewrosetj«. 2006 konfiszierten beamtete Übernahmegeier eine Motorola-Telefon-Lieferung für »Jewrosetj«, weil es angeblich Schmuggelware war. Als sich herausstellte, dass die Telefone legal eingeführt waren, bezeichnete die Polizei sie als gefälscht. Auch das stimmte nicht. Da wurde die Ware für gesundheitsschädlich erklärt. Die Firma »Jewrosetj«, die ihrem räuberischen Mitarbeiter das Handwerk legen wollte, wird in den Akten jetzt selbst als kriminell bezeichnet, weil sie diesen entführen ließ. Wlaskin hingegen gilt nun als ehrenwerter

Mann, obwohl er in früheren Verhören seine Hehlertätigkeit eingestanden hatte.

Julia Latynina vermutet, Jewsjukow sollte für den Vorwurf des polizeilichen Erpressungsversuchs im Auftrag von »Jewrosetj«, der die Firma reif zur Übernahme machte, als Sündenbock herhalten. Dafür spricht, dass er bei seiner Geburtstagsfeier, die der Schießerei vorausging, einen offenbar wichtigen Anruf erhielt, für eine Viertelstunde die Gesellschaft verließ und danach völlig verändert gewesen sein soll. Gäste jenes Abends bezeugen, das Geburtstagskind habe nach dieser Unterbrechung nichts mehr gesagt, und sein Gesicht sei erst blass und dann grünlich geworden. Die Staatsschergen lieben es, ihren Opfern Hiobsbotschaften als Geburtstagsüberraschungen zu überbringen, weiß der ehemalige Besitzer von »Jewrosetj«, Jewgeni Tschitschwarkin, der 2008 nach London floh. Die Geschäftsleute Vitali Smerdow und Wladimir Tolmatschow seien im Spätsommer jenes Jahres jeweils an ihrem Geburtstag verhaftet worden, so Tschitschwarkin. Und auch der Fahnder, der ihn kurz vor seiner Flucht verhörte, habe noch gescherzt, man müsse ihn eigentlich an seinem bald bevorstehenden Geburtstag festnehmen (Julija Latynina: »Kto dovel Evsjukova« und Evgenij Čičvarkin: »Led pod nogami majora«, in: Novaja gazeta 15. 2. 2010). Nachdem diese Chance verpasst war, brachten Agenten der Elite-Einheit »K« des Innenministeriums Tschitschwarkins Mutter im April 2010 in ihrer Moskauer Wohnung um, wie Julia Latynina vermutet (»Killers-in-Law«, in: Moscow Times 7. 1. 2010). Die alte Frau erlitt eine schwere Kopfverletzung, wurde ohnmächtig und verblutete dann. Milizbeamte behaupteten indes, Frau Tschitschwarkina habe sich versehentlich in ihrer Küche tödlich verletzt.

Jewsjukow war nicht der erste geschasste Polizist des Südbezirks, aber der vorerst höchste. Der von seinen Chefs gehätschelte Herr über Recht und Unrecht fiel jäh aus dem Nest. Voller Wut knallte er in »seinem« Supermarkt die Leute einen nach dem andern ab wie bei einem Computerspiel. Er schoss auch auf die Beamten, die ihn festnahmen. Offenbar waren sie für ihn keine Kollegen mehr. Möglicherweise wollte er durch seine skandalöse Tat einen Aufsehen erregenden Prozess erzwingen, um dort die Verbrechen seiner Vorgesetzten zu desavouieren und sie mit sich in den Abgrund zu ziehen. Jedenfalls versicherte er kurz nach seiner Inhaftierung seinen Bewachern, seine Chefs würden ihm bald nachfolgen. Doch die Phalanx der Amtsinhaber schloss sich sofort. Selbst sein ehemaliger Mentor Wladimir Pronin, der von Präsident Medwedjew entlassen wurde, wollte Jewsjukow plötzlich kaum gekannt haben und trat sicherheitshalber in dessen Prozess nicht als Zeuge auf.

Der Ex-Miliz-Chef Jewsjukow war klug genug, vor Gericht von Enthüllungen über Schandtaten der Organe abzusehen. Im Gegensatz zu Rechtsanwalt Sergej Magnitzki, der dafür ins Untersuchungsgefängnis gesteckt und dort systematisch zu Tode gequält wurde. Magnitzki, den Kollegen als glänzenden Juristen in Erinnerung haben, arbeitete für das Anwaltsbüro Firestone Duncan, das den Investmentfonds »Hermitage Capital« betreute, dessen amerikanischer Leiter William Browder nach der Jahrtausendwende zunächst Putins Kampf gegen die Oligarchen und sogar den ersten Chodorkowski-Prozess begrüßt hatte. Doch im Jahr 2007 sollte auch »Hermitage Capital« an die staatliche Kandare genommen werden. Artjom Kusnezow, ein Polizeifahnder im Oberstleutnantrang, machte Browders Firma ein Angebot und veranstaltete, als dies ausgeschlagen wurde, eine Razzia bei »Hermitage Capital« und Firestone Duncan. Dabei wurden in der Kanzlei Originaldokumente und Siegel dreier Tochterfirmen von »Hermitage Capital« beschlagnahmt, die kurz darauf in den Besitz einer GmbH mit dem Namen des Herrn der Unterwelt, »Pluto«, übergingen und sich, mit dem Segen russischer Schiedsgerichte, von früheren Verpflichtungen lossagten. Danach beantragten die neuen Firmenchefs, unter denen verurteilte Mörder gewesen sein sollen, die Rückerstattung »voreilig« für das Jahr 2006 gezahlter Steuern und bekamen im Dezember 2007 5,4 Milliarden Rubel oder 125 Millionen Euro aus der Staatskasse. Die Reibungslosigkeit, mit der diese in Russland eigentlich unmögliche Operation ablief, spricht dafür, dass Kusnezow allerhöchsten Herren diente. Magnitzkis Kollege, Jamison Firestone, glaubt, das Kommando liege beim Staatssicherheitsdienst (Jamison Firestones Kommentar erschien im Magnitzki-Dossier »Spisok Magnickogo« der Novaja gazeta am 28. 5. 2010). Als die Veruntreuung 2008 aufflog, beschuldigte »Hermitage Capital« die Fahnderbande von Oberstleutnant Kusnezow, der aber wieder die Oberaufsicht über die Ermittlungen bekam. Magnitzki, der mehrmals als Zeuge verhört wurde, schilderte detailliert, wie die Razzia ablief, wie die drei Firmen überschrieben und die Steuerrückforderung eingefädelt wurden, und übergab den Fahndern Berge von Papieren, die seine Aussagen untermauerten.

Im November 2008 wurde der Jurist, offiziell weil man ihn der Beihilfe zur Steuerhinterziehung für »Hermitage Capital« verdächtigte, verhaftet. Er kam ins Untersuchungsgefängnis »Matrosenstille« (Matroskaja tišina), wo man ihn aus Schikane in ständig wechselnde, überfüllte und verdreckte Zellen steckte. Bei der Verlegung wurde der für die Zubereitung von Getränken oder Pulversuppen notwendige Tauchsieder »vergessen«. An Gerichtstagen mussten er und andere Gefangene stundenlang ohne Essen und Trinken in fensterlosen Sammelzellen zubringen. So sollte er dazu gebracht werden, seine Aussagen über Kusnezow zu widerrufen. Doch er wiederholte sie nur. Zuerst bekam er Nierensteine und dann eine Bauchspeicheldrüsenentzündung. In weniger als einem Jahr verfasste er 450 Beschwerdeschreiben. Doch die haben nur die weitere Verschlechterung seiner Haftbedingungen zur Folge. Ärztliche Behandlung wurde ihm verweigert, ebenso wie Treffen mit Angehörigen ihm untersagt wurden. Medikamente, die Magnitzkis Mutter für ihn abgab, kamen nicht bei ihm an. Als er an einem Gerichtstag den Richter Alexej Kriworutschko um heißes Wasser bat, erwiderte der, das gehöre nicht zu seinen Aufgaben. Ende August verlegte man ihn ins Butyrka-Gefängnis, wo seine Schmerzen so schlimm wurden, dass er nicht einmal liegen konnte. Die Gefängnismedizinerin Alexandra Gauß, die, nachdem ein Mitgefangener stundenlang an die Zellentür gehämmert hatte, ihn inspizierte, fand in seiner Akte einen Arztvermerk. Da erklärte sie, er könne nicht erwarten, »jeden Monat behandelt« zu werden. Und als er, ein Jahr nachdem er als gesunder Mann inhaftiert worden war, im November 2008 im Sterben lag, holte Frau Gauß statt eines Notarztes einen Disziplinierungstrupp, der ihn in der Agonie mit Handschellen fesselte und tot prügelte. Als Todesursache gaben die Gefängnisärzte dann Herzversagen an, was ja immer stimmt. Eine unabhängige Obduktion, die Magnitzkis Mutter beantragt hatte, fand nicht statt. Der Fall wurde insbesondere in der »Nowaja gaseta« gründlich aufgearbeitet und führte zu einem internationalen Skandal. Die mit Magnitzki befassten Beamten, insbesondere der Fahnder Kusnezow und Karpow, die nach seinem Tod befördert wurden, wurden von den Amerikanern zu unerwünschten Personen erklärt. Unter dem Druck von Menschenrechtsorganisationen und der Öffentlichkeit wurde dann 2011 pro forma gegen den Gefängnisarzt Dmitri Kratow und die medizinische Lanorantin Larissa Litwinowa ein Verfahren wegen fahrlässiger Tötung eingeleitet. Die Klage gegen Frau Litwinowa, die nach Magnitzkis Ableben ebenfalls befördert worden war, wurde im April 2012 wieder aufgehohen. Das geschah, so gab man bekannt, nicht zuletzt deswegen, weil Ende 2011 die Verjährungsfrist für ähnliche Delikte »aus humanitären Gründen« verkürzt worden war. Dafür hatte die Fahndungsabteilung des Innenministeriums die Ermittlungen gegen Magnitzki, die wegen seines Todes eigestellt worden waren, im Sommer 2011 wieder aufgenommen. Ein postumer Schuldspruch gegen ihr Opfer sollte die Flecken auf ihrer Weste blasser aussehen lassen.

Zum Symbol der Epoche wurde für Alina Wituchnowskaja die menschliche Gestalt, die von einem alles infiltrierenden und dabei ungreifbaren Vernichtungsnetzwerk bei vollem Bewusstsein zugrunde gerichtet wird. Real verkörpert fand sie diese in dem sterbenden Alexander Litwinenko, dem sie schon im Mai 2007 eine Prosa-Hommage gewidmet hatte (Na smert' Litvinenko, 15. 5. 2007). »Bete, Menschenmoder, zu den Polonium-Mongolen!«, heißt es darin, als betrachte die Autorin das Regime der Gewaltorgane als neues Tatarenjoch. Der geflohene Ex-Spion hatte sich beim Kampf gegen das System, das ihn hervorbrachte, ganz offensichtlich übernommen, befand der britische Politologe John Heartfield nach ausgedehnten Interviews mit Litwinenko, der bei vielen seiner Bekannten den Ruf eines eitlen Wichtigtuers hatte. Für die russische Dichterin war seine Vergiftung mit Polonium, das ihm in der Londoner Millennium-Bar wahrscheinlich in den Tee geschüttet worden war, die Rache des von irrationaler, nur um ihrer selbst willen verübter Gewalt regierten russischen Zauberreichs. Sie nennt den Mord an Litwinenko ein Verbrechen ohne Verbrecher, gegen den das Opfer sich hätte wehren oder den es wenigstens mit seinem Hass hätte strafen können. Auch Sergej Magnitzki starb drei Jahre nach Litwinenko gleichsam von unsichtbarer Hand. Der Dissident gewordene Agent verfasste, während das radioaktive Gift unaufhaltsam seinen Körper zerstörte, Presseerklärungen und identifizierte bald Putin, bald den Geschäftemacher Mario Scaramella, bald den Ex-Kollegen Lugowoi als seine Mörder. Magnitzki würde später die Gefängnisdirektion mit Briefen bombardieren, die an ihr abprallten wie an einer Wand. Das kalkweiße Gesicht des strahlensiechen Litwinenko, das von den Medien, den Herren über die niederen Gefühle, wie Alina Wituchnowskaja sie nennt, in alle Welt verbreitet wurde, erscheint ihr als die Personifikation des zeitgenössischen Todes. Diese todgeweihte Blässe sei heute die Ritualasche auf der Theatermaske.

Schon in einem Kindheitsgedicht behauptet Alina: »Wo es uns schlecht geht, da sind wir« (Gde nam plocho, tam my i est', in: Roman s fenaminom, a. a. O., S. 82), als ob der Mensch sich seiner selbst nur durch sein Elend gewiss sein könne. In ihrem Litwinenko-Essay beschwört die Poetin das Sinnbild von lidlosen und daher zum unentwegten Sehen verurteilten Augäpfeln, aufgespießt in skelettartigem Gebüsch. Tränen können diese Augen längst nicht mehr. Im Weinen stecke immer noch ein Rest Hoffnung und Selbstmitleid, schreibt Alina Witüchnowskaja, etwas von dem Versuch, den unbekannten Gott der Gewalt zu rühren. Die letzte Deckung, eine letzte Möglichkeit von Heroismus finden diese Opfer-Augen in statischem Hass.

Der Hauptverdächtige im Mordfall Litiwinenko, Lugowoi, ging hinter dem Patriotismus seiner Landsleute in Deckung. Für die eine Hälfte der Bevölkerung, die glaube, er habe den Vaterlandsverräter umgebracht, sei er deshalb ein Held, erklärte der Duma-Deputierte deutschen Journalisten (in: Park Avenue, 1. 7. 2008), und für die andere Hälfte sei er es auch, weil sie ihn für unschuldig und ein Verleumdungsopfer britischer Geheimdienste halte. Auf die Frage, ob er seine früheren Reisen ins westliche Ausland nicht vermisse, versetzte er, in Russland sei es doch viel schöner. Er erlaubte sich sogar ein geschmackloses Witzchen. Als der erste Fernsehkanal ihn in einer Moskauer Bar interviewte, bemerkte Lugowoi mit Reptilienhumor, die Speisekarte biete ja gar keinen »Litwinenko-Tee« an.

Der Tod Magnitzkis, der von Premier Putin mit knappen Worten als Tragödie bezeichnet worden war, veranlasste Präsident Medwedjew Ende 2009 immerhin, die Staatsanwaltschaft mit einer Überprüfung zu beauftragen und 20 hohe Gefängnisfunktionäre zu feuern. Insbesondere der Aufseher über die Moskauer Haftanstalten, Wladimir Dawydow, die Direktoren der hauptstädtischen Gefängnisse Butyrka und »Matrosenstille«, Dmitri Komnow und Freget Tagiew, Personalchef Sergej Schirschow und der für die medizinische Versorgung zuständige Wladimir Troizki verloren ihre Posten. Doch nur der Moskauer Oberaufseher Dawydow musste den Dienst quittieren, alle anderen wurden auf niedriger Hierarchiestufe weiterbeschäftigt. Dabei gehörte Komnow, in dessen Butyrka-Gefängnis Magnitzki im August 2009 überführt wurde und wo sich seine Haftbedingungen und sein Gesundheitszustand rapide verschlechterten, vor ein Strafgericht, fand Magnitzkis Anwalt Dmitri Charitonow. Komnow hatte auch gelogen, Magnitzki habe sich nie beschwert. Doch schon im März 2010 wurde Komnow mit der Stellung des geschäftsführenden Vizedirektors des Moskauer Untersuchungsgefängnisses »Medwedj« (Der Bär) betraut.

Der Schriftsteller Dmitri Bykow ist der Ansicht, in Russland gälten keine Gesetze außer den physischen (Dmitrij Bykov: »Russkij vopros«, in: Profil', 25. 5. 2009, S. 72). Schon im April 2010 wurde wieder ein Untersuchungshäftling der »Matrosenstille«, die diabetes- und nierenkranke Immobilienunternehmerin Vera Trifonowa, durch ärztliche Nichtbehandlung umgebracht. Ihr war vorgeworfen worden, sie habe Bankern einen Sitz im Senat verkaufen wollen, was sie entschieden abstritt. Da ließ Medwedjew ein Gesetz verabschieden, das es verbot, Leute, denen Wirtschaftsverbrechen vorgeworfen werden, vor dem Gerichtsverfahren einzusperren. Doch die Richter umgingen das Verbot, indem sie für Wirtschaftsdelikte Angeklagte nicht als Unternehmer anerkannten. Unter dem neuen Gesetz wurde im Frühjahr 2010 die Untersuchungshaft für die einsitzenden Geschäftsleute Alexander Wolkow und Denis Worotynzew problemlos verlängert, weil man beide Männer schlicht nur als Betrüger einstufte. Richter, die formal einen Prozess leiten, sind de facto vor allem Erfüllungsgehilfen der Staatsanwaltschaft, die ihre oft dürftige Indiziensammlung vor der Festnahme gern dadurch ausgleicht, dass sie Inhaftierten Beweismaterialien unterschiebt oder Geständnisse abpresst. Richter, die bei dieser Art der Verbrechensbekämpfung nicht mitmachen, entlastende Aussagen oder Dokumente anerkennen, Angeklagte auf freien Fuß setzen, riskieren ihren Job und können selbst angeklagt werden. Eine brave harte Richterin wie Elena Staschina, die Magnitzkis Untersuchungshaft mehrfach verlängerte, braucht nichts zu fürchten.

Auch die Autofahrer erlitten Verluste. An einem frühen Februarmorgen 2010 stieß der rote Citroen C 3 der Gynäkologin Olga Alexandrina, die mit ihrer Schwiegermutter Vera Sidelnikowa, einer Hebamme, auf dem Leninski Prospekt stadtauswärts unterwegs war, mit dem schwarzen gepanzerten Mercedes S 500 von Anatoli Barkow, dem Vizepräsidenten des Ölkonzerns Lukoil, der Richtung Zentrum zur Arbeit fuhr, frontal zusammen. Die beiden Frauen starben, Barkow kam mit einer leichten Beinverletzung davon. Ein Verkehrspolizist erklärte sogleich, der Citroen sei schuld, weil er auf die Spur des Mercedes gefahren sei. Zugleich verschwanden aus den etwa 15 Videokameras, die die Unfallstelle am Gagarinplatz überwachen, sämtliche Aufnahmen. Und nachdem laut der ersten Nachricht Barkow selbst am Steuer seines Wagens saß, hieß es kurz darauf, er habe sich von seinem Fahrer chauffieren lassen. Was, da dieser unverletzt war, nur bedingt überzeugend klang. Sekundierend ließ Lukoil bekannt geben, der Firmenfahrer sei ein Profi, er *könne* die Verkehrsregeln gar nicht verletzen. Falls aber doch, so sei der Konzern dafür nicht verantwortlich.

Es ging ein Aufschrei durchs Internet und Teile der Presse. Der Rapper Noize MC verbreitete über Youtube ein Musikvideo mit dem Titel »Mercedes 666«, worin der mit Teufelshörnern geschmückte Barkow mit Banditenbass kommandiert, die Plebeier müssten ihm, dem Patrizier, den Weg freimachen, sonst komme er zu spät zur Hölle. Bei der Föderation der Autobesitzer, die eine eigene Untersuchung startete, meldeten sich vier Zeugen, die gesehen hatten, dass der Mercedes auf die Gegenspur ausgebrochen war. Aber dann wollte einer doch nicht aussagen, und ein anderer beantragte Zeugenschutz. Drei Wochen, nachdem die zwei Frauen, deren Beruf und Fahrzeugfarbe das Leben zu symbolisieren schienen, von dem schwarzen Ölkonzernpanzer totgefahren wurden, am 18. März 2010, wollten die Anwälte der Hinterbliebenen, des Witwers von Olga Alexandrina und ihrer zwei Kleinkinder, Ergebnisse ihrer Ermittlungen im Internet veröffentlichen. Das unterblieb, nachdem die Staatsanwaltschaft die Juristen davor gewarnt hatte, das »Fahndungsgeheimnis« zu verletzen – womit sie den Verkehrsunfall implizit als Staatsgeheimnis einstuften. Die Anwälte wollten Experten heranziehen und sich an den Europäischen Gerichtshof wenden, hatten jedoch die informelle »Empfehlung« erhalten, keine Dokumente vorzulegen. Natürlich hindere ihn niemand daran, die Empfehlung zu ignorieren, gab Igor Trunow, der Rechtsvertreter des verwitweten Familienvaters, zu. Doch auch die Staatsanwaltschaft würde sich von niemandem daran gehindert fühlen, so Trunow, ihn dann ins Gefängnis zu werfen.

# III. Kapitel

# GLAUBEN

## Die ewige Frage wozu

Wer an einer höheren Mission teilhaben will, muss dienen. Wladimir Sorokin findet es symptomatisch, dass so viele seiner Landsleute Smirnow heißen. Der Name leitet sich her aus »smirenie« (Demut) und vergegenwärtigt für Sorokins literarisches Ohr die Schafsgeduld, mit der die Mehrheit der Russen sich von ihrer Obrigkeit fast alles bieten lässt und diese Eigenschaft auch noch programmatisch im Familiennamen vor sich herträgt. Unter der Sowjetmacht richtete sich die Demut vornehmlich auf die kommunistische Parteiherrschaft, deren atheistische Erlösungslehre keine offen geäußerten Zweifel duldete. Als in der Spätphase des Sowjetimperiums in einigen Katakomben der hauptstädtischen Machtinsel die scheinkonformistische Kunst des Moskauer Konzeptualismus aufblühte, konnte freilich auch sie die untrüglichen Familienmerkmale russischer Religiosität nicht verleugnen. Deren Gründerväter wie der Maler Erik Bulatow oder der Aktionskünstler Andrej Monastyrski mit seinen »Kollektiven Handlungen« (Kollektivnyje dejstvia) kündeten mit quasifotografischen Bildern von einem weiten oder tiefen Raum, den Wortzeichen zugleich deuten und vergittern; und mit rätselhaften Verrichtungen und Spruchbändern verwiesen sie auf etwas jenseitig Metaphysisches. Als Künstlergemeinde kultivierten die Konzeptualisten das Gemeinschaftsgefühl der »Sobornostj« sowie ein meditatives Verhältnis zur Wirklichkeit, für welches das konkrete künstlerische Resultat manchmal zweitrangig war, befanden Sorokin und der mit ihm geistesverwandte Moskauer Galerist und Verleger Nikolai Scheptulin rückblickend (in: »Razgovor o moskovskom konceptualizme«, 22. 1. 2008, briansk.ru).

In jener Zeit wurde auch der 1946 geborene Komponist Wladimir Martynow seiner Jugendschwärmerei für die westeuropäische Avantgardemusik untreu. Martynow, der Sohn eines Musikwissenschaftlers, der es zum Sekretär des sowjetischen Komponistenverbandes gebracht hatte, war im Tempelbezirk der Hochkultur großgeworden. Er lebte mit seinen Eltern im Komponistenhaus an der Ogarjow-Straße, die heute wieder Brjussow-Gasse heißt, unter einem Dach mit dem späten Dmitri Schostakowitsch, Aram Chatschaturjan und deren bevollmächtigtem Gegenspieler, dem langjährigen Komponistenverbandsvorsitzenden Tichon Chrennikow. Als Jüngling begegnete er seinen Idolen Igor Strawinsky und Luigi Nono leibhaftig. Oft saßen die Martynows abends mit befreundeten Musikern, dem Komponisten Gawriil Popow, dem Chordirigenten Wladislaw Sokolow, aber auch dem Dichter Alexej

Maschistow und dem Kremlpsychiater Jewgeni Schmidt in ungezwungenem Gespräch über Politik und Kunst zusammen. Maschistow, ein Malewitsch-Verehrer, sagte immer, wenn er etwas besonders loben wollte, das sei »ein Quadrat«. Erst viel später erfuhr Martynow junior vom Schwarzen Quadrat und seiner revolutionierenden, später verleugneten Bedeutung für die Kunstgeschichte, auf die der Poet damit anspielte. Seelenarzt Schmidt, der im Jemen einen Imam behandelt hatte, berichtete von Hinrichtungen durch Enthauptung, denen er dort beigewohnt hatte. Eine Verwandte erzählte von den Verkäufen alter Meister aus der Eremitage, weil ihr Vater, ein Revolutionär, der später ins Lager kam, daran mitgewirkt hatte und sogar stolz darauf war. Das Funktionärskind hatte daher über das System, dem es seine privilegierte Startposition verdankte, nie Illusionen.

Während seines Studiums am Moskauer Konservatorium Ende der sechziger Jahre studierten er und seine Kommilitonen mit besonderem Eifer die Werke der Größen der westeuropäischen Avantgarde, die man aber nicht als Prüfungsthema wählen durfte. In Karlheinz Stockhausen, Pierre Boulez, Maurizio Kagel, Giörgy Ligeti verehrte der Moskauer Musikernachwuchs die eigentlichen Meister, bezeugt Martynow, und nicht in den offiziell anerkannten Verbandsgrößen wie dem sozialistisch-realistischen Pseudomodernen Georgi Swiridow oder dem konservativen Neuerer Rodion Schtschedrin. Und Martynow senior, der Verbandssekretär, nutzte seine Dienstreisen ins westliche Ausland stets auch, um von dort die einschlägigen Partituren mitzubringen. Seinen Sohn beeindruckten die damaligen Import-Abgötter durch die Radikalität, mit der sie sich von allen klassischen Normen lossagten und zu ganz neuen künstlerischen Systemen aufbrachen: Serialismus, Postserialismus, Aleatorik, Elektronik. Solche Durchbrüche seien danach, glaubt er, in der Musik nicht mehr möglich gewesen. Die überragende Figur für ihn und viele war Stockhausen, der ständig auf der Suche nach dem Neuen war. Doch von Stockhausens

Musik begeisterten ihn vor allem die späten Werke, die seit Ende der sechziger Jahre entstanden, nachdem der Innovator umgekehrt war und, inspiriert von fernöstlicher Philosophie, nicht so sehr versuchte, Tonmaterial zu gestalten als vielmehr überindividuelle Verbindungen zum Kosmos herzustellen. Zu Martynows Favoriten gehört das ausladende Vokalwerk »Stimmungen«, bei dem die Sänger auf Haltetönen eines schlichten Akkords immer wieder andere Vokale intonieren und das Innere der Klänge hörbar machen: wie die verschiedenen Selbstlaute ein und denselben Ton bald hell, bald düster einfärben und unterschiedliche Obertöne verstärkt zum Klingen bringen. Den Sfumato-Klangteppich verzieren deklamierte Götternamen und Lallworte, so dass man den Menschheitsatem zu hören meint. Das monumentale Mysterium »Aus den sieben Tagen« eröffnete dem Russen neue sakrale Imaginationsräume, weil Stockhausen darin keine Noten fixiert, sondern den Musikern nur priesterliche Textanweisungen gibt, die an ihre Intuition appellieren: »Warte bis es absolut still in dir ist. Wenn du das erreicht hast, beginne zu spielen.« »Spiele einen Ton, bis du spürst, dass du aufhören sollst.« Oder: »Ich versuche, dass du durch mich angeschlossen wirst an die unerschöpfliche Quelle, die sich in musikalischen Schwingungen durch uns ergießt.« Anfang der siebziger Jahre führte Martynow als Pianist zusammen mit seiner Frau, der feurigen Geigerin Tatjana Grindenko, und dem großartigen Schlagzeuger Mark Pekarski Teile aus den »Sieben Tagen« neben eigenen Kompositionen auf. Nach dem Vorbild Stockhausens veranstaltete er dann mit dem Pianisten Alexej Lubimov außerdem das Happening »Musik« (Muzyka), worin das Chaos zum Organisationsprinzip erhoben wurde.

Doch mehr und mehr kamen ihm und einigen Kollegen, beispielsweise Valentin Silvestrow, die deutschen und überhaupt die westeuropäischen Erfindungen künstlich und verkopft vor. Selbst von seinem Lieblingskomponisten Anton Webern fühlt sich Martynow fast verdorben, durch dessen

»Überstrukturiertheit«, die ihn geprägt habe, die aber längst nicht mehr zeitgemäß sei, wie er überzeugt ist. Den Schaffensweg des deutschen Meisters musikalischer Geräusche, Helmut Lachenmann, der mit hochgespannten nichtsymphonischen Knarz-, Schab-, Zisch-, Pfeiflauten noch Ungehörtes artikuliert und den Kerker kultureller Klischees ausgelotet hat, betrachtet Martynow vollends als Sackgasse – als handle es sich bei Lachenmanns Erfindungen um mechanische Verfahren, die man in vorgegebener Richtung weiterdreht. Zu einer Zeit, da klar wurde, dass die russische Automobilindustrie von der Substanz früherer Technikimporte leben würde, sagte sich der Komponist vom innovativen Werk aus Prinzip los und vertrat fortan die These, die Ära komponierter Musik sei überhaupt zu Ende.

Darin bestärkte ihn die Welle minimalistischer Musik und Rock aus Amerika, die Russland Mitte der siebziger Jahre erreichte. In ihr ging für Martynow und viele seiner damaligen Mitstreiter die Muse der europäischen Avantgarde unter wie das Reagenzglas des Homunkulus in der klassischen Walpurgisnacht. Die Revolution des Rock gab uns die »eigentliche« Musik zurück, die sich durch ihre urtümliche Energie unmittelbar mitteilt, erinnert sich Martynow. Sie erfrischte die religiöse Erfahrung. Martynow und Tatjana Grindenko verließen die Avantgardistengemeinde und wurden »Rocker«. Er verfasste eine Rockoper über die seraphischen Visionen des heiligen Franziskus und hingebungsvolle Hymnen, bei denen seine Band »Forpost« (Vorposten), mit ihm am Keyboard, über einfachen Akkordschemata improvisierte. Parallel vertiefte er sich in nicht-innovative Musikgenres, russische Folklore, orientalische und mittelalterlich christliche Gesänge.

Als Fan von John McLaughlin wäre Martynow beinahe Buddhist geworden. Doch der Spross des sowjetischen Bildungsbürgertums bekehrte sich zum orthodoxen Glauben. Das russische Christentum regenerierte sich unter der späten Sowjetmacht wie eine Katakombenkirche. In ihr wollte Martynow sein Künstlertum aufheben – im Sinn von liquidieren, konservieren und erhöhen zugleich. 1979, es war noch immer tiefste Stagnationszeit, hängte er den Komponistenberuf an den Nagel. Stattdessen erforschte er die liturgischen Gesänge des alten Russland. Dazu musste er in der Handschriftenabteilung der Leninbibliothek und anderen Büchersammlungen arbeiten, wohinein man schon aus ideologischen Gründen ohne Spezialgenehmigung nicht kam. Martynow musste das Vertrauen von Bibliotheksfachleuten gewinnen. Vom Komponistenverband erreichten ihn besorgte Briefe. Dafür bekam er Rückhalt von dem charismatischen Mönchspriester Pitirim (1926 bis 2003), der wie er die authentisch russische geistliche Musik unter ihren italienischen Überformungen seit dem 18. Jahrhundert hervorholen wollte. Anhand der Hakennotation lasse deren Gestalt sich für das 17. Jahrhundert fast vollständig rekonstruieren, stellte er fest. Mit jedem weiteren zurückliegenden Jahrhundert muss das Wissen beziehungsweise die Inspiration des Interpreten jedoch immer größere Lücken füllen, bezeugt er. In Vorlesungen an der geistlichen Akademie im Kloster des heiligen Sergius von Radonesch gab er seine Einsichten weiter. Die dort gehüteten Reliquien des kanonisierten Moskauer Kirchenideologen gaben Martynow das Gefühl, der Heilige sei selbst anwesend.

Martynow und seine Frau empfanden ihr Rockmusikmachen als eine Art Predigt. Der Drive dieser Musik war für beide wie ein Flaschenhals, durch den man in andere Räume rutscht. Das konnte die Avantgarde nie leisten. Der Schlagzeuger ihrer Gruppe ist später Priester geworden. Der Gitarrist legte sogar das Mönchsgelübde ab. Doch über einige Jahre reiste das Ensemble mit seinem heiligen Franziskus auch, wie fahrende Musikanten, zu Gastspielen außerhalb von Moskau, beispielsweise ins Akademikerstädtchen Dubna. Das war nur möglich dank der weißen Wolga-Limousine, die Martynow senior mit dem Geld seines Sohnes kaufen und ihm dann sogar übereignen durfte, wenn auch erst nach einem dementsprechenden Beschluss des Komponistenverbandes. In dem breithüftigen Sowjet-Mercedes fanden mit etwas Gewalt alle Musiker und ihre Instrumente Platz. Außerdem hatte das tonnenschwere Gefährt den Vorteil, dass man in ihm nicht, wie in einem Lada, fürchten musste, dass die Reise durch eines der vielen Schlaglöcher unterwegs plötzlich beendet würde.

Martynow wäre damals um ein Haar Priester geworden. Mitte der achtziger Jahre studierte er am Priesterseminar und legte schon die ersten Prüfungen ab. Da ersuchte ihn die Villa Musica in Mainz anlässlich des tausendjährigen Jubiläums der Russisch-Orthodoxen Kirche, das 1988 begangen wurde, ein Stück zu komponieren. Alfred Schnittke, den die Mainzer zuvor gefragt hatten, sah sich dazu nicht in der Lage. So wurde Martynow wieder Komponist. Der Schritt wurde ihm dadurch leichter gemacht, dass die Kirche während der Perestroika unter Gorbatschow vom Staat umworben und beinahe offiziös geworden war. Pitirim war 1986 zum Metropoliten aufgestiegen, er wurde ein De-facto-Funktionär. Die besondere spirituelle Spannung, die Martynow fasziniert hatte, war dahin.

Das Werk, das er nach zweieinhalb Jahren Arbeit im Putschmonat August 1991 abschloss, ist eine monumentale Klage. Er nannte es »Apokalypse. Russische Messe« (Apokalipsis. Missa rossica). Die reine Vokal-Partitur setzt sich zusammen aus traditionellen orthodoxen Gesängen, religiösen Chören von Sergej Rachmaninow, Dmitri Bortnjanski, Peter Tschaikowsky und einer Eigenkomposition zu Texten über die sieben Siegel, die am Ende der Zeiten geöffnet werden, wobei er Melodiefunde aus alten Notenhandschriften verarbeitet hat. Die herkömmliche Kirchenmusik vertont die Verse der Johannes-Offenbarung nicht. Das wollte Martynow nachholen, zumal er wirklich ein Weltende heraufziehen sah. Zugleich sollte das Werk über die kirchliche Sphäre hinausweisen. Der Autor klassifiziert es als »paraliturgisch«. Es soll vor allem die gottverlassene Welt wieder religiös aufladen. Mit seiner »Apokalypse« habe er das einzige Mal in seinem Leben als Künstler eine menschlich-staatsbürgerliche Position bezogen, sagt Martynow (Interview in Moskau am 30. 6. 2010). Das Werk sei ein Versuch gewesen, die »slawischen Katastrophen«, den Zerfall Jugoslawiens und den sich immer deutlicher abzeichnenden Zusammenbruch seines Heimatstaates, den er auch als Strafe für den Abfall der Russen von Gott verstand, zu verarbeiten. Zugleich war ihm wichtig zu vergegenwärtigen, dass die Apokalypse nicht nur eine Katastrophe ist, sondern dass sie auch die neue Ordnung offenbart, die nach der großen Zerstörung anbrechen wird. Deswegen besteht sein Oratorium aus einfach strukturierter Ritualmusik, die keinen Schmerz ausdrückt, sondern die Lage klären helfen und auf das kommende geistige Reglement einstimmen soll.

Im Frühjahr 1992 – als die Inflation galoppierte, nachdem Jelzins Radikalreformer Jegor Gaidar in der monopolisierten Wirtschaft die Preise freigegeben hatte – wurde Martynows »Apokalypse« uraufgeführt, zuerst im Moskauer Säulensaal, dann in Mainz. Das 90 Stimmen starke Vokalensemble bestand aus einem Männerchor mit Sängern des Moskauer Synodal- und des Kathedralchors sowie einem Knabenchor, den in Deutschland die Mainzer Sängerknaben übernahmen. Die deutsche Kritik ließ sich von den russischen Stimmen bezaubern, den urig majestätischen Bässen, den entrückten Spitzentönen, dem schimmernden Piano, dem naturgewaltigen Forte. Die deutschen Kinder konnten kaum mithalten, erinnert sich Martynow. Die Mainzer Sängerknaben mussten durch russische verstärkt werden. Außerdem sei es bei den Mainzern vorgekommen, dass der eine oder andere Knabe ohnmächtig wurde und aus dem Saal getragen werden musste. Die hartgesottenen russischen Buben hingegen hielten eisern durch.

Die deutschen Rezensenten fanden indessen auch, dass die »Apokalypse« musikalisch wenig Neues biete. Das war gewollt. In der schlichten Machart der Partitur schlug sich Martynows Selbstverständnis als Künstler nieder, der sich von seiner

Individualität losgesagt hat. Noch im Stagnationsjahr 1984 hatte er ein frugal repetitives Klavierstück auf »op.posth.«, postumes Werk, getauft, als Abschiedsgeste an sich selbst. Sieben turbulente Perestroika-Jahre später, als er an der großformatigen »Apokalypse« arbeitete, merkte er, dass das »postume« Künstlertum für ihn zum Dauerzustand geworden war. Die Bastelei oder Bricolage, die arte povera armer russischer Autoreparateure, die mit vorgefundenen Einzelteilen defekte Mechaniken wieder flott machen, wurde seine Kompositionsmethode.

Die »Apokalypse« wurde in 20 europäischen Städten aufgeführt. Martynow, der in jener Zeit viel in europäischen Kulturzentren unterwegs war, hatte bei diesen Reisen das Gefühl, als besuche er ein rauschendes Fest, dessen Hauptereignisse allerdings längst stattgefunden haben. Seine Autoritäten Manfred Heidegger, Michel Foucault, Olivier Messiaen, Jacques Derrida waren tot oder hatten ihre Botschaften an die Welt schon formuliert. Der Westen, so schien es ihm, brachte keine fundamental neuen Ideen mehr hervor, sondern »nur« noch spezielle Technologien wie damals die Compact Discs. Deswegen schockierte er einige deutsche Gesprächspartner mit der Diagnose, gerade ihr materieller Wohlstand sei ein untrügliches Zeichen dafür, dass ihr Land längst in der Apokalypse angekommen sei (siehe Brigitte Schulze: »Mit Gott in die Zukunft« in der Frankfurter Allgemeinen Zeitung vom 25. 4. 1992).

Nach dem Ende des Sowjetregimes begann in Russland die uneingeschränkte Herrschaft der »allgemeinmenschlichen Werte«, die schon der ideologisch zunehmend ratlose Gorbatschow oft beschworen hatte. Die freie Jagd nach dem Glück war eröffnet. Viele merkten erst allmählich, was sie konnten und wollten. Frisch gebackene Restaurantbetreiber, Textilhersteller, Fondsmanager lernten ihr Handwerk, während sie es ausübten. Viele lebten von der Hand in den Mund. Doch sie fühlten sich fünf Minuten von Europa entfernt. 1992, als es in den Läden fast nichts zu kaufen gab, entstanden in Moskau innovative Pflanzstätten, die bis heute Russlands Hochkultur international vernetzen. Die Philologin Irina Prochorowa gründete in jenem Jahr die geisteswissenschaftliche Zeitschrift »Nowoje literaturnoje obosrenie« (Neue literarische Umschau) und den gleichnamigen Verlag, der wichtige Texte führender einheimischer und westlicher Kulturwissenschaftler auf Russisch herausbringt. Wladimir Tarnopolski gründete am Moskauer Konservatorium das »Zentrum für zeitgenössische Musik« mitsamt dem Instrumentalensemble »Studio für neue Musik« sowie das internationale Festival »Moskauer Forum«. Der deutsche Dichter Hendrick Jackson, der in jener Zeit in Russland zu Besuch war, fühlte sich durch die Atmosphäre damals, das Gefühl, dass alles möglich war, elektrisiert. Die Menschen, denen er begegnete und die täglich ums Überleben kämpfen mussten, schienen fast ausschließlich von spiritueller Energie leben zu können, sagte Jackson (siehe mein Artikel: »Ein Dichter in Sibirien« in der Frankfurter Allgemeinen Zeitung vom 10. 12. 2008). Rückblickend sah der Schriftsteller aber auch ein, dass ein solcher Zustand nicht lange zu halten war.

Um das Gespenst des Kommunismus endgültig zu bannen, begann im Sommer 1992 der »Prozess gegen die KPdSU«, von dem sich einige Demokraten eine ähnlich reinigende Wirkung für die Gesellschaft erhofften wie sie die Nürnberger Prozesse für Deutschland hatten. Stattdessen geriet er zum Triumph der Halbheiten beziehungsweise des Kompromisses, den der obere Verfassungsrichter Valeri Sorkin zur Essenz des Rechts erklärte. Die verbrecherische Natur der Partei, die sich an des Staates Stelle gestellt, ihre eigenen Handlungen und Mitglieder gegen geltendes Recht immun gemacht und alle anderen Parteien de facto verboten hatte, wurde gar nicht beurteilt. Sorkin hob Jelzins Verbot von Parteiorganisationen, wo sie nicht die Staatsgewalt ersetzten, als grundgesetzwidrig auf. Der Verfassungsrichter war – keineswegs grundlos – überzeugt, ein

Totalverbot würde nur den politischen Extremismus anheizen und den sozialen Frieden im Land gefährden. Außerdem fehlte die unabhängige moralische Autorität, die erforderlich gewesen wäre, um die KP zu richten. Sorkin und die zwölf anderen Verfassungsrichter waren sämtlich ehemalige Kommunisten. Der Demokrat Jelzin hatte es unter Gorbatschow sogar zum Politbürokandidaten gebracht. Also regenerierte sich die Kommunistische Partei von der Basis aus.

Dabei half ihr der Graben, den die Marktwirtschaft zwischen einer rasch immer reicher werdenden Elite und dem verarmenden Volk aufriss. Viele sowjetische Wirtschaftsfunktionäre machten steile Unternehmerkarrieren. Das glänzendste Beispiel ist der ehemalige Außenwirtschaftsfunktionär Wladimir Potanin mit seinem Außenhandelskonzern Interros und der von ihm geleiteten Oneksim-Bank. Die angehenden Oligarchen Beresowski, Gussinski, Chodorkowski sammelten ihre Imperien Logovaz, Most, Menatep in Feinabstimmung mit den Verwaltungschefs des Kremls beziehungsweise der Stadt Moskau. Industriearbeiter hingegen bekamen ihre Löhne nicht selten in Naturalien ausgezahlt, als Geschirr, Haushaltschemie, Textilien, manchmal aber auch in der Form von Särgen oder Präservativen. Das produzierende oder Dienstleistungsgewerbe ernährte allein in Moskau zehntausende Schutzgeld erpressende »Banditen« mit. Anfang 1996, vier Monate bevor Jelzin sich seiner Wiederwahl stellte, wollte, Meinungsumfragen zufolge, rund ein Drittel der Bevölkerung die Kommunisten zurückhaben, während der Präsident nur noch von acht Prozent unterstützt wurde (wie dpa am 21. 2. 1996 meldete, bezifferte eine amerikanische Umfrage die Zustimmung zu den Kommunisten auf knapp 30 Prozent. Zuvor, am 5. 2. 1996, hatte die italienische »La Stampa« eine Analyse zitiert, wonach 36 Prozent für die Kommunisten waren).

Da pumpten die Wirtschaftskapitäne, die sich dabei ausgiebig aus dem Staatshaushalt bedienten, offiziell 2,4 Milliarden Dollar – inoffizielle Schätzungen sprechen von vier

Milliarden – in einen Wahlkampf, der vor allem vor der kommunistischen Gefahr warnte. Jelzins Politik wurde ausgespart. Plakate, Fernsehclips, Handzettel priesen den Präsidenten als einzigen Retter vor den Kommunisten, die den Menschen angeblich ihre Wohnung, ihren Schrebergarten, ihren Sparstrumpf wegnehmen wollten. Fernsehwerbespots präsentierten gewöhnliche Leute von der Straße, die ihre Lebenserfahrung auf die Formel brachten, Russland dürfe auf keinen Fall wieder kommunistisch werden. Dann wurden noch Jelzins Autogramm und sein mit dem Christentum kokettierendes Motto: »Ich glaube, liebe, hoffe« (verju, ljublju, nadejus') eingeblendet. Nachdem der amtierende Präsident im ersten Durchgang Mitte Juni 1996 immerhin gut 35 Prozent der Stimmen bekam und Kommunistenführer Sjuganow nur 32 Prozent, zog die Wahlpropaganda zur Stichwahl Anfang Juli apokalyptische Register. Sjuganow wurde jetzt mit Hitler verglichen. Die Spots mahnten, Kommunismus bedeute Krieg und Hunger, was »Gott verhüten möge«. Schließlich besiegte Jelzin seinen Gegner mit fast 54 zu 40 Prozent der Wählerstimmen.

Spätestens jetzt wurde den Kremlstrategen klar, dass die postsowjetische ideologische Abstinenz zum Problem geworden war. Die Verlierer und Frustrierten, die das kapitalistische System auch produzierte, fühlten sich über Bord geworfen. Diesen Menschen musste wenigstens eine symbolische Vision geboten werden, die nahrhafter war als das bloße kommunistische Feindbild.

Mit entwaffnender Offenheit trug Präsident Jelzin unmittelbar nach seiner Wiederwahl seinen politischen Mitstreitern auf, nach einer neuen Staatsidee zu fahnden – ähnlich wie im späten 10. Jahrhundert der Fürst von Kiew und Nowgorod, Wladimir Swjatoslawowitsch, der spätere Christianisierer, Gesandtschaften losschickte, damit sie einen passenden Glauben für das bis dahin heidnische Russland fänden. Gesucht werde ein Wertesystem, mit dem sich sowohl Kommunisten, Demokraten, Anhänger eines starken Staates als auch Liberale identifizieren könnten, beeilte sich Präsidentenberater Georgi Satarow zu erläutern (Georgij Satarov: »Nacional'naja ideja – eto nebol'no«, in: Izvestia, 19. 7. 1996). Es ginge eben nicht um eine von oben verordnete Staatsideologie, die ja auch von der russischen Verfassung verboten werde, versicherte Satarow. Damit versuchte er offensichtlich, liberale Politiker wie Boris Nemzow, Intellektuelle wie den Kulturwissenschaftler Sergej Lichatschow oder Wladimir Tolstoi, den Ururenkel des Schriftstellers und Direktors des Museumsguts Jasnaja poljana, zu beschwichtigen, die das ganze Unterfangen ablehnten. Die »Russländische Zeitung« (Rossijskaja gaseta), das Presseorgan der Regierung, setzte einen Preis von zehn Millionen Rubel, damals etwa 30 000 Mark, aus, der für den besten eingesandten Entwurf einer nationalen Idee verliehen werden sollte (»Kto my? Kuda my idem? Konkurs ›Ideja dlja Rossii‹«, in: Rossijskaja gazeta, 30. 7. 1996). Das Moskauer Institut für soziologische Analyse versuchte unterdessen, durch Umfragen zu ermitteln, auf welche Werte sich die verschiedenen weltanschaulichen Gruppen am ehesten einigen könnten. Es stellte sich heraus, dass die meisten Russen Individualisten waren. Ob demokratisch oder obrigkeitsstaatlich oder sozialistisch gesinnt, die Befragten fanden in ihrer Mehrheit, das höchste Gut sei das Leben des Einzelnen. Auch vertraten sie mehrheitlich die Ansicht, ein Staat sei umso stärker, je besser es seinen Bürgern gehe und je mehr die Menschenrechte in ihm respektiert würden. Gleichheit vor dem Gesetz für alle, auch für Regierungsbeamte, sowie die Unantastbarkeit des Privateigentums standen an oberster Stelle der Prioritätenliste (Tat'jana Kutkovec, Igor' Kljamkin: »Russkie idei«, in: Nezavisimaja gazeta, 16. 1. 1997).

Die »Russländische Zeitung« bekam sarkastische Zuschriften. Ein Moskauer Leser warnte, der Versuch, die Gesellschaft ideologisch gleichzuschalten, habe nicht unwesentlich zum Untergang des Sowjetregimes beigetragen. Allen Zeitgenossen, die mit den Problemen der realen Welt nicht zurechtkommen, gab der offensichtlich areligiöse Mann den ironischen Rat, sich in den Glauben zu flüchten. Doch der Entwurf, der schließlich mit dem ersten Preis belohnt wurde, formulierte so ziemlich das Gegenteil von dem, wozu sich die Menschen gegenüber Demoskopen freiwillig bekannt hatten. Es waren die »Sechs Prinzipien des Russentums« (Gurij Sudakov: »Šest' principov russkosti«, in: Rossijskaja gazeta, 17. 9. 1996), als welche Guri Sudakow, ein Historiker, Philologe und Parlamentarier im nordrussischen Wologda, den Kollektivismus, das Streben nach dem Absoluten sowie die Bereitschaft zu Leiden und Askese ermittelt hatte. Im Gegensatz zum Menschen des Westens strebe der Russe nicht nach Geld, behauptete Sudakow, der einst regionaler KP-Chef und bis 1995 Jelzins bevollmächtigter Vertreter in Wologda gewesen war. Stattdessen seien das Wohl des Nächsten und des Vaterlandes ihm der höchste Lohn. Da er solche Lehren verkündete, durfte er eigentlich auch nicht enttäuscht darüber sein, dass die Juroren ihm dann nur die Hälfte des ausgeschriebenen Preisgeldes zusprachen – mit der Begründung, die Suche nach der nationalen Idee gehe weiter.

## Die Beladenen

Während der ersten postsowjetischen Jahre war Russland für religiöse Sinnstifter ein ziemlich freier Markt. Innerhalb der wieder erstarkenden orthodoxen Kirche entstand ein dünner, aber attraktiver Zweig eines reformwilligen Christentums, dessen Anhänger Wert darauf legten, die Botschaft des Evangeliums und die Gottesdienstfeier bewusst mitzuvollziehen. Ihre wichtigsten Repräsentanten, die gelehrten Moskauer Priester Georgi Kotschetkow und Alexander Borissow, geistliche Schüler des 1990 ermordeten Intelligenzia-Predigers Alexander Men, ließen Teile der altkirchenslawischen Liturgie in modernes Russisch übersetzen. Die »stillen Gebete«, die traditionellerweise geflüstert werden, wurden bei ihnen in verstehbarer Lautstärke gesprochen. Die gleichsam von lutherischem Geist infizierten Seelenhirten zogen insbesondere Intellektuelle an, die sich von Gottesmännern weniger Fetischisierung von Kultritualen und mehr kritische Distanz zu den Mächtigen erhofften. Doch Patriarch Alexi II. verbot 1994 die russifizierte Liturgie und untersagte Kotschetkow, sein Priesteramt auszuüben. 1997 wurde das Verbot bekräftigt und erst 2000, nachdem Kotschetkow »Fehler« zugegeben hatte, wieder aufgehoben. 1994, als der Konflikt noch gärte, erläutete mir in der Moskauer Epiphanie-Kirche ein junger Priester namens Wladimir, Menschen, die die gottesdienstlichen Formeln unbedingt verstehen wollten, gingen in die Kirche, um sich selbst zu finden, nicht Gott. Es sei ein Irrtum zu glauben, dass das gedankliche Erfassen der liturgischen Texte den Menschen Gott näher bringe, versicherte Vater Wladimir. Der Mönch Jewgeni, der zugegen war, pflichtete ihm bei und ergänzte, Leute, die ständig wissen wollten, warum Dinge so sind wie sie sind, entfernten sich von Gott. Dabei machte Vater Jewgeni durch clowneske Grimassen deutlich, dass ein solches Streben vom Teufel komme. Die bloße Vorstellung, dass ein gewöhnlicher Priester den Wortlaut des Gotteslobes verändern wollte, den große heilige Männer vor Jahrhunderten festgelegt hatten, erschien den beiden Geistlichen in der Epiphanie-Kirche offenbar so vermessen und abwegig, dass sie in homerisches Gelächter ausbrachen (siehe meine Reportage »Nach dem Warum fragt nur der Teufel« in der Frankfurter Allgemeinen Zeitung vom 9. 4. 1994).

Freilich arbeitete das Desinteresse der Patriarchatskirche für die realen Zweifel und Sorgen der Bevölkerung auch der missionarischen Konkurrenz in die Hände. Die Katholiken mit ihrer im Vergleich zur Orthodoxie großen geistig-kulturellen Aufgeschlossenheit und ihrem sozialen Engagement imponierten insbesondere der städtischen Intelligenzia. In verwahrlosten Provinznestern wie dem moskaunahen Odinzowo entstanden unterdessen etliche Pfingstler- und Baptistengemeinden, die mit Bibelstudium, alkoholischer Enthaltsamkeit und strengen Lebensregeln vielen durch Armut und Wodka gefährdeten Familien wieder Halt gaben. Der beste Dünger für den Glauben ist wohl die Not. Deswegen wurden neben alten Mütterchen bald die Banditen, die besonders schwere Gewissenslasten trugen und ständig an der Schwelle zum Jenseits wandelten, zu tragenden Säulen des traditionellen russischen Christentums. Die Einsatzleiter von Schutzgeldtruppen und Himmelfahrtkommandos bekreuzigten sich besonders eifrig, wenn sie ein Gotteshaus passierten. Der 2000 abgeschlossene Wiederaufbau der Christi-Erlöser-Kathedrale, die von Stalin gesprengt worden war, wurde zum großen Teil von der Moskauer Mafia finanziert. Das hat die Sündenbilanz dieser Männer für das Jüngste Gericht vielleicht etwas saniert. Im Diesseits bot die Kirche unvollkommenen Schutz. Martynow erinnert sich, dass in einem Moskauer Gotteshaus, das er öfter aufsuchte, dicht neben dem Altar eine Zeitlang eine Nische aus kugelsicherem Glas installiert war, damit ein hoher Bandenchef dort mehr oder weniger in Ruhe beten konnte. Welche Kirche es war, will der Musiker nicht sagen. Der Pate wurde dennoch bald erschossen, so Martynow, wenn auch nicht direkt in der Kirche, doch fast vor ihren Treppenstufen.

Sich mit Banditen einzulassen war aber auch für Geistliche nicht ungefährlich. Dafür ist das im Süden von Moskau gelegene Mönchskloster Davydowo pustyn (David-Einsiedelei) ein Beispiel, das Mitte der neunziger Jahre wieder in Betrieb genommen und mit Mitteln der Ismailowo-Bruderschaft auf Hochglanz gebracht wurde. Auf dem Friedhof hinter der Klosterkirche liegt auf dem Ehrenplatz unmittelbar vor der Apsis in einer Art Stiftergrab Anton Malewski, der im Milieu »Antoscha

Ismailowski« hieß und im November 2001, im Alter von 34 Jahren, eines unnatürlichen Todes starb. Es ist das bei weitem größte Denkmal hier, ein mächtiger Sarkophag aus schwarzem, poliertem Marmor, geschmückt mit einem pompösen orthodoxen Kreuz, Ziersäulen und einer Tafel, in die die kindlich rundlichen Gesichtszüge von Malewski eingeätzt sind. Wenige Meter von dem Hauptsponsor markiert ein schlichter Stein die Stelle, wo der erste postsowjetische Abt von Davydowo pustyn, German, bestattet wurde. Der Klostervorsteher überlebte sein Beichtkind nur um knapp vier Jahre. Im Juli 2005 wurde Vater German, der mit weltlichem Namen Chapunow hieß und möglicherweise in wichtige Geschäftsgeheimnisse der Ismailower eingeweiht war, von Unbekannten grausam zu Tode gefoltert.

Es passierte allerdings auch, dass es einem Priester gelang, einen Ganoven auf den Tugendpfad zurückzuführen. Ein solcher Fall ist der des früheren sowjetischen Armeeadjutanten Wladimir, der in den wilden neunziger Jahren auf illegale Waffengeschäfte umsattelte. Er schwamm damals im Geld, verriet mir Wladimir später (ich hatte seine Geschichte in der Reportage »Da wird der Waffenhändler zum Opferlamm« erzählt, in der Frankfurter Allgemeinen Zeitung vom 15. 7. 2008, S. 40). Doch aus Angst vor Attentätern legte er sich abends mit zwei Handgranaten zu Bett. Einmal ließ ihn ein Kompagnon, von dem er sich trennen wollte, zur Einschüchterung von drogenberauschten Schlägern halbtot prügeln. Als seine Peiniger in Tiefschlaf fielen, konnte er ihnen entwischen. Wladimir floh aus Moskau ins Dorf Kadom im Landkreis Rjasan, wo er bei dem ihm bekannten Priester Afanassi Rat suchte. Vater Afanassi verlangte von ihm, seinen Geschäftspartnern, die er am liebsten umgebracht hätte, zu verzeihen und für sie zu beten. Ihm kam das erst abwegig vor. Doch dann ertrank einer seiner Kollegen, ein anderer wurde erschossen. Der Waffenschieber erschrak. Zwar war er noch nicht gläubig geworden, doch mit dem Segen von Vater Afanassi pilgerte er zum Berg Athos. Dort wurde er bekehrt. Als er zurückkam, renovierte der ehemalige Bandit und Geschäftsmann vier Jahre lang eigenhändig das Nonnenkloster von Kadom. Dafür verlieh ihm sein Mentor Afanassi scherzhaft den »geistlichen« Titel »Vater Ökonom« (otez ekonom). Der reumütige Sünder, den selbst seine Frau nur noch »Vater Ökonom« nennt, trägt ihn wie eine Auszeichnung. Er möchte seinen Milieunamen am liebsten vergessen und das Holzhaus, das er in Kadom gekauft hat, zu einem Pilgerzentrum ausbauen.

Martynows für die neunziger Jahre symptomatische Arbeit war die Folklorestilisierung »Nacht in Galizien« (Night in Galicia), die sich streckenweise anhört wie ein armer, zottiger Bruder von Stockhausens obertonseligen Vokalexerzitien »Stimmungen«. Während Stockhausens Sänger nach dem Vorbild asiatischer Kehlkopfvirtuosen langgezogene Töne an immer anderen Stellen im Kopf vibrieren lassen und so exotische innere Erlebnisräume auftun, bändigt der Russe animalisch aggressive Stimmen durch ein rituelles Wiederholungskorsett. Martynow vertonte in dem mehr als eine Stunde andauernden Werk ein Fragment des gleichnamigen Poems des Avantgardedichters Welimir Chlebnikow sowie dessen heidnisches Naturmysterium »Waldmelancholie« (Lesnaja toska), worin Waldkobolde und Flusshexen ihre gruseligen Scherze treiben. Als vor dem Ersten Weltkrieg die alte Gesellschaftsordnung zerbröselte wie 80 Jahre später die sowjetische, wollte Chlebnikow aus magischen Urlauten eine neue Sprache erschaffen, wobei er gern den durch rationale Wortbedeutungen nicht gezähmten Lautausdruck schamanischer Beschwörungen und Volksmärchen reanimierte. Die zwei mit dadaistischen Fantasievokabeln gespickten Texte vergegenwärtigen die von der Kette gelassenen ursprünglichen Energien. Lebensschaffende Nymphen und Nixen singen und verwandeln den Knochen eines Tieres in ein Musikinstrument. Doch dreiste Fallensteller, bewaffnet mit Lügen und starken Netzen, fangen sie wieder ein.

Zu Beginn des Stückes, das von dem exquisiten Pokrowski-Ensemble und der Streichergruppe von Tatjana Grindenko in etlichen deutschen Konzertsälen aufgeführt wurde (auf CD eingespielt 1996 bei In-Akustik: Wladimir Martynow, Nacht in Galizien. CCn'C 00 802), artikulieren die Sänger mit durchdringender und dabei unheimlich ausdrucksloser Zwerchfellstimme auf einem Ton die fünf Vokale. Männer und Frauen antworten einander in kürzer werdenden Intervallen. Ihre Stimmen verschränken sich im rhythmischen Variationsspiel, schwellen an zum polymetrischen Vogelrufchor, der plötzlich umschlägt in die kehlige Deklamation von Nonsenssilben und dann »echter« Worte.

In 13 Nummern werden poetische Bilder vom kreatürlichen Leben und Gefressenwerden in kindlich pentatonischen oder kargen Sekund- und Tonleiterfiguren skandiert. Schrilles Frauengezwitscher, gequetschte, hechelnde Männerstimmen vergegenwärtigen die unschuldige Lüsternheit der Gesellschaft der Jäger und Sammler, wie sie mit dem Banditentum der Neunziger wieder aufgelebt war. Als in den Streichern Burdonbässe erklingen, entfalten sich melismatischere Sologesänge, die freilich sogleich von dreisten Stampftanzchören beantwortet werden. Zum elektrisierenden Ländler in den Instrumenten stimmen die Sänger dann übermütige Tschastuschka-Wechselgesänge an. Dieser Höhepunkt dauert acht Minuten. Dann endet die russische Walpurgisnacht, nach einem überleitenden Terzen-Lalala, in einem christlich zahmen G-Dur-Choral zu Ehren des gespensterfreien Bauernalltags, der die erlösende und entkräftende Wirkung der funktionalen Harmonik gleichermaßen spüren lässt.

## Vertikale Wende

Auch an der politischen Machtspitze wurde die Religion in dem Maß wichtiger wie der Glaube an die liberale Demokratie abnahm. Jelzin, der mit seinen gefürchteten Umarmungen europäischer Politiker oder seinen Eskapaden als Hobby-Dirigent auch der Zuversicht Ausdruck verlieh, dass sein Land bei der westlichen Staatengemeinschaft schon so gut wie dazugehörte, huldigte dem orthodoxen Christentum vor allem als einer tragisch verschütteten kulturellen Tradition. Der erste Präsident, der das postsowjetische Russland von Oligarchen und Provinzfürsten unter dem Auge vergleichsweise freier Medien »einsammeln« ließ, gab der Kirche nicht nur Gotteshäuser, sondern auch Stücke vom Kuchen der Wirtschaftsprivilegien, beispielsweise Quoten für den zollfreien Import von Zigaretten oder für den Export von Öl. Er brachte Patriarch Alexi II. an dessen Geburtstag Blumen und Geschenke und stand auch gern im Oster- oder Weihnachtsgottesdienst mit einer Kerze in der Hand in der Nähe des Altars. Das hatte freilich immer etwas Ethnographisches. Der Ex-KP-Funktionär Jelzin, der sich von der Sowjetideologie losgesagt hatte und nun auf die Selbstheilungskräfte von Markt und Demokratie hoffte, behielt ein ratloses Verhältnis zur christlichen Religion, was er sympathischerweise auch zugab. Seinen sentimentalen Hang zur Orthodoxie hat er fast entschuldigend als »Aberglauben« bezeichnet.

Putin, der zur Jahrtausendwende als Jelzins Nachfolger installiert wurde, um den Zerfallstendenzen des Landes gegenzusteuern, trat sein Amt als ernsthaft bekennender Christ an. Es heißt, er gehe regelmäßig zur Beichte und sei sich seiner Verantwortung vor Gott bewusst. Der zweite Präsident, der seine Kameradentreue schon als Mitglied von Leningrader Kinderbanden, dann als sowjetischer Geheimdienstler und in den Neunzigern als Gefolgsmann des liberalen Petersburger Bürgermeisters Sobtschak bewiesen hatte, empfand den Westen als wortbrüchig. Er hatte zugesehen, wie die amerikanischen Propagandisten des Freihandels Ende des Jahrtausends russische Stahlprodukte nicht auf ihre Märkte vorlassen wollten, unter dem Vorwand, die Russen betrieben Preisdumping. Die »liberalen« Europäer subventionierten ihre eigene Landwirtschaft kräftig und legten für die Einfuhr russischen Stahls, russischer Stahllegierungen sowie Textilien schmale Quoten fest. Und obwohl Nato-Generalsekretär Wörner bei den Verhandlungen um die Wiedervereinigung Deutschlands 1990 Russland versprochen hatte, das atlantische Bündnis werde östlich der BRD keine Waffen stationieren, nahm die Nato ein osteuropäisches Land nach dem anderen auf und versah es mit amerikanischen Stützpunkten. Gleichwohl warb Putin noch kurz nach seiner Amtsübernahme mit der Bemerkung um die westliche Verteidigungsgemeinschaft, er könne sich vorstellen, Russland eines Tages in der Nato zu sehen. Doch das Bündnis, das 2008 den ehemaligen Sowjetrepubliken Ukraine und Georgien die Nato-Mitgliedschaft in Aussicht stellte und Manöver mit ihnen abhielt, rückte, unter Versicherungen, dies sei nicht gegen Russland gerichtet, immer näher. Putin muss sich vorgekommen sein wie Macbeth im fünften Akt, der den Wald von Birnam auf sich zukommen sieht.

Zu Einzelheiten über die Zwiesprache des Präsidenten mit Gott wurde nur bekannt, dass er angeblich dem Abt des Sretenski-Klosters, Tichon, seine Sünden beichtet und von ihm geistlichen Rat annimmt. Vater Tichon, der im weltlichen Leben Georgi Schewkunow hieß und ein ausgebildeter Filmdrehbuchautor ist, leitet das Kloster seit 1993. Damals feierte der Intellektuellenpriester Georgi Kotschetkow seine Reformgottesdienste in der Klosterkirche, die auch von seinen Gemeindemitgliedern instand gesetzt worden war. Es war dem Abt ein Herzensanliegen, Kotschetkow von diesem spirituell-politischen Nervenzentrum zu vertreiben. 1996 bekam er dafür den Segen von Patriarch Alexi II. Doch die Anhänger von Kotschetkow wollten nicht weichen. Da mobilisierte Vater Tichon fromme Kosaken, die die Sünder wider die heilige Überlieferung physisch bedrohten. Da zogen die »Neuerer«, wie Tichon Kotschetkow und seine Sympathisanten, nach der Reformbewegung der »Obnowlenzy« in den zwanziger Jahren, apostrophierte, endlich ab.

Dem Kirchenstrategen bereitete Russlands Aufbruch zu mehr Freiheit vor allem Sorgen. Er hatte schon im Perestroika-Jahr 1990 in seinem Traktat »Kirche und Staat« vor einem liberaldemokratischen Totalitarismus gewarnt (»Cerkov' i gosudarstvo« in der Literaturnaja gazeta vom 12. 11. 1990), zu dem es dann freilich, wie er später einräumte, nicht kam. Doch Tichon hatte vorausgesehen, dass ein demokratisches System, das die Gesellschaft nach dem Prinzip »teile und herrsche« stabilisiere, den Einfluss seiner Kirche notwendigerweise zurückdrängen werde. Jedenfalls soll der Gottesmann, als Putin 2000 das Staatssteuer übernahm, über das »Ende der Epoche des Jelzinismus« aufrichtig erleichtert gewesen sein (siehe »Žitie Tichona (Ševkunova)«, in: Sobesednik, 25. 10. 2006).

Zu den Laien, die hinter die Klostermauern an der Lubjanka bei Tichon zum Beten einkehrten, gehörten viele Geheimdienstler und etliche Staatsmänner, unter ihnen der Landwirtschaftsminister Alexej Gordejew, der Duma-Abgeordnete Sergej Glasjew und der Präsidentenvertreter für Russlands Zentralbezirk, Georgi Poltawtschenko. Der prominenteste war Putins Generalstaatsanwalt Wladimir Ustinow, ein Hüne mit Kindergesicht und kleinen, unsteten Augen, dessen Vater auch schon den Beruf des Staatsanwalts ausgeübt hatte. Ustinow führte bei öffentlichen Auftritten alle Missstände im Land auf mangelnden Glauben zurück. Dass die Bürger oft kriminell und Beamte wie Ordnungshüter korrupt seien, liege nicht am juristischen Reglement, an dem es, so Ustinow, nichts auszusetzen gebe, sondern am Fehlen eines »spirituellen Schutzschilds« bei den Menschen (siehe: »Pravoslavnaja partija skorbit o potere svoego kandidata v preemniki – Vladimira Ustinova«, in: Stringer, 6. 6. 2006). Den wollte ihnen der Chefankläger durch religiöse Erziehung verpassen lassen, weshalb er die flächendeckende Einführung des umstrittenen Schulfachs »Orthodoxe Kultur« propagierte. Ustinow, der die Gegner des orthodoxen Herrschers so erbarmungslos verfolgte, wurde eine Zeitlang sogar als Kandidat für eine orthodoxe Partei gehandelt.

Zu einer tragenden Säule der moralischen Wiederaufrüstung wurde der Geschäftsmann und langjährige Moskauer Baufunktionär Nikolai Maslow. Als ich ihn im Frühjahr 2009 aufsuchte, leitete Maslow den orthodoxen Rundfunksender »Volksradio« (Narodnoje radio) sowie die ebenfalls christlich engagierte Moskauer Pädagogische Akademie; außerdem assistierte er Präsidentenvertreter Poltawtschenko, dessen Kommission für Wissenschaft, Gesellschaft und Moral er angehörte. Dennoch schien der Mann, der in den neunziger Jahren stellvertretender Chef des höchst einträglichen Wohnungsbauamts der Hauptstadt gewesen war, angesichts des Interesses einer deutschen Journalistin an seiner Person äußerst misstrauisch (Nikolai Maslow wurde von mir in der Reportage »Das Böse bekämpfen, bevor es zu spät ist« porträtiert, in der Frankfurter Allgemeinen Sonntagszeitung vom 24. Mai 2009, S. 10). Er empfing mich in unmittelbarer Kremlnähe in seiner ausgebauten Penthouse-Wohnung, die man über ein Treppenhaus-Labyrinth, wo zweimal unbeschriftete Klingelknöpfe zu drücken waren, erreicht, und die mit Heiligenbildern dekoriert war wie mit Talismanen. Von dem verglasten Salon aus eröffnet sich ein prächtiger Rundblick auf die Dächer der Innenstadt. Der Hausherr, der die unbestimmten Gesichtszüge und den willensstarken Blick vieler Angehöriger der Elite hat, ließ zwei Tassen Tee mit Gebäck auftragen und beide vor mich hinstellen. Dann nahm er selbst in einiger Entfernung in der schattigen Ecke eines Sofas Platz, von wo er mich, während wir sprachen, genau beobachtete.

Staatsdiener müssten lernen, ethisch zu handeln, begann Maslow. Als Politiker in der Kommission des Präsidentenvertreters setze er sich zum Beispiel dafür ein, dass Behinderte keine Wohnnebenkosten zahlen müssen, ließ er wissen. Außerdem bemühe er sich darum, dass das Gesetz, das Wohnungseigentümer dazu zwingt, einen ganzen Verwalterstab zu unterhalten, abgeschafft werde. Doch die Hauptaufgabe der Stunde sei es, der Jugend den Glauben wieder nahe zu bringen, erklärte er. Die Philosophie der individuellen Freiheit und der Bedürfnisbefriedigung hier und jetzt, wie sie vor allem das Fernsehen propagiere, mache die Heranwachsenden egoistisch, undankbar, aggressiv. Deswegen weinen, weiß Maslow durch seine Pädagogische Akademie, russische Schullehrer viel. Wir müssen das Böse bekämpfen bevor es zu spät ist, flüsterte Maslow verschwörerisch, während es draußen dämmerte. Die Miliz sei mit dem organisierten Verbrechen verwachsen, sagte er heiser. Die Duma-Abgeordneten seien Diebe, die Einkommensunterschiede unerträglich. Wenn die russischen Waffengesetze nur etwas gelockert würden, gab er sich überzeugt, bräche sofort der Bürgerkrieg los. Maslow setzte seine einzige blasse Hoffnung auf die christliche Erziehung der nachwachsenden Generation. Zu dem Zweck publizierte und propagierte er insbesondere das geistige Erbe seines Onkels, des Mönchspriesters Ioann (1932 bis 1991), der unter seinem bürgerlichen Namen Iwan Maslow zu Sowjetzeiten zugleich ein verdienter Pädagoge war. Der Hausherr zog Buch um Buch, das von dem berühmten Starez geschrieben oder von ihm inspiriert war, aus dem Regal und legte es auf seinen eleganten Esstisch. Dabei belebten sich seine Züge merklich. Ein tausendseitiger Wälzer verzeichnet weise Sentenzen von Vater Ioann zu alphabetisch geordneten Stichworten, ob Kinder, Krankheit, Lachen oder Tränen. Das Lehrbuch »Grundlagen russischer Pädagogik«, das Nikolai Maslow für seine Akademie geschrieben und in großer Auflage herausgebracht hat, stützt sich auf die Lehren seines ehrwürdigen Vorfahren. Starez Ioann zufolge wird der Mensch in einem gesunden Urzustand erschaffen. Durch die Sünde degeneriert er, kann als Christ aber in einen österlich übernatürlichen Zustand emporsteigen. Umso mehr gab Maslow sich darüber bekümmert, dass heute viele Kinder den gesunden Naturzustand erst gar nicht kennenlernten.

Martynow rettete sich aus dem Orientierungsnotstand durch »kanonisches Komponieren«. Darin verwirklicht sich, nach dem Befund der mit ihm sympathisierenden Musikwissenschaftlerin Tatjana Tscherednitschenko, sein Programm vom posthumen Werk (Tat'jana Čeredničenko: »Muzykal'nyj zapas: Vladimir Martynov«, in: Neprikosnovennyj zapas, Heft 4, 2000, S. 71, Anm. 4). Der Musiker beschwor die Tradition, aber nicht in ihren schöpferischen Impulsen, sondern als Regelkorsett für meditative Übungen. Dabei fand er einen geistesverwandten Verbündeten in dem Moskauer Theaterregisseur Anatoli Wassiljew, der mit seiner »Schule für dramatische Kunst« in einem edel-karg ausgebauten Moskauer Keller an der Powarskaja-Straße 20 die liturgischen Quellen der dramatischen Kunst neu zu beleben versuchte. Wassiljew trainierte seiner Truppe eine ritualhafte Spielweise an, die sakrale Dimensionen aufschließen und Darsteller und Publikum einer mystischen Gemeinschaftserfahrung teilhaftig werden lassen sollte.

Martynow hatte 1992 den alttestamentarischen Klagegesang des Propheten Jeremias über das zerstörte Jerusalem als minimalistisches A-capella-Oratorium vertont. Die spröde, fast anderthalb Stunden ausfüllende Partitur der »Klage des Jeremias« (Plač' Eremii, als CD eingespielt als »The Lamentations of Jeremiah« set to music by Vladimir Martynov, Saison russe 1997, RUS 288 153) setzt ein mit signalrufartigen Quart-Hüpfern, gefolgt von modalen Lauffiguren über »mittelalterlich« instrumental von Männerstimmen gehaltenen Burdonbässen. Herb dissonante, dann einstimmige beziehungsweise schmelzend harmonisierte Passagen kennzeichnen die Musik als abgeschliffene Reliktform georgischer, gregorianischer, russisch-orthodoxer Sakralgesänge. Martynow hatte ein Lamento schreiben wollen, das den von ihm konstatierten ökologischen, ethischen, ästhetischen Niedergang der Welt beweint. Es sollte aber wieder, wie die »Apokalypse«, keine subjektiv emotionale Klage sein, sondern ein »konstruktives« Gebet, das unsere Verfehlungen ebenso beschreibt wie die verlorene höhere Wirklichkeit. Nur mit einer solchen Haltung durfte man seiner Überzeugung nach überhaupt hoffen, dass diese eines Tages vielleicht wiedergewonnen werden könnte.

Anatoli Wassilijew machte aus dem »Jeremias« einen Theaterdauerbrenner. Das paraliturgische Spiel, das er mit Martynows Interpreten, den Sängern des Folklore-Ensembles »Sirin«, in endlosen Proben einstudierte, bannte seit der Premiere 1996 jahrein, jahraus ein eingeschworenes Kennerpublikum auf die harten Holzbänke im Souterrain des eleganten historistischen Wohnpalais. Das einzige Dekor der nicht durch einen Vorhang abgetrennten Bühne war die weiße Sperrholzsilhouette eines Torbogens oder Tempels, der sich aus der Vertikale schief zur Seite neigt. Die Sängerschauspieler, von denen Wassiljews Methode verlangt, völlig im Beschwörungstanz und -gesang aufzugehen, ohne sich psychologisch mit ihrer Rolle zu identifizieren, traten in schwarzen Mönchskutten auf. Sie drängten auf die Zuschauer ein, ballten sich zu Gruppen, zerstreuten sich wieder in fließend choreographierter Bewegung, die alle Sänger-Ichs verschmelzen ließ. Die kehlige Urkraft ihrer Folklorestimmen, die sich in der »Nacht in Galizien« hatte austoben dürfen, schwang, liturgisch gebändigt, durch die große Holzkiste des Saals mit seiner prachtvollen Akustik. Am Schluss des Exerzitiums hatte die Holzfassade des immateriellen Tempels sich kaum merklich in Richtung Senkrechte erhoben.

Die nächste Station auf diesem Weg war das rituelle Spiel »Übungen und Tänze des Guido« (Upražnenija i tancy Gvido), das beim Festival »Sacro Art 1997« der Evangelischen Akademie in Loccum uraufgeführt wurde, allerdings nur konzertant (von der Akademie für Alte Musik, geleitet von Martynows

Gattin Tatjana Grindenko, die auch den Violinsolopart übernahm. Als Tenorsolist glänzte der noch jugendliche Marat Galiachmedow). Zum Moskauer Ereignis wurde das Stück mit fast einem Jahrzehnt Verzögerung, im Dezember 2006 im Tschaikowsky-Saal der Philharmonie (wiederum aufgeführt von der Akademie für Alte Musik unter Tatjana Grindenko mit dem hinreißenden Tenor Marc Tucker in der Titelrolle). Die Partitur für Sänger, Streicherensemble und Orgel zu Bonaventura-Texten aus dessen »Pilgerbuch der Seele zu Gott« soll die Großtat des Benediktinermönchs und Musiktheoretikers Guido von Arezzo (992 bis 1050) vergegenwärtigen, der die modernen Notenlinien und eine sechsstufige Tonleiter ersann. Guido, der mit seiner Erfindung seinen Musikschülern das Memorieren von Psalmmelodien erleichtern wollte, legte eine Art kartographisches Koordinatensystem auf den Klangraum, was es dann viel leichter machte, komplexe musikalische Gebäude zu konstruieren. Für Martynow ist es die Voraussetzung des eigentlichen Komponistenhandwerks, weil es Energien, die zuvor durch Auswendiglernen gebunden waren, schöpferisch freisetzte. Seit dem Spätmittelalter haben daher Komponisten in Do-Re-Mi-Fa-Sol-Messen dem System gehuldigt und beim Spiel damit ihre Raffinesse und ihren Witz vorgeführt.

Martynows musikalischer Stoff ist allerdings provokativ fadenscheinig. Zunächst deklamiert ein mönchischer Männerchor einen lateinischen Vers auf dem tiefen C. Von dort aus skandieren die Sänger die Tonleiter auf Do-Re-Mi, zuerst eine, dann zwei, dann drei Stufen auf- und wieder abwärts bis zur None, was sich, zumal angesichts der synkopierten Rhythmen, tatsächlich wie eine Tanzschrittübung anhört. Die so dynamisierte Tonleiter erklingt in der Orgel und, zum Zeichen dass das Weltliche in die musikalische Sakralsphäre eindringt, in den Streichern und irisierenden Sopranstimmen. Guido selbst wird von einem lyrischen Tenor verkörpert. Seine Partie setzt ein mit einer strengen gregorianischen Choralmelodie, die dann dem lieblicheren Rezitativduktus eines Monteverdi angenähert wird. Als nächstes brilliert der Held über einem barocken Basspuls mit einem nicht aufhören wollenden Triller. Es folgt eine halsbrecherische Koloratur à la Mozart. Schließlich artikuliert er die Tonleiter, zu betörenden Harmoniefolgen in der Instrumentalbegleitung, wie eine glühende Liebeskantilene. Martynows Komponistenübervater scheint sich auf die Kunststücke, die der Musikgeschichte noch bevorstehen, gymnastisch vorzubereiten. Dabei lässt er es sich nicht nehmen, die Zukunft schon zu parodieren.

## Freiheit als Fluch

Wie sich Russland auf den Westen zubewegte und wieder von ihm Abstand nahm, konnte man über die Jahre an dem sich wandelnden Angebot der Moskauer Buchmesse und dem Aussehen ihrer Besucher ablesen. In der ersten Zeit nach dem Ende des Sowjetstaats, als Krimis und Esoterik boomten und die anspruchsvolle Literatur in eine Krise stürzte, kleidete sich ein überwiegender Teil des Publikums noch eine Weile nach der sowjetischen Oppositionellenmode, gern in nachgebleichte Jeansanzüge, und benutzte selten Deodorants. Im Verlauf der neunziger Jahre modernisierten und versachlichten sich Leseverhalten und öffentliches Auftreten. Ratgeber, Enzyklopädien, wirtschaftliche und juristische Fachliteratur eroberten immer größere Marktsegmente. Parallel dazu kleideten und pflegten sich die Messebesucher merklich besser. Eine aufstrebende Mittelschicht mit Bildungsambitionen bestimmte zusehends das Bild. Umso eindrucksvoller war es dann, zu beobachten, wie spätestens seit Putins zweiter Amtszeit als Präsident Jahr für Jahr merklich mehr Bibliophile mit Bärten, Pferdeschwänzen und in Pullovern von undefinierbarer Farbe über die Messe zogen. Während die äußerliche Welt unter den mit der Machtvertikale Verbündeten immer gründlicher aufgeteilt wurde, meldete sich der Habitus derer zurück, die diese Welt geringschätzten. Unterdessen mussten auch die Bücher neue utilitäre Aufgaben erfüllen. Literarische Klassiker wurden, in teuren Prunkausgaben, zum pompösen Wohnzimmerschmuck; Frauenratgeber für den subtilen Männerfang lehrten, wie frau Sponsoren an sich bindet; wer die Schuldigen an der allgemeinen Misere benennen und sich so auf die moralisch richtige Seite schlagen wollte, dem war dabei eine immer schillerndere Palette von Verschwörungstheorieliteratur behilflich, die, faktenreich und spannend geschrieben, unter professionellen Lesern als »Gehirndurchspülung« (promywalki) rubriziert wurde.

Intellektualität wurde wieder eine Gegensphäre, nun auch innerhalb des Lesepublikums. Als Antwort auf den Siegeszug der großen Ketten, die den kleineren Buchgeschäften in Moskau den Garaus gemacht hatten, gründeten 2002 fünf Buchhändler, von der verblödenden Kommerzialisierung ihrer Branche frustriert, den aus einem großen, etwas schäbigen Zimmer bestehenden Laden »Falanster« (Phalanstère), wo die Juwelen des gedruckten Wortes dafür umso heller leuchten. Unter dem Namen der von Charles Fourier ersonnenen utopischen Produktionsgemeinschaft firmiert ein Unternehmen, das nur wirklich anspruchsvolle Literatur vertreibt. Intellektuelles Fastfood gibt es hier nicht, dafür ältere, sonst längst vergriffene Ausgaben. Die »Falanster«-Mannschaft versteht sich als links stehend. Doch das politische Spektrum der Bücher umfasst Marx und Mao ebenso wie den bodenständigen Kommunismuskritiker Alexander Solschenizyn, einen konservativen Revolutionär wie Carl Schmitt, den unter Russen kultisch verehrten Ernst Jünger, den Nationalbolschewiken Eduard Limonow oder Alina Rituchnowskaja. Man vertreibe alles, was das Denken voranbringt, formulierte der Direktor und Mitbesitzer Boris Kuprianow die Geschäftsphilosophie (Interview am 30. September 2010). An seiner ersten Adresse in der Bolschoi Kosichinski-Gasse wurde der Falanster-Laden im Juli 2005 von Unbekannten angezündet und ging mitsamt einem Großteil der Bücher in Flammen auf. Er wurde an der Malyj-Gnesdnikowski-Gasse 12 wiedereröffnet. Mehrfach veranstaltete die Miliz dort Razzien. Im Dezember 2007 fahndeten die Beamten nach Pornographie, weil im Verlag Ultrakultura, der auch Alina Wituchnowskajas »Schwarze Ikone« herausgebracht hatte, ein Band mit obszöner radikaler Prosa erschienen und bei Falanster verkauft worden war. Während der Haussuchung blieb das Geschäft zwei Tage geschlossen. Die Fahnder klopften damals sogar die Decke nach Geheimfächern ab, erinnert sich Kuprianow. Er selbst wurde zum Verhör vorgeladen. Die Ermittler drohten, der Falanster-Laden würde verboten werden. Mit Hilfe konfiszierter Literatur wurde ein Strafverfahren vorbereitet, dann aber, als Journalisten Alarm schlugen, wieder eingestellt. Im Mai 2008, Eduard Limonows Nationalbolschewistische Partei war soeben verboten worden, suchten die Fahnder bei »Falanster« vier Stunden lang nach deren Kampfblatt »Limonka«. Sie wurden nicht fündig, nahmen aber ersatzweise die Buchführungsdisketten aus dem Computer mit. Bezeichnenderweise rekrutierten der milliardenschwere Kultursponsor Roman Abramowitsch und seine Braut Darja Schukowa, die in jenem Jahr das Moskauer Ausstellungszentrum »Garage« eröffneten, die im Kampf mit Markt und Bürokratie bewährten Partisanen des Geistes von »Falanster«, damit sie in der »Garage« eine seriöse Museumsbuchhandlung aufbauten.

Unterdessen liefen freigeistige oder agnostische Intellektuelle in Scharen zur orthodoxen Kirche über. Gestandene Geisteswissenschaftler, Publizisten, Schauspieler und Regisseure ließen sich, wie einst Martynows Bandmusiker, zu Priestern weihen oder gingen ins Kloster, weshalb die »Nesawisimaja gaseta« eine »Krise der demokratischen Intelligenzia« diagnostizierte (Filipp Tertiev: »Russkij čelovek bez Boga drjan'«, in: Nezavisimaja gazeta, 16. 10. 2002). Einer von ihnen war der in den neunziger Jahren mit Preisen dekorierte Schauspieler, Filmregisseur und Drehbuchautor Iwan Ochlobystin, der 2001 in den Priesterstand trat und in der Moskauer Sophienkirche der göttlichen Weisheit Gottesdienste abhielt. Geistige Freiheit sei für ihn von hohem Wert, sagte Ochlobystin, als er zum Funktionsträger der Kirchenhierarchie geworden war. Die könne seiner Auffassung nach für den Menschen aber nur darin bestehen, von Sünden frei zu sein. Das heißt, dass man nicht stiehlt, nicht tötet und seiner Familie und den Traditionen treu sei, inklusive der der heterosexuellen Liebe (siehe Ochlobystins Interview mit Alla Blagoveščenskaja: »Svobodnyj čelovek – ėto aristokrat ducha«, Nezavisimaja gazeta, 16. 10. 2002). Vater Iwan fühlte sich daher auch frei, seine Künstlerkarriere fortzusetzen. Neben seinen Gemeindediensten verwandelte er sich 2007 in dem Kinofilm »Die Verschwörung« (Zagovor) unter Regisseur Stanislaw Libin in Grigori Rasputin, den falschen Starez am Hof des letzten Zaren. Zwei Jahre später spielte er in Pawel Lunghins Filmsatire über Iwan den Schrecklichen »Der Zar« (Car') den von Dämonen getriebenen Hofnarren des fromm paranoiden Selbstherrschers. Doch besonders mit letzterem Filmauftritt setzte der Kultdiener die Seelen, die er eigentlich zu Gott führen sollte, Versuchungen aus und kompromittierte sein Amt, befanden etliche von Ochlobystins Gemeindeschafen und Priesterkollegen, die den Film gesehen hatten. Im November 2009 bat Ochlobystin zerknirscht den Patriarchen, ihn vom Priesteramt zu suspendieren. Im Februar des Folgejahrs erfüllte Kyrill die Bitte. Er merkte aber dabei an, sollte Ochlobystin wieder vernünftig werden, so sei er jederzeit bereit, das Verbot zu annullieren.

Der Moskauer Philosoph Michail Schtscherbatschow, der Anfang der achtziger Jahre an der Akademie für Gesellschaftswissenschaften arbeitete, sich für den nordischen Existentialismus Kierkegaards und Strindbergs begeisterte und zur Perestroikazeit an der Universität von Notre Dame im amerikanischen Staat Indiana Vorlesungen über russische religiöse

Philosophie hielt, legte 2005 das Mönchsgelübde ab. Unter seinem geistlichen Namen Pawel dient er im Sretenski-Kloster an der Lubjanka im Verlag »Pravoslavie« und seit 2010 im Kulturrat von Patriarch Kyrill. Auch der Literaturwissenschaftler und -kritiker Wladimir Wigiljanski, der während der Perestroika für die aufgeschlossene Zeitschrift »Ogonjok« schrieb, 1990 in Amerika, in den Colleges von Michigan und Massachusetts Vorlesungen gehalten und Anfang der neunziger Jahre die russische Ausgabe der New York Times betreut hatte, wurde Priester. 1995 übernahm er die geistliche Betreuung der Kirche der Heiligen Tatjana an der Moskauer Staatsuniversität. Als Spross der Intelligenzia kenne er deren demokratische Krankheiten gut, ja, er fühle sich sogar von ihnen infiziert, bekannte Wigiljanski. Als ein Hauptproblem identifizierte der Seelenhirte den Hochmut der Gebildeten. Das führe dazu, sagte er, dass man mit Kultdienern gleichberechtigt verkehren, alle Gebete verstehen und die Königstüre der Ikonostase möglichst immer offen stehen lassen wolle. In Wigiljanskis Augen steckt hinter den Bemühungen eines Reformpriesters wie Kotschetkow, der seinen tatsächlich überdurchschnittlich gebildeten Gemeindemitgliedern den Sinn des Gottesdienstes erschließen wollte, vor allem Eitelkeit, der Unwille, sich unterzuordnen (Interview mit Vladimir Doksaev in der Zeitung »Tat'janin den'«, Januar 1996). Priester Wigiljanski überwand offenbar die Intelligenzia-Krankheit, er stieg jedenfalls schnell weiter auf. 2005 betraute ihn Patriarch Alexi II. mit der Leitung seiner Presseabteilung.

Unterdessen entwickelte sich im Süden von Moskau, in der Kleinstadt Kolomna, das Neu-Golutwin-Nonnenkloster zu einem Vorzeigeort orthodoxer Kultur, den die Präsidenten Putin und Medwedjew mehrfach mit ihren Besuchen ehrten. Die Einsiedelei war seit den neunziger Jahren unter Äbtissin Xenia, der ehemaligen Moskauer Journalistin Irina Saizewa, aus Ruinen wieder aufgebaut worden. Die ›weibliche Blüte der Nation‹ zog hierher, studierte Frauen, die durch Gebete, Waisen- und Krankenbetreuung gegen das Böse in der Welt und in sich ankämpfen wollten. Beispielsweise die diplomierte Romanistin Anna, die mit weltlichem Namen Ija hieß und bei einem Ferienaufenthalt im Kloster während der Semesterpause dort die »Vertikale Dimension« für sich entdeckte. Zum Nonnengelübde gehört auch der Eid, stets gehorsam zu sein. Allerdings würden die Aufgaben, die Mütterchen Xenia stellt, keineswegs mit blindem Gehorsam erfüllt, betonte Mutter Anna (meine Reportage aus dem Neu-Golutwin-Kloster erschien unter dem Titel »Demut und Fleiß der russischen Nonnen« in der Frankfurter Allgemeinen Zeitung vom 1. April 2008). Sie und ihre Mitschwestern wüssten, versicherte mir die Gottesfrau, dass sie so ihre Seele retteten, und dass die Äbtissin für sie betet. Die Gehorsamsdienste bestehen nicht zuletzt in der Weiterbildung. Viele Nonnen des Neu-Golutwin-Klosters haben zwei Hochschulabschlüsse – wie Mutter Warwara, die ausgebildete Pädagogin und Biologin ist und Problemkinder von Kolomna unterrichtet. Mutter Anna machte mit dem Segen der Klostervorsteherin nach ihrer philologischen Ausbildung noch, im Fernstudium, eine als Juristin. Vielleicht werden so die Oasen des neuen Mittelalters aussehen.

Eine charismatische Priesterfigur im Dienst einer bewusst dunkel gelassenen Autorität wurde jetzt nicht mehr geduldet. Anatoli Wassiljew hatte 2001 an der Sretenka 19, der Straße des Lubjanka-Klosters, nur wenige hundert Meter stadtauswärts, sogar auf der gleichen Straßenseite, ein von ihm selbst konzipiertes neues Theatergebäude eröffnet. Die weitläufige, dabei spartanische Anlage mit nur zwei Bühnen aber zahlreichen Proberäumen hat selbst etwas Klösterliches. Hier sollte künstlerische Grundlagenforschung betrieben werden. Wassiljew erstrebte eine mythischen Gemeinschaftserfahrung, ähnlich wie im Theater des antiken Griechenland. Im Olympiadejahr 2004 präsentierte er dem Publikum eine Inszenierung des 23. Gesangs der Ilias, wo die Griechen beim Begräbnis des Patroklos kultische Sportwettkämpfe ausrichten. Martynow hatte für die Aufführung minimalistisch monotone und zugleich aufpeitschende Gesänge beigesteuert, die von einem Chor in Judokleidung beinahe wie Wurfgeschosse artikuliert wurden. Dazu zelebrierten Wassiljews Theaterkrieger meditative Zeitlupenkämpfe, die dem japanischen No-Theater nachempfunden waren. Man meinte, einer ostwestlichen Geisteranrufung beizuwohnen. Doch die Moskauer Stadtväter schienen der Meinung, die Zeit sei gekommen, Wassiljew an seinen Platz in der Sozialpyramide zu erinnern. Dem Regie-Guru wurde das Pachtabkommen für seine alten Räumlichkeiten an der Powarskaja-Straße mit den darüber gelegenen Schauspielerwohnungen vorzeitig gekündigt. Wassiljew pochte auf seine Verträge. Das kam einer Kriegserklärung gleich. Ein Moskauer Schiedsgericht gab ihm zunächst Recht, doch das war ein Pyrrhussieg, die Stadtregierung zog die Räume an der Powarskaja ein. Im Folgejahr 2005 wurde ihm im Hauptquartier an der Sretenka ein Verwaltungsdirektor vor die Nase gesetzt, Wassiljew selbst sollte in dem von ihm gegründeten Haus den Angestelltenposten eines Chefregisseurs annehmen. Proteste von ihm und seiner Belegschaft, Solidaritätserklärungen der Moskauer Theaterwelt für Wassiljew erreichten nichts. 2006 reiste Russlands spirituell wohl ambitioniertester Künstler nach Frankreich aus. Sein verwaister Theatertempel an der Sretenka und die Kammerbühne an der Powarskaja wurden Drehscheiben für Produktionen wechselnder Truppen und Regisseure.

Martynow vertritt die These, die Kunst, wie die abendländische Kultur sie versteht, sei an ihr Ende gekommen. In einer eigenwilligen Radikalisierung des poststrukturalistischen Gedankens vom »Tod des Autors« entwickelte er die Theorie, man könne heute keine Musik mehr komponieren. Während die Franzosen Roland Barthes und Michel Foucault bei dieser Denkfigur vor allem das vom Autor unkontrollierbare Eigenleben seines Textes im Blick hatten, behauptet der Russe, die europäische Kultur und damit auch die russische könne keine maßgeblichen Kunstwerke mehr hervorbringen, weil ihre sakralen Energiereserven aufgebraucht seien. Seit dem Ausgang aus der Anonymität des Mittelalters sei jeder kunstschöpferische Akt auch ein Akt der Emanzipation aus der sakralen Ordnung gewesen, so Martynow, die nach den vielen historischen Emanzipationsschritten de facto am Boden liege. 2002 erschien sein Buch vom »Ende der Zeit der Komponisten« (Vladimir Martynov: Konec vremeni kompozitorov, Moskau, Russkij put' 2002), wo er die Entwicklung der europäischen Kultur im Allgemeinen und die der komponierten Musik im Besonderen als einen allmählichen Verlust der mittelalterlichen Verbindung zu Gott darstellt als einen langsamen aber stetigen Abstieg. Martynow erklärt die dunkle Epoche zum Ideal, weil darin der Mensch am meisten versucht habe, sich dem Kosmos gleichzustimmen. Musikalisch manifestiert sie sich für ihn in autorlosen einstimmigen liturgischen Gesängen, die nicht schriftlich fixiert und daher als lebendige Gebetsformeln memoriert werden mussten. In der frühen Mehrstimmigkeit des Organums wird das Gebet dann »objektiviert« als notierter Cantus Firmus. Eine Zusatzstimme erklingt. Dabei bleibe anfänglich durch die starre Parallelbewegung in Quarten noch die Nabelschnurverbindung zur Gebetsversunkenheit bewahrt, meint Martynow. Doch in den Schulen von Saint Martial und Notre Dame, wo seit dem 12. Jahrhundert die Grund- von der Zweitstimme immer freier umspielt wird und per Stimmentausch und durch Haltetöne sogar der Cantus Firmus modifiziert werden kann, etabliert sich das Willkürrecht des Komponistenhandwerks, wie Martynow es sieht, wobei sein Ausdruck »Willkür« das Musikschreiben als ein anarchisches, fast zerstörerisches, jedenfalls nicht kreativ-konstruktives Geschäft erscheinen lässt.

Aus dem Musikschaffen von Monteverdi über Wagner bis Stockhausen zeichnet Martynow nach, wie die Komponisten ihre Heilsgewissheit in dem Maß verloren hätten, wie sie ihre technisch formalen Möglichkeiten ausbauten. Dabei bewertet er die Hervorbringungen der abendländischen Musik nicht an den

Zielen und Aufgaben, die sie sich selbst stellte. Stattdessen legt er die Messlatte mittelalterlicher Frömmigkeit und traditioneller Kulturen an, für welche die konkrete und selbstverantwortete Interpretation der Welt eher einen Defekt darstellt. Mozarts anmutig quecksilbrige Tonsprache sieht er im Bann der menschlichen Subjektivität und jener »zehntausend Kleinigkeiten«, die den europäischen Menschen gefangen halten und ihm das Bewusstsein für den Urgrund des Seins rauben. Dabei beruft er sich auf die Europakritik des Europäers Carl Gustav Jung, den er munter reduziert und radikalisiert. Als schlimmsten Sünder der Musikgeschichte betrachtet Martynow Ludwig van Beethoven, der wegen des heroischen, kämpferischen Charakters seiner Werke nach dem Oktoberumsturz der Lieblingskomponist der atheistischen Revolutionäre geworden war. Der deutsche Bodybuilder der musikalischen Form ist für Martynow der Inbegriff der transzendentalen, ungeniert in alles eindringen wollenden Subjektivität (Martynov, a. a. O., S. 237). Gegen Beethovens aufbegehrenden Klanggestus, der das Schicksal gleichsam an der Gurgel packt, argumentiert er mit dem im dritten vorchristlichen Jahrhundert kompilierten chinesischen Weisheitsbuch Lüshi Chunqiu. Er zitiert daraus die Beschreibung der Musik wirrer Zeiten, die seiner Meinung nach auch auf die des Vollenders der Wiener Klassik, der zugleich schon aus ihr ausbrach, zutreffe: Lauten und Flöten scheinen zu schreien, Zimbeln klängen wie Blitze und Pauken wie Donner (Martynov, a. a. O., S. 35, Martynow beruft sich dabei auf das Buch »Kosmos, muzyka, ritual« des Folkloreforschers Grigorij A. Tkačenko).

Ich habe mehrfach Moskauer Konzertgänger getroffen, die sich für die hochgespannt mit sich selbst debattierende Musik Beethovens, zumal im Großmaßstab der Symphonien, nicht erwärmen können. Die musikbeflissene Geschäftsfrau Natalja Semjonowa, die fast täglich Opern-, Ballett- oder Konzertaufführungen besucht, kann sich mit den heroischen Großwerken Beethovens, der darüber hinaus ja auch sozial ein Pionier war, indem er sich von fürstlichen Auftraggebern emanzipierte, nicht anfreunden. Diese Orchesterstücke ließen ihr, wie die Melomanin sich ausdrückt, »keinen Platz«. Doch auch Wladimir Sorokin, den in seinen literarischen Fiktionen kein noch so horrendes Sujet zu schrecken scheint, fühlt sich durch das, was er als gewaltsame Behandlung der musikalischen Substanz durch Beethoven wahrnimmt, abgestoßen. Insbesondere beim Hören der Symphonien und pathosgeladener Passagen komme es ihm vor, bekennt er, als vergewaltige der Komponist seine Themen und Motive wie ein ungestümer Mann ein unschuldiges Mädchen. Für Wladimir Tarnopolski sind dergleichen Urteile, zumal aus dem Mund des Musikers Martynow, charakteristisch für einen Künstler, der der intensiven Auseinandersetzung mit seinem Werkstoff aus dem Weg geht. Martynow macht ja unter dem Vorwand, heute sei alles andere unzeitgemäß und lächerlich, bewusst primitive Musik. Das wirklich Unfassbare an Beethoven sei seine übermenschlich große produktive Leistung, findet Tarnopolski, das führten insbesondere seine Skizzenbücher vor Augen. Wie dieser Komponist aus ersten Entwürfen, die sich manchmal geradezu ungelenk ausnehmen, durch beharrliches Aufbrechen, Neukombinieren, Beugen und Belasten seines Materials kolossale Meisterwerke entwickelte, sei eigentlich nicht zu begreifen, meint sein russischer Erbe, der sich als »Beethoven-Zentrist« versteht. Tarnopolski glaubt indessen auch, dass die ungeheure Willenskraft, wie der geniale Musiker sie besaß, sich äußerst zerstörerisch auswirken kann, wenn sie etwa als Ideologie Politik und Gesellschaft infiziert. Er sieht durchaus auch eine Verbindungslinie zwischen dem großen Komponisten und dem Nationalsozialismus. Doch das sei wie eine Krebserkrankung, die durch aggressive Entartung gesunden Gewebes insbesondere in späteren Lebensphasen eines Organismus leider leicht entstehen könne. Die Verdienste des Künstlers sieht er dadurch nicht geschmälert. Doch als Adept der deutschen Kultur fühlt der Russe sich auch für ihre Irrwege mit verantwortlich (Interview am 20. 10. 2010).

Martynow scheint an den Genies vor allem die Frage zu interessieren, um wie viel und auf welche Weise durch jedes von ihnen der religiöse Schutzmantel unseres Bewusstseins wieder einmal dünner geworden sei. Indem die neuzeitlichen Komponisten subjektiven Ausdruck in ihre Schöpfungen legten, haben sie in seinen Augen die Musik metaphysisch kastriert (Martynov, a. a. O., S. 44). Dadurch verliere mit der Zeit dann aber auch die sinnliche Materie ihren Sinn. Zum Beweis führt er Avantgardisten von Kasimir Malewitsch bis John Cage an, die im 20. Jahrhundert mit Antiwerken wie dem Schwarzen Quadrat oder dem »Nicht-Klavierstück« 4'33" die Unmöglichkeit jeder Darstellung und Expression veranschaulichten. In der Musik habe Schönbergs Zwölftonlehre das menschliche Subjekt demontiert. Nachkriegsavantgardisten wie Karlheinz Stockhausen, Pierre Boulez und ihre Nachfolger operierten dann in abgelegenen Reservaten für wenige Eingeweihte. Parallel dazu sieht Martynow die Figur des Opern- und Theaterregisseurs, der Werke aus dem historischen Kanon neu frisiert, zur kulturellen Schlüsselfigur aufsteigen. Bis um die Jahrtausendwende, da sogar banale Coiffeurs und Kosmetiker beginnen, sich als Künstler zu bezeichnen, und Designer, Arrangeure, Klangmixer, Discjockeys die kulturelle Führungsrolle übernehmen.

## Moderne Frömmigkeit

Anfang 2009 wurde Metropolit Kyrill, der brillante Stratege, der 20 Jahre das Außenamt der orthodoxen Kirche geleitet hatte, zum Patriarchen von Moskau und ganz Russland gewählt. Im Gegensatz zu seinem Amtsvorgänger, dem im Dezember 2008 gestorbenen Alexi II., ist Kyrill ein moderner, offensiver Politiker ohne jede Berührungsängste. In den neunziger Jahren war unter seiner Regie durch zollfreien Tabakimport und Ölexport die Wirtschaftslage der Kirche aufgebessert worden, was ihm den Spitznamen »Tabakmetropolit« einbrachte. Gleich nach seiner Inthronisierung erklärte das neue Oberhaupt der Gläubigen die Suche nach einer nationalen Idee für beendet. Die Grundwerte der russischen Zivilisation seien von jeher, so Kyrill, Vaterlandsliebe, Moral und Familiensinn, wie sie der orthodoxe Glaube beinhalte. Und wenn diese im Land wenig gälten, so sei das, wie auch schon die Katastrophe des Zweiten Weltkrieges, eine Folge des Abfalls vom Christentum. Unter dem neuen Patriarchen ging die Kirche noch offensiver, aber auch unaufgeregter daran, das Wertevakuum zu besetzen. Das Verhältnis der Orthodoxie zum Katholizismus, das von einer geradezu paranoiden Furcht vor Proselytenmacherei geprägt war, entspannte sich; Kyrill hatte ja als Außenamtschef beste Kontakte zum Vatikan unterhalten. Seine Verbindungen reichten bis in die Breschnew-Zeit zurück, als er 1968, im Jahr des Einmarschs in der Tschechoslowakei, an der 3. christlichen Friedenskonferenz in Prag teilnahm. In einem Rechenschaftsbericht an den hohen Klerus solidarisierte Seine Heiligkeit Kyrill sich 2010 mit dem römischen Papst in der Diagnose, wonach vom aggressiven Säkularismus und dem Verlust traditioneller Moralbegriffe die größte Gefahr für die Christenheit ausgehe. Die Lage katholischer Ordensmitglieder, die als Sozialarbeiter vor allem in der Provinz Waisen, Alte, Asoziale betreuen und von den örtlichen Behörden bestenfalls ignoriert wurden, besserte sich deutlich. Bei der Reinheit der Lehre macht Kyrill indessen keine Abstriche. Dogmatische Kompromisse mit nicht orthodoxen Konfessionen lehnt er ebenso entschieden ab wie gemeinsame Andachten. Der Patriarch scheint entschlossen und fähig, sein Land in ein neues Mittelalter mit militärischer und Informationshochtechnologie zu führen. Für alle gesellschaftlichen Gruppen findet er spezielle Hirtenworte. Einer Jugendversammlung in der Sportarena »Ismailowo« erklärte er, die Wirtschafts- und Finanzkrise sei in Wirklichkeit eine moralische. Den Geschäftsleuten empfahl er als Schutzheiligen ihres Berufsstandes Iossif von Wolozk, den Ideologen der reichen, politisch aktiven Kirche, was der Aufforderung gleichkam, kräftig für die Kirche zu spenden und Lobbyarbeit zu verrichten. Die faschistoiden russischen Motorradrocker lobte er für ihren Patriotismus. Den unterbezahlten Lehrern schärfte er ein, sie sollten ihren Beruf wie einen mönchischen Dienst am Nächsten auffassen und nicht mehr Geld dafür erwarten. Auf Youtube predigt er regelmäßig zur Internetgemeinde. Kyrill will nichts geringeres, als wieder einen neuen, diesmal russisch-orthodoxen Menschen formen, dessen Moralkodex, wie mir ein Außenamtssprecher erklärte, mit dem von Muslimen identisch sein soll (das sagte mir Priester Alexander Wassjutin, im Außenamt des Patriarchats zuständig für den interkonfessionellen Dialog, im Mai 2010).

Mit diesem Patriarchen wird die russische Christenheit von einem glänzenden Vertreter des Iosifljanertums, der Doktrin von einer wirtschaftlich aktiven und dabei militärisch vertikal strukturierten Kirche, geführt. Die Symphonie mit der Staatsmacht stößt freilich viele Gläubige und sogar Priester ab. Dazu gehört auch Martynow. Insbesondere der machtbewusste hohe Klerus habe wenig Christliches an sich, findet der Musiker, und die staatlich geförderte Kirchenpropaganda wirke, als käme sie aus der ideologischen Abteilung der KPdSU. Dazu passt der von Kyrill neugeschaffene Rat aus Spitzenklerikern, Akademierektoren und Abteilungsleitern im Patriarchat, der in den Intervallen zwischen den Erzpriesterkonzilen Ideen und Initiativen ausbrüten soll wie ein Politbüro. Auch sind bekennende orthodoxe Christen, Umfragen zufolge, abweichenden Verhaltensweisen gegenüber nicht »christlich« milder, sondern weniger tolerant eingestellt als religiös Gleichgültige (siehe Natalija Zorkaja: »Pravoslavie v bezreligioznom obščestve«, in: Vestnik obščestvennogo mnenija, Nr. 2, April-Juni 2009, S. 83). Ein eher drohender Geist spricht auch aus der theologischen Auslegung des Ausspruchs Christi im Garten Gethsemane bei seiner Gefangennahme durch die Moskauer Kirche. Jesus sagt zu Petrus, der einem Häscher mit dem Schwert das Ohr abgeschlagen hat: »Wer das Schwert erhebt, soll durch das Schwert umkommen« (Matth. 26/52). Die westlichen Kirchen deuten das Zitat als pazifistische Absage an gewaltsamen Widerstand. Laut der Sozialdoktrin der Russisch-Orthodoxen Kirche, als deren Hauptautor Kyrill gilt, ist der Satz eine Warnung gegen potentielle Aggressoren, die besagt, jeder bewaffnete Angriff werde auch bewaffnet zurückgeschlagen.

Bei der Deutung kultureller Zeichen beansprucht die Kirche die Oberhoheit. Zeitgenössische Kunst, die billige Popreligiosität oder den quasireligiösen Konsumkult anprangert und dabei auf christliche Bildsymbole zurückgreift, wird seit 2003 inquisitorisch verfolgt. Wie einerseits nach den gedungenen Mördern der journalistischen Volksaufklärer Juri Schtschekotschichin und Anna Politkowskaja oder des Anwalts Michail Markelow eher lahm gefahndet, zugleich aber die Kuratoren friedlicher Schauen kritischer Kunst strafrechtlich verfolgt und mit Lagerhaft bedroht wurden – das ist tatsächlich mittelalterlich. Es ging los im Jahr, in dem Michail Chodorkowski verhaftet wurde. Anfang 2003 vandalisierten orthodoxe Schläger im Moskauer Sacharow-Zentrum die Schau zeitkritischer Kunst »Vorsicht, Religion!« (Ostorožno, religija!). Das Museum erhob daraufhin eine Verwaltungsklage gegen die Rüpel, doch die wurde abgewiesen. Dafür leitete das Gericht, auf Betreiben der Kirche, ein Strafverfahren gegen den Museumsleiter Juri Samodurow, die Kuratorin Ljudmila Wesselowskaja sowie die an der Schau beteiligte Künstlerin Anna Altschuk ein. Ausstellungsstücke wie Alexander Kossolapows Pop-Ikone von Jesus Christus mit Coca-Cola-Logo und der Verkündigung »Dies ist mein Blut« oder Alissa Sraschewskajas Sperrholzikonenbeschlag, dessen Öffnungen für Gesicht und Hände leer sind, damit jeder Besucher sie selbst ausfüllen und sich als »Heiliger für zwei Minuten« fotografieren lassen konnte, schürten, so befand die Staatsanwaltschaft, religiösen Hass. Das im Herbst 2005 verkündete Urteil war ein Denkzettel. Samodurow und Wesselowskaja mussten eine Geldstrafe von jeweils 100 000 Rubel beziehungsweise 2700 Euro zahlen. Anna Altschuk wurde freigesprochen. Doch die Kunstszene war aufgewühlt. Sie erhörte die Signale. Im Frühjahr 2007 organisierte der Aktions-, Objekt- und Fotokünstler Oleg Kulik im Galeriezentrum »Vinzavod« unter dem Titel »Credo« (Verju) eine große Schau mystisch religiös gestimmter Gegenwartskunst, zu der zwei Dutzend Künstler, von Dmitri Prigow über Anatoli Osmolowski bis zu Wladimir Dubossarski, »spirituelle« Arbeiten beisteuerten; einen geheimnisvoll leuchtenden Eisenbahnwaggon, Mumienporträts als Hologramme oder »Ikonen« aus trocken Brot. Doch etwa zeitgleich eröffnete, wieder im Sacharow-Zentrum, der damalige Leiter der Abteilung für Zeitgenössisches in der Tretjakow-Galerie, Andrej Jerofejew, die Schau »Verbotene Kunst 2006«. Sie versammelte Arbeiten, die im vorigen Jahr aus diversen Ausstellungen wegzensiert worden waren; beispielsweise Alexander Kossolapows mit Kaviar gefüllter Ikonenbeschlag oder Wagrit Bachtschanjans »Kreuzigung«, bei der ein Leninorden den Kopf des Heilands ersetzt. Beide Bilder entstanden unter der atheistischen Sowjetmacht. Und der Besucher des Sacharow-Zentrums konnte sie nur durch ein kleines Guckloch in einer Sichtschutzwand erspähen. Doch die Kläger vom reaktionär orthodoxen »Volkskonzil« (Narodnyj sobor), der ebenso faschistoiden »Volkswehr« (Narodnaja zaščita) und der »Union orthodoxer Bannerträger«, (Sojuz pravoslavnych chorugvienoscev), die sich regelmäßig von hohen Klerikern ›briefen‹ ließen, fanden, sie beleidigten die christlich-orthodoxen Werte und bedrohten die öffentliche Moral. Sie verklagten die Ausstellungsmacher. 2009 begann der Strafprozess gegen Jerofejew und Samodurow. Der fromme Mob, der die beiden hinter Gitter bringen wollte, bekam Rückendeckung von Mönchspriester Nikodim aus dem Sretenka-Kloster an der Lubjanka. Vater Nikodim, der versicherte, er habe für seinen Auftritt den Segen des Patriarchen eingeholt, behauptete im Zeugenstand, die ausgestellten Arbeiten hätten gläubige Christen bewusst verhöhnt. Im Sommer 2010 wurden Jerofejew und Samodurow dann »nur« zu einer Geldstrafe verurteilt. Der Wiederholungstäter Samodurow musste 200 000 Rubel (5128 Euro) zahlen und der inzwischen aus der Tretjakow-Galerie entlassene Jerofejew immerhin 150 000 Rubel (3846 Euro). Der Abt des Sretenski-Klosters, Tichon, ein Falke in der Kirchenhierarchie, ließ verlauten, für die Kuratoren, die ihre »widerlichen Späße« sicher weiter treiben würden, wäre eine härtere Bestrafung nicht schlecht gewesen.

Die ereilte dann im Frühjahr 2012 drei junge Frauen aus der feministischen Punk-Gruppe »Pussy Riot«. Im Februar, während des Präsidentschaftswahlkampfes, hatten fünf Mädchen, bunt verkleidet und maskiert, vor dem Altar der Christi-Erlöser-Kathedrale ein »Punk-Gebet« an die Muttergottes gerichtet, sie möge Putin verjagen. Kunst und Christentum stritten auf unterster Stufe miteinander. Die Frauen, die eine Art Veitstanz aufführten und in frechen Tschastuschka-Versen die von der Staatssicherheit gelenkte Kirche und die servilen Frömmler anprangerten, hatten Energie und Mut, aber keinerlei Talent, wie man ehrlicherweise anmerken muss. Die Patriarchatskirche verhielt sich kaum christlicher. Sie organisierte Klageschreiben entrüsteter Gläubiger, die die Bestrafung der Frevlerinnen forderten. Maria Alechina und Nadeschda Tolokonnikowa, die beide kleine Kinder hatten, sowie Jekaterina Samuzewitsch wurden ins Untersuchungsgefängnis gesteckt. Apelle von Journalisten, Künstlern, aber auch bekennenden Orthodoxen und sogar einigen Priestern, Milde walten zu lassen und wenigsten die Mütter, zumal sie keine öffentliche Gefahr darstellten, nach Hause zu lassen, fruchteten nichts. Die Falken des Klerus, als deren Wortführer der Außenamtsleiter des Partriarchats, Erzpriester Wsewolod Tschaplin auftrat, forderten ihr Schuldbekenntnis. Die Staatsmacht hätte dafür zu sorgen, erklärte Tschaplin, dass dergleichen gotteslästerliche

Akte, die er als Verbrechen bezeichnete, nie wieder vorkommen könnten. Maria Alechina wandte sich zu Ostern mit einer Bitte um Verzeihung an alle Menschen, die sie vielleicht verletzt haben könnte. Nadeschda Tolokonnikowa hatte zuvor um ein Gespräch mit einem Priester gebeten, am liebsten mit Vater Wsewolod. Der erklärte unterdessen in einer Diskussionsrunde über Kunst und Religion, die der Galerist Marat Guelman veranstaltete, die Zeit, wo Künstler nicht auf die Empfindlichkeiten von Gläubigen zu achten bräuchten, sei endgültig vorbei.

Die jahrelange Lobbyarbeit, die die Kirche daran setzte, um wieder wie vor dem Oktoberumsturz, zum großen Immobilien- und Kunsteigentümer zu werden, erreichte 2010 ihr Ziel. Nach einem Treffen von Premier Putin und Patriarch Kyrill zu Beginn des Jahres wurde in der Duma ein Gesetzesentwurf formuliert, der vorsah, sämtliche Bauwerke und Besitztümer, die zu religiösen Zwecken angefertigt worden waren, der Patriarchatskirche zu übereignen. Bezeichnenderweise war in dem Text, der Russlands säkulare Museumskultur in ihrer Existenz bedrohte, nicht von Restitution die Rede. Die Kirche sollte nicht nur die Architektur- und Kunstschätze erhalten, die die Sowjetmacht von ihr konfisziert hatte; sie beanspruchte darüber hinaus auch beispielsweise solche Ikonen, vor allem alte Stücke, die vor der Revolution kunstsinnige orthodoxe Geistliche selbst an Museumssammlungen übergeben hatten. Oder solche, die, ebenfalls in vorrevolutionärer Zeit, als ausgediente, rußgeschwärzte Stücke von Museumsleuten aus kirchlichen Lagerschuppen erworben wurden und die Restauratoren dann von Schmutz und Übermalungen reinigten. Wie etwa die berühmte Dreifaltigkeitsikone von Andrej Rubljow, die überhaupt erst durch atheistische Fachleute in den zwanziger Jahren freigelegt worden war. Der Staat schien die Kirche, die das russische Volk zu gehorsamen Untertanen erziehen wollte, für dieses Projekt mit einer materiellen Basis ausrüsten und zugleich eigene Verantwortungslast für das kulturelle Erbe abwerfen zu wollen. Museumsleiter und Kunstexperten schlugen

Alarm. Sie warnten, im Kirchenbesitz seien viele Sakralkunstwerke dem Untergang geweiht. Sie erinnerten an die Rubljow-Fresken in der gottesdienstlich genutzten Entschlafungskathedrale von Wladimir, die durch Kerzenqualm faktisch zerstört wurden. Oder an die im 12. Jahrhundert gemalte Bogoljubski-Gottesmutterikone, die in den neunziger Jahren aus dem Kunstmuseum von Wladimir an das dortige Knjaginin-Nonnenkloster übergeben wurde, wo sie wegen unsachgemäßer Behandlung Schimmel ansetzte. Die Direktorin der Tretjakow-Galerie, die die kostbarsten russischen Ikonen beherbergt, Irina Lebedjewa, machte sich in einer der zahlreichen dem Thema gewidmeten Talkshows für den breiten kulturellen Kontext und die wissenschaftliche Erforschung stark, die der Sakralkunst im Museum zuteil wird. Es wäre fatal, mahnte Frau Lebedjewa, wenn Spitzenwerke in Kirchenräumen verschwänden, wo nur wenige Gläubige sie zu Gesicht bekämen. Die militanten Ideologen der neuen Frömmigkeit wie der für die Beziehungen der Kirche zur Gesellschaft zuständige Wsewolod Tschaplin oder Pressesprecher Wladimir Wigiljanski wollten in dieser Haltung allerdings nur einen aggressiven Säkularismus erkennen. Ikonen seien fürs Gebet gemalt worden, erklärte Wigiljanski, und müssten dieser Bestimmung wieder zugeführt werden. Er beschuldigte die Museen, die religiöse Kunst besaßen, sie hielten Diebesgut zurück, das der Kirche durch die bolschewistischen Konfiskationen gestohlen worden sei. Der gebildete Geistliche wird von den Übergaben an Museen oder Sammler vor der Revolution gewusst haben. Dadurch wurden alte, ausgediente Bildwerke oft gerettet, denn sonst hätte man sie, damit sie nicht geschändet werden konnten, kanonischerweise zerstören müssen. Auch dürfte ihm klar gewesen sein, dass nach der Revolution viele Sakralkunstwerke nur dank des Einsatzes von Museumsangestellten nicht vernichtet wurden.

Zwar nimmt der Gesetzestext Museumsgut von der Übernahme im Prinzip aus, allerdings wurden viele Museen in vormals geistlich genutzten Gebäuden, nachdem die Kirche sie vor die Tür setzte, einfach geschlossen; beispielsweise die Zweigstelle des Historischen Museums im 2010 dem Patriarchat übereigneten Moskauer Neujungfrauenkloster. Und als Patriarch Kyrill 2009 eine empfindliche alte Ikone aus einer Museumssammlung beanspruchte, die im 12. Jahrhundert entstandene Gottesmutterikone von Toropez des Petersburger Russischen Museums, die die neue Alexander-Newski-Kathedrale an der moskaunahen Villensiedlung »Fürstensee« (Knjaž'je osero) aufwerten sollte, da setzte sich Kulturminister Awdejew über alle Bedenken der Museumsfachleute hinweg und ordnete umgehend die Übergabe an. Die Ikone, deren Rückkehr zunächst für den September 2010 versprochen war, liegt immer noch in Fürstensee und wurde Ende 2011 aus dem Inventar des Russischen Museums gestrichen.

Um der nachwachsenden Generation den Glauben der Vorväter nahezubringen, wurde an den Schulen das Unterrichtsfach »Grundlagen der orthodoxen Kultur« eingeführt. Man sollte meinen, Kinder mit der tradierten Religion ihres Landes vertraut zu machen, in der ihre gesamte Kultur wurzelt, die Ethik, die Kunst, selbst noch das kommunistische Projekt, müsse selbstverständlich sein. Doch liberale Bildungsbeamte und Intellektuelle, darunter die Physiker Schores Alfjorow und Vitali Ginsburg, der Genetiker Sergej Inge-Wetschtomow, Bildungsminister Andrej Furssenko selbst, widerstrebten dem Vorhaben, von dem sie weniger eine Vervollständigung des Unterrichtsspektrums, sondern vor allem religiöse Indoktrinierung der Schüler erwarteten, auf Kosten von deren Aufklärung. Und tatsächlich verherrlichten die Schulbücher Heldentaten fürs Vaterland und appellierten mehr an den Wunderglauben der Schüler als an ihre Denkfähigkeit. Das erste Lehrmittel für Gymnasien, also für angehende Akademiker, das der Moskauer Verlag Pokrow 2002 herausbrachte, erklärte selbst die weltliche Geschichte als eine Kette von Wundern. Es lehrt, Mongolenführer Tamerlan habe sich nach 1395 aus Russland zurückgezogen, weil die Gottesmutter ihm erschienen war. Und der Zweite

Weltkrieg soll von Russland deswegen gewonnen worden sein, weil Stalin auf den Metropoliten Ilja gehört habe, dem die Gottesmutter eröffnet hatte, dass Kirchen und Klöster wieder in Betrieb genommen werden und die Ikone der Gottesmutter von Kasan nach Stalingrad geschickt werden müsse (A. V. Borodina: Osnovy pravoslavnoj kul'tury, Moskau 2002). Das die Realhistorie vernebelnde Schulbuch frappierte umso mehr, wenn man die oft hochsoliden Schriften in der Spätphase des Sowjetsystems, etwa im »Kalender des Atheisten« dagegen hielt, woraus der religiös Interessierte sich informieren konnte. Die Aufsätze zur Religionsgeschichte, über Schismen und Reformation waren gehaltvoll und oft voll Sympathie geschrieben. Das obligatorische kommunistische Credo klang fast hohl, stand aber irgendwie auch für den Glauben an die Entwicklungsfähigkeit des Menschen. Zu Putins Zeiten hatten die politischen Strategen, die die Gesellschaft zu therapieren versuchten, den Patienten offenbar aufgegeben und riefen den Priester.

Auf Geheiß von Präsident Medwedjew wurde ab Herbst 2009 in 20 russischen Regionen »Orthodoxe Kultur« als Wahlpflichtfach für die fünfte bis elfte Klasse eingeführt, zunächst als Experiment. Dazu gehörten die zentralrussischen Regionen Pensa, Twer, Tambow, das nordrussische Kostroma, Jekaterinburg im Ural, die Exklave Kaliningrad, die sibirischen Bezirke Tomsk, Nowosibirsk, Krasnojarsk, nicht jedoch die Hauptstadt, wo die religiösen Ideologen selbstbewusste und angesehene Gegner hatten. Ein Argument für das Fach war, dass nur sehr wenige, rund acht Prozent der russischen Schüler, qualifizierten Religionsunterricht erhielten, während es bei der wachsenden muslimischen Minderheit zwölf Prozent waren, nicht zuletzt dank Lehrmittelhilfen aus den arabischen Ländern. Die Eltern mussten für ihre Kinder entscheiden, ob diese sich in zwei Wochenstunden entweder mit einem der traditionellen Bekenntnisse Orthodoxie, Islam, Buddhismus, Judentum oder mit allen Weltreligionen oder aber mit weltlicher Ethik befassen sollten. Zum Verdruss der Kirche entschieden sich die meisten, und zwar auch Leute mit christlichen Wurzeln, für weltliche Ethik. Selbst von denjenigen Russen, die sich als orthodox verstanden, glaubt ungefähr ein Drittel, Umfragen zufolge, gar nicht an Gott (siehe Natalija Zorkaja, a. a. O., S. 72). Das Fach Orthodoxe Religion fand in schwach entwickelten Gebieten um Tambow, Kostroma, Twer (55 Prozent, 75 Prozent und 62 Prozent respektive) den größten Zuspruch. In den Industrieregionen Sibiriens, in Kaliningrad und im Ural blieb das Interesse gering (um 19 Prozent in Krasnojarsk, Nowosibirsk und Tomsk, 20 Prozent im Raum Jekaterinburg, 34 Prozent in Kaliningrad).

Wladimir Martynow ist seit 2002, als er seine Diagnose vom »Ende der Zeit der Komponisten« veröffentlicht hatte, Vordenker und Integrationsfigur der musikalisch spirituellen Erneuerungsbewegung »Devotio moderna«. Zu den tragenden Säulen gehört außerdem Tatjana Grindenko, die als Solistin und mit ihrem Ensemble Opus posth. die frugalen Partituren ihres Gatten virtuos und mit amazonenhafter Glut zu Gehör bringt. Außerdem die Witwe des charismatischen Organisators von Jazz- und Weltmusikfestivals, Nikolai Dmitriew (1955 bis 2004), Ljudmila Dmitriewa, die das von ihnen beiden gegründete Moskauer Kulturzentrum »Dom« leitet. Die lateinische Formel für eine Frömmigkeit, die auf der Höhe ihrer Zeit sein will, bezeichnete in der Vorreformationszeit in Nordwesteuropa eine direktere, weniger scholastisch überfrachtete Religiosität. In der Moskauer Szene meint der Ausdruck eine dem Metaphysischen zugewandte Haltung, die in entsprechende, meditative künstlerische Praktiken umgesetzt wird. Für Martynow heißt es vor allem, dass er offen für die Botschaften des abwesenden Gottes sein und mit viel Hingabe, aber ohne formale Finessen musizieren will. Er exerziert das jedes Frühjahr im »Dom« auf seinem persönlichen Festival vor, wo er mit Musikerfreunden auftritt, die sich seine Doktrin von der Unmöglichkeit innovativen Komponierens auch zu eigen gemacht haben. Stammgäste sind der Schlagzeuger Wladimir

Tarassow, der Komponist Georgi Pelezis und natürlich Tatjana Grindenko mit ihrem Ensemble opus posth. Auch der 2007 gestorbene Dichter, Performance- und bildende Künstler Dmitri Prigow war oft dabei. In einem gemeinsamen Auftritt mit Prigow und Tarassow im Februar 2004 verlas Martynow sein »Buch vier«, ein konzeptuelles Märchen von einem genialen Autor, der nichts schreibt – offenbar war auch der Märchenheld in eine musisch unfruchtbare Zeit geraten. Statt seiner intonierte der großartige Deklamator Prigow ekstatische Beschwörungen in poetisch nachempfundener arabischer, chinesischer und buddhistischer Sprache. Im »Dom« spielte Martynow in immer wieder anderen Arrangements sein gleichnishaftes Klavierstück »Tänze am Ufer« (Tancy na beregu), das mit hämmernden leeren Quinten beginnt, über die dann chromatische Aufwärtsläufe hinwegstreichen wie leichte Wellen. Es ist Martynows Jugendfreund Juri Scherschunewitsch gewidmet, einem seiner Ansicht nach genialem Musiker, der aber schon mit 19 Jahren starb. Sonst wäre die Musikgeschichte, so Martynow, anders verlaufen. Das Akkordgehämmer wird umspielt von melodischen Wendungen Scherschunewitschs, die eine Weile klar hervortreten und sich dann immer mehr auflösen. Seine Klagemusik über die Hinfälligkeit des Lebens sowohl des Künstlers wie der Kunst erweitert Martynow assoziativ mit Videoprojektionen. Mehrfach zeigte er dazu die Filmbilder des ertrunkenen Königs Ludwig II. von Luchino Visconti – als sei vielleicht auch Scherschunewitsch freiwillig aus dem Leben geschieden, um seiner allzu prosaisch werdenden Epoche zu entkommen.

In der Wahrnehmung von Martynow und seinen Adepten wird der Komponist zum Schwanz, mit dem der Hund des kulturellen Kontexts wedelt. Das wird besonders deutlich bei dem motorisch minimalistischen Klavierexerzitium »Mauer der Mitteilungen« (Stena soobščenij), dem sich der Gastgeber mehrmals bei seinem Festival im »Dom«, aber auch bei anderer Anlässen (beispielsweise beim sommerlichen Bücherfestival im Zentralen Künstlerhaus, im Juni 2010) unterzog.

Dabei traktiert er mit Leidenschaft und Ausdauer die Tasten mehr als eine Stunde lang mit einem eher eintönigen Akkordgewitter, das, auf den tonalen Grundfunktionen hin- und herrutschend, ein Gefühl rasenden Stillstands vermittelt. Dessen Ertrag vergegenwärtigt ein Video, das eine Kamera unmerklich langsam von einer dunklen Mauer ins Helle zurückfahren lässt. Zunächst blickt man eine halbe Stunde lang unverwandt auf einen Schattenfleck, der den einen an eine Hieroglyphe, den andern an ein Gesicht denken lassen mag, je nachdem welche Botschaften ihn in dem Gefängnis der Projektionen erreichen. Doch endlich wird die Entfernung größer. Der Fleck erweist sich als Fuge in einer Steinwand, die immer schneller zurückweicht. Bald nimmt sie das ganze Bild ein, wandert dann zum Horizont und verschwindet schließlich dort im blendend weißen Sonnenlicht. An diesem Punkt, der auch das Ertrinken der Kultur in der Überaufklärung der Informationsgesellschaft vor Augen zu führen scheint, wird der Tonika-Akkord von einem gellenden Tritonus, dem Teufelsintervall, jäh abgerissen.

Martynows ebenso leidenschaftliches wie gleichförmiges Klavierstück »Tänze des Kali-Yuga« (Tancy kalijuga) will die Ära des Materialismus und der Massenkultur, in der wir leben, als Endzeit im Sinn der indischen Mythologie erfahrbar machen, wo die fehlenden Eigenschaften von Priestern durch deren Kleider ersetzt werden. Bei seinem Festival 2007 war der Multimedia- und Verkleidungskünstler Andrej Bartenjew sein Gast und steuerte eine Video-Arbeit zu den »Tänzen des Kali-Yuga« bei. Martynow hatte dem viel jüngeren Bartenjew völlig freie Hand gelassen. Die zoophilen Pornofilme freilich, die der dann über die Wände des »Dom« flimmern ließ, schockierten viele Martynow-Anhänger, etliche Zuschauer flohen. Doch Martynow nahm die Provokation seines künstlerischen Partners philosophisch. In der Dekadenzepoche des Kali-Yuga, die er hörbar machen wollte, werde alles, was einer tut – ob er Geschäfte macht, Kunst produziert oder Sex hat – notgedrungen zu einem dämonischen Tanz (zitiert nach Katja

Birjukova: »Zanimaemsja li my biznesom, iskusstvom ili sek-som – my vse ravno liš' tancuem tanec kali-jugi«, in: Afisha, 21. 1.–3. 2. 2002).

Martynow und seine Künstlerfreunde pflegen ihre »autorlose« Kunst nicht zuletzt als ein Milieu, wo Eingeweihte sich wie über eine Geheimsprache ohne Worte verständigen und Repliken zuwerfen können. An einem Konzertabend im Wassiljew-Theater an der Sretenka intonieren Martynow und Tarassow, der eine am Klavier, der andere am Schlagzeug, in einer Entfernung von sechs Metern einander gegenüber sitzend, miteinander alternierend, improvisierte musikalische »Briefe«. Bei einem Konzert im »Dom« duettieren Martynow und sein ebenfalls Klavier spielender Kollege Pelezis mit klingenden, die Musikgeschichte durchmessenden Episteln (»Perepiska«, Februar 2003). Die ersten Stücke dieser 14-teiligen »Korrespondenz« haben einen heiteren Duktus à la Haydn. Es folgen rhythmisch und harmonisch nervöser modulierende Passagen, die an Chopin denken lassen, dann weit ausgreifende Melodiebögen wie bei Rachmaninow, schließlich altersweise perlende Diskant-Läufe wie bei Silvestrow. Schlichte Durakkordfolgen werden hartnäckig, aber mit inbrünstigen Rubato-Tempodehnungen wiederholt. Gegen Ende verlangsamt sich das Tempo wie bei einer ablaufenden Spieluhr. Auf einer dieser Konzertveranstaltungen traf ich die Kuratorin für zeitgenössische Kunst, Jekaterina Djogot', die in der Vergangenheit Vorschläge meinerseits, doch einmal zu diesem oder jenem Konzert mitzugehen, mehrfach mit der Begründung abgelehnt hatte, sie sei unmusikalisch. Als ich bekannte, überrascht zu sein, sie hier zu sehen, erklärte mir Frau Djogot', bei dieser Art von Avantgarde mache sie eine Ausnahme. Bei Martynows Musik brauche man ja nicht zuzuhören. Man könne einfach dasitzen, sich entspannen und den eigenen Gedanken nachhängen.

Martynows Wahrnehmung zufolge ist unsere Welt in der Amusia, jener Ertaubung für die ernsten Künste, die Theodor W. Adorno mit Schrecken heraufziehen sah, angekommen. Das

Leben der Heutigen scheine zwar übervoll von Musik zu sein, von Neukompositionen, Uraufführungen, die prompt und sachverständig rezensiert werden, stellt Martynow in einem seiner kulturpublizistischen Texte fest, die ihm kaum weniger wichtig sind als das eigentliche Musikmachen (Vladimir Martynov: Kazus Vita nova, Moskva, Klassika-XXI 2010, S. 73 f.). Doch das lenke nur von der Tatsache ab, dass die Musik selbst aus der Wirklichkeit verschwunden sei. In einer musikverlassenen Welt Musiker zu sein, ist ein Unglück, schreibt der Autor über sich selbst. Allerdings sei diese Entwicklung wohl schon in den achtziger Jahren spürbar gewesen, meint Martynow. Er erinnert sich daran, dass damals Wladimir Tarnopolski ihm erzählte, wie er in einem sowjetischen Erholungsheim für Akademiker einem unbekannten Frühstücksnachbarn, der ihn ansprach, vorlog, er sei Physiker, weil es ihm irgendwie peinlich gewesen wäre, sich als Komponist zu bezeichnen. Doch zufälligerweise war Tarnopolskis Tischgenosse selbst ein Physiker und begann ihn hoch erfreut nach seinen Forschungsthemen auszufragen, so dass der Musiker für den Rest seines Urlaubs den Sanatoriumsmahlzeiten und speziell diesem Tischnachbarn möglichst aus dem Weg ging (Martynov: Kazus, a. a. O., S. 3 f.).

Auch Tarnopolski beobachtet entsetzt die fortschreitende Sklerose der klassischen Kultur einerseits und den Siegeszug der Popkultur andererseits. Doch er versucht, dagegen anzukämpfen, indem er komplexe Musik schreibt und auch seine Studenten dazu anleitet. Im Juni 2008 begegnete er Martynow, der gerade mit einer Flasche Bier in der Hand unterwegs war, im Eingang zum Rachmaninow-Saal des Konservatoriums. Tarnopolski lud den Kollegen in sein Büro im ersten Stock ein. Dort zeigte er ihm die Orchesterpartitur seiner Schülerin Olga Botschichina, die sie fürs Staatsexamen verfasst hatte. Martynow gab sich beeindruckt. Jede Zeile dieses Werks stellte eine eigenständige dissonierende melodische Linie dar, notierte er (Martynov, Kazus, a. a. O., S. 85 f.). Die Arbeit der jungen Komponistin stünde an Komplexität den »Gruppen« Stockhausens oder Ligetis »Atmosphären« kaum nach. Die Notenschrift sei ihm wie das Erzeugnis eines außerirdischen Logos erschienen. Zu seiner Studienzeit sei etwas Vergleichbares undenkbar gewesen. Doch dann sah Martynow, dass dem Stück eine absurdistisch verknappte Dichtung von Daniil Charms zugrunde lag, was, wie er fand, zur Überkompliziertheit des Notenmaterials überhaupt nicht passte. Die Nachwuchstonkünstlerin mochte ein noch so geschultes Komponistenohr besitzen, schloss er, doch das allgemeine kulturelle Gehör fehlte ihr so gut wie ganz. Tarnopolski hat die Episode etwas anders in Erinnerung. Martynow verglich beim damaligen Gespräch die Partitur mit Boulez, sagt er (Interview am 27. 11. 2010). Dabei sei Olga Botschichinas Musik viel mehr harmonie- und timbre-orientiert als die des strengen Serialisten Boulez. Ihre Arbeit erinnerte eher an die Komponisten der nachfolgenden Generation, die von Boulez bekämpften Spektralisten Gérard Grisey oder Tristan Murail. Martynows Kommentar zeugte in seinen Augen vor allem davon, dass dieser längst nicht mehr auf der Höhe des Komponistenhandwerks war.

Martynow, der im neuen Jahrtausend das Autofahren aufgegeben hat, weil es in Moskau unpraktisch wurde, wie er sagt, schrieb zu jener Zeit die Oper »La Vita Nuova«, mit der er demonstrieren wollte, dass es heute unmöglich sei, eine Oper zu schreiben. Für das 2002 von Valeri Gergiew für das Mariinsky Theater in Auftrag gegebene Projekt hatte Martynow Dantes höfische Minne-Autobiographie vom »Neuen Leben« auch deswegen als Vorlage gewählt, weil sie ein Text über das Schreiben von Texten sei. Ihm war wichtig, dass darin nichts direkt dargestellt oder ausgedrückt werde. Gergiew führte im Rahmen seines Oster-Festivals im Moskauer Haus der Musik die Introduktion auf und ließ 2003 noch den ersten Akt spielen. Doch dann verlor er das Interesse an der Partitur, die die Stillagen wie Masken wechselt und dabei zäh und unbrillant ist.

Glücklicherweise fand Martynov in dem Experimenten aufgeschlossenen Dirigenten Wladimir Jurowski einen hoch engagierten Mitstreiter, der »La Vita Nuova« im Frühjahr 2009 mit seinem Londoner Philharmonie Orchester in der Londoner Royal Hall und anschließend im Lincoln Center in New York zur Uraufführung brachte. In dieser Anti-Oper simulierte der exquisite Tenor Mark Padmore als Dante zum abgemagerten Klischee eines spätromantischen Orchestersatzes mit hymnischen Koloraturen höchste Liebesexaltation. Es folgt ein von trockenen Holzschlägen im Arbeitsrhythmus untermalter Sprechchor, der, wie im ebenso trockenen Originaltext, das Arbeitsprogramm von Dantes Sonetten skizziert. Die Sopran-Partie der Beatrice wird von einem symphonischen Arrangement à la Mahler getragen, zu ihrem Duett mit Padmore erklingt aus dem Graben der dürre schematische Rest eines Wagner-Liebestods. Dann verwandeln engelhafte Knabenstimmen und gregorianische Chöre die Figur zur Madonnenvision. Die Kritik war einhellig entsetzt. Angesichts von zweieinhalb Stunden erbärmlich schlechter Musik, die dazu noch mit intellektueller Prätention daherkomme, wisse er nicht, ob er weinen oder lachen solle, schrieb ein Rezensent (Edward Seckerson: Martynov Vita Nuova, Royal Festival Hall, London, in: The Independent, 19. 2. 2009). Das Publikum soll gnädiger gewesen sein. Laut Tatjana Grindenko, die in London im Zuschauersaal saß, hörten die Leute gebannt und dankbar zu. Der Pianist und Martynow-Anhänger Alexej Ljubimow beobachtete dasselbe bei der New Yorker Aufführung. Ljubimow merkte dann noch nachsichtig an, man könne den britischen Kritikern nicht vorwerfen, dass sie Martynows künstlerische Evolution nicht kannten (siehe Margarita Katunjan: »Aleksej Ljubimov: Anglijskie kritiki ne vinovaty v tom, čto ne znajut ėvoljuciju tvorčestva Martynova«, in: Openspace, 6. 4. 2009). Von seinem Dirigenten Jurowski wurde Martynow als virtuoser Stilisator verteidigt, der aber eigentlich kein Komponist sei. Jurowski fand, dass die Art, wie Martynow vereinfachte Zitate eingängig und mit energischem Drive neu kombiniert, etwas Popmusikalisches an sich habe. »La Vita Nuova« sei im Grunde spirituelle Pop Art (Vladimir Jurovskij: »Martynov voobšče ne sovsem kompozitor«, in: Openspace, 10. 2. 2009).

Schlechtes Komponieren – Martynow sprach beinahe wegwerfend von »Stückeschreiben« – wurde sein Credo (Vladimir Martynov: Vremja Alisy, Moskva 2010, S. 61). Er verriet sogar sein Rezept. Man nehme einen möglichst simplen Akkord, wiederhole ihn ausdauernd, wandle ihn nach einer Weile geringfügig ab, nach weiteren zahlreichen Wiederholungen abermals und so fort. Es könne auch eine zitathafte Wendung eingestreut werden, die aber möglichst banal klingen solle. Indem er so die Aufmerksamkeit für das sinnliche Material herabstimmt, will er eine neue religiöse Beziehung zur Welt fördern – macht sich damit aber auch zum Ideologen eines Nicht-mehr-Sehens. Verächtlich zitiert Martynow Pierre Boulez, der für den »primitiven« Minimalismus, angesichts des gewaltigen Arsenals der zeitgenössischen Musik, nur Verachtung übrig hatte. Dabei sei das von Boulez gepriesene Arsenal nichts als eine Ansammlung von Menschenweisheit und Vielwisserei, die, so schimpft der Russe wie auf eine Technologie, er nicht versteht und nicht verstehen will, einen nur verführe und von Gott fortlenke (Martynov, Vrenja Alisy, a. a. O., S. 71).

Als er 64 Jahre alt war, präsentierte Martynow seine Künstlervita in einer den Glauben an die Kunst verlierenden Epoche obendrein noch als Dokumentartheaterstück. Der abendfüllende Monolog, den er im Rahmen des Projekts »Mensch.doc« (čelovek.doc, die erste Fassung fand am 28. 11. 2010 statt) auf der Bühne des Praktika-Theaters zwischen Klavier und Videoleinwand bestritt, war auch eine Beichte. Der Zeitdiagnostiker rekapitulierte seine materiell wie geistig-kulturell vergleichsweise saturierte Kindheit als Sohn eines Komponistenverbandsfunktionärs. Wie er zu Hause mit eingedickter Sauermilch und wichtigen neuen Partituren versorgt wurde. Wie sein Vater ihn mit Strawinsky bekannt machte, der damals für ihn größer war als Gott. Bis andere Götter Strawinsky Konkurrenz machten.

Martynow erzählt dem Theaterpublikum, wie bei einer Moskauer Probe seiner »Apokalyse« der anwesende Metropolit Pitirim sich zur Musik mehrmals bis zum Boden verneigte, als wolle er ihre Aura testen. Natürlich war Pitirim eine tragende Säule der sowjetisierten Kirche, sagte der Nicht-Mehr-Komponist lächelnd – mit allen sich daraus ergebenden Implikationen. Hierbei dachte er offenbar an die geheimdienstliche Unterwanderung der Geistlichkeit. Dennoch sei er von den Kräften, zu denen dieser Mann Zugang hatte, beeindruckt gewesen. Unterdessen manifestierte sich der Abstieg der Olympier der säkularen Kultur im Restaurant des Komponistenverbandes bald an ganz banalen Zeichen. Per Video lässt Martynow das Schild auf dem reservierten Sondertisch am Fenster einblenden, auf dem Anfang der 90er Jahre noch stand: »Für Komponisten«. Schon bald erhielt es den Zusatz: »Für Komponisten und die Administration«. Ende der neunziger Jahre hieß es dann nur noch: »Für die Administration«. Sollte die Musik verschwinden müssen, so wolle er ihr Schicksal teilen, schreibt Martynow gleichsam demütig in seinem Rechtfertigungsbuch zur »Vita Nuova« (Martynov, Kazus, a. a. O., S. 74). Im Buch wie auf den Bühnenbrettern vergleicht er seine Lage mit der jenes Wandermönchs auf einem mittelalterlichen Holzschnitt, der ans Ende der Welt gelangt ist, den Kopf durchs Firmament steckt und dahinter die Zahnradmechanismen sieht, die die Himmelskörper bewegen. Er habe mit dem Kopf den Lebensraum des Komponisten verlassen, worin er mit dem Rest seines Wesens noch feststecke, erklärt Martynow. Sein Selbstporträt erinnert auch ein nur halb geborenes Kind. Vor allem scheint der multimediale Kulturpraktiker sein Komponistsein als eine gesellschaftliche Rolle aufzufassen, bei der es darauf ankommt, zu erkennen, was prestigeträchtig und was lächerlich ist, weniger als eine produktive Aufgabe. Fast stolz beharrt er darauf, dass er nichts zu sagen habe, sondern vor allem, wie ein Autofahrer in der Kurve, in der allgemeinen Fahrbahn bleiben möchte (Martynov, Vremja Alisy, a. a. O., S. 73).

# IV. Kapitel

# GENUSS

## Hunger

Je zufriedener die Menschen sind, desto weniger Geheimnis und Gewalt sind vonnöten, um ihr Zusammenleben auszutarieren. Aus europäischer Sicht erscheint das Dasein in Russland eher arm an Freuden, das Riesenland macht stolz, ist aber eigentlich unregier- und -zivilisierbar. Die russische Natur ist wenig spektakulär, dabei launisch, und sie gibt nicht viel Nahrung für Leib und Sinne her. Wenn man etwa im zentalrussischen Freiland Basilikum sät, so gedeiht er oft nicht. Oder aber er wächst sich aus zu einer kräftigen, großblättrigen Pflanze, die in Gestalt und Geschmack an Huflattich erinnert. Ein klassisches russisches Kochrezept, Maccaroni nach Seemannsart (»Makkarony po-flotski«), das Schiffsköche der sowjetischen Kriegsmarine als Antwort auf die italienischen Spaghetti Bolognese kreiert haben dürften, besteht aus angebratenen Röhrennudeln mit Hackfleisch und geschmorten Zwiebeln statt Tomatensauce. Wobei die Röhrennudeln, die man zuerst schön weich kocht, noch in den siebziger Jahren von Fabriken hergestellt wurden, die im Bedarfsfall für die Kriegswirtschaft umgerüstet werden und Patronenhülsen produzieren konnten (siehe Julia Latynina: »Turning Noodles into Ammunition«, in: The Moscow Times, 12. 11. 2008). Daher hatten die Maccaroni einen Durchmesser beziehungsweise das »Kaliber« von 7.62 Millimeter.

Im äußersten Süden, in der Region Krasnodar, gibt es einige Gegenden, die mit ihren karstigen, hügeligen Böden und dem sonnigen Klima ideal für den Weinanbau sind, beispielsweise das Gut Abrau Durso, wo schon seit dem späten 19. Jahrhundert unter der Regie von Fürst Lew Golizyn preisgekrönte Schaumweine gekeltert wurden, was die Sowjetmacht fortzusetzen versuchte. Heute bekommen Besucher der Moskauer Millionärsmesse Sektkelche mit Abrau Durso in die Hand gedrückt, die dann wie im Märchen ständig nachgefüllt werden (so geschehen auf der Millionärsmesse im Oktober 2009 in der Moskauer Manege). Ganz in der Nähe des Gutes, auf der ehemaligen Kolchose »Awrora«, gründete 2003 eine Moskauer Investorengemeinschaft das inzwischen wohl berühmteste russische Weinchateau »Le Grand Vostock«, wo unter der Leitung des französischen Expertenehepaars Frank Duseigneur und Gael Brullon mit modernster Technologie und nach allen Regeln der Anbaukunst rote und weiße Weine in vier Klassen hergestellt werden. Die Palette reicht vom einfachen Landwein, in dem man noch die Heublütendüfte der Kuban-Wiesen ahnen kann, über eine Cabernet-Saperavi-Auslese mit traulichem

Erdbeermarmeladenaroma bis zu einem Cru-Bourgois-Wein, der drei Wochen, und dem Spitzenprodukt »La Chène Royal«, das ein volles Jahr im Eichenfass gereift ist. Aus Sympathie für den einheimischen Produzenten und die russische Erde trinke ich die Tafelweine von »Le Grand Vostock« und Abrau-Durso-Sekt regelmäßig. Wobei ich zugeben muss, dass beide in der Regel teurer sind als etwa die spanische oder südafrikanische Importkonkurrenz und trotzdem weniger Herz und Charakter haben als jene.

In Russland fehlten immer der Materialüberschuss und die schöpferische Ruhe, um Delikatessen wie Wein, Schinken oder Käse zu kultivieren und wirklich zur Reife zu bringen. Die Sommer auf »Awrora« sind mal so heiß wie in Bordeaux, mal wie in Südspanien, und im Winter fällt das Thermometer oft auf minus 30 Grad, bekannte Duseigneur, dem die russischen Fröste Anfang 2006 den Großteil seiner Rebstöcke zerstörten (siehe meine Reportage »Weinschloss im Wodkaland« in der Frankfurter Allgemeinen Zeitung vom 31. 8. 2006). Russische Köche erzielen kulinarische Üppigkeit am sichersten durch Mayonnaise, die ebenfalls aus der französischen Küche übernommen wurde, aber wohl nirgends so großzügig eingesetzt wird wie hier. Der alte Klassiker, der »Hauptstädtische« (stolitschnyj), also Moskauer Salat, für den man gekochte Kartoffeln und Fleisch oder Fisch, Zwiebeln, grüne Erbsen und Salzgurken mit Mayonnaise vermischt, fehlt bei keiner Festtafel, ebenso wenig wie seine etwas feinere Variante, der Salat »Olivier« mit Krebsschwänzen, Haselhuhn und ansonsten identischen Zutaten. Beim »Zärtlichen« (neschnyj) Salat werden Krabbenfleisch und geriebene Äpfel mit Mayonnaise verrührt, beim Salat »Mimose« (mimosa) hartgekochte Eier, Fischkonserven und Käse. Beliebt ist auch der »Hering im Pelz« (Seljodka pod schuboi), wobei man kleingehackte Matjes mit einem Gemisch aus gekochten Kartoffeln, Zwiebeln, roter Beete, hartgekochten Eiern und Mayonnaise zudeckt. Mayonnaise, die heute oft auch statt saurer Sahne in die Traditionssuppen Borschtsch und Schtschi eingerührt wird, schenkt russischen Vorspeisen ein versöhnliches Einheitsaroma und dem Genießenden ein gemütliches Sättigungsgefühl, das man in diesem unruhigen Land schätzen lernt.

Die russische Trinkkultur zelebriert starke Nervenreize bei eher flüchtigem Kontakt mit einem wenig dankbaren kulinarischen Material, das einen woandershin entführen soll – wie es auf gewisse Weise auch für die knochig minimalistische Musik von Wladimir Martynow charakteristisch ist. Das Nationalgetränk Wodka, das im 14. Jahrhundert als medizinisches »Lebenswasser« (Aqua vitae) mit desinfizierender Wirkung erstmals von genuesischen Kaufleuten über die Krim nach Moskowien gebracht wurde, beschert ein von den Aromata des Erdbodens weitmöglichst abgehobenes Vergnügen. Seine Qualität bemisst sich nach der Reinheit, der Abwesenheit jeglicher Geschmacksnuancen. Ich habe viele passionierte Wodka-Trinker kennengelernt, aber kaum einen, der zugegeben hätte, den Geschmack von Wodka zu mögen. Die meisten bekannten, sie könnten ihn eigentlich nicht ausstehen. Eine Portion Wodka, die normalerweise 50 oder »soldatische« 100 Gramm beträgt, kippt man in einem Zug herunter. Männer ziehen dabei gern eine Grimasse. Danach brennt es angenehm in der Kehle und im Bauch, während man spürt, wie die beseligende Wirkung langsam einsetzt. Wodka schlucken muss ein bisschen widerlich sein, erklärt Wladimir Martynow mit leuchtenden Augen. Schließlich gehe es hier um eine Bewusstseinsveränderung. Dabei erinnert der Musiker an die Redensart »Lass uns zusammenzucken!« (Dawaj wsdrognem), womit Russen einander zum Trinken auffordern.

Das russische Volk, das ursprünglich Honigwein trank wie die Germanen, wurde von einem Tandem aus Wodka und der Moskauer Machtvertikale erobert. Der Moskauer Großfürst Wassili III. (1479 bis 1533), der die russischen Teilfürstentümer unter seine Vorherrschaft brachte, setzte auch das großfürstliche Monopol aufs Schnapsbrennen durch und verbot alle von Adligen betriebenen Trinkhäuser. Wassilis Sohn, Zar Iwan der Schreckliche (1530 bis 1584), eröffnete dann 1553 am Baltschug-Ufer gegenüber dem Kreml die erste staatliche Schnapskneipe oder Kabak. Zuerst durften dort nur die Iwan treu ergebenen Terrorgarden, die Opritschniki, sich durch das enthemmende Getränk von ihren blutigen Einsätzen erholen und für neue Aufgaben in Stimmung bringen. Das taten sie dafür exzessiv. Zumal es nach höchstherrscherlichem Willen in der Kneipe verboten war, Speisen zu reichen, die den Rausch abgefedert hätten. Die Tradition hielt sich zäh. Zwar wurde 1885 unter Zar Alexander III., der selbst ein Alkoholproblem hatte, in Trinkstuben das Servieren von Vorspeisen obligatorisch, doch auch danach sparten schlichte Kneipengäste lieber am Essen, um dafür für ihr Geld mehr »nach alter Weise« trinken zu können. Selbst heute sind viele Russen geradezu stolz, wenn sie ihren Wodka ohne Unterlage genießen. Der Schnaps mit dem reinsten Feuer beschert Männern eine unvergleichliche Erfahrung von charakterlicher Reife und Verbundenheit miteinander. Wodka, vor allem hochwertiger, der mit bestem Quellwasser hergestellt und x-mal gefiltert wurde, kann in der kalten Jahrszeit ein Hochgenuss sein. Durch seinen »Biss« gewinnen die für den Winter eingesalzenen Gürkchen, Pilze, Tomaten, die man dazu reicht und die für sich genommen alle irgendwie ähnlich schmecken, erst ihre richtige kulinarische Form. Auch der Komponist Wladimir Tarnopolski schätzt am Wodka seine »bissige« Ernsthaftigkeit, wenngleich, wie er betont, in kleinen Dosierungen. Der Tradition, wonach Russinnen am liebsten halbsüßen Schaumwein oder Likör tranken, wohl um ihr bitteres Alltagsleben auszugleichen, wurden später vor allem Bessergestellte untreu.

Wo das Schöne selten und gefährdet ist, wird es besonders dramatisch verehrt. Als Wladimir Tarnopolski im Alter von 18 Jahren aus der ostukrainischen Provinz nach Moskau übersiedelte, kam ihm die sowjetische Hauptstadt mit ihrem reichen Konzertleben und den Kunstausstellungen vor wie eine kosmopolitische Kulturmetropole. Im »Haus des Buches« (Dom Knigi) am damaligen Kalinin-Prospekt, dem heutigen Neuen Arbat, konnte man mit etwas Glück sogar Literatur über die aktuelle Kultur und Kulturtheorie Westeuropas erwerben, beispielsweise die schnell ausverkauften Ausgaben der Verlage »Nauka« (Wissenschaft) und »Snanie« (Wissen), die unter ideologisch korrekten Titeln kundig und voll Sympathie geschriebene Darstellungen der Philosophie der Frankfurter Schule, des Surrealismus oder des Poststrukturalismus enthielten. So machte die Ausgabe »Bourgeoise Ästhetik heute«, die laut Editionsvermerk über die »reaktionär elitäre Kultur des Westens« aufklärte, mit dem Existentialismus, dem Neothomismus und der freudianischen Ästhetik vertraut (Buržuaznaja ėstetika segodnja, Moskva 1975). Eine fundierte Monographie über Freuds Religionsverständnis empfahl sich im Untertitel als »Kritische Analyse«, die eine »unerlässliche Voraussetzung für die marxistisch-leninistsche Beurteilung der Psychoanalyse« sei (M. Popova: Frejdizm i religia, Moskva 1985). Im Verlag Muzyka erschienen in der Reihe »Krise der bürgerlichen Kultur und Musik« (Krizis buržuaznoj kul'tury i muzyki, seit 1972) kompetente Sammelbände mit Abhandlungen über die Musiktheorie Adornos, die Musik Schönbergs, Alban Bergs »Lulu«, aber auch den Nachkriegsavantgardisten Jannis Xenakis.

Tarnopolski war in der für Ausländer gesperrten Rüstungsindustriestadt Dnepropetrowsk aufgewachsen. Sein Vater, Grigori Tarnopolski, bildete an der dortigen Pädagogischen Musikspezialschule Dirigenten aus, spielte daneben Akkordeon und Klavier und sang auch noch im Chor. Darüber hinaus veranstaltete Tarnopolski senior regelmäßig Konzerte und ließ in den sechziger Jahren in Dnepropetrowsk und Charkow sogar zwei, drei Nummern aus Mozarts Requiem aufführen. Da das geistliche Werk, wie etwa auch die Bach-Passionen, in der atheistischen Sowjetunion nicht verlegt wurde, musste er dabei auf einen vorrevolutionären Notentext zurückgreifen. Außerdem durfte der Chor statt des liturgischen Textes nur solfeggieren, also »La-fa-si-do«, singen.

Die Familie Tarnopolski wohnte in einer unguten Hinterhofgegend an der Dritten Tschetschelowka-Straße. Gebildete wurden dort misstrauisch beäugt. Die Kinder jeder Straße organisierten sich zu Banden. Als Junge wusste er, dass ein Ausflug in die Vierte Tschetschelowka gefährlich war, weil Angehörige der dortigen Banden über einen herfallen konnten, erinnert sich der Musiker. Das nährte jedoch auch seine romantische Ahnung vom Glück, das er sich nur als schweißtreibende Auseinandersetzung mit etwas Übermächtigem vorstellen konnte, die zu einem Durchbruch führte oder in den Untergang, in jedem Fall aber zu einer Katharsis. Zugleich begann schon im Kindergarten der kasernenmäßige Drill. Nach einem starren Zeitplan wurde gespielt und gegessen. Obligatorisch war auch der tägliche Mittagsschlaf, wobei alle Kinder genau anderthalb Stunden auf der rechten Seite still liegen mussten, die Hände unter der rechten Wange gefaltet. Als daher eines Tages der Kindergarten wegen einer Epidemie geschlossen war und er seine Mutter in die Waschküche begleitete, wo er in einem Wassereimer Papierschiffchen fahren lassen durfte, überkam ihn das plötzliche Gefühl von Freiheit wie ein freudiger Schock.

Umso nachhaltiger wurde Tarnopolski junior, der in seiner Jugend auch für »Maccaroni nach Seemannsart« schwärmte, durch die Dnepropetrowsker Pianistin Mikaela Alexandrowa geprägt, die ihm vor der Aufnahmeprüfung am Moskauer Konservatorium an der Glinka-Musikspezialschule den obligatorischen Klavierunterricht gab. Frau Alexandrowa, die bei Zöglingen des legendären Heinrich Neuhaus studiert hatte, war nicht nur eine hervorragende, hochinspirierte Klavierpädagogin, die mit ihren Schülern nicht zweimal wöchentlich 45 Minuten übte wie vorgeschrieben, sondern mindestens anderthalb Stunden vier Tage in der Woche. Sie ging mit ihnen auch zu Konzerten pianistischer Größen wie Emil Gilels, Swjatoslaw Richter, Rudolf Kerrer, die regelmäßig in Dnepropetrowsk auftraten, und diskutierte anschließend mit ihnen über das Gehörte. Tarnopolski erinnert sich, dass ihn Mikaela Alexandrowa erstmals auf den fundamentalen Unterschied zwischen Schönheit und gefälliger Pseudoschönheit (auf Russisch krasota und krasivost') aufmerksam machte. Und am Beispiel von Beethovens achter Klaviersonate, der »Pathétique«, führte sie ihm vor, dass bei diesem Komponisten selbst die Lyrismen einen öffentlichen, gleichsam staatsbürgerlichen Charakter hätten, im Gegensatz etwa zur Einsamkeitslyrik eines Schubert. Die zudem äußerst belesene Klavierlehrerin war darüber hinaus eine Enthusiastin der neueren russischen und westeuropäischen Kultur. Sie gab dem halbwüchsigen Tarnopolski und einem Zirkel von vier, fünf Unterrichtskameraden die Romane von Michail Bulgakow und die Dichtung von Boris Pasternak zu lesen, außerdem russische Übersetzungen von Thomas Manns »Doktor Faustus« und »Joseph und seine Brüder« sowie von Hermann Hesses »Glasperlenspiel«. Diese Literatur, die den Jugendlichen eine reichere Welt ohne ideologische Scheuklappen aufschloss, war, da sie nur in Kleinauflagen publiziert wurde, ohne Sonderbeziehungen praktisch unzugänglich. Frau Alexandrowa, die niemals ins Ausland hatte reisen können, besaß obendrein eine beachtliche Sammlung von Kunstalben mit Reproduktionen bedeutender Gemälde der italienischen und deutschen Renaissance. Mit Hilfe dieser Bücher veranstaltete sie in ihrer kleinen Zweizimmerwohnung »kunstwissenschaftliche Seminare«, wobei jeweils ein angehender Musiker den anderen einen Künstler vorstellen musste. Das war natürlich alles äußerst naiv, sagt der Komponist rückblickend. Doch es war auch ein tiefes Kulturerlebnis, fügt er hinzu, ein wahrer Genuss, der den Wüstenbewohnern zeigte, dass ein authentisches Dasein möglich sein musste. Zugleich merkten er und seine Gesinnungsfreunde, dass sie damit zum Widerstand gegen das gleichmachende System geradezu verurteilt waren. Mikaela Alexandrowa zog wohl ausgezeichnete

Musiker heran, sie erntete aber auch Neid und Missgunst unter den Kollegen. Ihr Schüler Tarnopolski wurde unter einem Vorwand aus der musiktheoretischen Fakultät geworfen, wo er besonders glänzte. Deswegen wurde er mit einem Hochschulreifezeugnis von einer Dnepropetrowsker Arbeiterabendschule am Moskauer Konservatorium aufgenommen, was heute nicht mehr möglich wäre. Seine Mitschülerin Irina Snitkowa, die später seine Frau wurde, erhielt zu Hause Besuch von einer Lehrerin, die zugleich Parteiaktivistin an der Schule war und kontrollieren sollte, ob das verdächtig ernste Mädchen nicht vielleicht Ikonen oder religiöses Schrifttum im Bücherregal stehen habe.

In Moskau, das schon in der Breschnew-Ära von ausländischen Komponisten und ausländischen Orchestern besucht wurde und wo am Konservatorium Musiker aus der DDR studierten, schien es Tarnopolski, als stünde man hier mit der ganzen Welt in Kontakt. Freilich schien es ihm auch, als elektrisiere das die alteingesessenen Moskowiter weit weniger als ihn, den Zuzügler mit Nachholfbedarf. Seine Kompositionsstudentengeneration war am Konservatorium die erste, die sich in die frühe Mehrstimmigkeit von Johannes Ockeghem, Jacob Obrecht bis Claudio Monteverdi vertiefte. Diese Arbeit gab dem Russen (der er dem Pass nach ist und als welcher er sich auch der Sprache und Kultur nach versteht) das Gefühl, als arbeite er an einem in historischer Ferne verwurzelten Werk mit. Plötzlich empfand er sich als Zweig an einem großen Baum. Freilich, als er zur Abschlussprüfung des ersten Studienjahres eine serialistische Klaviersonate vorlegte, die ein wenig in der Art geschrieben war, wie Boulez es 20 Jahre früher getan hatte, wäre er fast vom Konservatorium geflogen. Die bei der Prüfung anwesenden Senior-Komponistenverbandssekretäre Tichon Chrennikow und Dmitri Kabalewsky erklärten dem Studenten drohend, man habe hier nicht vor, Musiker für Übersee auszubilden. Fortan komponierte Tarnopolski parallel vorzeigbare Stücke und daneben »eigentliche« für die Schublade, die er aber nie hören konnte. Zugleich begegneten ihm in dem die westliche Avantgarde anverwandelnden Komponisten und Meisterorchestrierer Edisson Denissow sowie dem brillanten Musikwissenschaftler Juri Cholopow, den Tarnopolski als »unseren Riemann« apostrophiert, Lehrer, deren mit Materialbeherrschung gepaarte Strenge, wie er fand, europäische Maßstäbe setzte. Ostdeutsche Instrumentalisten, die im Wohnheim ständig die Beatles hörten, machten die Mitstudenten mit einem jugendfrischen und zugleich ganz undestruktiven Protestsound vertraut. Selbst die Ausbildung in allgemeiner Philosophie- und Kunstgeschichte war, bezeugt er, grundsolide. Die sowjetkommunistischen Pflichtdisziplinen Historischer und Dialektischer Materialismus brachten einem Grundideen von Kant und Hegel bei und trainierten auf jeden Fall das logische und methodische Denken. Die Professoren waren nüchterne Köpfe, versichert er, die meisten hielten das System für krank. Nur die Dozentin für die Geschichte der KPdSU fragte ihn gereizt, warum er immer lächle, sie hielt das für einen Ausdruck ironischer Herablassung. Wie fest aber seine Ausbilder davon überzeugt waren, dass dem anspruchsvollen Musikschaffen die Zukunft gehöre, merkte der Studierende, als er sich einmal mit einem Kommilitonen zur Vorlesung verspätete und von einem Dozenten in der Konservatoriumscafeteria erwischt wurde. Statt die beiden zu rügen, redete der ihnen freundlich zu. »Esst nur, esst nur, Jungs«, sagte der Pädagoge. »Ihr Beruf ist ja der wichtigste, der hier alles andere trägt.«

Die Moskauer Intelligenzia fahndete in den Siebzigern nach echten Werten. Viele ließen sich Bärte stehen, suchten Halt im Christentum, in freikirchlichen Sekten oder im Hinduismus. Um einen neuen Film von Andrej Tarkowski zu sehen, musste man weit fahren, ins Vorstadtkino von Mytischtschi. Doch die Tickets für die Vorstellungen waren im Nu ausverkauft. Zu Symphoniekonzerten rückten nicht wenige Hörer mit Partituren der gespielten Werke an, die sie wer weiß wo aufgetrieben hatten und während der Aufführung mitlasen.

Und wenn Richter oder Gilels eine öffentliche Probe abhielten, war jeder Platz besetzt. Anfang der achtziger Jahre mussten ein paar Mal geplante Konzerte von Alfred Schnittke, Edisson Denissow und Sofia Gubaidulina im letzten Moment abgesagt werden. Doch diese Verbote wirkten, wie wenn ein Greis mit dem Finger droht. Sie machten niemandem Angst. Die musikalischen Avantgardisten fühlten ihre Position eher gestärkt. Es war eine Art Katz-und-Maus-Spiel. Westliche Komponisten, die nach Moskau kamen, wurden üblicherweise offiziell im Komponistenverband empfangen. Dort baten sie um ein Treffen mit Schnittke oder Denissow. Sie erfuhren, dass die Genannten derzeit leider krank oder nicht in der Stadt seien – was selbstverständlich nicht stimmte. Danach wurden Schnittke oder Denissow heimlich angerufen, und ein ganzer Musikertross geleitete die Gäste zu ihnen. Tarnopolski nahm oft an solchen Spaziergängen teil und erinnert sich, dass er dabei unwillkürlich nach Beschattern Ausschau hielt (siehe: »›Nur die Kunst kann uns befreien.‹ Vladimir Tarnopol'skij über sein Werk und die Welt‹, in: Osteuropa, Heft 4, 2009, S. 86).

Tarnopolski verstand sich als entschiedener Westler. Die russische musikalische Kultur empfand er als kastriert, also so, wie Martynow die westeuropäische, wenn auch im »metaphysischen« Sinn, bezeichnet. Der Musiker fühlte sich, sagt er, wie Chodorkowski im Gefängnis (Interview 8. Januar 2011), von den Quellen der Vergangenheit, jenem lebendigen Ozean aus traditioneller Klassik, alter Musik, klassischer Avantgarde und authentischer Aufführungspraxis, der die westliche Avantgarde speiste, abgeschnitten, dadurch aber auch ohne vorstellbare Zukunft. Um etwas über das frühe Organum zu erfahren, hatte er noch in den siebziger Jahren eine polnische Enzyklopädie konsultieren müssen. Wagner wurde seit dem Zweiten Weltkrieg nicht mehr aufgeführt. Die klassischen westeuropäischen Avantgardisten wie Arnold Schönberg wurden ebensowenig gespielt wie die russischen, etwa Nikolai Roslawetz oder Alexander Mossolow. Die Kunstverbotspolitik und der Sozialistische Realismus mit seinen erkünstelten Produktionsthemen, etwa vom Kolchos, hatten, wie Tarnopolski sich ausdrückt, den Kulturraum chemisch gereinigt. Die Aufführung einer Schütz-Kantate war damals ein oppositioneller, geradezu avantgardistischer Akt. Die Komponisten suchten nach einem echten Ton, nach allem von Bedeutung. Tarnopolski vergleicht das mit der Entwicklung einer Wickenpflanze, die in alle Richtungen gleichzeitig wächst und sich überall festhält.

Ende der achtziger Jahre fielen dann alle Verbote. Das zweite internationale Festival für zeitgenössische Musik in Leningrad 1988 war der Höhepunkt der Perestroika. Alle Gäste bekamen vom Komponistenverband ein Hotelzimmer und ein Taxi, das rund um die Uhr für sie zur Verfügung stand. Luigi Nono, Luciano Berio, Helmut Lachenmann, John Cage kamen zu Aufführungen ihrer Stücke. Die Russen konnten sie jetzt auch als streitbare Künstlerpersönlichkeiten erleben. Nono beispielsweise hätte seinen Landsmann Franco Mannino, der traditionelle Filmmusik komponierte, aus Zorn beinahe verprügelt. Lachenmann strich nach der Probe sein Stück vom Programm – die einheimischen Musiker waren handwerklich dafür nicht gerüstet. Nur John Cage gab sich, im Gegensatz zu den Europäern, gegenüber allem philosophisch distanziert. Jetzt spürte man aber auch zwischen den Russen und den Westlern eine Berliner Mauer des Nichtverstehens. Die Mahnung der Meister aus Europa, alles Gefällige sei peinlich zu vermeiden, konnten die Russen nicht nachvollziehen. Für sie war im Werk eines Stockhausen oder Lachenmann viel gedankliche Konsequenz, aber irritierend wenig Musik enthalten. Tarnopolski nahm die abgewürgten Geräusche eines Lachenmann, den er später zu seinem Lieblingskomponisten erklärte, anfangs nicht strukturhaft, sondern wie gotisches akustisches Dekor wahr. Und während Nono danach strebte, musikalische Klischees von Schmerz und Leidenschaft durch frührenaissancehaft spröde Intonationen zu überwinden, träumten die russischen Tonsetzer gerade von einer neuen Universalsprache mit europäischen Konventionen als Fundament. Die meisten orientierten sich an der Atonalität eines Alban Berg mit ihren ständigen Anklängen an die Dur- oder Mollharmonik.

Tarnopolski war 1984 aus dem Kämmerchen, das er mit seiner Frau in der Kleinwohnung der Schwiegereltern an der Nowatorow-Straße im Süden der Stadt bewohnte, in ein eigenes kleines Zweizimmerappartement ganz in der Nähe gezogen. Im alten Zimmer standen ein Tisch, ein Klavier und ein Schlafsofa so eng zusammengedrängt, dass man zwischen ihnen gerade die Tür aufmachen konnte, an der, als Schrankersatz, ein großer Wäschesack baumelte. In Augenhöhe hingen mit Postkarten geschmückte Bücherregale an der Wand. Man konnte kaum einen Fuß auf den Boden setzen, aber alles war ordentlich und sauber, versichert Tarnopolski. Daher erschien ihm nach dem Umzug sein neues Wohnzimmer übertrieben groß. Er habe es im ersten halben Jahr gar nicht betreten. Ein amerikanischer Fotograf freilich, der ihn in den Perestroika-Jahren einmal im neuen Quartier besuchte, war über den Platzmangel dort entsetzt. Der Gast fragte ihn besorgt, ob er noch eine andere Wohnung zum Schlafen hätte, erinnert sich der Musiker. Außerdem kam dem Amerikaner die weite Fahrt aus dem Stadtzentrum mit Metro und Bus allzu beschwerlich vor. Als er wissen wollte, warum der Komponist sich kein Auto kaufe, erklärte der, dafür müsse er mehr als drei Jahre arbeiten. Woraufhin ihm der Besucher empfahl, doch über einen billigen Ford nachzudenken.

Wie Martynow, Schnittke und andere Kollegen experimentierte Tarnopolski, wenngleich er sich als Atheist verstand, mit christlichen Formen. Ihm schien, alle europäische Kunst wurzele im Christentum, und er müsse, wie ein Embryo, bestimmte Evolutionsschritte durchmachen. In den Perestroikajahren 1986 bis 1989 entstand seine »Ökumenische Trilogie«, drei Kompositionen, die die katholische, protestantische und orthodoxe Art der Sinnfindung mit zeitgenössischen Ausdrucksmitteln vergegenwärtigen. Das erste Stück, der Bußpsalm »Psalmus poenitentialis« für Chor, Orgel und Solovioline war inspiriert von der barocken Peter-und-Paul-Kirche im litauischen Vilnius. Das Bauwerk überwältigte den Komponisten, der die Sowjetunion nie verlassen hatte, durch seine feinproportionierten, dabei monumentalen und zugleich förmlich emporschwebenden Formen. Tarnopolski baut ein Responsorium, einen Wechselgesang, als 25 Minuten währendes Klangbild erhaben kathartischer kollektiver Reue, dem die Reaktorkatastrophe von Tschernobyl im April 1986 allerdings eine apokalyptische Bedeutung verlieh. Diatonische Figuren des Chors und der Violine werden von sich abspaltenden chromatischen Linien dissonant umschmeichelt wie von schmelzendem Schnee. Der Kanon schreitet immer höher bis zur Kulmination, wonach die Stimmen in feierlichem Glissando niederstürzen.

Im folgenden Jahr entstand das Choralvorspiel »Jesu, deine tiefen Wunden« für Schlagzeug, Streichtrio und Ensemble. Es vertieft sich, wie die durch keine Indulgenzien getröstete protestantische Frömmigkeit auf Tarnopolskis Lieblingsbildern von Dürer oder Grünewald, schmerzlich detailgenau in die Leiden Christi, was bei dem russischen Musiker freilich mit den Mitteln des Instrumentaltheaters beziehungsweise der Performance geschieht. Zwei Percussionisten, die rhythmisch auf ihre Instrumente, aber auch den eigenen Körper einschlagen, bewegen sich aus der Bühnentiefe in Richtung Rampe. Während das Trio chromatisch »weinende« Spiegelkanonfiguren und die Bläser einen dissonant harmonisierten Choral intonieren, rücken sie vor zum Dirigenten, der am Schluss in der Pose des Gekreuzigten erstarrt. In Tarnopolskis Wohnung hingen damals Reproduktionen von Dürer-Kupferstichen an der Wand, darunter die »Melancholie« und die »Apokalyptischen Reiter«. Er empfand die nordische Renaissance künstlerisch als unmittelbar vorbildlich, weil dort, im Unterschied zur italienischen, die Wirklichkeit nicht idealisiert, sondern gerade das vermeintlich Unschöne mit besonderer Liebe wiedergegeben werde. Diese Kunst hatte für ihn eine besondere menschliche Dimension. Sie tröstete durch tapfere Ehrlichkeit, fand er. Um diese Zeit kam einmal der zum orthodoxen Christen gewordene Martynow ihn besuchen. Im Gespräch über Glaubenssuche und Kultur erklärte Martynow, auf die Bilder deutend, »das« müsse man natürlich alles zerschlagen (er benutzte den russischen Ausdruck für die brachiale Totalzerstörung, »gromit'«), wenngleich er verallgemeinernd sprach, so als sei er selbst nicht unbedingt Teil dieses »man«, wie sich Tarnopolskis Gattin Irina erinnert. Der Gastgeber fragte den Kollegen, ob ihm die Graphiken nicht gefielen. Doch, erwiderte Martynow, er sei ja von diesen Dingen erzogen worden. Sie brächten einen aber auf falsche Gedanken, sagte er. Dann gab er ihm ein Traktat des ultrakonservativen orthodoxen Heiligen Ioann von Kronstadt (1829 bis 1908) und die konspiratologische Kompilation »Blis jest' pri dverech« (finster-nebulöse, antisemitische Warnungen vor »Lügenpriestern«, von Sergej A. Nilus). Tarnopolski beeindruckte an diesen Schriften neben ihrer Gedankenarmut vor allem ihr zutiefst unfrohes Verhältnis zur Welt und zum Menschen. Es kam ihm vor, sagt er, als schaute er durch sie nicht ins Leben, sondern ins Grab. Er und Martynow wurden Antipoden.

Seine erste Reise ins saturierte, mittelständische Deutschland 1989 überzeugte Tarnopolski dann davon, dass auch der ästhetische Charme der Orthodoxie in ihrer Armut liegen müsse. Passenderweise wurde damals die Lebensmittelversorgung in Moskau immer schlechter. Brot, Milch, Eier verschwanden aus den Läden. Doch die Leute waren darüber keineswegs erbittert, erinnert sich der Komponist. Sie nahmen es mit Humor und waren froh, wenn man dann doch etwas bekam. Das seine Trilogie abschließende Werk, »Troïsti muziki« für Klaviertrio (wobei das Klavier präpariert ist), wurde ein betont kunstloses Stück, das aus dem absichtslosen Stimmen der Instrumente nahtlos herauswächst. Mit schwachem Bogenstrich beziehungsweise Tastenanschlag scheinen die Musiker dürre, quasiimprovisatorische Quinten und Läufe zu ertasten, die die Note G umkreisen – die Notensilbe Sol, was im Russischen auch »Salz« bedeutet und hier auf das biblische Salz der Erde anspielt. Ebenso laienhaft singen sie am Ende den Hymnus auf die Armut des ukrainischen christlichen Philosophen Grigori Skoworoda (1722 bis 1794).

Der erste deutsche Kompositionsauftrag, den ihm im Folgejahr das großartige Frankfurter Ensemble Modern erteilte, half Tarnopolski dann auch, endlich seinen eigenen Personalstil zu finden. Mir war, als hätte Zeus mir die Hand gereicht, erinnert er sich. Es sei wie eine Totalmobilisation gewesen. In der unheimlichen Ruhe des ersten Halbjahrs 1991 habe er das Gefühl gehabt, ihm stünden alle Lebensperspektiven offen. Er arbeitete am Rande des Zusammenbruchs – ein unvergleichlich glücklicher Zustand, wie er versichert. Kompositorisch ließ er diesmal bewusst die Zügel schleifen. Er wollte sein musikalisches Material, einen komplexen Akkord, sich selbst entwickeln, sprießen, zergehen lassen. Es entstand ein halbstündiges Ensemblestück, das auch hörbar macht, wie Musik überhaupt zu einem kommt. Aus dem Nichts kaum vernehmlicher Schab- und Schelllaute wächst, getragen von einem gezeitenhaften Atem, ein schillernd timbrereiches Klangungetüm, das, in einen Sfumato-Schleier aus Mikrointervallen und Geräusch gehüllt, sich in Arpeggien aufbäumt, keuchend vertikal schichtet, zerfällt, sich nochmals sammelt, wieder zerfällt und schließlich versickert. Als im August die alte Sowjetgarde gegen Gorbatschow putschte, was leicht einen Bürgerkrieg hätte auslösen können und dann das Ende der Sowjetunion besiegelte, schien es ihm, als habe sein Musikstück, das er zehn Tage zuvor auf »Kassandra« getauft hatte, das vorausgeahnt.

## Rausch

Russische Restaurants wie auch russische Delikatessengeschäfte kapseln sich möglichst von der Außenwelt ab. In sowjetischer Zeit und bis weit in die neunziger Jahre hinein verhängten Esslokale in bester Gegend und bei schönstem Wetter ihre Fenster und dröhnten den Gast mit lauter Musik zu. Gastronomieläden locken den Passanten nicht durch Schaufensterauslagen. Die Genussoasen bauen eine Schutzmauer zur Normalwelt auf, zum einen, um die, die nicht an Bord kommen können, nicht unnötig zu reizen, vor allem aber, weil ihre Gäste diese Normalwelt eine Weile vergessen möchten.

Moskaus Gaststätten werden für ihre opulenten Interieurs mindestens ebenso geschätzt wie für ihre Küche. Kultivierte Leute dinierten ab Mitte der neunziger Jahre französisch im an der Straße-des-Jahres-1905 neu errichteten »Le Duc«, wo man Foie gras oder Austern in gotischen Schlossgewölben vor erleuchteten Spitzbogenfenstern an Ritter-Artus-Tischen isst. Zum selben Erlebnis-Lokal-Komplex gehört das gleichfalls äußerst empfehlenswerte ukrainische Spezialitätenlokal »Schinok«, wo rustikale Tische eine »echte« Bauernidylle mit Flechtzäunen und Birkenstämmen umstehen. Über den mit Sägespänen bestreuten Boden spaziert ein braunes Huhn. Neben einer angepflockten jungen Ziege hockt auf einer Bank eine Bäuerin in traditioneller Tracht und strickt. Das »Café Puschkin« am Twerskoi Boulevard, das zu Wladimir Sorokins Stammlokal wurde, ist ein Meisterwerk musealen Designs. Für den klassizistisch stilisierten Neubau, in dem sich endlich das gleichnamige Café aus Gilbert Becauds Chanson »Nathalie« materialisierte, war zuvor ein echtes klassizistisches Haus abgerissen worden. Die Gaststube im Erdgeschoss nennt sich »Apotheke« nach der wie ein alter medizinischer Verkaufstresen gestalteten Bar, die die heilsamen Wässerchen ausgibt. Die elegante »Bibliothek« im Obergeschoss wird von alten Folianten, Fernrohren und Globen kulturell aufgeladen. Künstlich angebrachte

Risse und Verfärbungen verleihen dem mit Stuck und dunklen Malereien geschmückten Neubau Alterswürde. Die in Leinenhemden mit Stehkragen und weichem Halstuch gekleideten Kellner begrüßen den Gast patriarchalisch höflich mit »Sudar« oder »Sudarynja« als Gnädiger Herr oder Gnädige Frau. Und die in vorrevolutionärer Orthographie gedruckte Speisekarte preist die Gerichte poetisch an als »Weiße Lilie aus Ente mit Pomeranzenmarmelade« oder »Salat aus Meeresbewohnern, die mit verschiedenen Gemüsen gefüllt und als Hügelchen auf grüner Pasta angerichtet« sind.

Der Aufbruch der neunziger Jahre war auch einer in neue Welten des Vergnügens. Restaurants und Nachtklubs vermehrten sich wie Pilze im Sommerregen. Zur Legende wurde die Bar »Hungry Duck« in der Puschetschnaja-Straße hinterm Bolschoi Theater. Zum Damenabend dort kamen Hunderte von Mädchen. Sie blieben erst eine Weile unter sich und bekamen Gratisdrinks ausgeschenkt, wobei gut gewachsene Tänzer sie animierten. Nach ungefähr zwei Stunden wurden dann auch die Herren eingelassen, die schon ungeduldig warteten. Kunden des »Hungry Duck« schwärmten von den Orgien dort und ganz besonders vom Amateur-Striptease. Wladimir Sorokin ging ein paar Mal in den viel zahmeren Klub »Lutsch« (Lichtstrahl), wo ihn die Kombination von harten Techno-Klängen, Light Show und Erotik hinriss. Nachdem in seinem bisherigen Leben der Staat fast alles bestimmen wollte, wurde ihm hier nun sinnlich suggeriert, er könne tun und ausprobieren, was er wolle – es liege allein an ihm. Techno-Musik war in Detroit in den späten siebziger Jahren aufgekommen, während des Niedergangs der dortigen Automobilindustrie. Die metallen hämmernden Elektronikklänge beschworen eine postindustrielle Wiedergeburt. Auch in Russland wurde Techno in einer Zeit des Einbruchs der Industrieproduktion populär, seit der Perestroika. Jetzt wurden Discobesucher selbst zu Maschinen. Sorokin begeisterte sich insbesondere für den Sound der deutschen Gruppe »Kraftwerk«, vor allem für deren Lied »We Are the Robots«, der die wiederkehrenden russischen Zeilen enthält: »Ja twoi sluga« und »Ja twoi rabotnik« (Ich bin dein Knecht beziehungsweise Ich bin dein Arbeiter). Wenn er zu Techno tanzte, sagt der Schriftsteller, kam er sich vor wie ein Roboter, der durch die Musik mit Energie aus einer Starkstromleitung gespeist wurde. Sorokin empfand die Nächte im »Lutsch« als berauschende, aber auch aggressive westliche Kulturdusche. Umso schöner war dann das Kontrastbad im »Café Puschkin«, wo der Künstler am Morgen danach zum Frühstück einkehrte. Das filmkulissentaugliche Environment aus der goldenen Zeit der russischen Kultur und eine Portion der urigen Kohlsuppe Schtschi besänftigten seine aufgewühlten Nerven.

Gleichzeitig wurden Drogen, die diese Erfahrungsräume noch einmal erweiterten, zum festen Bestandteil des Moskauer Nachtlebens. Insbesondere das vergleichsweise erschwingliche Ecstasy mit seiner euphorisierenden, empfindungsintensivierenden und zugleich Schmerz und Ängste ausblendenden Wirkung verzauberte die Tanzenden und steigerte ihre physische Kondition. Es beseligte Partygäste, Schüler, angehende Manager, Kunden von Schneeballfirmen und trug jene unerklärlich beflügelte Atmosphäre mit, über die der Dichter Hendrick Jackson damals bei seinem Moskaubesuch staunte. Die intellektuelle Bohème experimentierte mit dem halluzinogenen LSD. Alina Wituchnowskaja, die Dichterin, die sich für genussunfähig erklärt, erforschte immerhin seine Laborproduktion und kam dafür ins Gefängnis. Parallel dazu explodierte die Zahl der Kokain- und Heroinabhängigen. Dass sich in den neunziger Jahren ein so großer Teil der Gesellschaft so schnell dem Drogenrausch ergab, führte diese Gesellschaft selbst später vor allem auf die Not zurück, die allgemeine wirtschaftliche und soziale Instabilität im Land (in Umfragen zwischen Januar und Mai 2003 wurde dieser Grund am weitaus häufigsten genannt, von 54,91 Prozent der Befragten, siehe www.narkotiki.ru/poll.html).

Zum Essen und zur Entspannung trank man jetzt zunehmend auch französischen Cognac und schottischen Whisky, und zwar wie Wodka, indem man das Glas auf einen Zug leerte. Schnellaufsteiger wählten im Lokal ihren Drink, indem sie die Getränkekarte nach dem Preis mit den meisten Nullen absuchten. Ständig kamen neue Wodka-Marken auf den Markt. Die Machthaber kreierten Labels, die den Wunsch, dazuzugehören, oder umgekehrt, zu protestieren, bekenntnishaft abbildeten. Der Sicherheitschef von Präsident Jelzin, Alexander Korschakow, vertrieb die Nobelsorte »Kremlyovskaya«, die auf Empfängen und Festivals ausgeschenkt und heftig beworben wurde. Wer um die Mitte des Jahrzehnts vom Flughafen Scheremetjewo in Richtung Stadtzentrum fuhr, passierte ein nahezu lückenloses Spalier von »Kremlyovskaya«-Werbetafeln. Die Wodkamarke »Schirinowski« mit dem grimmigen Porträt des Führers der so genannten Liberaldemokratischen Partei auf dem Flaschenetikett diente sich den Reformverlierern an. Sie ermöglichte es den Anhängern des vom Kreml eigens als Politcharge aufgebauten Schirinowski, sich mit Stil und für die Partei profitabel zu entspannen. Für das Katerfrühstück brachte die Firma »Stolitschnaja« Kleinportionen von 200 Gramm im Joghurtbecher heraus. Wodka, Bier und Schokoriegel stellten in den rund um die Uhr geöffneten Lebensmittelkiosks an jeder Straßenecke das Hauptsortiment, weshalb Nationalisten der Regierung vorwarfen, sie betreibe Genozid am russischen Volk. Die orthodoxe Kirche beteiligte sich an dem Geschäft mit dem legalen Rauschgift. Mitte der neunziger Jahre wurde der Bitte des Moskauer Patriarchats stattgegeben, ausländische Spirituosen und Tabakwaren zoll- und mehrwertsteuerfrei importieren und dann in Russland verkaufen zu dürfen. Wie auch die Einkünfte aus dem Handel mit Erdöl und Hühnerschenkeln sollte das, wie Patriarch Alexi II. erläuterte, helfen, die vielen Kirchengebäude, die wieder in Betrieb genommen wurden, zu restaurieren. Alexis Nachfolger auf dem Patriarchenthron, der wegen seiner Schlüsselrolle bei den Geschäften in den Neunzigern von Journalisten als »Tabakmetropolit« apostrophierte Kyrill, behauptete Anfang der nuller Jahre, er habe mit dem Zigarettenhandel nie etwas zu tun gehabt. Er habe die Pressemeldungen aber damals auf sich sitzen lassen, verriet er dem damaligen Minister für Arbeit und Soziales, Alexander Potschinok, um nicht die wirklich Verantwortlichen belasten und so der Regeneration der Kirche schaden zu müssen (www.religiare.ru/2_61477.html). Mit den viel nachhaltigeren kathartischen Genüssen, die die Kyrill unterstellten Gottesleute in der heiligen Liturgie spenden, können marktgängige Drogen natürlich nicht konkurrieren.

Die ersten zwei Monate nach dem Augustputsch 1991 verbrachte Tarnopolski in Deutschland, in Frankfurt, Köln und Mainz, wo seine »Kassandra« erstmals erklang und er beim Musikverlag Schott arbeitete. Der Komponist konnte sich aus der erregten Moskauer Atmosphäre nur schwer losreißen. Als er am 24. August früh zum Flughafen aufbrach, ließ er den Taxifahrer eine Extrarunde über die Lubjanka drehen, um noch einen Blick auf den leeren Platz zu werfen, wo erst am Vorabend unter dem Jubel der Menge, zu der auch Wladimir Sorokin gehörte, die in den späten fünfziger Jahren dort aufgestellte Dserschinski-Statue demontiert worden war. Seine Reise und die Teilnahme an den Frankfurter Festen, wo in der Alten Oper das Ensemble Modern vier Auftragskompositionen sowjetischer Komponisten spielte, waren ein triumphaler Erfolg. Außer Tarnopolski kamen der Moskauer Viktor Jekimowski, der ebenfalls in Moskau lebende Aserbaidschaner Faradsch Karajew und der Ukrainer Valentin Silvestrow zu den Uraufführungen ihrer Stücke. Die Bürger des zerfallenden Sowjetstaates wurden mit großer Herzlichkeit aufgenommen, Tarnopolski schloss damals viele Freundschaften fürs ganze Leben. Die Anteilnahme der Deutschen an den Moskauer Ereignissen war groß, sagt er, wenngleich auch irgendwie akademisch. Sie wurden ja nicht schicksalhaft von ihnen berührt. Der Musiker versuchte aus der Ferne, auf dem Laufenden zu bleiben. Aus den maximal halbminütigen Beiträgen der

Fernsehnachrichten konnte er freilich kaum erahnen, was wirklich los war. Und als er dann im Spätherbst nach Hause zurückkam, fand er sich in einem anderen Land wieder.

Die große Auflösung entfaltete ihren Sog. Im Dezember wurde durch das russisch-ukrainisch-weißrussische Abkommen von Beloweschsk, das die Sowjetunion begrub, das ukrainische Dnepropetrowsk, wo Tarnopolskis Eltern lebten, Ausland. Das Baltikum, womit ihn, insbesondere seit dem »Bußpsalm«, viele Freundschaften verbanden, war es schon. Von seinem »Kassandra«-Honorar hatte er eine Musikanlage mit Verstärker gekauft und mitgebracht, außerdem Vorräte an Trockenmilch und Eipulver, die die Familie mit dem zwei Jahre alten Sohn Wladislaw über die Runden brachte. Von dem restlichen Geld konnte er, da der Rubel gegenüber Westwährung rapide an Wert verlor, noch lange leben. Das Umtauschen war freilich manchmal gefährlich. Als er einmal unweit der Metrostation »Sportiwnaja« mit einer größeren Summe den Aufzug eines Wohnhauses betrat, in dessen Obergeschoss sich eine Wechselstube befand, stiegen plötzlich noch zwei stabil gebaute Männer mit sichtlich unguten Absichten hinzu. Zum Glück hielt der Lift gleich danach auf einer falschen Etage, und der Komponist sprang heraus. Das finstere Duo kam hinterher, doch er konnte ihm übers Treppenhaus entfliehen.

Der Entwicklungsweg nach Westen öffnete sich, auf einmal konnte man das wirklich Wichtige tun. Tarnopolski unterrichtete, seit er 1980 seine Postgraduiertenausbildung am Konservatorium mit Auszeichnung abgeschlossen hatte, an der musikpädagogischen Ippolitow-Iwanow-Hochschule an der Marxistischen Straße. Das konservative Kompositionsprofessorencorps seiner Alma Mater war nicht bereit, einen unberechenbaren »Avantgardisten« in seine Reihen aufzunehmen. Es bestand so gut wie ganz aus Schülern und Schülern von Schülern jener besonders integrationsbegabten, dafür musikalisch wenig fruchtbaren Kader, die nachrückten, als das Konservatorium 1948 von »Formalisten« wie Schostakowitsch und

Prokofjew gesäubert worden war. Ironischerweise schrieben jetzt viele vitalistische Neoklassik à la Prokofjew, den das Tauwetter der sechziger Jahre ins Pantheon befördert hatte. Denissow hatte bezeichnenderweise nur den »technischen« Lehrstuhl für Instrumentierung inne. Vom volksverständlichen klassischen Ton durfte allenfalls ein bisschen in Richtung der nationalen Wurzeln mit Anklängen an Folklore oder orthodoxe Kirchenmusik abgewichen werden (das erlaubte sich Tarnopolskis Lehrer Nikolai Sidelnikow). Doch als das System fiel, bekamen die Wächter über die sowjetische Musiktradition selber Angst, ihre Dienste könnten bald nicht mehr gebraucht werden. 1992 bot die Konservatoriumsleitung Tarnopolski eine symbolisch honorierte Dozentenstelle an, um in Fakultativkursen Komposition und Harmonik zu unterrichten. Im darauf folgenden Jahr gründete er das Zentrum für zeitgenössische Musik, außerdem, da die Spielkultur für diese noch fehlte, das Instrumentalensemble Studio für Neue Musik, formell als Meisterklasse. Dann gründete er das Festival »Moskauer Forum«, das russische und westliche Musik zusammenbringen und die verschüttete eigene Avantgarde wieder ausgraben sollte. 1994 fand es zum ersten Mal statt, zur Hälfte noch vom »Kassandra«-Honorar finanziert. Verpflegung, Unterbringung, Busse kosteten wenig, zumal wenn man in Westwährung dafür bezahlen konnte. Viele Musiker waren bereit, umsonst zu spielen. Beim zweiten Festival, im Jahr 1995, führten das Ensemble Modern und das Studio für Neue Musik im Großen Saal des Konservatoriums gemeinsam Hans Werner Henzes hochexpressives, in Klangfarben schwelgendes Requiem auf, wo statt eines Chors die Solotrompete eine naturalistisch beredte, glissandoreiche Klage führt. Von Helmut Lachenmann, der mit seinen Klangzerspleißungen die Anatomie der Töne bloßlegt, spielten Instrumentalisten des Studios für Neue Musik das »Trio Fluido« für Bratsche, Klavier und Schlagzeug, Musiker des Ensemble Modern führten im Radiostudio Nummer fünf Lachenmanns »Allegro Sostenuto« für Klarinette, Cello und Klavier auf. In beiden Werken werden die drei Instrumente zu einem Gesamtklangkörper gebündelt, dem schneidende Pfiffe, Tremoloschraffuren, gezupfte Glissandorutscher, hallumstrahlte Diskantklänge entsprießen. Beim Vortrag unterstrichen die noch ans klassische Repertoire gewöhnten russischen Musiker die Merkwürdigkeiten der Klangerzeugung auch durch eckige Gesten. Die Deutschen hingegen artikulierten die abgewürgten Läufe, dornigen Säge- und Krächzlaute, die die haptische Überexplizitheit von Dürer-Gaphiken besitzen, mit größter Selbstverständlichkeit. Tarnopolski begeisterte sich jetzt für Lachenmanns strukturales Tondenken, die Art wie bei ihm der Klangverlauf eine eigene syntaktische Form erhält. Wie dieser Künstler etwa hier eine kadenzartig abfallende Klanggestalt herausarbeitet, da einen beulenförmigen Impulston, oder wie er dort einen flächig schillernden Fluktuationsklang vom mehrgliedrigen Strukturklang klar unterscheidet. Schließlich spielte im Rachmaninow-Saal der Pianist Frank Gutschmidt noch die funkelnd problemüberladenen Klavierstücke I bis V und VII bis IX von Karlheinz Stockhausen. Tonpunkte, die nach dem Reihenprinzip organisiert sind, zerstreuen sich über die Stille wie kleine Explosionen, ballen sich zu Punktfeldern, werden durch unterschiedliche Anschlagsweise, Nachhall, mitgespielte Nebennoten immer wieder anders abgeschattet. Nirgends bilden sich Klangfiguren.

Die Besprechung in der führenden Tageszeitung, dem »Kommersant«, schrieb der Musikschriftsteller Pjotr Pospelow, der selber komponiert. Pospelow hatte im Reformjahr 1993 die »Produktionsgenossenschaft Kompositor« (Komponist) gegründet, womit er als Musiker die Herausforderung der modernen Massenfertigung aufnehmen wollte. Zeitgenössisch hieß für ihn, ähnlich wie für Martynow, gerade nicht Innovation, sondern Serienfertigung, gern auch als Kollektivprojekt, und unter Einsatz aller verfügbaren Schablonen. Anfang der neunziger Jahre experimentierte Pospelow mit dem Sampler und mit Computerklängen, er entwarf Film- und Theaterbegleitmusik. Der Kritiker Pospelow lobte die verfeinerte Meisterschaft des Ensemble Modern. Freilich ordnete er die meisten während des Festivals gespielten Stücke großzügig jenem »Stil der statistischen Mitte« zu, mit dem die ernsthafte zeitgenössische Musik gemeinhin gleichgesetzt werde (Petr Pospelov: »Ansambl' Modern igraet vse, no v Moskve ėto poka ne trebuetsja«, in: Kommersant, 13. 5. 1995, S. 13). Die zweite prononciert liberale, dem Neuen aufgeschlossene Zeitung, »Segodnja«, bescheinigte der Spielweise des Ensemble Modern die Perfektion europäischer Hochtechnologie. Auch für die »Segodnja« schnurrten die gespielten Werke – von Tarnopolski bis zu den Deutschen Jörg Birkenkötter, Friedrich Goldmann und Henze – zum soliden mitteleuropäischen Neoakademismus zusammen. Viel aktueller fand der Kulturteil der Zeitung das ungefähr gleichzeitig in Moskau stattfindende Festival »Alternativa«, wo Bartóks Mikrokosmos auf Jazzinstrumenten gespielt und viel improvisiert wurde, und wo nach einem Gastbeitrag des Ensemble Modern die Rockgruppe »Weschliwyj otkas« (Höfliche Absage) auftrat (Julia Bederova, Šon Berg: »Ottolknuvšis' ot špilja nogoj«, in: Segodnja, 24. 5. 1995, S. 10). Auf dem vierten »Moskauer Forum« im Herbst des darauffolgenden Jahres, das dem Freiheitspathos beziehungsweise Engagement in der zeitgenössischen Musik gewidmet war, waren die exzellenten niederländischen Ensembles Orkest De Volharding und De Ereprijs zu Gast. Sie spielten zwei Stücke des »linken« Luis Andriessen, die aggressiven Blechsound mit Strawinsky-Nachfolge verbinden, ein politisches Werk von Tarnopolski, aber auch Frank Zappa. Die Veranstaltungen waren allerdings schwach besucht. Die »Nesawissimaja gaseta« schlug daher vor, man solle statt komplizierter zeitgenössischer Russen wie etwa Alexander Wustin doch lieber populärere vaterländische Musiker ins Programm nehmen. Die Kritikerin nannte insbesondere Leonid Dessjatnikow, der ja alle eingängigen Genres effektsicher stilisiert, sowie den Minimalisten Anton Batagow, der die gehörte Welt in ein gefälliges akustisches Tapetenmuster umwandelt (Ekaterina Birjukova: »Nevostrebovannaja aktual'nost'«, in: Nezavisimaja gazeta, 18. 10. 1996, S. 7). Bei der wissenschaftlichen Konferenz des vierten Forums, zu der zehn führende holländische Musikologen angereist waren, saß nur eine Handvoll von deren russischen Kollegen im Zuschauersaal, unter ihnen ein junger Komponist, der demonstrativ die Zeitung las. Die Russen mauerten, notierte Pjotr Pospelow (Petr Pospelov: »Sojuzu rabočich net mesta na rossijskoj birže«, in: Kommersant, 10. 10. 1996, S. 9). Ein paar Jahre zuvor hatte Helmut Lachenmann der deutschen Gesellschaft ein Unbehagen an der eigenen Rückständigkeit bescheinigt, das, wie ihm schien, viele dazu trieb, in der kühnen, unberechenbaren Neuen Musik nach neuen Formen des Behagens zu fahnden (Helmut Lachenmann: Musik als existentielle Erfahrung, Wiesbaden 1996, S. 21). In der russischen Gesellschaft war solches Unbehagen offenbar schwach ausgeprägt, wohl auch, weil in der turbulenten Lage die Muße für differenziertere Formen von Behagen fehlte.

Eine erdrutschartige Wanderung nach Westen war in Gang gekommen. Viele der Intellektuellen und Musiker, die sich für die Befreiung ihres Landes eingesetzt hatten, verließen es, kaum dass diese erlangt war. Nikolai Korndorf, der noch 1990 die Assoziation für zeitgenössische Musik mitbegründet hatte, wanderte schon im Mai 1991 nach Kanada aus. Im gleichen Jahr zog das Komponistenehepaar Elena Firsowa und Dmitri Smirnow, beide ebenfalls Gründungsmitglieder der Assoziation, nach Großbritannien. Firsowa und Smirnow waren führende Figuren der Moskauer Avantgarde. 1979 hatte der noch unter Stalin installierte Komponistenverbandssekretär Chrennikow sie auf die Schwarze Liste formalistischer Musiker gesetzt, deren Werke seinem Befund nach übertrieben timbrereich waren, grelle, geräuschhafte oder sonstwie unverständliche Klänge enthielten. Auf dieser Liste stand auch Sofia Gubaidulina, die 1992 nach Deutschland emigrierte. Noch ein Jahr später setzte sich der neoromantische Komponist Wladislaw Schut nach England ab, seinen Kollegen Leonid Grabowski verschlug es nach Amerika. Man kam sich vor wie in dem Zählreim »Zehn kleine Negerlein«, sagt Tarnopolski. Leute, die jetzt dringend gebraucht wurden, um das Musikleben neu zu gestalten, verschwanden einer nach dem anderen von der Bildfläche. Auch die Instrumentalisten zogen in Scharen weg. Geiger und Cellisten, Pianisten und Bläser verdingten sich in Orchestern in Westeuropa und Amerika und gründeten dort neue Schulen. Die Karriere der Komponisten profitierte in den meisten Fällen, ihre finanziellen Verhältnisse und die Wohnsituation sowieso. Tarnopolski bezweifelt dennoch, dass sie die Empfängerkulturen wesentlich bereicherten. Die Heimat habe in jedem Fall nicht wieder gut zu machende Verluste erlitten, sagt er. Der ökonomische Sog zerriss auch Familien. In der Sowjetunion wurde in der Regel früh und naiv geheiratet, um als Mann und Frau zusammenzuleben. Jetzt musste man sich eine Frau auch leisten können. Wer auswanderte, band sich oft neu, beispielsweise Alexander Raskatow, der Anfang der neunziger Jahre nach Deutschland übersiedelte. Wo Paare zusammenblieben, wurden Karrierebrüche von Frauen im Allgemeinen besser verkraftet. Die ohnehin dominierende Stellung der Frau in der Familie und die Passivität der meisten Männer nahmen noch zu, beobachtete Tarnopolski. Dass er selber in für westliche Maßstäbe geradezu unzumutbaren Verhältnissen hauste, war ihm aufgegangen, als ihn kurz vor dem Ende der Sowjetunion ein berühmter süddeutscher Kirchengelehrter mit seinen Studenten in seinem Appartement im Moskauer Süden besuchte. Die Gäste ließen sich eine Aufnahme von Tarnopolskis Choralvorspiel »Jesu deine tiefen Wunden« vorspielen. Dabei lasen sie, obwohl sie keine Musiker waren, die keineswegs unkomplizierte Partitur mit, was den Gastgeber sehr beeindruckte. Doch dann fragte der Theologe ihn besorgt, ob ihm seine Wohnung nicht zu eng sei. Der Russe verneinte. Er sei glücklich so, versicherte er; mehr brauche er nicht. So empfand eine Minderheit. Der ganze soziale Organismus befand sich in Auflösung. Leute mit Spürnase und Beziehungen handelten mit Staatseigentum. Mutige gründeten Unternehmen. Schutzgelderpresser suchten und fanden ihre Melkkühe. Die Rücklagen der Staatsbetriebe verschwanden. Die Unternehmen selbst wurden privatisiert. Ihre neuen Besitzer, die oft die alten waren, zahlten praktisch keine Steuern und die Löhne gern mit großer Verspätung. Polizei und Beamte verkauften das Recht auf Rechtsverstöße an den Meistbietenden. Unterdessen vernichtete die Geldentwertung die Ersparnisse vieler Familien. Arme und Alte verhökerten ihre letzte Habe. Es war wie wenn ein großer Gebäudekomplex zusammenstürzt: fürchterlich, aber irgendwie auch grandios, erinnert sich Tarnopolski. Jedenfalls sei er dankbar, bekennt er, dass er so etwas erleben durfte.

Nach dem Ende der Utopien wollte der russisch-europäische Musiker eine Oper über die Entführung der Europa schreiben, die auch die Geschichte ihrer Verführungen erzählen sollte – durch die Aufklärung, durch sozialistische, nationalistische, totalitäre Ideen. Doch stattdessen bekam er den Auftrag, für das von Mstislaw Rostropowitsch geleitete Musikfestival im französischen Evian eine musikalische Farce zu komponieren. Das Libretto mit dem Titel »Oh, diese Russen! Oder: Der Zaubertrank« (Ah, ces russes ... ou l'Elixir Magic), welches die legendäre Opernsängerin Irina Maslennikowa verfasst hatte, lässt eine Horde russischer Hochstapler in den idyllischen Trinkkurort Evian einfallen. Ihr Anführer, ein gewisser Rjabow, behauptet, der Name des Besitzers des Quellwasserimperiums, Rabeau, leite sich von Rjabow ab. Rabeau sei Nachkomme einer russischen Emigrantenfamilie, der auch er angehöre sowie seine verstorbene Tante, die ihre Besitzrechte an der Heilquelle jedoch ihm, Rjabow, vererbt habe. Als sich am Ende herausstellt, dass Rjabow von Interpol gesucht wird, fliehen die russischen Gäste. Wie um die Realitätstreue der Vorgänge auf der Bühne zu illustrieren, leistete es sich in dem Luxushotel, wo die Veranstalter alle Mitwirkenden untergebracht hatten, die einzige russische Sängerin des Ensembles, einen größeren Einkauf von Kleidern und Kosmetik auf das Zimmer von Regisseur Boris Pokrowski schreiben zu lassen. Die Partitur des 1993 aufgeführten Werks sei eine Stilparodie und nicht wirklich interessant gewesen, versichert Tarnopolski. Im Unterschied zu dem etwa gleichzeitig entstandenen Stück »Welt voll Irrsinn« für Ensemble und deklamierendes Blasorchester, wo er die sozialen Konvulsionen, deren Zeuge er war, zu verarbeiten suchte. »Welt voll Irrsinn«, das auf dem vierten Forum-Festival im Oktober 1996 von dem niederländischen Ensemble De Ereprijs auch in Moskau aufgeführt wurde, ist inspiriert von der gleichnamigen Dichtung des Dadaisten Kurt Schwitters mit ihrer Abfolge von Unsinnspoesie, Zahlenreihen und Unsinnsparolen, deren sprechgesangliche Rezitation in die Partitur verwebt ist. Als Klangäquivalent kollektiver Irrationalität braut sich in den Instrumenten ein komplexer Akkord zusammen, zunächst als zerdehnte Arpeggien im tiefen Blech, Schichtungen nebelhornartiger Tonsignale, die in unterschiedlichen Frequenzen pulsieren, was, mitsamt langgezogenen Sprechsilben wie »wir, ihr, sie« einen träumenden Naturzustand beschwört, wo das Bewusstsein gerade erst entsteht. Dann vergegenwärtigen heftigere Attacken, der Einsatz von Schlagzeug, Geräusch und präpariertem Klavier die Zunahme von Technik, Aggression, Materialverbrauch. Gebellte, dann geflüsterte Zahlwörter simulieren dabei Ordnung. Schließlich brüllt eine Volkstribunstimme leere Sätze wie »Rote Himbeeren sind rot!«, gefolgt von Radiojubel und Trompetengeschnatter, ein Klangbild für die Emanzipation der Massen. Er wollte etwas von dem Chaos schildern, das im Land gärte, sagte Tarnopolski über das Werk, aber auch den Ton der neuen populistischen Politiker einfangen, der ihn stark an Schwitters' von Mao inspirierte Banalitätsparolen erinnerte.

## Nachhilfestunden

Während Russlands Aufbruch in die Demokratie keine personenunabhängigen Institutionen hervorbrachte und das Land für seine Korruption notorisch wurde, wurde es auch berühmt für seine schönen Frauen. Das war umso auffälliger als um die gleiche Zeit im besser verwalteten, effektiver wirtschaftenden Westeuropa, vor allem in Deutschland, der Unisex-Look sich immer mehr durchsetzte. Die Russinnen, die schon zu Sowjetzeiten dafür bewundert wurden, wie sie trotz Mehrfachbelastung es verstanden, attraktiv auszusehen, anverwandelten sich in den neunziger Jahren die Mode und Ästhetik Westeuropas, just in der Phase, als die Westeuropäerinnen ihre Wertschätzung von Sachlichkeit und Bequemlichkeit immer deutlicher in ihrem Erscheinungsbild zum Ausdruck brachten. Die Atmosphäre in Moskau war damals geradezu erotisch verzaubert, die Menschen entdeckten sich erst allmählich. Junge Frauen trugen schmale Röcke oder elegante Kostüme mit gestraffter Wirbelsäule und einem besonderen Glanz in den Augen, den kein zeitgenössisches Foto wiedergeben konnte. Doch dem Beobachter schenkten sie ein beschwingtes Gefühl wie nach einem Glas Sekt.

Unter Marktverhältnissen stieg der weibliche Liebreiz besonders stark im Wert. In der Spätphase der Sowjetunion konnte man, zumal in Untergrundkünstlerkreisen, im Handumdrehen erotische Freundschaften knüpfen, erinnert sich Wladimir Sorokin. Sex war in der Gesellschaft des allgemeinen Mangels das einzige Gratisvergnügen. Dabei suchten die Abenteurerinnen aber immer auch die große Liebe, versichert Sorokin. Außerdem verbanden romantisch veranlagte Frauen sich gern mit einem erfolglosen Schriftsteller oder Künstler. Tarnopolski beobachtete, dass es ihrem Leben oft Sinn verlieh, gemeinsam mit einem verkannten Genie Entbehrungen zu ertragen. Als allerdings die Verbote fielen, konnten die Intellektuellen kaum wichtige Werke vorweisen, der idealistische

Mörtel zerbröselte. Frauenschönheit wurde zum Investitionskapital. Sich verkaufen durfte unter der Sowjetmacht nur ein kleines, geheimdienstlich streng beaufsichtigtes, aber seit der Perestrojka zunehmend beneidetes Mädchenkontingent. Der 1989 von Pjotr Todorowski herausgebrachte Kultfilm »Interdewotschka«, worin eine russische Devisenprostituierte viel Geld verdient und obendrein von ihrem schwedischen Kunden geheiratet wird, fing die Träume der anbrechenden Epoche ein – auch wenn Todorowskis erfolgreiche Heldin dann von der Schande des Gewerbes eingeholt wird und schließlich daran zugrundegeht. In den neunziger Jahren starb die nichtkommerzielle Moskauer Untergrund-Erotik, bezeugt Sorokin. In den neuen Nachtklubs konnte man alles haben, aber gegen Entgelt. Eine neue Generation von Studentinnen verdiente sich hier als Striptease-Tänzerinnen etwas dazu oder durch Gelegenheitsprostitution in Diskotheken, Dampfbädern und Massagestudios. Klub- oder Restaurantgäste, die ein nettes Mädchen, das sie gerade kennengelernt hatten, in alter Art nach der Telefonnummer fragten, bekamen zur Antwort, man könne gleich zur Sache kommen, allerdings zu gewissen Bedingungen. Das machte auch die Männer zynischer. Freilich geben russische Prostituierte nie, wie oft im Westen, durch provokativ vulgäres Gebaren zu verstehen, dass sie eine niedere Sphäre der Intimbeziehungen repräsentieren. Ihr Temperament ist eher unschuldig animalisch. Viele hoffen insgeheim auf einen Kunden mit ernsten Absichten. Da die finanziell potenten Kavaliere sich in Moskau konzentrierten, wuchs der Magnetismus der Hauptstadt. Junge Frauen aus der Provinz strömten hierher wie Schauspielelevinnen nach Los Angeles.

Die Folgegeneration, die noch zur Schule ging, reproduzierte die neue Denkweise radikal. Wenn um die Mitte der neunziger Jahre Schulkinder Aufsätze darüber schreiben mussten, was sie einmal werden wollten, nannten die weitaus meisten Mädchen die Prostituierte als ihren Traumberuf. Die Öffentlichkeit war schockiert. Dabei lernten Beamte, Betriebsdirektoren, Ärzte, Polizisten gerade, ihre Dienste und die ihnen anvertrauten Güter möglichst profitabel zu verkaufen, sie verschleierten das nur züchtig. Männer fühlten sich erst richtig als Männer, wenn sie sowohl eine loyale Gattin hatten als auch eine junge Liebhaberin, die sie »auszog«. Die leichten Mädchen waren von allen im Grunde die ehrlichsten, findet Tarnopolski. Der Ensembleleiter stellte damals sorgenvoll fest, dass seine Musiker anfingen, ihre künstlerischen Leistungen an ihren Einkünften zu bemessen. Ein hervorragender Dirigent, der gar keine ökonomische Ader hatte, begann dennoch ernsthaft an sich zu zweifeln, weil ihm schien, er verdiene zu wenig. Vor allem erfolgreiche Leute berechneten den eigenen Wert und den anderer in Geld. Michail Chodorkowski hielt noch in den frühen nuller Jahren, kurz vor seiner Verhaftung, im Westen einen Vortrag, worin er die Zugehörigkeit eines Menschen zur intellektuellen Elite seines Landes von seinem Jahreseinkommen abhängig machte, das mindestens 100 000 Dollar betragen müsse (siehe Panjuškin, a. a. O., S. 134 f.).

Junge Russinnen sahen ihre Chance, dem klassischen Frauenschicksal an der Seite eines trostbedürftigen Trunkenbolds zu entgehen. Die Großwildsafari nach betuchten Bräutigamen wurde zum Hauptfreizeitvergnügen. Eine Heirat in den Westen, wie sie der Heldin von »Interdewotschka« gelang, war eine besonders gesuchte Trophäe. Tarnopolski musste mit ansehen, wie, nachdem zuerst seine Kollegen gen Westen gezogen waren, im Intervall von wenigen Jahren auch seine besten Studentinnen emigrierten. Sie bekamen erst ein Stipendium in Westeuropa, vorzugsweise in Deutschland. Nach einer Weile heirateten sie dort. Auch von den Bräuten der spätsowjetischen Bohème, die Sorokin kannte, vermählten sich in den neunziger Jahren viele mit Westeuropäern. Sie gründeten in der zivilisierten Welt eine bürgerliche Existenz, sagt der Schriftsteller, wobei sie aber auch erloschen. Der Traum von weiblicher Selbstverwirklichung, dem im postsowjetischen Russland viele anhingen, bestand darin, endlich eine »echte Frau« sein zu können statt Arbeitspferd wie die Mütter und Großmütter. Weibliche Hygieneartikel, Tampons, Binden wurden, als Symbol postsowjetscher Unabhängigkeit und zum Entsetzen vieler Männer, im Fernsehen aggressiv beworben. Die Gewinner bei der großen Umverteilung, erfolgreiche Unternehmer, aber auch Banditen, waren als Bräutigame heiß begehrt. Banditenbräute lebten romantisch, abenteuerlich, verwitweten nur oft schnell. Langfristig denkende Dianen angelten sich einen tüchtigen Geschäftsmann. Wie beispielsweise jenen Handelskaufmann, mit dem eine Freundin von Tarnopolski sich vermählte. Dessen Unternehmen importierte erst supersüßes englisches Konfekt und später Möbel. Seine Frau, die zuvor mit einem trunksüchtigen Schriftsteller befreundet war, fand mit ihm allerdings kaum gemeinsame Gesprächsthemen. Außerdem flößte er ihr physischen Widerwillen ein. Ähnlich geht es einer jungen Bekannten von mir, deren doppelt so alter Ehemann ihr und dem gemeinsamen Kind materielle Sicherheit gibt. Dass sie, wie sie gesteht, ihn nicht ausstehen kann und sich fühlt wie in einem goldenen Käfig, betrachtet sie als den Preis, den zu zahlen sie bereit ist.

Außerhalb des Käfigs waren ernsthafte Versorgungsengpässe zu überbrücken. Viele Familienväter, die sich mit dem untergegangenen Staat identifizierten beziehungsweise von ihm betrogen fühlten, stürzten in der Not nicht selten in eine längere Depression oder tranken verstärkt. Ihre Frauen, die mehr die hungrigen Blicke ihrer Kinder und den leeren Kühlschrank vor Augen hatten, machten manchmal aus bloßer Verzweiflung erstaunliche Karrieren. Wie jene verheiratete Chemikerin mit Säugling, die Anfang der 90er Jahre vor dem Nichts stand. Sie überredete erst einmal die Geschäftsleitung der Konditorei in ihrem Haus, ihre selbst gebackenen Kuchen zu verkaufen. Ein paar Jahre später besaß sie eine Kette von Geschäften für französische Kleidung. Oder jene Ingenieurin mit zwei kleinen Kindern, die sich ins Auto setzte und zunächst als illegale Taxifahrerin arbeitete. Gegen Ende der neunziger Jahre leitete sie ein eigenes Unternehmen. Die Gatten beider Frauen sollen zu der Zeit immer noch an ihrer Post-Perestroika-Depression gelitten haben (das bezeugte die Feministin Maria Arbatowa in der Obščaja gazeta, 21. 8. 1997, zitiert nach Sonja Margolina: »Der Mann wird nur noch für die Möbel gebraucht«, in der Frankfurter Allgemeinen Zeitung vom 11. 10. 1997). Manchmal wurden charakterschwache Männer aus Frust aber auch gegenüber ihren Gattinnen gewalttätig. Karrieremänner hingegen versuchten gern, ihre Frauen oder Freundinnen in die Rolle einer Köchin oder Wäscherin hineinzudrängen und fühlten sich dann stark und unabhängig. Daraufhin begeisterten sie sich freilich eher für Frauen vom Typ des verführerischen Luders als für die Partnerin, obwohl oder weil die alles richtig machte, beobachtete der Psychologe Wladimir Rakowski, der als langjähriger Mitarbeiter des Katastrophenministeriums sich bemühte, betrogenen, ausgenutzten, manchmal auch durch Krankheit oder Unfälle in ihrem Selbstwertgefühl stark beeinträchtigten Frauen zu helfen, sich in der von Männern dominierten Gesellschaft zu behaupten. Das hieß aber auch, dass sie, um nicht arm und einsam zu bleiben, lernen mussten, die männliche Psyche zu manipulieren. Die besten Vorbilder dabei waren Erfolgsfrauen, die Männerherzen brachen und über zerbrochene Schicksale hinweg wiegenden Schritts zum Ziel gelangten. Das russische Wort für diese Art Femme fatale, »Sterwa«, ist buchstäblich als »Aas« zu übersetzen. Zu Sowjetzeiten hatte das Wort einen rein negativen, verurteilenden Klang. In den neunziger Jahren, der Epoche des freien Wettbewerbs, bekam es außerdem noch eine bewundernde Zusatzbedeutung. Als »Sterwa« bezeichnete man eine willensstarke Frau, die emotional klug genug ist, Männer an sich zu binden. 1998, als im August die russische Schuldenblase platzte und das Land de facto bankrott war, gründete Rakowski seine »Sterwologia«-Schule, die private Fortbildungskurse in der Kunst, als Frau zu reüssieren, anbietet. Der Psychotrainer, der später auch Filialen in Petersburg, Jekaterinburg, Kiew und Kasan aufmachte, betrachtete seine Lehrgänge als eine Art modernen Benimmunterricht. Vor der Revolution genügte es, wenn höhere Töchter Manieren und Handarbeit gelernt hätten, sagte er (siehe meine Reportage »Wie angle ich mir einen Millionär?« in der Franfkurter Allgemeinen Zeitung vom 28. 2. 2007, S. 42), heute müssten sie im Berufsleben unter Männern ihre Frau stehen. Das spezifisch weibliche Arsenal bestehe aus drei Waffengattungen, erfahren die Kursteilnehmerinnen von Rakowski. Frau müsse lernen, sie alle einzusetzen. Da ist zunächst der Habitus des kleinen Mädchens, der dem Verhalten einer ungefähr Fünfjährigen abgeschaut ist. Er appelliert an die Beschützerinstinkte des Mannes. Die Kindfrau gibt sich schüchtern und anschmiegsam. Sie lächelt naiv und klimpert mit den Wimpern. Sie geht mit kleinen Schrittchen und faltet vor Verschämtheit gern die Hände. Der kokette Teenagertyp wird von jungenhaften Männern bevorzugt. Man erkennt sie am selbstverliebt tänzelnden Gang mit wiegenden Hüften. Die reife Frau, die sich nach dem Muster der selbstbewussten Mittdreißigerin benimmt, zieht infantile Männer magnetisch an. Solche Frauen bewegen sich, lernt man bei Rakowski und anderen »Sterwologia«-Dozenten, mit stolzer, selbstbewusster, löwinnenhafter Anmut.

Die Kursteilnehmerinnen sollen lernen, sich dem Mann ihrer Wahl unentbehrlich zu machen. Dabei ist es wichtig, ihm das Überlegenheitsgefühl zu geben das er braucht. Prahlsüchtige Männer seien ausgiebig zu loben, rät Rakowski. Zugleich sei es zu vermeiden, durch aggressive Avancen sein furchtsames Herz zu erschrecken, lehrt der Experte für die zwischenmenschliche Chemie, der im didaktischen Rollenspiel zugleich das Versuchsobjekt abgibt. Eine Anfängerin, die ihn unverblümt fragt, was er an Frauen mag, wird von ihm zurechtgewiesen. Das sei zu direkt, sagt Rakowski. Mehr schmeichelnde Töne würden ihre Chancen verbessern. Wie eine gute Schauspielerin muss die Elevin mit ihrer die maskulinen Wünsche wiederspiegelnden »Sterwa«-Rolle verschmelzen, um glaubwürdig zu sein. Wie man sich, mädchenhaft schüchtern oder rassig geheimnisvoll, bewegt, hinsetzt, aufsteht, etwas fallen lässt und dann elegant aufhebt, dass muss zu Hause weiter geübt werden, bis es in Fleisch und Blut übergeht, erklärt Rakowskis mit ihm vermählte Assistentin Schenja. Die Kursteilnehmerinnen bezeugen, das Sterwa-Training sei Gold wert. Eine kaufmännische Angestellte sagt, früher sei sie Männern aus dem Weg gegangen, aus Angst, ein fester Freund oder Ehegatte würde sie unterdrücken und einsperren. Jetzt habe sie die Furcht überwunden und überlege, welchem von drei Heiratskandidaten sie den Zuschlag geben solle. Eine Buchhalterin erzählt, dass sie von ihrem Chef, den sie früher scheu gemieden habe, heute hofiert werde. Eine Mitarbeiterin der deutschen Botschaft, Natalja, die längere Zeit in Deutschland verbracht hat, das sie nahezu weiblichkeitsbereinigt empfand, stieg dank ihrer kindfraulichen Begabung binnen weniger Monate zu Rakowskis Meisterschülerin auf. Natalja führt mir vor, wie sie jeden Mann dazu bringe, ihr die Tür aufzumachen. Sie trippelt zum Ausgang, bleibt dort stehen und wendet sich mit einem freudig erwartungsvollen Blick um, der an einen Hund denken lässt, der gleich eine Wurstscheibe bekommt. Gegenüber Natalja zitiere ich den oft gehörten Gemeinplatz: Russische Frauen seien berühmt für ihre Schönheit, aber auch berüchtigt für ihren ökonomischen Vampirismus. Die lebenstüchtige Moskauerin lacht nur. Die Wonnen, die ein Mann genieße, während eine Russin ihm den letzten Blutstropfen aussaugt, seien, schwärmt sie, mit Geld nicht aufzuwiegen. Die gleichberechtigte Beziehung zwischen Mann und Frau wird von der russischen Schule erfolgreicher Weiblichkeit ausgespart. Rakowski gliedert auch die Männerwelt in drei den weiblichen Eroberungsstrategien entsprechende Typen. Da ist der infantile, psychisch nicht belastbare Mann, der auf starke Frauen anspringt. Der jungenhafte, oft zum Narzissmus neigende Typ sei verantwortungsscheu, so der Manipulationsguru, aber dafür gut im Bett. Der

Papatyp brauche eine anschmiegsame Lolita. Der reife, eigenständige Mann kommt in der Typologie nicht vor. Vielleicht weil solche Wesen in der hartgefügten Subordinationspyramide schlecht gedeihen. Vielleicht aber auch, weil die Angelhaken einer »Sterwa« sich an ihm nur schwer verfangen. Dass Frauen und Männer offen miteinander konkurrieren, auch um die Vorzüge des Mann- beziehungsweise Frauseins, ist wohl eine westliche Errungenschaft, glaubt Tarnopolski. In Russland finde nichts dergleichen statt, urteilt der Musiker, der es bezeichnend findet, dass das deutsche Wort Auseinandersetzung im Russischen kein Äquivalent hat. Manchmal begegneten ihm Sterwa-Frauen, die durch Schmeichelei oder Kindchen-Attitüde ihre Karriere zu fördern versuchten, sagt Tarnopolski. Die könne er aber nicht ernst nehmen.

Eine Super-Sterwa, die es vom Aktmodell zur Duma-Abgeordneten brachte, war Mascha Malinowskaja, die mit bürgerlichem Namen Marina Sadkowa hieß. Sie hatte schon im frischesten Alter ihren Mund und Busen noch runder und rassiger machen lassen. Doch als Hauptgeheimnis ihres Erfolges, das sie in Buchform dem interessierten Publikum verriet, betrachtete Mascha Malinowskaja, dass sie begriffen hatte, dass Männer, objektiv betrachtet, Autos seien (Maša Malinovskaja: Mužčiny kak mašiny, Moskau 2007). Die Vertreter des Limousinen liebenden Geschlechtes sind demnach auch am besten wie solche zu handhaben und zu warten. Die erfahrene Mascha unterscheidet Wagen der Business-Klasse, wie jede Fahrerin sie sich erträumt, die aber einen enormen Preis an Tränen, Mühe und Unterordnungsbereitschaft kosten, und Economy-Modelle, die keine Moskauer Luxuslokale ansteuern, dafür aber nicht von sich selbst geblendet sind und sparsam im Verschleiß weiblicher Nerven. Ein Offroad-Mann, der nur auf schwierigem Terrain Erfüllung findet, rettet seine Lieblingspassagierin gern aus der Gefahr, flieht aber die häusliche Idylle. Mascha Malinowskaja hat extra auch westliche Modelle getestet, deren ausgereifte Eleganz, wie sie zugesteht, Russen magisch anziehe. Doch Vorsicht, Import-Männer haben eine eingebaute Feinsteuerung, die Autorin spricht vom »inneren Bürokraten«, der der Fahrerin launische Manöver nicht verzeiht.

Das Leben einer Frau, deren Raumorientierung der männlichen unterlegen ist, wie Mascha Malinowskaja zugibt, gewinnt durch das Auto Reichweite und Tempo, aber auch Sicherheit und Komfort. Sie kennt seine häufigsten Macken. Wenn das Herzblatt nicht anspringen will, weil Depressionen sein Gemüt haben einfrieren lassen, empfiehlt sie als Anwärmprogramm ein Schauspiel von Lebensfreude. Russische Wagenlenkerinnen klagen oft über einen kaputten Benzinstandmesser, der Null anzeigt, wenn der Tank voll ist. Dann hat der Mann Anwandlungen von Geiz. Diesen Defekt behebt frau am besten, indem sie die beleidigte Prinzessin spielt oder ein vernachlässigtes Aschenputtel. Russische Männer betrachten indessen Frauen wie Mascha ihrerseits als Autos, freilich als solche mit Luxusausstattung. Turboschönheiten wie sie, die für ihre makellos marmorstarren Stirn und Augenpartie die Auszeichnung »Botox des Jahres« 2005 bekam, werden Brabus genannt, nach der bei Oligarchen hochgeschätzten Tuning-Linie von Mercedes.

Im Kulturleben wurden die verschütteten Wurzeln der musikalischen Avantgarde wieder ausgegraben. Das »Studio für Neue Musik« machte in den neunziger Jahren Werke der konstruktivistischen, also Instrumentenstimmen linear amelodisch verwendenden Komponisten Gawriil Popow und Alexander Mossolow, die infolge der stalinistischen Zensur fast vergessen waren, zu seinen regelmäßig gespielten Favoriten. Beide Musiker verherrlichten während des utopischen Aufbruchs nach der Oktoberrevolution die Schönheit des Fortschritts, die Ästhetik der Maschinen durch schlagzeugverstärkte, ostinatoreiche, heulende und fauchende »Fabrikklänge«. Gawriil Popow (1904 bis 1972), ein Lehrersohn aus der Kosakensiedlung Nowotscherkassk, hatte ab 1922 in Petrograd Klavier, Komposition, Architektur und Kunstgeschichte studiert. Gut aussehend wie ein Filmstar der dreißiger Jahre soll der Musiker in jungen Jahren gewesen sein, als er für Jazz und schöne Frauen schwärmte und Briefe und Werke stets in lateinischer Schrift signierte (siehe Igor' Vorob'ev, Anastasija Sinajskaja: Kompozitory russkogo avangarda, Sankt Peterburg, 2007, S. 103). In den hungrigen zwanziger Jahren begeistert Popow sich für die Impulsivität und die Transparenz der Tonsprache Schönbergs und seine herbe Klangfarbigkeit, außerdem für den »brennenden« Urbanismus Hindemiths, der, wie der Russe findet, das Denken schärfe (a. a. O., S. 104 f.). Popows 1934 fertig gestelltes Meisterwerk, die monumentale 1. Symphonie, an der er sechs Jahre schrieb, erklang zu Lebzeiten ihres Schöpfers nur einmal, am 22. März 1935, in der Leningrader Philharmonie. Am darauffolgenden Tag wurde das Werk vom Leiter des Repertoirekomitees verboten – als erstes zeitgenössisches Musikstück, noch knapp ein Jahr bevor die Zensur über Schostakowitsch herfiel, der die Symphonie zuvor in der Presse als hochbedeutend gelobt hatte (Dmitrij Šostakovič: Sovetskaja muzykal'naja kritika otstaet, in: Sovetskaja muzyka, 1933 Nr. 3; zitiert nach Levon Akopjan, Dmitrij Šostakovič. Opyt fenomenologii tvorčestva, Dimitrij Bulanin, S-Peterburg, 2004. S. 147). Dabei scheint die Musik durch ihren noblen neoklassischen Bau bei bruitistischer Timbrierung die begonnene Industrialisierung als schon nahezu vollendet vorwegzunehmen. Noch im November 1935 befand das parteilinientreue Publizisten-Duo mit Pseudonym »Brüder Tur«, politisch sei das Verbot nicht begründbar. In Popows Symphonie erklängen ja weder zarentreue noch religiöse noch faschistische Motive (Vorob'ev, Sinajskaja, a. a. O., S. 120). Die Zensoren hatten allerdings wohl genauer hingehört als die Brüder Tur. Die maschinenartige Klangsprache, die während der utopischen Phase der Avantgarde Objektivität und Fortschritt verherrlichte, vergegenwärtigte in Popows Symphonie durch stürzende Motive, jähe Generalpausen, gehetzte, trockene Schlagzeugostinati, winselnde Streicher-Bläser-Figuren auch kollektive Hysterie und Panik. Im ersten Satz erklingt ein Trauermarschmotiv. Die sowjetischen Musen sollten aber über menschliche Verluste bei strategischen Projekten wie dem Fünfjahresplan schweigen. Dafür hat Popows Symphonie wahrscheinlich Schostakowitsch bei seiner vierten und fünften inspiriert (davon geht der Schostakowitsch-Forscher Levon Akpojan aus, a. a. O., S. 148. Popows 1. Symphonie wurde erstmals wieder im Perestroikajahr 1989 im Tonstudio von Minsk aufgezeichnet).

Wie heiter war dagegen Popows prachtvolles Jugendwerk, das 1927 entstandene Septett op. 2, sein erster großer Erfolg. Das viersätzige Stück, das der Komponist später auf Kammersymphonie umtaufte, lässt ein Solistenensemble, bestehend aus Flöte, Klarinette, Fagott, Posaune, Violine, Cello und Kontrabass, »mechanische« Zickzackmelodielinien, chromatisch rutschende Floskeln, kontrastreich instrumentiert, über motorischen Eisenbahnpulsen kontrapunktisch verflechten und frech synkopisch variieren. Jedes Instrument spielt eine Stimmcharakterrolle. Die Musik, die sich mit einem technischen Gerät zu identifizieren scheint, vereint die Eleganz von Jazz und Barock. Von Sarkasmus, der schon Schostakowitschs Frühwerk würzt, ist Popow ganz frei. Möglicherweise hat deshalb die stalinistische Zensur den revolutionären Romantiker brechen können, im Unterschied zu Schostakowitsch. Jedenfalls waren die sechs Symphonien, die Popow nach seiner ersten schrieb, gut gebaut, voll aufrichtigem Pathos, aber auch vorhersehbar und teigig.

Alexander Mossolow (1900 bis 1973), auch ein Star der avantgardistischen Aufbruchsphase, wurde sogar 1937 verhaftet und bekam 8 Jahre Arbeitslager. Das wurde glücklicherweise, weil Musikerkollegen für ihn eintraten, im Folgejahr in fünf Jahre innere Verbannung umgewandelt. Auch Mossolow soll in den 20er Jahren fabelhaft ausgesehen haben, dabei ein ganz wenig hochmütig. 1926 komponierte er seine »Drei Kinderszenen« und »Vier Zeitungsannoncen«, atonale, mosaikartig zerrissene Musikstücke für Singstimme und Kammerensemble, die die anarchische Kinderpsyche und die Leidenschaften spießiger Individuen satirisch hörbar machen. Mossolows Schlager jedoch wurde das schon in den zwanziger Jahren bejubelte Ensemblestück »Sawod« (Das Eisenwalzwerk), worin die Instrumente mit mechanisch kreisenden Ostinatolinien im geballten Fortissimo eine mit Vollkraft laufende Maschine vergegenwärtigen. Dem Stück, das Teil einer Ballettkomposition namens »Stahl« werden sollte, warf die stalinistische Kritik später mangelnden Siegeswillen, kleinbürgerlichen Anarchismus und natürlich Formalismus vor. Der kämpferische und wie Popow fortschrittsfrohe Mossolow kam als gebrochener Mann aus der Haft zurück (Vorob'ev, Sinajskaja, a. a. O., S. 154). Die tonal folkloristische Musik seiner späteren Jahre hört sich an, als habe jemand anderes sie geschrieben.

Tarnopolski selbst gestaltete dann die menschliche Form, wie sie sich ihm nach der Erfahrung der 90er Jahre darstellte, in der von der Münchner Biennale in Auftrag gegebenen und 1999 am Münchner Residenztheater uraufgeführten Tschechow-Oper »Wenn die Zeit über die Ufer tritt«. Dabei spielten der Komponist und sein Librettist Ralph Günther Mohnnau auf die »Möwe«, den »Onkel Wanja«, vor allem aber auf die »Drei Schwestern« durch einige Motive und Zitatfetzen nur an. Sie beriefen Tschechow zum Zeugen für ihre Botschaft, dass die Zeiten sich ändern, der Mensch und seine Probleme aber gleich bleiben. Die Musik wird getragen von der Atembewegung, erzeugt durch vor- und zurückflutende Geräuscharpeggi, aus denen drei elaborierte Szenenbilder hervortreten. Atem sei die erste und die letzte Äußerung des Lebens, sagt Tarnopolski, und spiele als solche für sein Werk eine Schlüsselrolle. Die Szenen handeln von den Themen Liebe und Vergangenheit, Kunst und Gegenwart, Tod und Zukunft. Aus dem Sfumato-Rauschen des Vorspiels erwächst das Bild der Vergangenheit, wo drei weibliche und vier männliche

Figuren von der Liebe träumen, sie in liedhaften Kantilenenfetzen besingen oder im Tanzschritt sarkastisch über sie spotten. Das »atmende« Zwischenspiel leitet über zur Gegenwart, einer sprechgesanglichen Konversation urbaner Kunstliebhaber. Plötzlich beschleunigt sich die Partitur zum gehetzten minimalistischen Pattern und kulminiert im atemlosen Rap eines Countertenors, der die Virtuosentechnik bis ins Absurde steigert. Das zweite Zwischenspiel leitet über zum futuristischen Schlussakt, wo die Figuren kokonartig verkapselt im Weltall schweben. Die Sänger geben seufzende und schnarrende Laute von sich, mit klapperschlangenhaft rollendem R intonieren sie das lateinische Wort »mors« für Tod. Eine Vision der von den eigenen technologischen Errungenschaften, ob Hochsicherheitsauto, ob Handy-Kamera oder Gen-Chip immer fester umstrickten und dadurch immer mehr vereinsamten Menschheit, die aber auch das Zurücksacken des Einzelnen in sich selbst am Ende des Lebens vergegenwärtigt. Die gestaltenreiche Partitur schwelgt in schillernden Farbvaleurs mit herben Geräuschabschattungen. Tarnopolski bekennt sich zu einer »Neuen Euphonie«. Als Künstler fühlt er sich, bei allem Avantgardeanspruch, der Schönheit verpflichtet. Sein Klangideal verglich er im Gespräch einmal mit dem Wohlgeschmack bitterer Schokolade, die ihm, wie er sagte, von allen Süßigkeiten die liebste sei. Selbst das ratternde und pfeifende »mors« hört er wohltönend. Eigentlich wollte er sogar, dass die Vokalisten diese Röchellaute mit einem Schluck Wasser in der Kehle artikulieren. Doch das wurde von der Münchner Theaterleitung verboten, die keine Klagen wegen eventueller Gesundheitsschäden der Sänger riskieren wollte.

## In der Höhle

Obwohl es die zivilen Rechte Schritt für Schritt zurückschnitt, war das Putin-Regime lange populär, weil der Wohlstand des größten Teils der Bevölkerung deutlich zunahm. Die Russen, die in den neunziger Jahren kauften und verbrauchten als wäre es das letzte Mal, entwickelten sich zu bewussten Konsumenten. Dabei war wichtig, dass die Genussartikel, ob Kulinarik oder Kleidung, so gut wie nie im eigenen Land hergestellt wurden, sondern fast ausnahmslos importiert werden mussten. Deswegen betrachteten und studierten die Moskowiter sie mit einem Fernblick, der etwas eigentümlich Enzyklopädisches beziehungsweise Generalstabsmäßiges an sich hatte. Wohlhabende Russen im Ausland, die man in den 90er Jahren an ihrer grellen Kleidung, den dicken Goldklunkern und dem großspurigen Benehmen erkannte, fielen in den nuller Jahren immer häufiger durch erlesene Garderobe und Gourmet-Kenntnisse auf, beobachtete der NTW-Starmoderator der Neunziger, Jewgeni Kisseljow. Doch dieser neuen Verfeinerung hafte bei ihnen stets etwas Einstudiertes an, fand Kisseljow. Deswegen erkenne er seine Landsleute immer noch auf Anhieb, behauptete er. In der Moskauer Innenstadt wurde in den nuller Jahren der größte Teil der besseren Lebensmittelgeschäfte von einer Monopolkette mit dem programmatischen Namen »Einmaleins des Geschmacks« (Asbuka wkusa) übernommen. Selbstverständlich führte das »Einmaleins« fast nur ausländische Delikatessen. Der Titel und Spezialaktionen wie Tage bestimmter Nationalküchen signalisierten, dass sich der Laden auch als Schulungsort für richtiges, stilvolles, eben »alphabetisiertes« Genießen verstand, was wie eine Fremdsprache erlernt werden wollte. In Moskau, aber auch in einigen anderen urbanen Oasen des Wohlstands, veranstalteten zu Beginn des Jahrzehnts anspruchsvolle Küchenstudios für Kunden und Bekannte didaktische Abende, wo den Zöglingen der Wodka-Kultur vorgeführt wurde, welche Weine und Spirituosen man in welchen Gläsern genießt. Dabei konnte man selbstverständlich gleich auch die richtigen dünnwandigen Gläser von einem deutschen Edelhersteller erwerben. Eine mir bekannte Moskauerin, die in der Modebranche tätig war, sagte mir einmal, als sie das Publikum einer Abendveranstaltung klassifizieren wollte, das seien Leute, die sich nach dem Boss-Konzept zurechtmachten. Die Marke war für sie nicht nur gleichbedeutend mit einem bestimmten Mittelklasseschick, sie schien auch den sozialen Status des Trägers und ein ganzes Lebensgefühl zu definieren. Das war um die Mitte des Jahrzehnts. Etwa um die gleiche Zeit erklärte mir die Literaturwissenschaftlerin Jelena Rjumina, die sich auch als Journalistin verdingte, europäische Mode-Ästheten schienen zu glauben, durch Kleidung und Aufmachung unterstreiche man seinen inneren Charakter. Jelena war überzeugt, dass das bei reichen Russen genau umgekehrt sei. Sie betätigte sich damals zeitweise auch als Image-Pflegerin für vermögende Landsleute. Ihre Kunden übertünchten mit Designermode eher den leeren Persönlichkeitskern, fand sie. Die Moskauer Glamourautorin Oksana Robski wandte diese Beliebigkeit ins Positive des virtuosen Identitätenwechsels. Die zentrale Heldin ihres Romans »Der Glückstag ist morgen« verwandelt sich durch unterschiedliche Garderobe, als setze sie sich Tarnkappen auf. In Valentino-Mode werde sie zur Lady, stellt sie fest. Durch Roberto Cavallis rassige Teile verwandle sie sich in eine Frau, deren Gatte endlich auf Geschäftsreise gefahren ist. Armani schließlich mache sie zu einer Frau, deren Mann zwar auch auf Geschäftsreise gefahren, die dabei aber dennoch Lady geblieben sei (Oksana Robski: Den' sčastija zavtra, Moskau 2006, S. 195).

Exzessiver Konsum bot auch eine Ersatzbefriedigung für eine ganze Klasse politisch kastrierter Erfolgsmenschen. Seit 2005 wurde in Moskau jeden Herbst eine Millionärsmesse veranstaltet, zunächst am Stadtrand im Edeleinkaufszentrum »Krokus City«, ab 2008 im Zentrum, in der nach einem offenbar gelegtem Brand luxuriös renovierten Ausstellungshalle

Manege. Angeboten wurden dort Karibikinseln und Loireschlösser, gläserne Konzertflügel und Vollblutpferde, Yachten, Amphibienfahrzeuge und Schneemobile. Für den Millionärsnachwuchs gab es Massivgoldschnuller und goldgefasste Nuckelflaschen zu 6000 Euro pro Exemplar. Außerdem waren Lebenskunstexperten und Concièrge-Dienste gefragt, beispielsweise der Lifestyle-Management-Club »Red Spot«, der einem zahlenden Mitglied heute etwa einen Hubschrauber auf Korsika organisierte, morgen eine Villa in Genf, übermorgen ein antiquarisches Geschenkbuch oder einen Schwimmtrainer für die Kinder. »Red Spot« war eine Gründung des Italieners Marcello Prospato, der schon Finanzexzellenzen in den Vereinigten Staaten und den Vereinigten Emiraten, in Norwegen und Südafrika bei der Steigerung ihrer Lebensqualität half. Seine Moskauer Niederlassung hatte Prospato 2003 eröffnet, nachdem ihm zu Ohren kam, dass ein Hotel im deutschsprachigen Raum sich weigerte, reiche Russen aufzunehmen, weil die sich angeblich zu ungehobelt benähmen. Am Messestand hielt er mir (im Oktober 2007) ein glühendes Plädoyer gegen derartige nationale Vorurteile. Millionäre seien Hochbegabte, wiederholte Prospato das Credo von Boris Beresowski, wobei seine Augen funkelten. Man müsse ihnen dankbar sein für Lohn und Brot, sagte er mit einer ausladenden Handbewegung, und dafür, dass sie die Wirtschaft auf Touren brächten. Der drahtige Mann aus San Remo bezeichnete es sogar als seine gottgewollte Mission, die Wünsche seiner reichen russischen Freunde zu erfüllen. Wobei er mir, der Zeitungschronistin, ein Schächtelchen mit Blattgoldfusseln reichte, damit ich mir, wie er es vormachte, einige davon in den Espresso streue. Auch wenige Meter weiter, am Stand der Deutschen Bank, die ihre Managementkünste für große russische Privatvermögen andiente, standen für Kunden Heilbutt-Bambus-Röllchen und ein Langusten-Spargel-Cocktail bereit, dem statt der üblichen Cocktailsauce eine Goldplättchenverzierung beigegeben war. »Gold ist Vitamin B für die Nerven«, erläuterte Prospato mir Ahnungsloser, was in seinen Kreisen eine Selbstverständlichkeit zu sein schien. Am Nebenstand drehte ein hagerer, melancholisch aussehender Mulatte »Ultra«-Zigarren mit Feingolddeckblatt für 100 Euro das Stück. Ein gepflegter älterer Messebesucher sah zu. Zu Dostojewskis Zeiten hätten reiche Russen Banknoten im Kamin verbrannt, bemerkte der Mann; heute tupften sie eben Gold in ihren Aschenbecher. Wenn meine intellektuellen Bekannten auf die heimatliche Konsumelite zu sprechen kamen, ereiferten sie sich oft, dass sie die nationalen Reichtümer verprasste und die Substanz von Kultur und Bildung verwahrlosen ließ. Tarnopolski verglich sie einmal sogar mit einem bösartigen Tumor. Kein russischer Krösus spende sein Geld für ein Leukämiekrankenhaus oder gründe ein bedeutendes Museum à la Guggenheim, sagte er bitter. Marcello Prospato hörte aus dergleichen Kommentaren, die ihm häufig zu Ohren kamen, vor allem ein modernitätsfeindliches Ressentiment heraus. Allerdings gab er zu, dass die politische Unsicherheit im Land das Konsumfieber förderte.

Kunst wurde als strategisches Anlageobjekt immer wichtiger. In den nuller Jahren entstanden glamouröse Galerien, die sich nicht damit begnügten, Werke auszustellen und zu vertreiben, sondern als gemeinnützige Stiftungen anerkannt und eines Tages Museen werden wollten. Beispielsweise die Galerie »Stella«, die von Stella Kessajewa, der vormaligen Schönheitskönigin von Ordschonikidse (heute heißt die Hauptstadt Nordossetiens wieder Wladikawkas) und Gattin des Tabak- und Wodka-Milliardärs Igor Kessajew, Ende 2003 gegründet wurde. Stella liebte Dekoratives und kooperierte von Anfang an mit internationalen Auktionshäusern. Auf der Biennale von Venedig 2011 versuchte sie dann, den sowjetischen Konzeptkünstler Andrej Monastyrski mit seinen verrätselten, depressiven Aktionen salonfähig zu machen. 2009 hatte sie dort Panzerkanonen aus polierter Bronze von Anatoli Osmolowski gezeigt, der in den neunziger Jahren als Aktionskünstler sich und die Gesellschaft bloßstellte. Im Herbst 2007 eröffnete der blondmähnige Baulöwe Wladimir Semenichin gleich hinter dem FSB-Hauptquartier Lubjanka seinen Kunst-Fonds »Jekaterina«. Das Haus besitzt eine wertvolle Kollektion zeitgenössischer Gegenwarts- und Fotokunst, die wohl für ein Museum das Fundament legen könnte, und veranstaltet regelmäßig hochklassige Ausstellungen prominenter Meister von David Lynch über den Videokünstler Viktor Alimpiew bis zum Fotografen Andreas Gursky. Daneben versucht auch »Jekaterina«, die asketisch unsinnlichen Arbeiten des Moskauer Nonkonformismus aufzuwerten.

Moskauer Kunstsammler kaufen tendenziell strategisch. Bei internationalen Händlern erwarben russische Kunden sich den Ruf, sie verließen sich beim Einkauf am liebsten auf den Rat eines Experten. Amerikaner sollen einen ausgeprägten Jagdinstinkt an den Tag legen, der sie gegebenenfalls zu hohen Geboten hinreißt. Deutsche gehen eher rechnerisch vor, während Italiener sich am meisten von ihrem Herzen leiten lassen (das verriet mir der Experte eines Wiener Auktionshauses, der bat, seinen Namen nicht zu nennen, im April 2011). Tarnopolski machte es jedoch ganz krank, dass Kunstwerke nun auch als Geldwaschanlage herhalten mussten, wie er sich ausdrückte. Er sei richtig froh, sagte er oft, dass man die Kunst, mit der er zu tun habe, die Musik, weder kaufen noch in eine Vitrine stellen, ja nicht einmal festhalten könne.

Westliche Ausländer, die mit einer Russin anbandelten, stellten immer öfter fest, dass ihre Seriosität mit dem Maßstab ihrer Investitionswilligkeit gemessen wurde. Am Anfang stand oft der Mobiltelefon-Test. Einem amerikanischen Geschäftsmann, den ich kannte, erklärte seine hübsche neue Freundin bei der ersten Verabredung, ihr sei gerade das Handy gestohlen worden und im Laden um die Ecke liege das passende Modell im Schaufenster. Ob der Hartherzigkeit des Amerikaners, der ihr partout kein neues Gerät kaufen wollte, brach das Mädchen in aufrichtige Tränen aus. Das Mobiltelefongeschenk, das den Schwarm eines deutschen Bekannten von mir am ersten Tag jubeln ließ, hatte zwei Tage später bereits einige Funktionen zu wenig und sollte von ihm umgetauscht werden. Doch da der Freund der Aufforderung nicht nachkam, war die Freundschaft schon wieder zu Ende. Potente Kavaliere erwarben mit dem neuen Handy für ihre Schöne auch eine Eintrittskarte zu ihrem Herzen. Mit der Innigkeit der Beziehungen wuchs dann die Einkaufliste – von Kleidung, Schmuck über Sprachunterricht, Arztbesuche, Fahrschule bis zum eigenen Auto oder Appartement –, wobei die Zuneigung jedes Mal um eine Stufe eskalierte.

In der Gesellschaft bildete sich eine bisher nicht dagewesene Mittelschicht von Büroangestellten heraus, das so genannte »Office-Plankton«. Es waren vergleichsweise gut ausgebildete, wohl erzogene Leute, die sich von der sowjetischen und postsowjetischen Intelligenzia vor allem dadurch unterschieden, dass sie keine politisch-kulturelle Mission hatten und nicht in eine Gegenwelt strebten. Für die alte Klasse der wissenschaftlichen Mitarbeiter, Ingenieure, Lehrer und Dozenten, die sich auf eine Grundversorgung mit dem Nötigsten verlassen konnte, war eine neue Inszenierung von Boris Pokrowski oder Juri Ljubimow oder die Aufführung einer Bruckner-Symphonie eine spirituelle Offenbarung und ein echtes Reinigungserlebnis. Dafür konnten viele über den Schmutz in den Kommunalwohnungen und Gemeinschaftstoiletten fast stolz hinwegsehen. In romantisch unaufgeräumten Küchen genoss man bei Tee, Wodka und trockenem Gebäck gehaltvolle Gespräche. Die neue Planktonklasse hingegen wird von den Wellen der Konjunktur und den Schwimmbewegungen der Wale, der großen Wirtschaftsorganismen, hin- und hergespült. Sie lebt ganz im Hier und Jetzt. Die Schwarmintelligenz und eine unbestimmte Neugier zieht sie zu Galerie- und Museumsnächten, Multimediafestivals und Fotobiennalen. Auf sie sind die Moskauer Kettencafés »Kofe Chaus«, »Kofemania« und »Schokoladniza« zugeschnitten, wo von einer ausnehmend höflichen Bedienung mehr Kaffee- und Teesorten serviert werden als in europäischen

Kaffeebars, freilich auch für höhere Preise, und wo die Desserts zwar kleiner, aber raffinierter hergerichtet sind als dort.

Viele Leute, die in den neunziger Jahren arm waren, leisteten sich in den nuller Jahren eigene Autos, zuerst gebrauchte russische Autos, dann westliche Gebraucht- und schließlich westliche Neuwagen. Die Küchen wurden »europäisch« renoviert und eingerichtet, gern auch mit Hilfe von Ikea. Motorisierte Familien, die früher zweimal im Monat ins Theater gegangen waren, fuhren jetzt am Wochenende gern in die riesigen neuen Einkaufszentren an der Ringautobahn mit ihren Restaurants, Kinosälen und Eisbahnen zu jeder Jahreszeit. Solche Shopping-Touren waren auch ein Symptom für geistigen Hunger, glaubte Tarnopolski zu bemerken. Ihm schien, als tauschten viele Landsleute die Freiheit der Neunziger, die ihnen vor allem Unglück und Ratlosigkeit beschert hatte, gegen die Tröstungen des Konsums ein. Am 8. Mai 2005, dem Vorabend des 60. Jahrestages des sowjetrussischen Sieges über Hitlerdeutschland, einem hohen Feiertag, nahm ihn ein befreundetes Musikwissenschaftlerehepaar mit zu Ikea, das zu einer »Mega-Mall« in der nordwestlich gelegenen Vorstadt Chimki gehört. Der große Parkplatz und das Einrichtungsparadies selbst, zu dem manche Kunden aus dem Ural oder aus Sibirien tausende Kilometer am Steuer zurücklegten, waren an jenem warmen Mai-Freitag brechend voll. Den Musiker beeindruckte insbesondere, dass viele Besucherinnen in eleganten Kleidern und mit Pumps auf hohen Absätzen einherschritten, als gingen sie ins Theater. Dabei durchwanderte die Menge natürlich nur den überall auf der Welt gleichen, fensterlosen Parcours, der mit der Perlenkette seiner Warenpräsentation die Aufmerksamkeitskurve des Kunden abzubilden und zu ertasten versucht wie der blinde Polyphem die Umrisse des in seiner Höhle gefangenen Odysseus und seiner Gefährten. Deswegen bekommt man am Anfang des Wegs schwere, voluminöse Dinge hingehalten, Sofas, Sitzecken, Betten und Regale. Danach folgen die leichteren Sachen, Tische, Stühle, und, nach dem Hiatus des Imbisspausenbereichs, handliche Accessoires von Geschirr, Laken bis zu Lampen und Blumentöpfen. Hinter der Kasse tritt man dann endlich wieder hinaus ans Tageslicht.

Die Gesellschaft, die weitgehend von der Ausbeute und dem Verkauf von Rohstoffen lebte, schien sogar gegenüber den produktiven Leistungen der eigenen Kultur gleichgültig zu werden. Zu Beginn der neunziger Jahre hatte der Komponist und Musikwissenschaftler Mark Belodubrowski im Archiv des Moskauer Glinka-Musikmuseums die Originalpartitur der 2. Kammersymphonie von Nikolai Roslawetz (1880 bis 1944) gefunden, die als verloren galt. Roslawetz, der aus einem kleinen Ort bei Brjansk stammte, war am Anfang des Jahrhunderts einer der wichtigsten musikalischen Neuerer. Noch vor der Revolution erfand er, Skrjabin fortsetzend, die freitonale Kompositionstechnik des »Synthetakkordes«, eines totalchromatischen Gebildes aus sechs und mehr Tönen, von dem er alle melodischen Figuren und harmonischen Beziehungen des jeweiligen Stückes ableitete. Roslawetz' System ist in seinem Seriengedanken mit Schönberg verwandt, aber nicht dodekaphonisch. Wegen seines anspruchsvollen Avantgardeverständnisses wurde er von der Assoziation Proletarischer Musiker, die das Massenlied propagierte, als arrogant wahrgenommen und als »bourgeois« geschmäht. Tatsächlich sei er kein proletarischer Komponist in dem Sinn, dass er für die Massen schlechte Musik schreibe, wehrte sich Roslawetz publizistisch. Tatsächlich sei er so weit »verbürgert«, bekannte der Bauernsohn, dass er den russischen Proletarier – den rechtmäßigen Erben aller ihm voraufgegangenen Kultur – des Besten in der Musik für würdig erachte. Daher komponiere er auch Symphonien, Quartette, Trios zum »Kopfzerbrechen«, wie er sich ausdrückte, in der festen Überzeugung, seine Werke würden dem Proletariat einst ebenso zugänglich und verständlich sein wie heute den besten Vertretern der fortschrittlichen musikalischen Gesellschaft (zitiert nach dem von Horst A. Scholz verfassten Programmheft des Berliner Konzerthauses vom 2. 12. 2006 im Werner-Otto-Saal, »Die kurze Zeit der Morgenröte« zum Konzert des Studios für zeitgenössische Musik mit Roslawetz, Mossolow, Popow). Auch weil er die Ideologie einer vordergründig verständlichen Musik, die die kulturelle Weiterentwicklung des Volkes bremste, offen bekämpfte, durften Roslawetz' Werke schon ab Anfang der dreißiger Jahre nicht mehr aufgeführt werden. Seine 1934 bis 1935 entstandene zweite Symphonie für 18 Solisten verarbeitet die kulturpolitische Restauration höchst originell. Der ästhetische Dissident verzichtete auf seine Synthetakkordmethode. Stattdessen verfasste er ein aufgewühltes postromantisches Werk, dessen virtuos durchgearbeitete Partitur mit obsessiv sich wiederholenden Motivfiguren dämonische Grimassen schneidet (ausführlich analysiert die russische Musikwissenschaftlerin Irina Severina Roslawetz' zweite Kammersymphonie in ihrem Aufsatz »Eine neue Sinfonie von Nikolaj Roslavec«, in: Musikgeschichte in Mittel- und Osteuropa. Mitteilungen der internationalen Arbeitsgemeinschaft an der Universität Leipzig, Heft 9, Leipzig 2004, S. 198–206). Seine Entdeckung durch Belodubrowski hätte eine Sensation sein müssen, findet Tarnopolski, der sich beim Kulturministerium und bei den russischen Kulturstiftungen um finanzielle Unterstützung für den konzertgerechten Druck der Noten und eine Aufführung des nie gespielten Schatzes bemühte. Doch die dazu ausgerüsteten Institutionen wollten die schlafende Prinzessin nicht wachküssen. Erst nach der Jahrtausendwende wurden mit Fördermitteln der Ford-Stiftung die Instrumentalpartien gedruckt. Die amerikanische Stiftung bezahlte auch die Reise der Instrumentalisten des Studios für neue Musik nach Brjansk, der Heimat von Roslawetz, wo sie seine zweite Kammersymphonie im März 2002 endlich uraufführten, im Rahmen des von Belodubrowski organisierten Roslawetz- und Gabo-Festivals für zeitgenössische Kunst. Auf ein Honorar hatten die Musiker verzichtet. Die Kulturredaktionen der großen

Zeitungen ignorierten das Ereignis ebenso wie die Erstaufführung in Moskau drei Jahre später.

Tarnopolski hat keinen Führerschein und versteht nichts von Autos. Trotzdem predigt er in Interviews unermüdlich, nur ein Land mit einer hoch entwickelten Kultur sei auch in der Lage, gute Autos zu produzieren. In Deutschland könnten nur deshalb so qualitativ hochstehende Wagen gebaut werden, sagte er mehrmals, weil die formalen, ästhetischen und Designideen dafür zuerst in ihrer Reingestalt von der Kunst, als neue Musik oder Malerei, ausgearbeitet worden seien. Erst danach sei es möglich, dass Technik, Industrie oder das städtische Milieu sie sich aneignen und den Schritt der gewerblichen Anwendung vollziehen könnten. Innovative Kultur ist in seinen Augen die Voraussetzung jedes technisch-industriellen Fortschritts. Wenn in Russland also etwa heute gute neue Musik gemacht würde, wenn der Staat das fördern, die Musiker nicht auswandern und die Gesellschaft sich von alldem infizieren lassen würde, dann, so versicherte er, bestünde tatsächlich eine Chance, dass in etwa 20 Jahren auch die russische Wirtschaft innovativ werde und dass das Land nicht mehr Autos oder Fabrikanlagen aus dem Ausland importieren müsse (zuletzt gegenüber Jaroslav Timofeev in »Kompozitor na rasput'e«, in: Izvestia, 11. 11. 2010).

Außerdem ist Tarnopolski überzeugt, dass allein die Kunst den Menschen befreien könne, nicht zuletzt vom Joch der Ersatzbefriedigungen. Im Sommer nach dem Ikea-Besuch entwarf er ein Opernszenario, das auch die Erfahrung der Moskauer Mega-Malls verarbeitet. Ausgehend von Platos Höhlengleichnis, erhebt es, ganz antiplatonisch, die Künste zu Leitsternen, die einen durchs Lebenslabyrinth führen können. Das städtische Theater Bonn und die Leitung des dortigen Beethovenfests hatten ihn beauftragt, eine Oper zu komponieren, die im September 2006 im Bonner Kunsthallenforum uraufgeführt wurde. Für sein Werk ließ er sich von dem zur tief liegenden Bühne hin stark abschüssigen Saal mit den zwei Seitenbalkonen für die Instrumentalisten inspirieren. Die Raumform erinnert selber an Platos Höhle. In der Oper geht es um Schatten, dem Mischprodukt aus Licht und Finsternis, das die Gegenstände, denen es folgt, zugleich abbildet und verfremdet (der Werktitel lautete dann »Jenseits der Schatten«), weshalb Plato sie in seinem Gleichnis zu irreführenden Trugbildern des reinen Lichts der Ideen macht. Der Komponist und sein Librettist Ralph Günther Mohnnau verlegen die Geschichte, die in der »Politeia« Sokrates dem Glaukos erzählt, in eine abstrahierte Gegenwart. Drei Höhleninsassen, die, wie ein Kollektivwesen, nur gemeinsam singen und agieren, starren stumm gebannt auf computergenerierte Leuchtzeichen, die über die Bühnenrückwand und den sich davor wie eine riesige Hirnschale wölbenden Plastikhügel wandern, welcher einen Rezensenten tatsächlich an eine Reispapierlampe von Ikea denken ließ (Olaf Wilhelmer: »Das Ikea-Licht der Erkenntnis«, in: Opernwelt, November 2006, S. 43). Da erscheinen in der Dunkelkammer der Projektionen drei Sängerinnen als Allegorien der Künste Malerei, Dichtung und Musik und zugleich wie Verkörperungen des Ewig Weiblichen. Auch sie intonieren ihre sirenenhaften Koloraturen und schnippischen Rezitative nur im Ensemble. Ihr giftig-süßes Jubilieren wird zum Weckruf der Inspiration und animiert die Männer zu stammelnden Chorälen. Auf einmal sind sie in der Lage, das sie umgebende »Geisterdickicht« sprechgesanglich zu beschwören. »Wir leben in Schönheit« und »Wir sind das göttliche Licht«, sirrt es ihnen in den Ohren. Auch die transparente Instrumentalpartitur wird äußerst erregt artikuliert. Mikropolyphon wabernde Einzeltöne schwellen an, ersterben, ballen sich zu Akkorden. Wie die Instrumentenstimmen des rechten und des linken Balkons aufeinander antworten und einander die Motive zuspielen, erzeugt eine Echo-Schattenwirkung, die den Raum atmen lässt und seine Betonwände aufzulösen scheint. Die Künste sprengen den unsichtbaren euklidischen Kerker. Zugleich warnt die Oper vor Utopie und Eskapismus. Die Freiheit der Kunst sollte nicht allzu buchstäblich genommen werden, wie es die Gefangenen tun, als sie im Finale aus der Ikea-Höhle fliehen und die Emporen mit dem klingenden »Licht« erstürmen. Jenseits des Halbschattens, der offenbar zur menschlichen Sphäre gehört, ersterben und verstummen sie, wie geblendet, mitten im ekstatischen Schlussgesang der schönen Künste.

## Putins Glückstabletten

Die Nachwuchskomponisten, die in den nuller Jahren bei Tarnopolski studierten, blieben dann erfreulicherweise im Land. Wladimir Gorlinski, Nikolai Chrust, Olga Botschichina, Georgi Dorochow reisten zu Studienaufenthalten nach Westeuropa, wo auch ihre Stücke aufgeführt werden. Doch ihr Lebensmittelpunkt blieb Moskau, wo sie das Konzertleben und den Lehrbetrieb am Konservatorium mit prägen. Es bestand keine Notwendigkeit mehr, wegzufahren, bekennt der vielleicht begabteste, Gorlinski, der heute am Konservatorium Instrumentierung und Notation lehrt, Vorlesungen über Musik des 20. Jahrhunderts hält und außerdem als zweiter Dirigent des »Studios für neue Musik« tätig ist. Man bekomme das, was musikalisch in der Welt passiert, ja übers Internet mit, erklärt Gorlinski. Zugleich bemühen sich die Jüngeren nicht mehr, durch Musik in der Gesellschaft etwas zu bewirken. Er komponiere eigentlich nur für sich und seine Freunde, sagt Gorlinski. Das erklärt der Klangkünstler auch dadurch, dass die Schwelle der Beeindruckbarkeit der Hörer immer weiter nach oben rutsche – schon als Folge des Netzes von Informationskanälen, das den Menschen immer dichter und enger umspinne. Der Komponist glaubt, dass in einer nicht mehr fernen

Zukunft die ästhetische Erfahrung überhaupt durch biochemische Stimulation per »Glückstablette« ersetzt werde.

Gorlinski fährt kein Auto, begeistert sich aber für technologische Neuerungen und alle möglichen Mechanismen. Dabei legt er Wert auf die Feststellung, keines der hochgezüchteten Automobile, wie sie in Moskau herumfahren, könne ihn irgendwie inspirieren. In ihnen habe die Technik alles Erhabene verloren und sei nur noch kommerziell. Mit seinen Kompositionen will Gorlinski den Rahmen des ebenfalls sich kommerzialisierenden »akademischen« Konzertsaals sprengen und das unsichtbare Labyrinth, in dem wir stecken, sich klingend offenbaren lassen. In seiner eigenen Musik schafft er aus Konzertinstrumentenstimmen, die er mit Schlagobjekten oder einer ratternden Eisenkette, Reißgeräuschen, leisen Schreien und elektronischen Koloraturen kombiniert, prägnant artikulierte, prachtvoll gebaute Klangenvironments, die sich neuerdings freilich zusehends aufs elektronisch erzeugte Geräusch reduzieren. Sein Lehrer Tarnopolski kommt immer mehr zu dem Schluss, eine europäische Klangsinnlichkeit, wie er sie schätzt und zu säen versuchte, nämlich beeindruckbar, nachdenklich und muskulös zugleich, könne in Russland wohl keine Wurzeln schlagen.

Einen anderen Weg, den in den ätherischen Eskapismus, geht Nikolai Chrust, der am Konservatorium das Repertoire des 20. Jahrhunderts für Instrumentalisten sowie Notationslehre unterrichtet und außerdem Mitarbeiter des Elektronikstudios ist. Chrusts an Musiker höchste Ansprüche stellende Kompositionen verknüpfen oft assoziativ erlesene Klangkuriositäten – hauchfeine Figuren auf einer exotischen Flöte, geheimnisvolles Knistern, ein scharf angerissener Geigenton – und wirken wie fein verästelte, elektronisch-akustische Timbrestudien. Chrust arbeitet nie ohne Sampler, selbst wenn Auftraggeber das verlangen. Alle Kunst müsse auf der Höhe der technischen Möglichkeiten ihrer Zeit bleiben, ist er überzeugt. Wobei die elektronische Klangerzeugung die der Konzertinstrumente keineswegs verdrängen, nur ergänzen solle. In der filigranen Interaktion von Mensch und Computer kristallisiert sich für Chrust ein »neuer Humanismus«. Dass seine hochkomplexen Stücke, deren Notation manchmal bewusst vieldeutig gehalten ist, seine Interpreten oft zur Verzweiflung bringen, ist von ihm im gewissen Sinn gewollt. Äußerste Anspannung, ja Überanstrengung der Kräfte und Nerven könne, so meint er, bei Musikern jenes völlig ungeschützte, frische, ekstatische Musikempfinden herbeiführen, wonach er als Künstler strebt.

Noch am ehesten als Tarnopolski-Schülerin erkennbar ist die aus Kirow an der Wolga stammende Olga Botschichina, die ebenfalls am Elektronikstudio des Konservatoriums mitarbeitet. Mit ihrer Musik strebe sie nach menschlicher Wahrheit, erklärt Olga Botschichina. Sie sehe ihre Hauptaufgabe darin, unser sinnliches Empfindungsvermögen, das zugemüllt und atrophiert sei durch steril perfekte, pseudoschöne Reize, für die wahre Schönheit im Kreatürlichen, Hinfälligen, Versehrten empfänglich zu machen. Olga Botschichinas Werke besitzen schillernden, geräuschgesättigten, fast haptischen Farbreichtum und sind raffiniert instrumentiert. Die Komponistin variiert Vibrationsfrequenzen, setzt Streicherstimmen durch feine Obertonschichtungen Lichter auf. Sie beschwört Echowirkungen, lässt Motive durch die Instrumentengruppen und Tonhöhen wandern und ihren Charakter ändern. Ihre Stücke haben eine prächtige Faktur, kreisen aber fast kulminationslos in sich wie ein musikalisches Kaleidoskop.

Der Sibirer Georgi Dorochow hat von allen Tarnopolski-Schülern die raueste Klangsprache entwickelt. Er verlangt von den Instrumentalisten eine heiser röchelnde, quietschende oder peitschenschlagartige, dabei stets drängend gespannte Artikulation. Die Stücke sind so gut wie stimmlos, dafür rhythmisch syntaktisch wohl proportioniert. Deswegen fragte Tarnopolski Dorochow einmal, ob er sich bei einem Mädchen auch damit begnüge, auf dem Röntgenschirm ihr wohlgeformtes Skelett zu bewundern, oder er ob nicht vielleicht lieber etwas Fleisch und Blut drum herum haben wolle. Zugleich vermerkt er mit Bedauern, dass ein ruppiger Ton à la Dorochow von einem Großteil der Jüngeren geschätzt wird.

Als Künstler sei für ihn am wichtigsten das Gefühl, etwas zu überwinden, sagt Dorochow. Seine sibirische Geburtstadt Tomsk ist heute eine überwundene Phase seiner Biographie. Ihm steht noch vor Augen, wie brutal dort oft bewohnte alte Holzhäuser zerstört wurden. Um ein begehrtes Grundstück von einem solchen Gebäude frei zu machen, verrammelten Brandstifter manchmal dessen Fenster und Türen und legten Feuer, so dass die Bewohner, um ihr bloßes Leben zu retten, vom Dach herunterspringen mussten. Seiner Instrumentalausbildung nach ist Dorochow Geiger. Als Postgraduate-Student schrieb er zwei als »Concertino« betitelte Stücke, bei denen seinem Instrument, seiner physischen Beschaffenheit nach das femininste und verletzlichste von allen, wie Dorochow zugibt, der Garaus gemacht wird. Concertino Nr. 1 (entstanden 2010) für Violine oder Viola, Cello, Flöte, Klarinette, Bassklarinette und Radio hat noch eine quasibarocke Satzstruktur. Doch die Musiker spielen ihre Parts ad libitum, sie beginnen, wo sie wollen. Das Violinsolo besteht im Wesentlichen darin, dass der Geiger sein Instrument durch Schläge und mittels eines Elektrobohrers zugrunderichtet. Beim Concertino Nr. 2 (entstanden 2011, uraufgeführt im selben Jahr beim Sommerfestival »Musik fürs Arsenal«, Muzyka dlja arsenala, im Kreml von Nischni Nowgorod) sind außer dem Ensemble mit Radio noch ein Synthesizer und ein demoliertes Klavier im Einsatz. Der Cellist, der Flötist und der Klarinettist haben zudem ein Beil neben sich liegen, womit sie in bestimmten Abständen auf einen umgekippten Stuhl einhacken. Alle Musiker stoßen rhythmisch im Unisono animalische Kriegsschreie aus. Währenddessen massakriert der Solist Schritt für Schritt die Violine. Dorochow schreibt vor, ein Geiger müsse diesen Part übernehmen und spielte ihn das erste Mal selbst. Mit seinem eigens für diese Tat gekauften Opferinstrument haut er auf einen Tisch. Er plättet mit der Violine Blechdosen. Er schlägt Nägel in ihren Resonanzkörper und steigert sich dabei in eine kindliche Rage. Irgendwann zerbirst sie. Der Solist macht mit dem Hammer Kleinholz aus seinem Instrument und verrührt das Ganze im Papierkorb. Für seine mitspielenden Musikerkollegen seien seine Concertini schwer erträglich, bezeugt Dorochow. Für einen Musiker sei sein Instrument ja wie ein Körperteil. Er habe mit seiner Aktion den Widerstand einer Routine überwinden wollen, bekennt er. Freilich musste er schon feststellen, dass sie nach ein paar Wiederholungen selbst zur Routine wird.

Der Gesellschaft versprach allein die Figur des starken Mannes an der Machtspitze Genuss ohne Reue. Präsident Putin wurde planmäßig zum Fetisch des Begehrens aufgebaut, was, zumal am Anfang, eher lächerlich wirkte. Der als Jelzins Thronfolger installierte Ex-Spion war nicht charismatisch, er besaß kaum männlichen Charme. Zudem hatte die Gesellschaft nach zehn Jahren Jelzin und dessen teilweise grotesken Eskapaden sich ein ironisches Verhältnis zu ihrem Herrscher zugelegt. Als unmittelbar nach Putins Amtseinführung zwei ältere Schauspielerinnen vor der Fernsehkamera sich für seinen geschmeidigen Sportlergang begeisterten, kicherten sie dabei, als sei ihnen bewusst, dass niemand das ernst nehmen konnte. Doch schon im Sommer 2002 produzierte sich das rassige Sängerinnenduo der »Zusammensingenden« (Pojuščie vmeste) mit dem Song »So einen wie Putin« (Takogo kak Putin), der zum Ausdruck brachte, dass der Präsident all das verkörperte, was die moderne Russin sich wünscht. »Mein Freund trinkt und rauft«, zwitscherten zwei langbeinige Grazien mit Metallicmähne zum Disco-Beat, bevor im Refrain das positive Gegenbild gepriesen wird: »So einen wie Putin, der Stärke voll, so einen wie Putin, der nicht trinken soll, so einen wie Putin, der mich nicht haut, so einen wie Putin, der nicht abhaut!« Das

Video zeigte dazu, wie ein dicklicher Hüne mit Bürstenschnitt, als Symbol des Banditenhelden der neunziger Jahre, einem gewitzt in die Kamera blinzelnden Blonden untertänig die Hand zum Friedensschluss reicht. Der Name des Ein-Lied-Ensembles, der auf die Kremljugendorganisation der »Zusammengehenden« anzuspielen scheint – deren Pressedienst behauptete freilich, nichts mit dem Musikprojekt zu tun zu haben –, legt nahe, dass es auf einen Wink von höchster Stelle hin in sein kurzes Leben getreten war.

Putin, das politische Alphatier und der Dompteur des von Widersprüchen zerrissenen Riesenlandes, appelliert an sadomasochistische Gelüste. Symptomatisch war sein legendärer Ausspruch, die tschetschenischen Staatsfeinde werde man »auf dem Klo abknallen«. Putin imponierte durch maskuline Härte bis zur Grobheit. 2002 schlug er in Brüssel einem Journalisten, der ihn mit Fragen zum Tschetschenienkrieg bedrängte, vor, sich doch beschneiden zu lassen. Falls er ganz und gar ein islamischer Radikaler werden und sich dieser Prozedur unterziehen lassen wolle, so lade er ihn nach Moskau ein, sagte der Präsident dem verdutzten Reporter. Russland sei ein multikulturelles Land und besitze auch Beschneidungsspezialisten. Wobei er, Putin, empfehlen würde, die Operation so gründlich zu machen, dass nichts mehr nachwachsen könne. Vier Jahre später sagte er nach dem Abschluss einer Pressekonferenz mit Israels Premierminister Olmert zu ihm, er bewundere seinen Präsidenten Moshe Katsav, der gerade wegen mehrfacher Vergewaltigung und sexueller Nötigung angeklagt worden war. Katsav habe zehn Frauen vergewaltigt. Er sei ein starker Mann, den »wir« alle beneiden, erklärte Putin und bat Olmert, dem israelischen Staatsoberhaupt, der wenig später wegen der Sache verurteilt wurde und ins Gefängnis kam, seine Grüße auszurichten. Putins Pressesprecher versuchte dann, die nach dem offiziellen Teil der Veranstaltung gefallene Bemerkung als eigentümlichen und missverständlichen russischen Humor wegzuerklären.

Umso hingebungs- und huldvoller hatten die Untertanen zu sein. Als im Frühjahr 2006 die Iwanowoer Internetzeitung »Kursiv« den Präsidenten als Russlands »Phallisches Symbol« bezeichnete – was schon deswegen logisch klang, weil der soeben die Steigerung der Geburtenrate zur nationalen Priorität erklärt hatte –, fand der Staatsanwalt der Stadt das wohl zu frech und jedenfalls für den Präsidenten beleidigend. »Kursiv« wurde geschlossen, der Chefredakteur, der den Artikel verfasst hatte, Wladimir Rachmankow, musste eine empfindliche Geldstrafe zahlen. Die Signale wurden verstanden. Im darauffolgenden Jahr verfasste ein Autorenkollektiv unter der Leitung des Schriftstellers Igor Kossizyn ein Theaterstück namens »Ferien des Präsidenten« (Kanikuly prezidenta), worin Putin als Superman in Sibirien auftritt. Er ist mit einem defekten Hubschrauber in der Taiga notgelandet, beherrscht jedoch die Kunst des Überlebens in der winterlichen Wildnis und verbringt einige Wochen mit Waldbewohnern in einer Hütte. Am Ende des Stückes, das zu Putins 55. Geburtstag im Oktober in Wladiwostok und später in Omsk aufgeführt wurde, fliegt der Präsident wieder davon, jedoch nicht ohne den Zurückbleibenden – beinahe wie ein gen Himmel entschwebender Heiland – zu versprechen, er werde wiederkommen. Im gleichen Herbst erklärte der Leiter des Paraolympischen Komitees auf dem Kongress der Kremlpartei »Einheitliches Russland« Putin zu »unserem Talisman«. Das konnte man auch ganz wörtlich verstehen. Die Ikone des Präsidenten wurde für viele der Beamten- und Elitenwillkür ausgesetzten Bürger zum letzten Mittel der Gegenwehr. In Samara versuchten damals Anwohner eines Grundstücks, wo Luxusappartements entstehen sollten, das zu verhindern, indem sie ein Putin-Denkmal auf dem Bauplatz errichteten. Und in Rostow am Don schützten Umweltaktivisten einen zum Abholzen bestimmten Stadtwald, indem sie die Bäume mit Putin-Bildnissen immunisierten.

Der starke Steuermann verschenkte selber kaum Zärtlichkeiten. Von umso größerem Symbolwert waren die seltenen

Ausnahmen von dieser Regel. Im Sommer 2006 kam er im Kreml vor laufenden Fernsehkameras mit einer Gruppe Touristen ins Gespräch, unter denen ein vier, fünf Jahre alter Junge war. Putin hockte sich nieder zu ihm und fragte ihn nach seinem Namen. Das Kind antwortete etwas verschüchtert: »Nikita«. Da hob der Präsident sein Hemdchen hoch und küsste ihn auf den Bauch. Nikita sei ein guter Junge, erklärte Putin später. Er habe sehr selbstbewusst und unabhängig gewirkt und zugleich schutzbedürftig wie es Kinder immer seien. Möglicherweise begegnete ihm in Nikita auch ein Spiegelbild seines kindlichen Selbst, als er klein und schmächtig war, aber ständig Streiche ausheckte und schon Spion werden wollte. Beim anderen Geschlecht zieht ihn nach eigenem Bekenntnis eher der Typ der starken Frau an, wie die Meisterturnerin Alina Kabajewa. Putin liebt aber auch echte Raubkatzen. Im Sommer 2008 empfing er in einem fernöstlichen Schutzgebiet für sibirische Tiger ein Fernsehteam. Ein mächtiges Tigerweibchen, das in der Nähe angeleint war, hatte sich plötzlich befreit. Doch Putin rettete die Journalisten, indem er die gefahrliche Schöne mit einem Betäubungsschuss in Schlaf versetzte. Forscher entnahmen dem prächtigen Tier eine Blutprobe und legten ihm ein Ortungshalsband an. Dann küsste er sie noch auf die Stirn, so dass man denken konnte, als sie wieder aufstand, er habe sie erweckt. Der Philosoph Michail Ryklin ist überzeugt, dass Putin sich deswegen so für die bedrohten Großkatzen einsetzt, weil er sich mit ihnen identifiziert. Wer den Raubtierkapitalismus lenken will, braucht dafür wohl selbst eine Raubtiernatur, weshalb gerade die, so liest Ryklin Putins Gedanken, eines besonderen Schutzes bedarf.

Beim Putin-Typ kann die Sterwa nicht andocken. Wie er sich die wahre Bestimmung der Frau – und die Volkskulinarik – vorstellte, verdeutlichte der Präsident, als er auf seiner letzten Pressekonferenz seiner zweiten Amtszeit den Russinnen riet, sie sollten wieder lernen, Schtschi zu kochen, die klassische russische Sauerkrautsuppe. Dafür ließen Russlands aufstiegswillige Jungpatriotinnen sich demonstrativ vom Eros der Macht elektrisieren, der von Putin ausging. Im Sommerlager der Kremljugend der »Unsrigen« zogen sich Teilnehmerinnen T-Shirts mit dem Aufdruck »Ich will Putin« (Chotschu Putina) über die blühende Brust. Außerdem trugen und vertrieben die »Naschistinnen« Bikinislips mit dem Schriftzug: »Wowa« – die familiäre Anrede von Wladimir –, »ich bin bei dir« (Wowa, ja s toboj) auf dem Schamdreieck. Im August 2007 gab der Präsident den heftigen Avancen ein wenig nach. Bei einem Angelausflug mit Prinz Albert II. von Monaco im sibirischen Tuwa zog er sich für die Kamera das Hemd aus. Die Weltöffentlichkeit war von seinem durchtrainierten Oberkörper mit der wohldefinierten Muskulatur beeindruckt. Putin stilisierte obendrein das von ihm regierte Land zum Objekt politischer Libido von Nebenbuhlern. In einer Frage-und-Antwort-Stunde im Oktober 2007 wollte ein Ingenieur aus Nowosibirsk von ihm wissen, was er von dem Ausspruch halte, den er der früheren amerikanischen Außenministerin Madeleine Albright zuschrieb, wonach es ungerecht sei, dass Russland allein Sibiriens Bodenschätze besitze. Das Zitat scheint in Wahrheit von Zbigniew Brzezinski zu stammen (siehe Julia Latynina: »Reading the enemy's mind«, in: The Moscow Times, 24. 10. 2007). Der Präsident griff die Bemerkung bereitwillig auf. Das sei politische Erotik ölhungriger Ausländer, entgegnete er, die eventuell gewisse Leute befriedigen, aber kaum zu einem positiven Ergebnis führen könne (zitiert nach der Moscow Times, a. a. O.).

Im April 2008, kurz vor der Amtsübergabe an Medwedjew, lancierte das Moskauer Boulevardblatt »Moskowski korrespondent« die Nachricht, Putin habe sich heimlich von seiner Frau Ljudmila scheiden lassen und wolle die inzwischen Duma-Deputierte gewordene Alina Kabajewa heiraten. Das wurde sofort dementiert, der »Moskowski korrespondent« wurde geschlossen. Doch Moskau hatte sein Gesprächsthema. Im Freibad Tschaika diskutierten besonders die Schwimmerinnen jenseits der Menopause heiß. Die verheirateten Frauen waren sich einig, dass ein Seitensprung des Präsidenten verurteilenswürdig wäre, obwohl sie selbst im Schwimmbad gern neue Bekanntschaften knüpften. Putin erklärte nun, er liebe die russischen Frauen überhaupt. Das nahm die Zeitschrift Kommersant-Wlastj zum Anlass, prominente Russinnen zu befragen, ob sie einen Heiratsantrag von Putin annehmen würden. Eine von ihnen, die Schauspielerin Viktoria Lewtschenko, bejahte – Macht verleihe einem Mann eben Sexappeal, sagte sie. Die Schlagersängerin Kristina Orbakaite gab sich sogar überzeugt, wenn ein Mann so berühmt und brutal sei wie Putin, könne keine Frau widerstehen. Die Fernsehfachfrau für Erotik, Anfissa Tschechowa, bekannte, am scheidenden Präsidenten gefielen ihr sein Verstand, die Beredtheit und der Mut. Sie bescheinigte ihm nur einen einzigen Fehler: dass er zu gut lüge. Nur die Beauftragte der Assoziation für Wählerrechte in Samara, Ljudmila Kusmina, versicherte, als »Kennerin«, als welche sie sich bezeichnete, würde sie einem wie Putin nie ihr Jawort geben. Wie Anfissa Tschechowa fand Frau Kusmina Putins Kunst, keine Seelenregungen zu zeigen, die durch die KGB-Ausbildung ihm in Fleisch und Blut übergegangen ist, offenbar eher abstoßend. Jedenfalls empfahl sie ihm, mehr außereheliche Beziehungen anzuknüpfen – das würde ihn vielleicht menschlicher machen (zitiert nach: Kommersant-Vlast', 28. 4. 2008, S. 4–6).

Der Sozart-Künstler Leonid Sokow, der mit Ikonen der sowjetischen und der Popkultur jongliert, findet, dass Stalin »unsere«, Russlands Marilyn Monroe sei. Das Sehnsuchtsbild des skrupellosen Machtmenschen fasziniert durch die Vorstellung, sich niemandem unterordnen zu müssen, unberechenbar zu sein, Angst einzuflößen. Während die westliche Kultur also für radikale weibliche Anmut, bis zur Selbstzerstörung, schwärmen kann, fantasiert man sich in Russland liebend gern in die Position eines allmächtigen Täters. Wie Stalin wird auch Putin von einer Aura der Bedrohlichkeit umgeben. Doch während der Stalinkult seinen Anhängern vor allem das Gefühl vermittelte, auf der Seite der strategischen Sieger zu stehen, hebt der Kult um Putin neben dessen intellektuellen gerade auch die physischen Vorzüge und Talente hervor wie eine besonders vitaminreiche Seelennahrung. Der italienische Fernsehshowmaster Alfonso Signorini behauptete tatsächlich, Putin sei sein »erotischer Traum« (siehe »Putin's Kiss, Pinched Cheese and Election Sex«, in: The Moscow Times, 29.12.2008, S. 8). Noch nie hat sich ein politischer Führer so unverhüllt zum Pin-up-Helden machen lassen.

Andere männliche Alphatiere, die in den Neunzigern hochgekommen waren, verließen einer nach dem anderen die Bühne – nach den politisch ambitionierten Oligarchen Boris Beresowski, Wladimir Gussinski, Michail Chodorkowski die selbstherrlichen Territorialfürsten, der Jekaterinburger Gouverneur Eduard Rossel, der tatarische Mintimir Schaimiew und Moskaus autokratischer Bürgermeister Juri Luschkow. Die Politiker der nuller Jahre waren smarte Funktionsträger wie Sergej Naryschkin oder Duma-Sprecher Boris Gryslow, der sich Putins Sprechweise und seinen Gang zuzulegen versuchte, wie auch Tandem-Präsident Dmitri Medwedjew es tat. Zugleich wurde im Fernsehen und im Radio auffallend intensiv für potenzsteigernde Medikamente geworben. Man konnte denken, die Männer sollten versuchen, den vermuteten Kraftakten der politischen Leittiere nachzueifern, oder dass Erektionsstörungen zur Volkskrankheit geworden waren.

Als Dmitri Medwedjew im Frühjahr 2008 das Staatssteuer übernahm, erbte er mit dem Atomköfferchen auch einen Teil der erotischen Ausstrahlung seines Vorgängers. Zu seiner Amtseinführung erschien im Internet eine auf Medwedjew umfrisierte Fassung von Amber Lee Ettingers Liebeslied-Video für den amerikanischen Präsidentschaftskandidaten Barack Obama, damals ein Hit im Netz. »Niemanden hab ich je so gewollt, du bist so sexy«, schmeichelt eine Mädchenstimme, während die kurvige Brünette Amber Ettinger durch den umkopierten und kyrillisch beschrifteten Clip tanzt, wobei sie die einmontierten Medwedjew-Fotos anhimmelt. Sie wolle Kinder von ihm, singt ihre russische Synchronstimme schmelzend und preist das staatliche Muttergeld. Mit Putins Nachfolger und Tandempartner verbanden sich vor allem Hoffnungen auf mehr Zivilität und eine wohnlichere Atmosphäre, was auch der Demographie hätte zugutekommen können.

Medwedjew war aber nur ein Scheinherrscher von Putins Gnaden. Oft schaue er Putin an wie eine Gottheit, fand die Herausgeberin der Frauenzeitschrift »Gloria«, Jewgenia Baturina, und das wirke geradezu weiblich. Medwedjew sprach und bloggte viel über Freiheit, Rechtsstaat, Modernität, was ihn für seine Landsleute und das Ausland zum Hoffnungsträger machte. Allerdings hatte er in Putins Gewaltklanarchitektur einen nur sehr kleinen Manöverspielraum. Wenn Medwedjews Ukasse die Interessen der Organe verletzten, wie sein Verbot, schwer Kranke oder wegen Wirtschaftsverbrechen Angeklagte einzusperren, wurden sie einfach ignoriert. Gleichnishaft für seine Situation wirkte die Videoaufzeichnung, wo Medwedjew, ein erklärter Fan amerikanischer Rockmusik, beim Jahrgangstreffen Petersburger Jurastudienkollegen zu dem übermütigen Song »American Boy« einsam und etwas ungelenk auf der Stelle tanzt, eng umringt von hünenhaften Männern, von denen etliche Bewacher in Zivil gewesen sein dürften (das im Herbst 2010 aufgenommene Video »Tancujuščij Medved'ev« erschien um den 20. April 2011 im Internet).

Unterdessen verfolgte Putin, der nur äußerlich entthront worden war, seine Landsleute noch bis in den Schlaf. Dem Schriftsteller Viktor Jerofejew, der mit Medwedjew sympathisierte, erschien der Ex-Präsident immer wieder im Traum, ebenso wie seiner Frau (Viktor Jerofejew: »Der Zar der russischen Träume«, in: Russische Apokalypse, Berlin 2009, S. 233 ff.). Genau so geht es seinem Bruder, dem Mentor der russischen Pop-Art und Protestkunst, Andrej Jerofejew, einem erklärten Putin-Feind, und auch seiner deutschen Gattin. Bei einer Moskauer Festtafel zum amerikanischen Thanksgiving-

Fest erzählte auch die Grande Dame der russischen Foto-Szene und Chefin des Moskauer Multimedia-Museums, Olga Swiblowa, über ihre nächtlichen Traumgesichter von Putin. Sie seien unbestimmt erotisch, sagte Frau Swiblowa, irgendwie angenehm – obwohl dann gar nichts passiere. Ich gab zu, auch ich hätte ein paarmal von ihm geträumt. Und auch ich! – entfuhr es dem britischen Bankier Richard Wallis, der neben mir saß. Wallis konnte Russlands starken Mann nicht ausstehen und fand es geradezu empörend, dass ihn Putin sogar in der Privatsphäre seines Unterbewusstseins nicht in Ruhe ließ.

## Der Fehler

Die Ernüchterung kam, als Präsident Medwedjew auf einem Kongress der Kremlpartei »Einiges Russland« am 24. September 2011 sich förmlich für Wladimir Putin als seinen Amtsnachfolger aussprach. Insgeheim hatten die politisch Interessierten sicher darauf gewartet, wann der Premierminister, der merklich der eigentliche Herr im russischen Haus geblieben war, wohl die Maske fallen und sich auch förmlich wieder zum Staatschef würde machen lassen. Der Mannschaftsspieler Medwedjew, der von ihm als Thronwärmer installiert worden war, hatte ja selbst im vierten, letzten Jahr seiner Amtszeit keine starke eigene Machtbasis mobilisieren können. Doch als es dann, gleich nach dem Beginn des Herbstes, passierte, war es, als würde das Hauptnachrichtenprogramm mit einem Schlag auf alte Filme umgestellt. Das Putin-Regime stand auf einmal nicht mehr für eine brutale, aber doch überschaubare Phase der Zentralisierung, die noch Hoffnung ließ, dass eine andere, freizügigere und in diesem Sinn modernere sie einst ablösen könnte. Plötzlich war klar, dass sich nichts ändern, dass Putin für weitere zwei Amtsperioden, die Medwedjew auf je sechs Jahre verlängert hatte, also bis 2024, den Kreml innehaben sollte. Viele meiner Bekannten befiel ein Ekelgefühl, das nicht verschwinden wollte. Und auch Zeitungsjournalisten berichteten von einer zähen Übelkeit, die umgehe. Es war die physische Empfindung des amputierten Geheimnisses der Zukunft. Die sei von der Gegenwart verschluckt worden, die allerdings ihrerseits von der Vergangenheit verschluckt worden sei, war Wladimir Sorokins bitterer Kommentar.

Eine Freundin, die lebenslustige Kunsthistorikerin Nina Kuriewa, bekannte, plötzlich komme sie sich vor wie eine alte Frau. Außerdem meide sie bei Unterhaltungen neuerdings politische Themen, sagte Nina, die zudem beobachtete, dass das auch ihre Bekannten täten. Der Leiter des Moskauer Carnegie-Zentrums, Alexej Malaschenko, schrieb in seinem Blog, ihn verfolge die Vision eines Urenkels, der in 30 Jahren immer noch das zahnlose Genuschel des jetzigen »nationalen Führers« anhören müsse. Die »Nowaja gaseta« druckte auf ihrer Frontseite eine Porträtgalerie, die das Aussehen von Putin und seinen Vertrauensleuten in zwölf Jahren extrapolierte. Unter der schwarz unterlegten Schlagzeile »Eingegangen in die Ewigkeit« prangten die erschlafften Mienen des Dauerpräsidenten, seines Schattens Medwedjew, der Minister Sergej Schoigu, Iwan Fradkow, Sergej Iwanow mit gelichtetem Haar, buschigen Brauen und ordensbehängter Brust. Putin wirkte, ungeachtet seiner bewundernswürdigen geistigen und physischen Form, sofort alt. Als im Oktober 2011 die Kremljugend der »Naschisten« sich zu Ehren von Putins 59. Geburtstag auf dem Roten Platz versammelten, stieß eine junge Putin-Gegnerin hinzu und hielt ein Bild des Geburtstagskindes hoch wie sie ihn sah: mit Knittergesicht und beschlagener Brille auf der Nase. Das war etwas Inneres. Da half kein Facelifting, über dessen Spuren auf Putins Gesicht damals angelsächsische Medien ohnehin viel lebhafter debattierten als die russische Internetszene. Erst als zwei Monate später die Duma-Wahlergebnisse der Kremlpartei »Einheitliches Russland« massiv geschönt wurden, taufte ihn die Opposition auf den Spitznamen »Mister Botox«.

Eine Machtpyramide baut man nicht zuletzt durch symbolische Kastration der Nicht-Alpha-Tiere. Putin, den die Wachtposten des Kremls, auch in der Zeit als Medwedjew dort residierte, unter sich den »echten« Präsidenten nannten, hatte im Frühsommer 2011 um eine breite Volksfront zu seiner persönlichen Unterstützung geworben. Sogleich gaben der Komponistenverband, Denkmalschützer, Schulen, die Postboten, ganze Stadtviertel, aber auch etwa Russlands Blondinen ihre Teilnahme bekannt. Danach reifte die Entscheidung schnell. Als Medwedjew dann im September im Konzertsaal der Sportanlage »Luschniki«, wo der Parteikongress stattfand, seinen Verzicht auf eine Neukandidatur erklärte, tat er das offensichtlich nicht freiwillig. Sein Lächeln wirkte schmerzverzerrt, was manche Beobachter geradezu erschreckte. Dem Ethos russischer Banden und Gefängnisinsassen entsprechend war er hart auf den ihm gebührenden Platz zurückgesetzt worden. Doch zugleich kamen auch russische Bürger, die, von Medwedjew ermuntert, etwas für ihr Land tun wollten, sich auf einmal vollkommen überflüssig vor. Der Blogger Anton Orech postete eine ganze Liste intellektuell und sozial potenter Juristen, Journalisten, Aktivisten, die nun endgültig der Heimat den Rücken kehren wollten.

Medwedjew, der Präsident mit dem menschlichen Gesicht, war vollends zur lächerlichen Figur geworden. Durch seine Ehrbezeugungen unterstrich Putin das nur. Im Oktober 2011 erklärte der Premier, er sei voll Hochachtung für die liberalen Gesetzesänderungen des scheidenden Staatsoberhauptes. Er wolle aber prüfen, »wie das funktioniert«. Medwedjews wichtigste politische Errungenschaften betrafen die Strafprozessordnung und sollten die schlimmsten Missbräuche, insbesondere das Einsperren von Geschäftsleuten, denen Fahnder und Staatsanwälte dann fiktive Fälle anhängten und sie erpressten, um ihnen ihre Besitztümer abzunehmen, verhindern helfen. Der Präsident hatte erstens das Verbot eingebracht, wegen Wirtschaftsverbrechen Angeklagte ins Gefängnis zu werfen. Außerdem erließ Medwedjew die Regierungsverordnung Nummer 3, wonach schwerkranke Untersuchungshäftlinge freigelassen werden müssten. Als schwere Krankheiten im Sinne der Verordnung gelten Tuberkulose, Krebs, Erkrankungen der Nieren, der Blase oder Bauchspeicheldrüse, Arterien- und chronische Herzleiden, Erblindung, schwere Formen von Diabetes oder Aids. Beide Gesetzesakte waren nicht zuletzt eine Reaktion auf die skandalöse Dauerhaft von Michail Chodorkowski und auf den schrecklichen Tod von Rechtsanwalt Sergej Magnitzki im Untersuchungsgefängnis. Sie waren von Juristen und Menschenrechtlern aus den zivilen Beobachterkommissionen emphatisch begrüßt worden. Freilich, Ende 2011 dürfte Putin schon klar gewesen sein, wie Medwedjews Änderungen funktionierten, nämlich gar nicht. Chodorkowskis Anwälte hatten schon gegen die Einkerkerung ihres Mandanten protestiert und sich dabei auf die Verordnung Medwedjews berufen. Doch das zuständige Moskauer Gericht wollte in den dem Ex-Oligarchen vorgeworfenen Verbrechen – betrügerische Machenschaften und Geldwäsche – keine Beziehung zu einem etwaigen Unternehmertum Chodorkowskis erkennen können. Unterdessen wurden weiter Unternehmer, denen man betrügerische Machenschaften zur Last legte, eingesperrt und auch dann nicht freigelassen, als sie schwer erkrankten. Beispielsweise der Leiter der Moskauer Stiftung »Otschisna« (Vaterland), Stanislaw Kankia, dessen Mitarbeiter festgestellt hatten, dass von ihren Gehaltskonten bei der Sberbank, der russischen Sparkasse, kleinere Beträge verschwanden. Kankia ging der Sache nach und wurde unter einem Vorwand verhaftet. Die Staatsanwaltschaft hielt ihm vor, er habe staatliche Gelder, die für jugendliche Arbeitnehmer bestimmt waren, sich selber angeeignet. Dabei hat sich kein Geschädigter gemeldet. Jugendliche, die dem Angeklagten als Zeugen vorgeführt wurden, kannten ihn nicht. Die Verteidigung und Kankias Frau nehmen an, dass Veruntreuungen der Sparkasse ihm angehängt werden sollen. Während anderthalb Jahren Haft erlitt Kankia mehrere Schlaganfälle und Hirninfarkte, er ist motorisch gestört und oft nicht klar bei Sinnen. Dazu kommen Arterienhochdruck, Herzverkalkung und Erblindung. Trotzdem wird er nicht entlassen. Seine Frau darf ihn nicht besuchen. Ihre Bitte um medizinische Behandlung wurde mit der Begründung abgelehnt, es lägen keine Dokumente über eine Krankheit Kankias vor. Dabei konnten sie gar nicht vorliegen, weil er, wie Magnitzki, als gesunder Mann ins Gefängnis kam. Im Frühjahr 2012 kam Kankia vorübergehend in eine Klinik, wurde aber bald wieder ins Gefängnis gesperrt und von Zelle zu Zelle verlegt, offensichtlich, um seinen Zustand zu verschlimmern. Ein anderer Fall war der von Natalia Gulewitsch, Generaldirektorin der Immobilienfirma »Status«, die der Moskauer Nomos-Bank einen Kredit von 14 Millionen Euro nicht zurückgezahlt haben soll. Frau Gulewitsch behauptet, die Schuld beglichen zu haben. Der Besitzer und finanzstrategische Kopf von »Status« freilich, Unternehmer und Übernahmehai Alexander Gluchowski, ist untergetaucht und wird von Interpol gesucht. Statt seiner kam Gulewitsch ins Untersuchungsgefängnis Matrosenstille. Ihr versagten eine Niere und die Blase, die Gebärmutter musste entfernt werden. Doch in beiden Fällen sahen die Richter, die auch für Magnitzkis Schicksal verantwortlich waren (Alexej Kriworutschko, Jelena Staschina), keinen Grund, die sterbenskranken Häftlinge freizulassen (Ende 2011 erhielt Natalja Gulewitsch eine Bewährungsstrafe und kam frei).

Dass Putin seinen Platz an der Machtspitze zum Schein mit einem Ersatzmann tauschte, war ein von anderen dominanten Herrschern bereits vorgemachter Schachzug. Und zwar nicht erst von Stalin, der sich die Ergebenheit seines nominellen Staatspräsidenten Michail Kalinin doppelt sicherte, indem er dessen Frau ins Lager stecken ließ. Schon Zar Iwan der Schreckliche erhob 1574, nachdem seine Opritschnina-Sicherheitsgarden schon ausgiebig gemordet und geraubt hatten, den getauften Tatarenprinzen Simeon Bekbulatowitsch formell zum »Herrscher von ganz Russland«. Der brave Zar Simeon, der über kein unabhängiges Netzwerk verfügte, zeichnete Ukasse ab und hielt im Kreml prunkvoll Hof. Iwan trat unterdessen als gewöhnlicher Moskowiter Bojar auf, zog in die Moskauer Vorstadt an die Petrowka um und nannte sich »Iwan Moskowski«. Bis er nach einem Jahr sich die Krone wieder aufsetzte und Bekbulatowitsch nach Twer abschob. Simeon Bekbulatowitschs Vater, ein Kassimower Fürst, war mit seiner Sippe in Iwans Dienste übergetreten. Dass der Zar diesen nur ihm verpflichteten Seiteneinsteiger auf den Thron hob, sollte möglicherweise ihn selbst und das Land ein wenig Atem schöpfen und nebenbei die Bojaren sich durch ihre Ranküne unter einem schwachen Herrscher diskreditieren lassen. Eine Chronik überliefert zudem, dass Zar Iwan einer Weissagung, wonach er zu jener Zeit umkommen sollte, auf diese Weise zu entgehen, also, Putin vergleichbar, eine gesetzliche Grenze auszutricksen versuchte. Aber auch Peter der Große hatte sein politisch bevollmächtigtes zweites Ich, den ihm vertrauten Fürsten Fjodor Romodanowski, den er, als er 1697 nach Westeuropa aufbrach, zu seinem Statthalter in Moskau ernannte. Romodanowski sorgte an des Zaren Stelle für Ordnung, nicht zuletzt mit Hilfe der Enthauptungsmaschine, die Peter ihm überantwortet hatte. Er ließ Aufständische und Verbrecher festnehmen, verhören, foltern und hinrichten. Der echte Zar stilisierte sich in seiner ausführlichen Korrespon denz an seinen Treuhänder als dessen Untertan. Peter redete Romodanowski, der ihm auch bei seinen Feldzügen zuverlässig Nachschub organisierte, als »Min Her Kenich« an, als seine Hoheit und »Fürst-Kaiser«. Und er unterzeichnete seine Briefe an ihn als »Ihr Unterknecht«, »Diener Kaptein Piter« oder familiär volkstümlich als »Petruschka Alexejew«. Viele Historiker wie auch Sergej Solowjow vertraten die Ansicht, der Selbstherrscher habe mit Romodanowski seinen Spott getrieben und der habe füglich mitgespielt. Was keineswegs ausschließt, dass Peter zugleich seiner den Neuerungen gegenüber skeptischen bis feindseligen Umgebung ein Beispiel geben wollte, wie sich Beherrschte ihrem Herrscher gegenüber im Idealfall verhielten, nämlich eifrig und rückhaltlos ihn bei allen Staatsaufgaben unterstützend [diese auf der Hand liegende These vertrat Iwan Golikow (1735 bis 1801) in seinem 1788/89 erschienenen Buch »Die Taten Peters des Großen, des weisen Umgestalters von Russland« (Dejanija Petra Velikogo, mudrogo preobrazovatelja Rossii)]. Einen solchen didaktischen Pas de deux der perfekten politischen Loyalität vorzutanzen gehörte zweifellos auch zu den Aufgaben des Tandems Putin und Medwedjew. Dabei hatte Putin zugleich die Möglichkeit, das von ihm geschaffene System von außen zu betrachten und zu prüfen, ob es sich alleine tragen könnte. Das Ergebnis war negativ.

Die russische Gesellschaft hat nach dem Zerfall des Sowjetstaates keine Kräfte in sich gefunden, die ihr eine entwicklungsfähige Form hätten geben können. Sie wird vor allem durch Einschüchterung stabilisiert. Ordnungshüter der Miliz, der Staatssicherheitsdienste, der Staatsanwaltschaft, des Fahndungskomitees, diverse Kontrollbeamte und Kremlfreunde genießen es, an der Macht des Herrschers teilhaben und diese mit ausüben zu dürfen. Korruption und Schmiergelderpressung blühen wie in zentralafrikanischen Ländern. Gewissenhafte Fachleute werden aus Behörden oft verdrängt. Anständig zu leben verlangt besondere Charakterstärke. Leicht wird man zynisch und apathisch. Die Autohersteller Volkswagen und Volvo, die seit Ende der nuller Jahre einige Modelle im moskaunahen Kaluga endfertigen, lassen wohlweislich sämtliche Teile im Ausland herstellen und einführen. Trotzdem gelten die in Russland fertig montierten Wagen als der reinen Importware unterlegen. Diese Kultur ist womöglich unheilbar unproduktiv. Moskauer Verkehrspolitiker scheinen fest davon auszugehen. Die allgegenwärtigen Verkehrspolizisten sperren vor allem Straßen ab, um Blaulichtkolonnen mit Staatsbeamten durchzulassen. Wenn hingegen Unfallfahrer, die die Straße blockieren, sie rufen, müssen sie oft stundenlang warten. Volkswirtschaftlich scheinen die vielen Arbeitsstunden, die in Autostaus verloren gehen, überhaupt nicht ins Gewicht zu fallen.

Die öffentliche Politik war von Sachkritik gereinigt, Protestkundgebungen ganz unterschiedlicher Couleur wurden mit erdrückender Polizeigewalt unterbunden. Da etablierte sich das Demonstrieren ohne spezifische Agenda, aus Prinzip, zu einem aristokratischen Ritual, womit Staatsbürger sich und anderen bewiesen, dass sie nicht Teil der sklavischen Herde waren, die vor polizeilichen Schlägertrupps den Schwanz einzieht, sondern noch so etwas wie Ehre im Leib hatten. Seit Juli 2009 sammeln sich Angehörige der außerparlamentarischen Opposition, Bürgerrechtler und Sympathisanten an jedem 31. eines Monats auf dem Triumfalnaja-Platz, um an Artikel 31 der Verfassung zu erinnern, der die Versammlungsfreiheit garantiert, welche de facto für alle außer kremltreuen Gruppen so gut wie abgeschafft war. An den Aktionen der »Strategie 31«, die der Nationalbolschewik Eduard Limonow erdacht hatte, beteiligten sich beherzte Regimegegner des liberalen bis zum linksanarchischen Lager. Omon-Sondermilizen trieben sie mit Prügeln auseinander und nahmen immer wieder Demonstrierende fest, darunter Prominente wie Limonow selbst, den liberalen Politiker Boris Nemzow, ferner Menschenrechtler wie Oleg Orlow und Lew Ponomarjow und selbst die hochbetagte Ljudmila Alexejewa.

Alina Wituchnowskaja fand selbst solche Auftritte feige, und zwar geistig. Ihr Vorwurf lautete, alle diese Oppositionellen hielten, nicht anders als der Kreml, an der Fiktion fest, dass Russland in seinen bestehenden Grenzen weiter existieren könne. Die Dichterin hielt das, selbst wenn die Gewalt der Organe immer weiter eskalieren sollte, für unmöglich. Und sie gab sich gewiss, dass das den Kremlhirnen sehr wohl klar sei. Alina gab die Parole aus, der Vertrag der Russischen Föderation müsse neu verhandelt werden, der russische Staat in seiner bestehenden Form also zerfallen. Im Namen der von ihr begründeten politischen Splitterplattform »Republikanische Alternative« verkündete die zierliche, trotz Schminke schöne, blass und gequält aussehende Alina Wituchnowskaja das am 19. Februar 2011 auf dem Puschkinplatz lautsprecherverstärkt einer bunten Schar von Putin-Gegnern, die sich dort bei eisigem Wind und Regen versammelt hatten. Nur wenn der Staat aufgelöst wird und sich neu formieren kann, predigte sie, bestehe noch eine Chance, dass Russland sein Territorium, seine Ressourcen und die verbliebenen freien Menschen nicht weiter vergeude. Im Oktober wiederholte sie ihren Aufruf bei einer Demonstration jugendlicher intellektueller Nationalistengruppen auf dem Bolotnaja-Platz.

Alina lebt weiterhin provisorisch mal bei ihrer Mutter, mal beim Vater. Als Lyrikerin wurde sie ein Geheimtipp für russische, aber auch westliche Kenner und Liebhaber, die ihre Texte vor allem aus dem Internet oder in Übersetzungen kannten. Den britischen Komponisten Roger Redgate inspirierte sie mit ihrer zugleich subtilen und kämpferischen Poesie, wie er ihre Gedichte voll Bewunderung beschrieb, zu dem Stück »Black Icons« für Solocello und Ensemble. Redgates Werk, bei dem die Cellopartie durch wild virtuose Sprünge, nervige Pizzicati und Bogenschläge gegen die konventionellere »Gesellschaft« der anderen Instrumente anzukämpfen scheint, wurde am 18. April 2011 im Rahmen des vom Zentrum für zeitgenössische Musik organisierten Europäischen Konzertzyklus im Moskauer Konservatorium uraufgeführt (vom Cellisten Alexander Iwaschkin und dem Studio für Neue Musik unter Igor Dronow). Zugleich fiel es Alina zunehmend schwer, Verlage für ihre radikalen Verse und Essays zu interessieren, und zwar in Moskau ebenso wie im Ausland. Die meisten Lektoren fanden ihre schrillen politischen Ansichten und die grelle Art, wie sie sich zurechtmachte und auftrat, nicht tragbar.

Martynow hingegen wurde zum interdisziplinären Star. 2010 kam eine DVD-Aufzeichnung seiner ein Jahr zuvor entstandenen Weltmusik-Suite »Kinder der Otter« (Children of the Otter, Greenwave, hltmusic.com) für das berühmte Tuwaer Kehlkopfsängerquartett Huun Huur Tu, Chor, Streichensemble und Klavier heraus. Darin vermixt Martynow die heterogenen musikalischen Ingredienzien zu einem eurasischen Pop-Mysterium. Titel und Idee sind inspiriert von dem nach sprachlichen und kulturellen Urwurzeln fahndenden Avantgarde-Poeten Velemir Chlebnikow, der in einer gleichnamigen Dichtung die mythischen Ahnen des Menschen als Abkömmlinge eines noch mythischeren Ottertiers beschwört. Das beschwört auch der rituelle Eingangssprechchor. Dann werden majestätische traditionelle Schamanengesänge aus Tuwa umspielt oder unterbrochen von den bewährten, eintönig-einpeitschenden Variationen von Tatjana Grindenkos Geige und ihrem Ensemble, von Martynows favorisierten Klavierarpeggien aus seinen »Tänzen am Ufer« oder von steril wohlklingenden Chor-Hymnen à la Philipp Glass. Unterdessen druckt der Verlag »Klassik des 21. Jahrhunderts« Band für Band Martynows künstlerische Lebenserinnerungen, die er als »Autoarchäologie« betitelt. Das Wort signalisiert, dass er seinen Erfahrungsschatz Schicht für Schicht auswerten will. Das Ich, das daraus hervorgewachsen ist wie der Embryo aus der Plazenta, bleibt ausgespart. Wie Alina Wituchnowskaja wird Martynow getrieben von der Urerinnerung an einen »richtigen«, ganzheitlichen Seinszustand. Im Gegensatz zu ihr kann er ihn allerdings verorten: einmal im Alleinheitsgefühl der frühen Kindheit, nach seiner orthodoxen Umkehr außerdem im tiefen Herzensgebet, wobei die Seele nur noch um Jesus kreisen soll [Vladimir Martynov: Avtoarcheologija (1978–1998), Moskva 2012, S. 134 ff.]. Zunächst freilich fällt auch bei ihm das Kind aus dem Sein heraus. Als junger Mann hoffte er eine Zeitlang, die Schöpfungen der Kunst und Literatur könnten die verlorene Einheit stiften. Bis er erkannte, dass die historischen Kulturen degenerieren. Auf eine Frühphase archaischer Rituale folgen, durch Schwächung, eine Kultur der Galanterie, dann eine der Eleganz, bis irgendwann nur noch Unterhaltung übrig sei, so sein Phasenmodell. Selbst die Liebe könne nur eine vorübergehende Erfahrung von Totalität bescheren, bezeugt Martynow. Immerhin könne unglückliche Liebe im Menschen das Schöpfertum erwecken oder ihn zum Glauben an Gott führen (Vladimir Martynov, Avtoarcheologija a. a. O., S. 83 und S. 106 f.). Schließlich ehrte ihn noch die traditionsreiche Literaturzeitschrift »Oktjabr« (Oktober) im Novemberheft durch ein ganzes Bukett von ihm gewidmeten Aufsätzen Moskauer Kulturtheoretiker (abgedruckt in Heft 11, 2011). Eine der Autoren, die Philosophin Jelena Petrowskaja, begeisterte sich besonders für die Art, wie Martynow die Denkfigur vom »Tod des Autors« interpretiert und für die russische Kultur fruchtbar gemacht habe. Eine andere, die Literaturkritikerin Olga Balla, lobte seine »vertikale« Wende zu einer neuen Religiosität und Metaphysik. Über Musik schrieb keiner. Musik gehöre heute halt nicht mehr zum Gepäck des Gebildeten, sagt Martynow, der Philosophievorlesungen an der Moskauer Staatsuniversität hält. Dort bitte er seine Studenten regelmäßig, ihm den Namen eines zeitgenössischen Komponisten zu nennen, verrät er. Die jungen Leute kennten aber keinen Einzigen. Der kulturelle Niedergang vollziehe sich in Russland eben ungleich dramatischer, obendrein von einem niedrigeren Niveau ausgehend als in Westeuropa, erklärt Martynow. Dennoch oder gerade deshalb ist er überzeugt, dass es keinen besseren Wohnort gebe als Moskau, wo er mit Tatjana Grindenko in einer geräumigen, zentral gelegenen und mit fernöstlichen Souvenirs geschmückten Wohnung residiert. Denn wenn etwas für die Menschheit Entscheidendes geschehen wird, so ist er überzeugt, dann hier.

Als Anfang Dezember die Duma neu gewählt wurde und die Kremlpartei des »Einigen Russland« 49 Prozent erhielt, kochte das Internet über von Berichten und Videodokumentationen über dreiste Fälschungen, die Beobachter aus Wahllokalen im ganzen Land zusammengetragen hatten. Spontan sammelten sich Hunderte zu Protestdemonstrationen im Moskauer Stadtzentrum, bei denen Sonderpolizisten etliche Leute festnahmen oder verprügelten. Doch danach sank die Gesellschaft nicht in die bisherige Apathie zurück, wie die Kremlführung offenbar erwartet hatte. Zu angemeldeten Demonstrationen gegen Putins Wahlfälschungsmaschinerie während dieses Monats strömten Tausende zum Bolotnaja-Platz und Zehntausende zum Sacharow-Prospekt. Die Polizei verhielt sich ruhig bis fraternisierend. Die Teilnehmer, die die europäisierte Bildungs- und Wohlstandsschicht repräsentierten, waren von der eigenen politischen Aktivität überrascht. Der Generaldirektor des Verlags Ad Marginem, Michail Kotomin, hatte nicht gewählt und bereute das jetzt – wie übrigens viele der jugendlichen Demonstranten auch. Die Kundgebung war auch eine Form, Versäumtes nachzuholen. Der Ex-Wirtschaftsminister Andrej Netschajew, ein Mann um die 60, vergaß seine Abneigung gegen Kundgebungen. Er sympathisiere mit keiner der Duma-Parteien, hätte aber die Nichtwahlen hingenommen, wenn sie ehrlicher verlaufen wären, erklärte Netschajew (auf seinem Blog beim Radiosender »Echo Moskwy« am 9. 12. 2011). Doch die erpresserische Anweisung staatlicher oder staatlich vernetzter Arbeitgeber an ihre Angestellten, für das »Einige Russland« zu stimmen, und die »Karussell«-Methode, wobei organisierte »Wähler«, von Lokal zu Lokal ziehend, Dutzende Mal abstimmten, seien, als habe man ihm ins Gesicht gespuckt, sagte der Wirtschaftspublizist. Unter den Demonstranten auf dem Bolotnaja-Platz war auch ein älterer Anhänger des »Einigen Russlands«. Doch seine Frau habe eine andere Partei gewählt, bemerkte er, und er protestiere dagegen, dass ihre Stimme gestohlen worden sei. Die vielleicht größte Überraschung war, dass sogar die Welt der Schönen und Reichen nach dem Einhalten von Recht und Gesetz dürstete. Zur Weihnachtskundgebung auf dem Sacharow-Prospekt kamen die Gattinnen des glamourösen Regisseurs Fjodor Bondartschuk, einiger kremltreuen Oligarchen und Banker und sogar der Sohn eines Putin-Vertrauten. Die Fernseh- und Partydiva Xenia Sobtschak trat als Demo-Rednerin auf und befreite die Klatschkolumnistin Boschena Rynska aus den Fängen der Polizei. Die Anwesenheit der instinktsicheren Luxusfrau Sobtschak, die eine »Nerzmantelrevolution« beschwor, war für Martynow ein Grund, der Veranstaltung fernzubleiben. Er sei natürlich über den Wahlbetrug entsetzt, erklärte er, doch mit bestimmten Personen könnte man halt nicht an einem Ort zusammen sein.

Putin reagierte auf die Proteste mit der ihm eigenen Soldatengrobheit. Bei einer Fragestunde fürs Volk witzelte er, er habe gedacht, die Demonstranten seien für Homosexuellen-Rechte auf die Straße gegangen – er habe die weißen Schleifen, die viele sich als Reinheitszeichen angesteckt hatten, zuerst für Präservative gehalten. Später verglich er die vielköpfige Bürgerbewegung mit einer schnatternden Affenbande. Doch die Alpha-Tier-Gebärde wirkte nicht mehr überzeugend. Dem Schriftsteller Boris Akunin, einem der Anführer der »Liga der Wähler«, die sich gebildet hatte, tat der nach Dauerpräsidentschaft strebende Putin fast leid. Akunin sah die Protestbewegung anschwellen und sagte einen unaufhaltsamen Rückzug von Putins »Arrestokratie« voraus. Wladimir Sorokin war entsetzt über die politische Selbstmumifizierung des zweiten Präsidenten, die er in seinem Facelifting gespiegelt sah. Mit ein paar Falten im Gesicht würde er lebendiger aussehen, glaubt der Schriftsteller. Ein klares Symptom dafür, dass das Putin-Regime die Gesellschaft in eine Sackgasse geführt habe, war in Sorokins Augen die viele Kilometer lange Schlange von Pilgern, die im November 2011 der vom Berg Athos eingeflogenen Reliquie des »Gürtels der Gottesmutter« ihre Aufwartung machten. Die Kultur des Schlangestehens gehöre zu einer Gesellschaft, die keine Aufgaben mehr habe, meint der Verfasser des Romans »Die Schlange«. Deswegen sei sie ein so wichtiger Bestandteil der Breschnew-Stagnationszeit gewesen – und zugleich ein Zeichen dafür, dass das Ende des Systems nahe war. Zur Demonstration ging er aber nicht. Er habe ein einziges Mal an einer Kundgebung teilgenommen, sagte Sorokin, im August 1991, das sei genug fürs ganze Leben.

Russlands amtierender Großautor empfand, dass während der Tandem-Zeit die Luft, wie unter einer unsichtbaren Glocke, immer stickiger wurde. Sein jüngstes Buch, der Kurzroman »Schneesturm« (Metel', Moskau 2010), der 2011 mit dem zweiten Platz des Preises für das »Große Buch« (Bolschaja kniga) ausgezeichnet wurde, liest sich wie ein elegischer, nur etwas grotesker Abschiedsgesang. Ein Landarzt, der ein Medikament in ein von einer Seuche befallenes Dorf bringen muss, kommt im Schneegestöber vom Weg ab. Wieder extrapoliert Sorokin eine zugleich hochtechnologisierte und zivilisatorisch zurückgefallene Zukunft mit einer ganz dünn gewordenen russischen Bevölkerungsdecke. Man reist wieder mit Pferdeschlitten, wobei die PS, je nach Finanzkraft des Halters, groß wie ein Haus sein können, oder auch meerschweinchenklein, wie im Fall des Helden, der einen ländlichen Brottransporteur anheuert. Der Doktor, der mit einer Französin liiert ist und sich als Retter des infizierten Dorfes berufen fühlt, und sein armer Kutscher bilden zusammen das Doppelporträt des russischen Menschen, bestehend aus dem Intelligenzler und dem schicksalsergebenen Naturwesen. Der Kutscher trägt die Blüte russischer Gelehrsamkeit wie der Boden den Baum. Er wartet geduldig, als der Arzt eine Frau genießt und danach ausschläft. Er lässt sich von ihm schlagen. Er repariert den Schlitten, macht dem Frierenden Feuer. Schließlich hält er den Doktor, der nie dazu kommt, seine Heilkünste anzuwenden, durch seine Körperwärme am Leben, während er selbst erfriert

Sorokin, der im Moskauer Vorstädtchen Bykowo aufwuchs, errichtete sich um die Jahrtausendwende in der Datschensiedlung Wnukowo ein Familiennest mit selbstdesigntem Haus, Garten und Garage. Er hatte immer nur in Moskau leben wollen, am liebsten an seinem Rand. Doch obwohl der Schriftsteller sein Grundstück mit einem hohen Zaun und Aufseherhäuschen ausgerüstet hatte, wurde es allmählich ungemütlich dort. Im Sommer 2007 verbrachte er einige Tage im Krankenhaus, weil ein vorbeifahrender Lastwagen ihn mit seinem voll beladenen Moped streifte und in den Straßengraben beförderte. Der Schwiegersohn, der 40 Minuten nach dem Unfall das nur wenig beschädigte Zweirad abholen wollte, fand es nicht mehr vor. Im darauffolgenden Jahr wurden einige Häuser in der Siedlung von bewaffneten Räubern überfallen. Deshalb legten Sorokin und einige Nachbarn sich 2009 einen Profi-Wachdienst zu und bauten eine Zufahrtsschleuse mit Schlagbaum. 2011 entschloss er sich ziemlich plötzlich zu einem Zweitwohnsitz in Berlin. Er habe mittlerweile mehr Freunde dort als in Russland, sagte Sorokin (Interview am 1. 12. 2011). Vor allem aber sei Moskau so feindselig geworden. Seine Bewohner würden dem aggressiven chthonischen Völkchen der Orks in Tolkiens »Herrn der Ringe« immer ähnlicher, fand er. Die Stadt komme ihm mittlerweile vor wie ein Flughafen-Terminal, sagt Sorokin, wo die Leute, die sich dort aufhalten, es in der Bereitschaft tun, jederzeit schnell wieder wegzufahren. Hier Menschen zu finden, mit denen er eine gemeinsame Sprache spreche, falle ihm zusehends schwerer. Zugleich sehne er sich nach den menschlich-allzumenschlichen Freuden und Annehmlichkeiten, bekannte der Schriftsteller. Wobei er fast entschuldigend hinzufügte: »Ich bin ja nicht mehr jung.«

Bei den Tarnopolskis gingen nur seine Frau und der Sohn demonstrieren, der Vater leitete sein Festival. Er beteiligte sich aber Anfang 2012 an der Menschenkette »Weißer Ring«. Der Komponist ist überzeugt, dass Putin vorerst an der Macht bleibt. Er hat sogar ein gewisses Verständnis für diesen Mann, dessen sein Land vergewaltigender Führungsstil immerhin Konsequenz zeige, eine selten gewordene Eigenschaft. Doch er führe in den Untergang, ist er überzeugt. Allein eine mühselige, allmähliche Entwicklung von unten her könne das Land voranbringen. Tarnopolski sieht unterdessen unter den Oppositionellen keine Figur, die Putins Arbeit übernehmen könnte. Und obwohl er die Ermahnungen des Westens, die Freiheitsrechte zu schützen, wichtig findet, glaubt er nicht, dass man damit das russische Hauptproblem, Faulheit und Zynismus, wovon ein großer Teil der Bevölkerung befallen sei, kurieren könne. Im Alltag äußere sich das im Unwillen oder der Unfähigkeit insbesondere vieler Männer, Verantwortung zu übernehmen, Verpflichtungen einzuhalten, ja sogar sich ernsthaft zu verlieben, hat er beobachtet. Die rund 60 Orchester in Moskau proben in der Regel wenig und spielen ungefähr das gleiche Repertoire. Die Konservatoriumsausbildung habe, bezeugt er, bestürzend an Niveau eingebüßt. Auf unnötig schwere Aufnahmeprüfungen, bei denen Studienanwärter etwa komplizierte Intervallfolgen memorieren und bestimmen müssen, folgen oft belanglose Pflichtvorlesungen. Eine Musikwissenschaftlerin, die noch von Juri Cholopow ausgebildet wurde, erkläre heute ihren Studenten, sie unterrichte nur christliche Musiklehre, die beispielsweise den Dreiklang auf die heilige Dreifaltigkeit zurückführt. Tarnopolski gibt sich außerdem befremdet darüber, wie leicht sich einige Avantgardemusiker, 2011 beispielsweise die Komponisten Oleg Paiberdin und Alexej Syssojew, für Kremlprojekte wie das »Naschisten«-Lager oder die musikalische Untermalung der Inszenierung des Romans »Nahe Null« des Chefideologen Wladislaw Surkow einspannen ließen. Doch am meisten bekümmert es ihn, dass immer mehr Künstlern und Komponisten die Leidenschaft für ihr Material abhanden kommt, wie ihm scheint. Als Erzfeinde aller echten Kunst betrachtet er Konzeptualisten, die nicht mit den Sinnen in ihren Gegenstand eindringen, sondern Gedankenfiguren illustrieren. Deren ironisches Spiel mit Emblemen, rituelle Kulturpraktiken wie Martynow und sein Kreis sie propagieren, verhalten sich zur Kunst wie das Liebe-Machen zur Liebe, findet er. Zugleich vermerkt er mit Bedauern, dass die Komponisten der Generation seiner Schüler sich vor allem für »Antimusik« begeistern, wie es ihm vorkommt – sägend und schlagend artikulierte musikalische Arte povera von eher rüpelhaftem Charme. Zwanzig Jahre nach der Gründung des Lehrstuhls für Neue Musik, des Ensembles und des Festivals »Moskauer Forum« ist niemand in

Sicht, der diese Arbeit eines Tages übernehmen könnte. Langsam glaube er zu erkennen, erklärt Tarnopolski, dass die europäische Kultur Russland nicht wie eine Atmosphäre umgibt, sondern eher wie die Ozonschicht: Sie ist viel weiter weg, viel dünner, und das Loch wird allmählich größer.

Wenn der Komponist Musik genießt, die er besonders liebt, wie Mozarts Jupiter-Symphonie oder »Introduzione all'oscuro« von Salvatore Sciarrino, sagt er, er sterbe darin. Um etwas zu komponieren, müsse er, bekennt Tarnopolski, völlig für die Sache entbrennen und eine Art Siedepunkt erreichen – annähernde Temperaturen selbst von 90 Grad reichten nicht aus. Allerdings könne er seinen Beruf nur während der Sommerferien ausüben. Elf Monate im Jahr unterrichtet er, betreut Proben, organisiert Konzerte, Musikerreisen und Finanzmittel, was immer zeitraubender wird, weil die Preise steigen, die Bürokratie wuchert, und weil Avantgardehochkultur nicht hoch auf der Prioritätenliste der Kulturbehörden steht. Als Komponist habe er ein chronisch schlechtes Gewissen, sagt Tarnopolski, gegenüber Auftraggebern, die er manchmal zu spät beliefere, vor allem aber gegenüber sich selber. Freunde und seine Frau hätten ihn oft gedrängt, die Konservatoriumstätigkeit einzuschränken, und er selbst habe sich das mehrmals vorgenommen. Doch die Vorstellung, dass dann treue Mitstreiter und Musiker um ihre Lebensaufgabe gebracht würden, dass er den Nachwuchs aus der Hand geben und dass ein mühselig kultiviertes musikalisches Milieu verschwinden würde, hielten ihn jedes Mal zurück. Im Herbst 2011 erhielt er ein Angebot von der Columbia University in New York, um dort zu lehren – für einen Verdienst, der ein Vielfaches von dem beträgt, was er in Moskau bekommt, und mit viel freier Zeit zum Komponieren. Seine Frau wäre nicht dagegen gewesen, auch wegen des sich verdüsternden politischen Horizonts in Russland. Doch der Musiker zog die Offerte gar nicht in Erwägung. In Amerika wäre er nur einer unter vielen und würde nicht wirklich gebraucht, ist er sich gewiss. In Moskau hingegen sei er unentbehrlich.

Die Tarnopolskis leben in einer mit Büchern und Disketten vollgestopften Dreizimmerwohnung nahe der Fußgängerzone Arbat, eine Metrostation vom Konservatorium entfernt. Der Komponist beziehungsweise »Dispatcher«, wie er seine Haupttätigkeit in der Heimat selbstironisch bezeichnet, lässt sich durch die Hauptstadt stimulieren. Die Moskauer Stilbauten, Stalinpaläste, Glaskästen seien so ungeschlacht, schlecht proportioniert und unfunktional, das sie einen kreativen Reflex in ihm auslösten, sagt er. Wenn er durch die Stadt laufe, stelle er sich ständig vor, hier etwas umzubauen, da etwas abzureißen, dort etwas zu korrigieren. Das zikkuratförmige Stalinwohnhaus am Barrikadnaja-Platz, das er wegen seines sackartig breiten Unterleibs besonders hasst, hat er viele Male in Gedanken in die Luft gesprengt. In den Gesichtern, die an ihm vorbeiziehen, liest er vor allem Niedergedrücktheit und tiefe Wunden. Die Provinzschönheit, die bei Eis und Schnee mit Minirock und Netzstrümpfen über den Arbat stolziert, der junge Kerl, für den die Bierflasche in der Hand Freiheit bedeutet, verstrahlen, so Tarnopolski, die Aura ihrer misshandelten Kultur. Moskaus Reiz liegt, sagt er, in seiner Ehrlichkeit – es sei wie das Leben: chaotisch, ungemütlich, und nichts klappt.

Zur lebendigen Dreifaltigkeit der russischen Kultur gehören, Tarnopolskis Diagnose nach, erstens Pop, der die Fernseh- und Radiokanäle beherrscht; ferner die Popen, weshalb etwa der als Tonsetzer dilettierende Metropolit Ilarion in den Komponistenverband aufgenommen werden musste; und schließlich die nackten Popos, die viele Spätabendprogramme schmücken. Dass wahre Kunst, echte Musik nur von sehr wenigen überhaupt wahrgenommen werde, sei schade, aber wohl normal. Kulturelle Ereignisse seien nun mal wie der Sturz des Ikarus auf dem so betitelten Gemälde von Pieter Brueghel dem Älteren im Königlichen Museum von Brüssel, sagt er sich. Brueghel zeigt das Scheitern des Himmelsstürmers vor einer kultivierten Meereslandschaft seiner Zeit. Der fliegende Jüngling, der der Sonne zu nahe kam, taucht gerade vor den Augen eines Fischers, eines Hirten und eines Bauern dicht am Heck eines Segelschiffes kopfüber ins Wasser. Doch die zahlreichen Zeugen sind von ihren Geschäften absorbiert und schauen an ihm vorbei.

Tarnopolskis jüngste Orchesterkomposition, die von den Liszt-Festspielen in Weimar in Auftrag gegeben wurde, vergegenwärtigt gewaltige Schübe von Energie, die sich im Nichts verlieren. Das Ensemblewerk mit Namen »Last and Lost« (uraufgeführt im Weimarer Festspielhaus am 27. August 2011) setzt ein mit einem explosionsartigen Arpeggio-Akkord, der dann, wie ein geborstener Stern, herabregnet, hier ein hoher Ton, da ein tiefer, dort wieder ein hoher, in Schritt für Schritt sich verdoppelnden Pausenintervallen. In der Stille sirrt ein Cello, umspielt von melodischen Kürzeln. Wieder explodiert ein Akkord und versickert in sich verlangsamendem Bogen. Nachdem das Klangmaterial sich gewittrig zusammenbraut, implodiert das Stück mit einem heftigen Arpeggio-Akkord abwärts, der augenblicklich verstummt. Kunst handle immer von Leben und Tod, glaubt Tarnopolski. Sie sei ein Kampf gegen das Chaos – also eine Don Quijoterie. Aber sie sei auch das, was die Welt tatsächlich human und uns allein frei machen könne, glaubt er. Als Komponist und Pädagoge macht er sich deswegen nicht zuletzt für die Unvollkommenheiten der Gattung stark, die sie in ihr Kunstschaffen verlängert. Beispielsweise den perspektivischen Sehfehler, der Linien im Raum zusammenlaufen lässt, Naheliegendes vergrößert und Formen verzerrt, aber auch Anteilnahme darstellt. Oder unser schlechtes Gehör, das obertonverwandte Zusammenklänge als harmonisch, Dreiermetren als beschwingt empfindet, jedoch Schallwellen, die über 20 Kilohertz oder unter 15 Hertz liegen, gar nicht bewusst registriert. Sein Ideal sei nicht der Übermensch und nicht das Supermodel, sagt Tarnopolski. Er strebe nur danach, in einer Kultur, in der das eigentlich nicht vorgesehen ist, auf möglichst vollständige Weise Mensch zu sein.

**Moskaus Macht und Musen**

von Kerstin Holm ist als dreihundertundachter Band der ANDEREN BIBLIOTHEK erschienen. Herausgabe und Lektorat lagen in den Händen von Christian Döring.

**Kerstin Holm**

berichtet seit 1991 als Russland-Korrespondentin der *Frankfurter Allgemeinen Zeitung* in Moskau aus dem Gebiet der ehemaligen Sowjetunion über Kultur im weitesten Sinn. Kerstin Holm wurde 1958 in Hamburg geboren und studierte Musikwissenschaft, Slawistik, Romanistik und Germanistik. Von ihr erschienen das Russland-Panorama *Das korrupte Imperium* (2003) und *Rubens in Sibirien* (2008), über Beutekunst aus Deutschland in der russischen Provinz.

**Dieses Buch**
wurde von Greiner & Reichel in Köln aus der ArnhemFine gesetzt. Das Memminger MedienCentrum druckte auf 100 g / m² holz- und säurefreies, mattgeglättetes Bücherpapier. Dieses wurde von der Papierfabrik Schleipen ressourcenschonend hergestellt. Den Einband besorgte die Buchbinderei Lachenmaier in Reutlingen. Typografie und Ausstattung gestaltete Cosima Schneider.

1.–5. Tausend 2012
Dieses Buch trägt die Nummer:

* 2914

ISBN 978-3-8218-6213-2
AB – Die Andere Bibliothek GmbH & Co.KG
Berlin 2012